■2025年度高等学校受験用

巣鴨高等学校

収録内容一覧

★この問題集は以下の収録内容となっています。また、編集の都合上、解説、解答用紙を省略させていただいている場合もございますのでご了承ください。

（〇印は収録、一印は未収録）

入試問題と解説・解答の収録内容			解答用紙
2024年度	一般	英語・数学・社会・理科・国語	〇
2023年度	一般	英語・数学・社会・理科・国語	〇
2022年度	一般	英語・数学・社会・理科・国語	〇
2021年度	一般	英語・数学・社会・理科・国語	〇
2020年度	一般	英語・数学・国語	〇
2019年度	一般	英語・数学・国語	〇

★当問題集のバックナンバーは在庫がございません。あらかじめご了承ください。

●凡例●

【英語】

≪解答≫

〔　〕 ①別解

②置き換え可能な語句（なお下線は置き換える箇所が2語以上の場合）

(例) I am〔I'm〕glad〔happy〕to ~

(　) 省略可能な言葉

≪解説≫

1, 2… 本文の段落（ただし本文が会話文の場合は話者の１つの発言）

〔　〕 置き換え可能な語句（なお〔　〕の前の下線は置き換える箇所が 2 語以上の場合）

(　) ①省略が可能な言葉

(例) 「(数が) いくつかの」

②単語・代名詞の意味

(例) 「彼（＝警察官）が叫んだ」

③言い換え可能な言葉

(例) 「いやなにおいがするなべにはふたをするべきだ（＝くさいものにはふたをしろ)」

// 訳文と解説の区切り

cf. 比較・参照

≒ ほぼ同じ意味

【数学】

≪解答≫

〔　〕 別解

≪解説≫

(　) 補足的指示

(例) (右図１参照) など

〔　〕 ①公式の文字部分

(例) 〔長方形の面積〕＝〔縦〕×〔横〕

②面積・体積を表す場合

(例) 〔立方体 ABCDEFGH〕

∴ ゆえに

≒ 約、およそ

【社会】

≪解答≫

〔　〕 別解

(　) 省略可能な語

＿＿ 使用を指示された語句

≪解説≫

〔　〕 別称・略称

(例) 政府開発援助〔ODA〕

(　) ①年号

(例) 壬申の乱が起きた（672 年)。

②意味・補足的説明

(例) 資本収支 (海外への投資など)

【理科】

≪解答≫

〔　〕 別解

(　) 省略可能な語

＿＿ 使用を指示された語句

≪解説≫

〔　〕 公式の文字部分

(　) ①単位

②補足的説明

③同義・言い換え可能な言葉

(例) カエルの子 (オタマジャクシ)

≒ 約、およそ

【国語】

≪解答≫

〔　〕 別解

(　) 省略してもよい言葉

＿＿ 使用を指示された語句

≪解説≫

〈　〉 課題文中の空所部分（現代語訳・通釈・書き下し文)

(　) ①引用文の指示語の内容

(例) 「それ (＝過去の経験) が ～」

②選択肢の正誤を示す場合

(例) (ア，ウ…×)

③現代語訳で主語などを補った部分

(例) (女は) 出てきた。

／ 漢詩の書き下し文・現代語訳の改行部分

巣鴨高等学校

所在地	〒170-0012 東京都豊島区上池袋1-21-1
電　話	03-3918-5311
ホームページ	https://sugamo.ed.jp/
交通案内	JR山手線 大塚駅徒歩10分・東武東上線 北池袋駅徒歩10分 その他，池袋駅・板橋駅・西巣鴨駅・東池袋駅より徒歩15分程度

普通科

男子

くわしい情報はホームページへ

応募状況

年度	募集数	受験数	合格数	倍率
2024	70名	5科 237名 3科　24名	144名 9名	1.6倍 2.7倍
2023	70名	5科 326名 3科　42名	134名 12名	2.4倍 3.5倍
2022	70名	5科 246名 3科　36名	172名 18名	1.4倍 2.0倍

試験科目　（参考用：2024年度入試）

英語・国語・数学・理科・社会

（英語・国語・数学は各60分／各100点満点，
理科・社会は各45分／各70点満点）

※出願時に，英語・国語・数学３科目のみの受験も選択可能。

沿革

本校は明治43年，硬教育による男子英才教育と人間研究の実践を目指して創立された私塾「巣園学舎」に端を発する。大正11年，同学舎は，巣鴨中学校に発展し，大正13年には巣鴨商業学校，さらに昭和３年には巣鴨高等商業学校（旧制専門学校）の二校を併設。そして，戦後の学制改革によって，現在の巣鴨高等学校および巣鴨中学校の２校を併置する学校法人巣鴨学園となる。

本校の特色

原則として高１課程では，巣鴨中学校からの進学者（中入生）とは別カリキュラムでスタートする。週に２日，７時間目を設定して授業時間を増やし，夏休みに勉強合宿を行うことで，中入生と進度を合わせていく。高２からは文数系・理数系に分かれて，中入生と同じカリキュラムのもとで勉強する。高３では多くの選択授業を導入して，進学志望大学・学部に焦点をあわせた学習を行う。

また，本校は，学問だけでなく芸術・体育を一体的に学ぶことを重視している。そのため，学校行事は文化系・体育系ともにさかんに実施されている。

英語教育・国際教育

本校では世界を舞台に活躍できる人材を育てるため，英語力のみならず異文化を実体験で学べるさまざまな海外体験学習制度を設けている。イートン校サマースクールをはじめ，カナダ・オーストラリア・イギリスへのターム留学，オーストラリアのロックハンプトン校ウィンタースクールなど，多彩なプログラムを実施。また，イギリスのクライストカレッジ・ブレコン校と留学協定を結び，長期の留学や英国名門大学への進学の道を拓くことも視野に入れている。

進路状況

2024年３月卒業生の主な大学合格実績

（2024年３月26日／現役のみ）

東京大３名，東京工業大１名，北海道大２名，東北大４名，筑波大３名，千葉大２名，横浜国立大２名，東京外国語大１名，東京農工大１名，防衛大８名，防衛医科大３名，早稲田大15名，慶應義塾大10名，上智大６名，東京理科大23名，学習院大２名，明治大20名，青山学院大５名，立教大７名，法政大８名，中央大27名，東京慈恵会医科大１名，東京医科大２名，海外の大学８名など。

編集部注―本書の内容は2024年5月現在のものであり，変更されている場合があります。正確な情報は，学校のホームページ等で必ずご確認ください。

出題傾向と今後への対策　英語

出題内容

	2024	2023	2022
大問数	5	5	5
小問数	27	29	32
リスニング	○	○	○

◎大問は４～５題，小問数30問前後である。構成は，年によって異なるが，長文読解２～３題のほか，整序結合や，対話文形式の作文問題・適語補充問題などが出題されている。2021年度から，放送問題が導入されている。

2024年度の出題状況

1 長文読解総合―物語

2 長文読解総合―説明文

3 整序結合

4 和文英訳―部分記述―対話文

5 放送問題

解答形式

2024年度	記　述／マーク／併　用

出題傾向

問題数は多くはないが，記述が多く正確な理解と表現力が求められる。また難易度が高く時間内にやり終えるのは容易ではない。長文はそれほど長くない。設問は内容把握に関するものが中心だが，文法事項も含まれている。英作文は対話文形式で流れに合う英文を記述するパターンが多い。整序結合は必出である。

今後への対策

中学で習う基本事項は完全に習得しておこう。自分で単語や構文をまとめたノートをつくりたい。長文読解はふだんから英文を読み，要旨を日本語で書く訓練をしよう。記述式の解答は先生などにも見てもらおう。仕上げに過去問題集で問題形式や時間を確認しよう。間違えた問題は間違えた原因を明らかにし，類似題を解いておこう。

◆◆◆◆◆ 英語出題分野一覧表 ◆◆◆◆◆

分野		年度	2022	2023	2024	2025予想※
音声	放送問題		■	■	●	◎
	単語の発音・アクセント					
	文の区切り・強勢・抑揚					
語彙・文法	単語の意味・綴り・関連知識					
	適語(句)選択・補充					
	書き換え・同意文完成					
	語形変化					
	用法選択					
	正誤問題・誤文訂正					
	その他					
作文	整序結合		●	●	●	◎
	日本語英訳	適語(句)・適文選択				
		部分・完全記述	●	●	●	◎
	条件作文					
	テーマ作文					
会話文	適文選択					
	適語(句)選択・補充					
	その他					
長文読解	内容把握	主題・表題		●		△
		内容真偽	●			△
		内容一致・要約文完成				
		文脈・要旨把握	●	●	■	◎
		英問英答				
	適語(句)選択・補充		●	●	●	◎
	適文選択・補充		●		●	◎
	文(章)整序					
	英文・語句解釈(指示語など)		●	●	●	◎
	その他(適所選択，話者特定)			●		△

●印：１～５問出題，■印：６～10問出題，★印：11問以上出題。
※予想欄　◎印：出題されると思われるもの。　△印：出題されるかもしれないもの。

出題傾向と今後への対策 数学

出題内容

2024年度 証

大問４題，16問の出題。1は小問集合で，６問。数と式，数の性質，方程式の計算，確率，空間図形からの出題。2は関数で，放物線と直線に関するもの。点の座標や直線の式，線分の比，点のx座標などを求めるもの。図形の知識も要する。3は方程式の応用問題で，マラソンコースや自転車コースの距離やかかった時間に関するもの。4は平面図形で，２つの正三角形を利用したもの。証明問題と角度を求めるもの，辺の比を利用して，値を求めるもの。証明問題は三角形が合同であることを示すもの。

2023年度 証

大問４題，18問の出題。1は小問集合で，６問。数と式，確率，方程式の計算・応用問題，数の性質からの出題。2は関数で，放物線と直線，双曲線に関するもの。比例定数や直線の式，三角形の面積，点のx座標などを求めるもの。図形の知識も要する。3は関数で，直方体の辺上を動く３点がつくる線分や三角形に関するもの。図形の知識も要する。4は平面図形で，円と三角形を利用したもの。証明問題は三角形が二等辺三角形であることを示すもの。その他，計量題３問。

作…作図問題　証…証明問題　グ…グラフ作成問題

解答形式

2024年度	記　述／マーク／併　用

出題傾向

大問４～５題，総設問数15～19問の出題で，1は小問集合，2以降は，確率，関数，図形などで，それぞれ３～４問の小問で構成されることが多い。全ての分野においてレベルの高い問題が出題され，数学の総合的な力が要求されている。確率は場合分けを必要とすることが多く，空間図形はイメージしにくい図形になることが多い。

今後への対策

難問を解くにあたっては，解法の引き出しをたくさんつくることが大事。そのためには，標準もしくはこれよりやや上のレベルの問題で演習を多く積むこと。また，問題が解けて満足するのではなく他のアプローチの仕方なども考えるようにしてみるとよい。計算量が多くなることもあるので，スピーディにできるようにしておこう。

◆◆◆◆ 数学出題分野一覧表 ◆◆◆◆

分野		2022	2023	2024	2025予想※
数と式	計算，因数分解	■	■	■	◎
	数の性質，数の表し方		●	●	◎
	文字式の利用，等式変形				
	方程式の解法，解の利用	●	●	●	◎
	方程式の応用	★	●	★	◎
関　数	比例・反比例，一次関数				
	関数$y=ax^2$とその他の関数	★	★	★	◎
	関数の利用，図形の移動と関数		★		△
図　形	（平面）計　量	★	★	■	◎
	（平面）証明，作図	●	●	●	◎
	（平面）その他				
	（空間）計　量	●		●	◎
	（空間）頂点・辺・面，展開図				
	（空間）その他				
データの活用	場合の数，確率	●	●	●	◎
	データの分析・活用，標本調査				
その他	不 等 式				
	特殊・新傾向問題など				
	融合問題				

●印：１問出題，■印：２問出題，★印：３問以上出題。
※予想欄　◎印：出題されると思われるもの。　△印：出題されるかもしれないもの。

出題傾向と今後への対策

社会

論…論述問題

出題内容

2024年度

地理・世界の移民，難民等に関する問題。
論
・日本の産業，気候，交通等に関する問題。資料の読み取り問題。

歴史・日本や世界の古代から現代までの政治，外交等に関する問題。
論

公民・法の支配，国際社会，経済，核軍縮，アメリカと日本の政治の仕組み等に関する問題。

2023年度

地理・世界の地形や気候，貿易，世界地図に関する問題。
・日本の地形と気候，農業，貿易に関する問題。

歴史・日本や世界の古代から現代までの政治や外交，文化等に関する問題。
論
・史料の読み取り問題。

公民・立憲君主制，政治の仕組み，国際社会等に関する問題。
論

2022年度

地理・時差，世界の諸地域の気候，産業に関する問題。
・日本の河川とその周辺地域の地形・産業，人口等に関する問題。

歴史・古代から現代までの政治や外交，文化等に関する問題。
論
・史料の読み取り問題。

公民・市場経済，自衛隊，国連，人権等に関する問題。資料の読み取り問題。
論

解答形式

2024年度	記　述／マーク／併　用

出題傾向

大問数は４題，小問数は35問前後である。記号問題と適語記入が中心だが，字数が指定された論述形式の問題も見られる。

地理は世界全体の地形，気候，産業等に関する問題が出された。歴史は日本や世界の各時代の出来事を幅広く問うものとなっている。公民は人権や政治の仕組み，経済を問う問題が中心となっている。

今後への対策

多くは教科書の基本的な内容に沿った問題だといえるが，地図や資料を用いた問題も見られるため，地図帳や資料集を活用した学習を心がけたい。

論述形式問題への対策として，事柄や出来事の因果関係を押さえながら，語句と語句をつなげて文章として表現できるように練習しておこう。

◆◆◆◆ 社会出題分野一覧表 ◆◆◆◆

分野 ＼ 年度		2022	2023	2024	2025 予想※
地理的分野	地形図			●	△
	アジア	地		地　総	◎
	アフリカ		地 産		△
	オセアニア				△
	ヨーロッパ・ロシア	地　総		人 総	◎
	北アメリカ	総		人	◎
	中・南アメリカ				△
	世界全般	地	地 産	総	◎
	九州・四国	総			△
	中国・近畿			産	△
	中部・関東	地　人 総			△
	東北・北海道	地			△
	日本全般	地 産	地 産	地 産	◎
歴史的分野	旧石器～平安	●	●	●	◎
	鎌倉	●	●	●	◎
	室町～安土桃山	●	●	●	◎
	江戸	●	●	●	◎
	明治	●	●	●	◎
	大正～第二次世界大戦終結	●	●		◎
	第二次世界大戦後	●	●	●	◎
公民的分野	生活と文化				△
	人権と憲法	●	●	●	◎
	政治	●	●	●	◎
	経済	●	●	●	△
	労働と福祉				△
	国際社会と環境問題	●	●	●	△
	時事問題			●	△

※予想欄　◎印：出題されると思われるもの。　△印：出題されるかもしれないもの。
地理的分野については，各地域ごとに出題内容を以下の記号で分類しました。
地…地形・気候・時差，　産…産業・貿易・交通，　人…人口・文化・歴史・環境，　総…総合

出題傾向と今後への対策 理科

出題内容

2024年度 記

1軟体動物の体のつくり，環境保全のあり方，刺激と反応に関する問題。知識と理解を問う。 2電流と回路，物体の運動，仕事に関する問題。理解と数的な処理能力が問われた。 3太陽の南中，地層，温帯低気圧と天気の変化に関する問題。知識と理解が問われた。 4状態変化，化学変化と原子・分子に関する問題。浮力や実験操作に関する出題も見られた。知識と理解が問われた。

2023年度 記

1生物どうしのつながりから食物連鎖，植物のなかまから植物の分類に関する問題。知識と理解を問う。 2力のはたらきやエネルギー，電流とエネルギーに関する問題。理解と数的な処理能力が問われた。 3気象と天気の変化に関する問題。知識と理解が問われた。 4化学変化と原子・分子に関する問題。質量パーセント濃度や気体の性質についても問われた。知識と理解が問われた。

	2024	2023	2022
大 問 数	4	4	4
作図問題	0	0	0

作…作図・グラフ作成問題　記…文章記述問題

解答形式

2024年度	記　述／マーク／併　用

出題傾向

大問は4題で，物理・化学・生物・地学の4分野から各1題。総小問数は50問程度。文章記述問題が見られた。

問題は，教科書に載っている実験・観察を題材とし，オーソドックスな内容のものから，発展的な内容のものまで見られた。正確な知識だけでなく，応用力や科学的な思考力も必要。

今後への対策

本校の問題を解くためには，基本事項を押さえたうえで，さらに，応用力や考察力，科学的な思考力を身につけることが必要。

そのためには，できるだけ早い時期に正確な知識を身につけ，その後，難関高校の過去問題を解き，実践的な練習を積むことで，実力をつけたい。

◆◆◆◆ 理科出題分野一覧表 ◆◆◆◆

分野	年度	2022	2023	2024	2025予想※
身近な物理現象	光　と　音				◎
	力のはたらき(力のつり合い)		●		◎
物質のすがた	気体の発生と性質		●		◎
	物質の性質と状態変化			●	△
	水　溶　液	●	●		◎
電流とその利用	電流と回路	●	●	●	◎
	電流と磁界(電流の正体)				◎
化学変化と原子・分子	いろいろな化学変化(化学反応式)		●	●	◎
	化学変化と物質の質量			●	◎
運動とエネルギー	力の合成と分解(浮力・水圧)		●	●	◎
	物体の運動	●	●	●	◎
	仕事とエネルギー	●	●	●	◎
化学変化とイオン	水溶液とイオン(電池)	●			◎
	酸・アルカリとイオン				◎
生物の世界	植物のなかま		●		◎
	動物のなかま			●	◎
大地の変化	火山・地震				◎
	地層・大地の変動(自然の恵み)			●	◎
生物の体のつくりとはたらき	生物をつくる細胞				△
	植物の体のつくりとはたらき	●			◎
	動物の体のつくりとはたらき	●		●	◎
気象と天気の変化	気象観察・気圧と風(圧力)		●		△
	天気の変化・日本の気象		●	●	◎
生命・自然界のつながり	生物の成長とふえ方				◎
	遺伝の規則性と遺伝子(進化)	●			◎
	生物どうしのつながり		●		◎
地球と宇宙	天体の動き	●		●	◎
	宇宙の中の地球				△
自然環境・科学技術と人間				●	△
総　　合	実験の操作と実験器具の使い方	●	●	●	◎

※予想欄　◎印：出題されると思われるもの。　△印：出題されるかもしれないもの。
分野のカッコ内は主な小項目

出題傾向と今後への対策　国語

出題内容

2024年度

論説文　小　説　古　文

課題文
一戸谷洋志『友情を哲学する』
二西加奈子『燃やす』
三無住法師『沙石集』

2023年度

論説文　小　説　古　文

課題文
一岩本茂樹
『「コミュ障」のための社会学』
二リービ英雄
『星条旗の聞こえない部屋』
三『宇治拾遺物語』

2022年度

論説文　小　説　古　文

課題文
一古井由吉『書く，読む，生きる』
二阿部　昭『未成年』
三『今昔物語集』

解答形式

2024年度	記　述／マーク／併　用

出題傾向

読解問題には，設問が全部で20～25問程度付されており，そのうち国語の知識の問題は2，3問で，あとは全て内容理解の問題となっている。記述式解答は，合計で100～170字程度は書かなければならない。課題文は，内容的に高度であるが，分量は標準的である。

今後への対策

課題文の内容が高度なので，文章を深く正確に読む力，論旨の展開を的確に把握する力，自分が読み取ったことを明確に表現できる力が必要である。そのためには，応用力を養成するための問題集をできるだけたくさんこなすのがよい。また，それに加えて，日頃から文庫や新書の類は読んでおいた方がよい。

◆◆◆◆ 国語出題分野一覧表 ◆◆◆◆

分野 ＼ 年度			2022	2023	2024	2025 予想※
現代文	論説文 説明文	主題・要旨		●	●	◎
		文脈・接続語・指示語・段落関係	●		●	◎
		文章内容	●	●	●	◎
		表現	●			△
	随筆 日記 手紙	主題・要旨				
		文脈・接続語・指示語・段落関係				
		文章内容				
		表現				
		心情				
	小説	主題・要旨			●	△
		文脈・接続語・指示語・段落関係				
		文章内容	●	●	●	◎
		表現				
		心情	●		●	◎
		状況・情景				
韻文	詩	内容理解				
		形式・技法				
	俳句 和歌 短歌	内容理解				
		技法				
古典	古文	古語・内容理解・現代語訳	●	●	●	◎
		古典の知識・古典文法	●	●	●	◎
	漢文	（漢詩を含む）				
国語の知識	漢字 語句	漢字	●	●	●	◎
		語句・四字熟語				
		慣用句・ことわざ・故事成語				
		熟語の構成・漢字の知識				
	文法	品詞				
		ことばの単位・文の組み立て				
		敬語・表現技法				
	文学史		●	●	●	◎
作文・文章の構成・資料						
その他						

※予想欄　◎印：出題されると思われるもの。　△印：出題されるかもしれないもの。

2025 年度 高校受験用

巣鴨高等学校　6 年間スーパー過去問

をご購入の皆様へ

お詫び

本書、巣鴨高等学校の入試問題につきまして、誠に申し訳ございませんが、以下の問題文は著作権上の問題により掲載することができません。設問と解説、解答は掲載してございますので、ご必要とされる方は原典をご参照くださいますよう、お願い申し上げます。

記

2024 年度　国語 二 の問題文

2022 年度　英語 2・3の問題文

2019 年度　国語 二 の問題文

以上

株式会社　声の教育社　編集部

2024年度 巣鴨高等学校

【英　語】（60分）〈満点：100点〉

（注意）1．本文中の左上に数字が付いている語(句)には注があります。

2．5はリスニング問題です。試験開始後約20分経過してから，リスニング問題(約12分間)を実施します。

1 次に書かれているのは，ある小学校で休み時間中に，子どもたちがサッカーをして遊んでいる場面です。英文を読み，あとの設問に答えなさい。

For a second, everyone was silent. Even Lenny was very surprised. And then ①it started to sink in. He saw the ball in the net. He saw the goalkeeper lying on the ground. And he began to realize what he had done.

"WHAT A GOAL, LENNY!" Layla shouted excitedly.

She jumped into the air to do a high five with him. Lenny jumped towards her—and, in that exact moment, it felt [1] as if they were flying. The world seemed perfect. Lenny wanted to keep this feeling forever.

"Tell me one thing, Lenny," said Layla, putting her arm around his shoulder to celebrate. "If you can kick a ball like that, what were you doing just watching us from behind a tree this whole time?"

Lenny smiled. He would not be in the shadows any more.

A crowd gathered around Lenny and Layla.

②Indigo, Charley and Kai—the other members of the winning team—were trying to get close enough to give them high fives. They were all cheering for Lenny and Layla. Kai's voice was the loudest.

"Lenny scored!" he was shouting. "Lenny scored a rocket from Mars!"

Lenny noticed that Obi and the players from the other team were [2] clapping as well. They seemed to be happy for him too. Even Miss Clark had come outside to see what the noise was about.

There was only one person who stood separate from everyone.

Cameron looked completely confused by what had happened. He was shaking his head, [3] staring at the ball in the net and then back at Lenny.

"That was . . . not real. It can't be," he said to himself [4] in a daze.

Then, looking at Lenny [5] in disbelief, he said, "③[　　　　]"

Cameron's question hung in the air. His voice could almost not be heard above the cheers. But Lenny had heard him. It was time for him to answer. He opened his mouth and everyone watched, waiting to see if Lenny could do it.

Lenny's heart was beating very hard. His mouth was ④(　　　). All the words were there at the back of his throat. Waiting to come out. But they wouldn't. They simply couldn't come out.

⑤Lenny looked at the ground. He knew he only had a couple of seconds before Cameron would start laughing at him again. Then everything he had done—even the goal he had scored—would mean nothing. He would go back to being the old Lenny. The silent Lenny who Cameron made fun of.

Looking down, Lenny saw a spider [6] crawling across the road. Cameron saw it too and quickly lifted his foot to step on it and kill it.

Without thinking, Lenny stepped across and knocked Cameron's foot away. He just missed the spider.

Lenny and Cameron looked at each other. Their eyes met.

It was now or never. ⑥The words that Mum had said to him repeated themselves in his mind.

You are Lenny Brown. And that's all you ever have to be.

It was the answer.

The words grew stronger within him, until they were ready to come out.

"I . . ."

Lenny [7] paused to take in a deep breath. *Breathe*, he thought. *Just breathe.*

"I . . ." he repeated. He stood up as tall as he could. "I am Lenny Brown."

Hearing the words come out of his mouth gave him even more energy. Lenny took another step closer to Cameron. And he realized that, now he was standing up tall, the two of them were almost the same height.

He said the words again, louder this time.

"I am LENNY BROWN!"

The other kids looked shocked by Lenny's true voice. Even Lenny was surprised by how clear and proud the words sounded. He felt the power of a lion inside him.

"MY NAME IS—"

"All right, all right," said Cameron, taking a step back. "We can hear you. No need to shout it."

This time when they looked at each other, it was as if Cameron was meeting ⑦the real Lenny Brown for the very first time.

注：1　as if ～　まるで～のように　　2　clap　拍手する　　3　stare at　～を見つめる
4　in a daze　呆然《ぼうぜん》として　　5　in disbelief　信じられない思いで　　6　crawl　這《は》う
7　pause　間をおく

1．下線部①の内容として最も適切なものを次の中から１つ選び，記号で答えなさい。

ア　レニーがゴールに向かってシュートを放ち始めた。

イ　キーパーが地を這うようなシュートを止めようと動き始めた。

ウ　レニーやレイラが何が起きたのか分かり始めた。

エ　レニーの対戦チームが追加点に意気消沈し始めた。

2．下線部②を日本語に直しなさい。解答は解答欄の書き出しに続く部分を答えなさい。ただし，下線部中の them が指すものを明らかにし，high fives は「ハイタッチ」と訳すこと。

3．下線部③の空所に入る最も適切なものを次の中から１つ選び，記号で答えなさい。

ア　Why did you do that?

イ　What are you doing for?

ウ　How did you do that?

エ　Who are you?

4．下線部④の空所に入る最も適切な語を次の中から１つ選び，記号で答えなさい。

ア　dry　　イ　full　　ウ　hot　　エ　soft

5．下線部⑤の理由として最も適切なものを次の中から１つ選び，記号で答えなさい。

ア　せっかく決めたゴールをキャメロンに信じてもらえず，不満だったから。

イ　足下に這うクモを見つけ，キャメロンから助けてあげようと思ったから。
ウ　キャメロンにまたからかわれると思い，途方に暮れてしまったから。
エ　キャメロンと仲直りできなくなり，投げやりな気持ちになったから。

6．下線部⑥は具体的にどのような言葉か。解答は解答欄の書き出しに続けて日本語で説明しなさい。

7．下線部⑦の説明として最も適切なものを次の中から１つ選び，記号で答えなさい。
ア　感受性は豊かだが，自分の気持ちを上手くコントロールできない。
イ　内気で恥ずかしがりだが，自分の弱さを克服できる強さがある。
ウ　からかわれやすいが，気持ちをはっきりと伝えるのは得意である。
エ　気配りは上手だが，他人と一緒に行動するのは苦手である。

2　次の英文を読み，あとの設問に答えなさい。

Not many people know this, but Norway was invaded by [1] aliens in 1960. The aliens don't live on the land, but in the sea, and today it is thought that there are more than 20 million of them. They have spread across [2] the Barents Sea, traveling in groups of 10,000 or more, and eating everything. These aliens aren't from outer space, of course. They are a kind of crab called ①the red king crab, and they usually live in the North Pacific Ocean (around [3] the Kamchatka Peninsula and Alaska). How did crabs that are native to the North Pacific Ocean find their ②(　　　) to Europe ? The answer is simple —humans brought them there. The red king crab is very big and delicious. In 1960, the Russian government wanted to increase the number of crabs they could catch, so they took some to the Barents Sea. The crabs increased rapidly in number, spreading across the Barents Sea from the Russian part to the [4] Norwegian part. As well as eating everything from baby fish to other crabs, they also cut holes in fishing nets. Interestingly, in an age of overfishing, the only ③(　　　) to solve the problem of the red king crab in Europe is to catch and eat them all.

It's not the kind of alien invasion that we find in Hollywood movies and science fiction novels, but alien [5] species are causing a huge problem around the world, and too few people are aware of it. An alien species is simply a type of plant, animal, or insect that has been brought from a place where it is native to a place where it is not. Such species are usually called "introduced species," and examples in Japan include the tomato, the potato, the apple, the peach and the tea plant. Most of these introduced species fit into the ④(　　　) environment without causing any problems, often because they find it difficult to spread in the wild, and tend to stay on farms. Some of these species, however, find it easy to spread in the wild, and start causing problems, often by causing local species to die out or by damaging the health of animals and humans.

The problems caused by invasive species can be very serious : the total cost of removing invasive species and repairing damaged land is thought to be about $135 billion per year in the United States alone. Let's look at two examples to understand how they can cause so much damage.

In 1894, the people living on Stephens Island in New Zealand brought a [6] pregnant cat with them to the island, which was also the home of the rare [7] Stephens Island wren. By the end of 1895, the cats had killed and eaten all of the wrens that lived there. ⑤The number of cats grew so large that it took ten years to remove them. Unfortunately, that was too late for the wren. They lived only on that island, and the cats killed them all.

In 1788, Thomas Austin, an Englishman who liked hunting, released 24 rabbits into the Australian wild. By 1950, there were more than 600 million rabbits in Australia. Moreover, they had helped to cause the disappearance of one in every eight [8] mammal species in Australia by fighting with them for food. They had also destroyed an unknown number of plant species, and they were the cause of a lot of soil [9] erosion in Australia because they ate all the plants. The government tried to kill the rabbits by [10] infecting them with a type of virus, which killed 80 percent of the rabbits. Today, there are still between 200 and 300 million rabbits in Australia, but now they are [11] resistant to the virus.

Once they have been introduced, invasive species are hard to remove. Sometimes we can introduce something that eats them, but ⑥that doesn't always work because these species can become invasive themselves. Clearly the best way is to avoid releasing new species into the wild, and to work hard to remove the ones that are already there. In 2004, a survey for an international environment program found 2,248 invasive species in Japan. The Japanese government passed a law to help solve the problem in the same year. Now there are many volunteer groups that are trying to remove invasive species in Japan. ⑦Why don't you [　　　　　]?

注：1　alien　エイリアン　　2　the Barents Sea　バレンツ海(北極海の一部)
3　the Kamchatka Peninsula　カムチャッカ半島　　4　Norwegian　ノルウェーの
5　species　(生物の)種，種類　　6　pregnant　妊娠している
7　Stephens Island wren　スチーフンイワサザイ(スズメ目に属する鳥)
8　mammal　哺乳動物の　　9　erosion　浸食　　10　infect　～に感染させる
11　resistant to　～に耐性がある

1．下線部①のレッドキングクラブと呼ばれるカニについて，本文の内容に合っているものを次の中から1つ選び，記号で答えなさい。
ア　ロシア政府によって数が減らされた。　　イ　もともと北太平洋に生息していた。
ウ　食用には不向きとされていた。　　エ　特定の生物を餌にしていた。

2．下線部②③の空所に共通してあてはまる1語を答えなさい。

3．下線部④の空所にあてはまる最も適切な1語を同じ段落の中から抜き出しなさい。

4．下線部⑤を日本語に直しなさい。

5．下線部⑥の理由を日本語で説明しなさい。

6．自然な話の流れになるように，下線部⑦の空所にあてはまる最も適切なものを次の中から1つ選び，記号で答えなさい。
ア　build shelters for the alien invaders with them
イ　help them save Japan from the alien invaders
ウ　ask them to eat more and more alien invaders
エ　protect them from the alien invaders in Japan

7．"alien species" について，本文の内容に合っているものを次の中から1つ選び，記号で答えなさい。
ア　世界中に問題が広がっており，大多数の人が意識している。
イ　損害は世界中で約1300億ドルにも及んだ。
ウ　オーストラリアの植物が大きな影響を受けた。
エ　いずれ影響が日本にも及ぶことが懸念されている。

3　次のそれぞれの日本語に合う英文になるように，[　]内の語(句)を並べ替えなさい。ただし，文頭に来る語も小文字になっています。解答欄には[　]内のみ答えなさい。

1．秘密にしておくと約束してくれませんか。

Can [to / secret / you / a / it / promise / keep] ?

2．これが，父が以前働いていた会社です。

This [my father / for / to / the company / is / work / used].

3．私の家の場所は誰にも言わないで。

[know / anyone / my house / don't / is / where / let].

4．祖父の収集した切手が博物館に展示されます。

[be / collected / displayed / will / by / the stamps / my grandfather] at the museum.

4 次の会話文について，下線部がそれぞれ下の日本語の意味になるように，空所に5語の英語を補いなさい。解答欄には[ ]内のみ答えなさい。

1．A： I'll pick you up at the station tomorrow.

B： Thanks. Well then, see you tomorrow.

A： See you. Don't [ ] you leave home. I'll leave then.

日本語：家を出る前に私に電話するのを忘れないで。

2．A： You really like fast food, don't you ? [ ] it ?

B： Almost every day.

A： What !? You should be careful about what you eat !

日本語：どのくらい食べるの。

3．A： Thank you for inviting me to your house. I've got some ice cream for your family from a new ice cream shop in front of the station.

B： Is that ABC Ice Cream ? Thank you !

A： That's [ ] right now !

日本語：今子どもに人気が一番あるんだよ。

4．A： Please write your name here.

B： OK. Oh, my pen is out of ink. Could you lend [ ] ?

日本語：何か書くものを貸していただけませんか。

5 （リスニング問題） 放送を聞いて，〔問題A〕・〔問題B〕に答えなさい。

注意 ・放送を聞きながらメモを取ってもかまいません。

・放送が終わったあとも，リスニング問題の解答を続けることができます。

〔問題A〕 〔問題A〕はPart Ⅰ，Part Ⅱの2つのパートに分かれています。各パート1つずつ対話を聞き，その後に続く質問に対する答えとして，最も適切なものを下の選択肢の中から1つずつ選び，記号で答えなさい。対話と質問はそれぞれ2回放送されます。

Part Ⅰ

1．ア Golf　イ Walking　ウ Weight training　エ Tennis

2．ア On foot　イ By bike　ウ By bus　エ By train

Part Ⅱ

ア He wanted to have his computer fixed by Mr. Cooley.

イ He had been advised to take his computer to Mr. Cooley.

ウ He wanted to discuss his report on history with Mr. Cooley.

エ He believed that he wouldn't be able to use any computer in the library during lunchtime.

〔問題B〕 これから放送されるのは，活版印刷機(Gutenberg printing press)の発明について述べられたものです。放送を聞き，設問に答えなさい。設問１は空所にあてはまる最も適切なものを下の選択肢の中から１つ選び，記号で答えなさい。設問２は書き取り問題です。設問２に印刷された１文は本文中から抜き出したものです。空所１つにつき１語を放送と一致するように解答欄に答えなさい。英文は全体が２回，書き取り問題の１文がさらにもう１回放送されます。

1．According to the speaker, the printing technology [　　　　　].

ア　made it easier for people to share knowledge

イ　led to many other inventions in the 15th century in Europe

ウ　took a long time to spread across Europe

エ　helped people change information freely

2．As times changed, we now (　　)(　　)(　　)(　　)(　　)(　　) anyone can freely share information through the Internet.

＜リスニング問題放送原稿＞

これから，リスニング問題を始めます。

問題冊子の 5 のページを開きなさい。問題は〔**問題Ａ**〕，〔**問題Ｂ**〕に分かれています。

放送を聞きながら，問題冊子の余白にメモをとってもかまいません。答えはすべて解答用紙に書きなさい。

〔**問題Ａ**〕〔**問題Ａ**〕は Part Ⅰ，Part Ⅱの２つのパートに分かれています。各パート１つずつ対話を聞き，その後に続く質問に対する答えとして，最も適切なものを下の選択肢の中から１つずつ選び，記号で答えなさい。対話と質問はそれぞれ２回放送されます。それでは，Part Ⅰを始めます。

Part Ⅰ

Mary : Do you do any exercise, Ken ?

Ken : Yes, I work out every other day—usually weight training—and I walk to school every day.

Mary : Do you still play tennis ?

Ken : Not anymore, but I started playing golf three months ago. I'm becoming a good player. What about you, Mary ? Do you play any sports ?

Mary : Not really. But I ride my bike a lot. I stopped taking the bus to go to school, and now go by bike. By doing so, I can get to school ten minutes earlier than before.

Ken : That's convenient.

Question 1 : What kind of exercise does Ken not do ?

Question 2 : How does Mary go to school now ?

繰り返します。(対話と質問を繰り返す)

続いて Part Ⅱを始めます。

Part Ⅱ

Emily : Are you all right ?

Sam : Not really.

Emily : What happened ?

Sam : Well, my computer is not working.

Emily : Why don't you take it to Mr. Cooley ?

Sam : He's away and won't come back until tomorrow. I have to finish my report on history and then email it to Ms. Grayson by 4 this afternoon.

Emily : Did you try the library ?

Sam : Why should I go there ?

Emily : You can use the computers there. They may all be in use during lunchtime, but you can always get one after school.

Sam : Sounds great. Thanks a lot !

Question : Why did the man want to see Mr. Cooley ?

繰り返します。(対話と質問を繰り返す)

これで，〔**問題A**〕を終わります。

〔**問題B**〕 これから放送されるのは，活版印刷機の発明について述べられたものです。放送を聞き，設問に答えなさい。設問1は空所にあてはまる最も適切なものを下の選択肢の中から1つ選び，記号で答えなさい。設問2は書き取り問題です。設問2に印刷された1文は本文中から抜き出したものです。空所1つにつき1語を放送と一致するように解答欄に答えなさい。英文は全体が2回，書き取り問題の1文がさらにもう1回放送されます。それでは，始めます。

Hello, everyone. Today, let's discuss how inventions can change society.

Let's start with the printing press. In the past, books were written by hand. Therefore, people needed a long time to create a book, and only a few people had chances to read books.

Then, in the 15th century, an invention in Europe caused big changes in Western societies. This invention was the Gutenberg printing press. Thanks to this invention, books could be produced easily, and many people could read them.

Later, this technology led to the development of newspapers, and news began to be shared with many people. As times changed, we now have reached an age in which anyone can freely share information through the Internet. Next, let's talk about the Internet.

繰り返します。(英文を繰り返す)

書き取り問題の1文をもう一度放送します。

As times changed, we now have reached an age in which anyone can freely share information through the Internet.

これでリスニングテストは終わりますが，このまま解答を続けても，また他の問題に移ってもかまいません。

【数　学】（60分）〈満点：100点〉

（注意）　1．円周率が必要な場合はπを用い，解答に$\sqrt{}$が含まれる場合は$\sqrt{}$のままできるだけ簡単な形にしなさい。また，分母は有理化して答えなさい。

2．(途中経過)の欄には，答えを導くのに必要な式や図，言葉による説明などを書きなさい。

3．定規・コンパス・分度器は使用できません。

1　次の各問いに答えなさい。

(1)　$\dfrac{x+2y-1}{3}-\dfrac{x-3y}{4}+\dfrac{x-y+4}{6}$ を計算しなさい。

(2)　$\left(\dfrac{\sqrt{5}+\sqrt{2}}{\sqrt{7}}\right)^2+\left(\dfrac{\sqrt{5}-\sqrt{2}}{\sqrt{7}}\right)^2$ を計算しなさい。

(3)　xの2次方程式$3(x-5)(x+2)=2(x-3)^2+6$を解きなさい。

(4)　等式$4x^2-y^2=19$をみたす正の整数x，yをそれぞれ求めなさい。

(5)　大小2つのさいころを投げ，出た目をそれぞれa，bとする。
xの2次方程式$x^2-ax-b=0$が異なる2つの整数を解にもつ確率を求めなさい。

(6)　右図のような，1辺の長さが2の正方形ABCDを底面とし，他の4つの辺の長さが$2\sqrt{5}$の正四角すいO-ABCDがあります。正四角すいO-ABCDの体積を求めなさい。

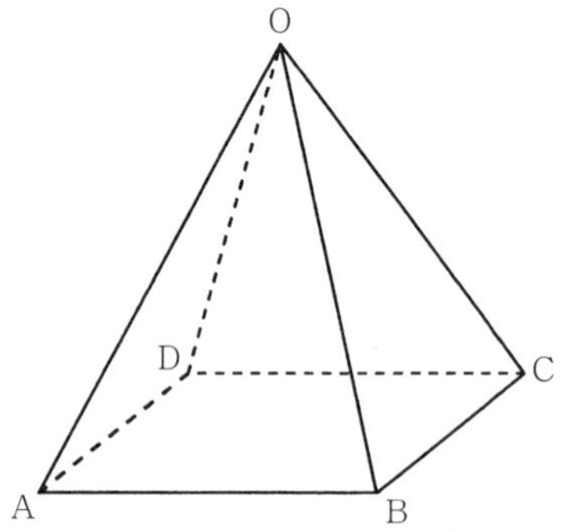

2　下図のように，関数$y=\dfrac{1}{4}x^2$…①のグラフ上の$x>0$の部分に点Aをとり，x軸上に点BをOA＝ABとなるようにとると，点Bのx座標は4になった。また，直線ABと①のグラフの交点のうち，点Aと異なる点をCとする。このとき，次の各問いに答えなさい。

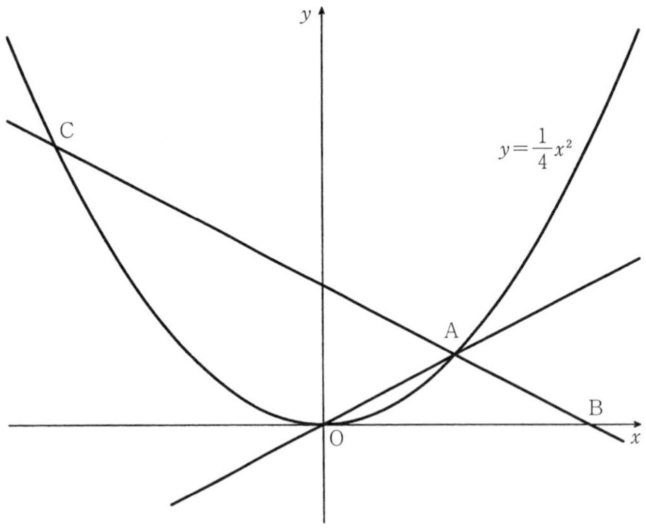

(1)　点Aの座標を求めなさい。

(2)　直線BCの式を求めなさい。

(3)　CA：ABを求めなさい。

(4)　①のグラフ上に点Pを，△OAPの面積が△OABの面積の2倍となるようにとる。点Pのx座標をすべて求めなさい。

3　ある地区に，マラソンと自転車レースを組み合わせた大会がある。大会のルールは以下のようになっている。

[ルール]

図のように，地点アからスタートし，地点アに戻ってくるコースを１周し，各チームのタイムを競うことになっている。

地点アからイを第１区，地点イからウを第２区，地点ウからエを第３区，地点エからアを第４区とする。

第１区は，x kmのマラソンコース
第２区は，マラソンコース
第３区は，y kmのマラソンコース
第４区は，y^2 kmの自転車コース
の全長56kmのコースを各チームが走る。

各チームは，各区１名ずつ合計４名で構成される。

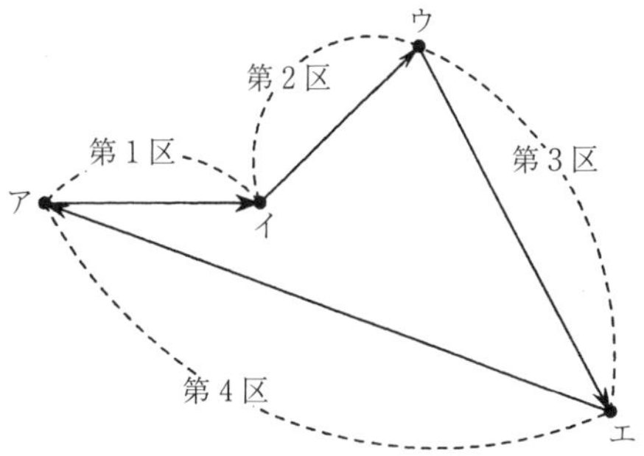

この大会に出場したＳチームは，第１区をＡさんが時速12kmで50分かけて走り，第２区をＢさんが時速６kmで走り，第３区をＣさんが時速10kmで走り，第４区をＤさんが時速30kmで走ったところ，Ａさんがスタートしてから３時間18分後にＤさんがゴールした。

このとき，次の各問いに答えなさい。

(1)　xの値を求めなさい。

(2)　yの値を求めなさい。

(3)　この大会に参加したＳチームとＴチームは，地点エで同時に次の走者と交代した。この２チームは第４区を同じ速さで進んでいたが，地点エからz km進んだ所でＴチームの自転車が故障してしまった。Ｔチームは，修理のため10分間停車し，修理後，時速20kmで走った。

その結果，Ｔチームは，Ｓチームがゴールしてから30分後にゴールした。このとき，zの値を求めなさい。

4　２つの正三角形ABC，CDEを，図のように３点Ｂ，Ｃ，Ｄが一直線上にあるように並べる。また，線分ADと線分BEの交点をＰとする。AB＝x，CD＝yとするとき，次の各問いに答えなさい。

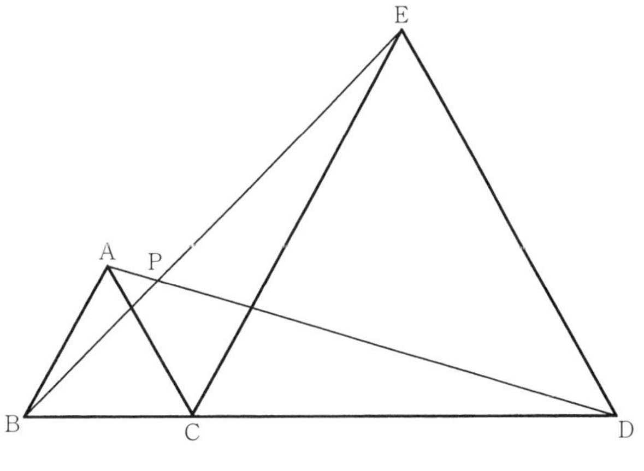

(1)　△ACD＝△BCEを証明しなさい。解答欄には『△ACDと△BCEにおいて』と書いてあるので，その続きを完成させなさい。

(2)　∠DPEの大きさを求めなさい。

(3)　AD×PD＋BP×BEの値をx，yを用いて表しなさい。

【社　会】（45分）〈満点：70点〉

（注意）　字数指定のある問題は，句読点やかぎかっこなどの記号も字数に含めます。

1　国際移住者は，1960年の7700万人から2020年には２億8000万人まで増えました。次の表１は，2020年の国際移住者の多い順にならべた国ごとの，国際移住者数の推移，総人口にしめる国際移住者率，＊合計特殊出生率を示したものです。表２は，送出国と受入国ごとの，2020年時点の国際移住者の総数を示したものです。これらの表をみて，下の問いに答えなさい。

＊一人の女性が一生に産む子どもの数の指標

表１

	国際移住者数（万人）		国際移住者率（%）	合計特殊出生率	
	2000年	2020年	2020年	2000年	2020年
アメリカ合衆国	3481	5063	15.3	2.06	1.64
ドイツ	899	1576	18.8	1.38	1.53
サウジアラビア	526	1346	38.6	4.30	2.24
ロシア	1190	1164	8.0	1.20	1.51
イギリス	473	936	13.8	1.64	1.56
アラブ首長国連邦	245	872	88.1	2.64	1.37
フランス	628	853	13.1	1.88	1.83

（『世界国勢図会 2022/23』，World Bank “Data Indicators” より作成）

表２

送出国→受入国	（万人）
メキシコ→アメリカ合衆国	1085
シリア→トルコ	379
インド→アラブ首長国連邦	347
ロシア→ウクライナ	334
ウクライナ→ロシア	327
インド→アメリカ合衆国	272
アフガニスタン→イラン	271
カザフスタン→ロシア	256
インド→サウジアラビア	250
バングラデシュ→インド	249
ポーランド→ドイツ	214

（United Nations Department of Economic and Social Affairs “International Migrant Stock 2020” より作成）

問１　表１に示したアメリカ合衆国の2000年の合計特殊出生率は，ほかの先進国よりも高めの数値となっています。その理由の１つとして，表２の通りメキシコからの移住者が多く，彼らの出生率が高いことが考えられます。メキシコをはじめとしたスペイン語圏からの移住者は何と呼ばれているか，答えなさい。

問２　表２の通り，現在ドイツは，ポーランドからの移住者が多くなっていますが，第二次世界大戦後の復興のための労働力として外国から受け入れた移住者は，ポーランドからではありませんでした。ドイツが戦後復興のために受け入れた外国人移住者の出身国として最も多い国の名称を答えなさい。

問３　表２にみられるポーランドからドイツへの移住者は，戦後の復興時からではなく，21世紀に入ってから急激に増加しました。ポーランドからの移住者が増加した背景を30字以内で述べなさい。

問４　表１と表２より，サウジアラビアやアラブ首長国連邦では，外国から出稼ぎにきた労働者が多数生活し，国際移住者率が高くなっていることがわかります。このように外国人の出稼ぎ労働者が増加した背景を30字以内で述べなさい。

問５　表２中のシリア→トルコ，アフガニスタン→イランの国際移住者の多くは，内戦による混乱や政情不安など，自国にいると迫害を受けるために他国に逃れ，国際的保護を必要とする人々でしめられています。このような人々を何と呼びますか，漢字で答えなさい。

問６　次の地図中の➡は，表２中の送出国から受入国への人口移動のいずれかをあらわしています。問５の２つのルートにあたるものを地図中のア～クより１つずつ選び，記号で答えなさい。ただし，シリア→トルコについては解答欄の①に，アフガニスタン→イランについては解答欄の②に答えなさい。

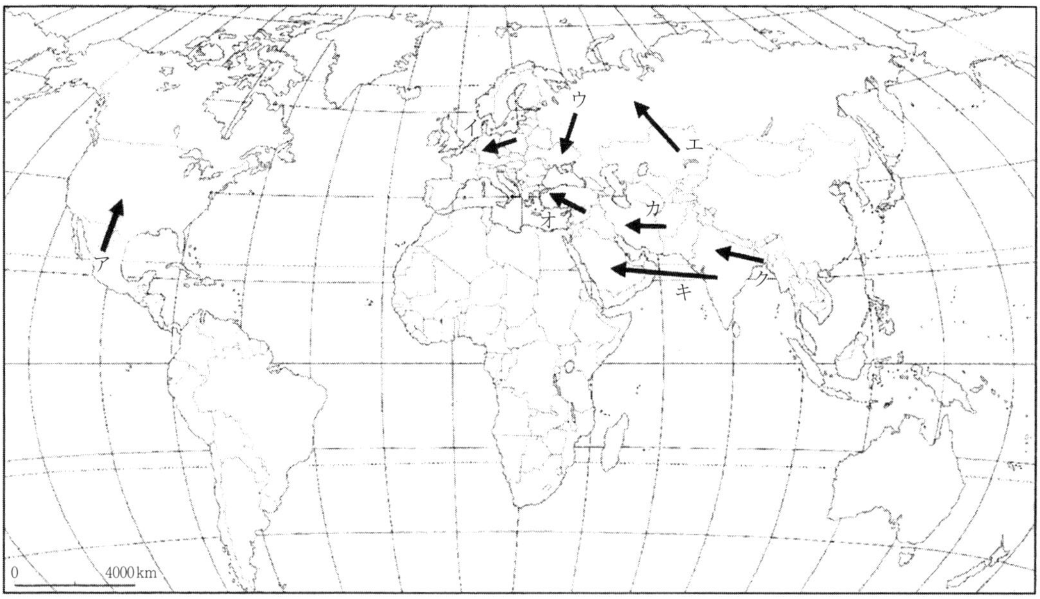

問７　2023年６月，日本政府は外国人労働者の永住につながる在留資格「特定技能２号」について，その対象分野を拡大すると閣議決定しました。岸田文雄首相も，閣僚会議で「人材の円滑な受け入れを促進することが重要だ。深刻化する人手不足への対応として，対象分野を拡大する」と述べています。一方で，ヨーロッパ諸国では移民の受け入れによる多くの問題点が指摘されています。次の文は，フランスの移民の受け入れの現状をあらわしたものです。空欄にあてはまる語句として正しい組み合わせを右のア～ケより１つ選び，記号で答えなさい。

	a	b
ア	南アメリカ	イスラム教
イ	南アメリカ	仏教
ウ	南アメリカ	ヒンドゥー教
エ	北アフリカ	イスラム教
オ	北アフリカ	仏教
カ	北アフリカ	ヒンドゥー教
キ	オセアニア	イスラム教
ク	オセアニア	仏教
ケ	オセアニア	ヒンドゥー教

　フランスは，表１の通り先進国の中では出生率が高く推移しています。これは，少子化対策に力を入れていることと，かつての植民地であった［　a　］などからの移民が出生率を上げているためです。［　a　］からの移民は［　b　］の信者が多数をしめており，ほかの宗教の信者との間で宗教的な摩擦も生じています。

2 日本におけるアルミニウムの生産や加工に関する下の設問に答えなさい。

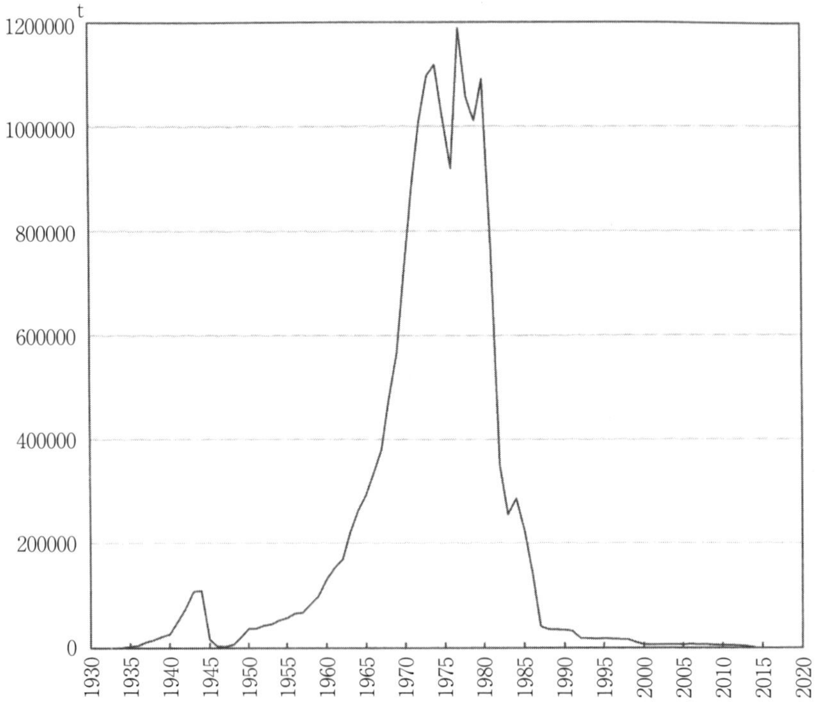

（軽金属協会『軽金属工業統計年報』，日本アルミニウム協会『軽金属工業統計年報』，
日本アルミニウム協会『アルミニウム統計年報』より作成）

図1　日本のアルミニウム新地金生産量の推移

2024年は，日本でアルミニウムの最初の精錬が行われた1934年から90年になる年であると同時に，最後の精錬が行われた2014年から10年になる年でもある。1934年に588トンで始まった日本のアルミニウム精錬は，1977年に約118万8000トンの生産を誇ったが，2014年の538トンで終了した。

アルミニウムは地殻の約８％をしめており，約５％の鉄よりも多い。その多くは酸化アルミニウム(アルミナ)の形で存在しており，それらを含んだ鉱物資源が[A]である。[A]が形成されるには，高温多雨によるアルミニウムを含んだ岩石の風化が起こりやすい熱帯の気候が適しており，そのため，[A]の産地は熱帯に属する国が多くなっており，日本は輸入に依存している。

[A]から薬品などを使用してアルミナを取り出し，アルミナから一般的には電気分解を行って酸素を取り除いてアルミニウムを取り出す。そのため，アルミニウムはよく「電気のかんづめ」と呼ばれる。はじめて精錬が行われた長野県大町市の工場も，最後の精錬が行われた静岡県静岡市清水区の工場も(a)ともに電気に恵まれていたことが，その場所に工場が作られる理由の一つであった。

[A]４トンからアルミナ約２トンが採れ，アルミナ２トンからアルミニウム約１トンが採れる。アルミニウムは同じ大きさの鉄よりも軽く，単位重量当たりの強度が強く，また腐食しにくいため，第二次世界大戦前は軍事利用のために生産が拡大したが，大戦中に多くの工場が被害を受け，その生産はいったん中断した。大戦後は少しずつ生産量が拡大し，(b)北海道から福岡県まで各地に精錬工場が建設され，1970年代には世界第三位の生産量を誇るようになった。その一方で精錬には大量の電気が必要となるため，発電コストが高い日本では[B]年の第一次石油危機以降はアルミニウムの精錬は頭打ちとなり，1980年代に入るとその生産量は急速に減少していった。なお，アルミナはセラミックスや薬品にも利用されるため，国内製造が続けられている。

アルミニウム工業では[A]を電気分解後に塊状の地金にし，それを加工して製品を作ってい

る。2015年以降は［ A ］から新しく精錬された地金は輸入に依存しているが，アルミニウムの融点は鉄よりも1000℃近く低く，電気分解時の３％のエネルギー消費で製造可能なリサイクル品からの再生地金が国内でも大量に生産されている。

それらの輸入地金や再生地金を，溶かして型に入れて成形したり，ローラーなどで圧延して板状にしてからさまざまな形に成形したり，熱して圧力をかけながら型から押し出したりして製品が生産される。(c)これらの工場は三大都市圏周辺に多いが，富山県や新潟県，福島県，静岡県ではかつての精錬工場やその周辺に加工工場が建設されている。なかでも富山県は第二次世界大戦前に精錬工場があった富山市や高岡市，1970年に精錬工場が建設された射水市などで現在でもアルミニウムのさまざまな加工が行われている。

問１　空欄［ A ］にあてはまる語を答えなさい。

問２　空欄［ B ］にあてはまる年を西暦で答えなさい。

問３　次の図２中のａ～ｃはそれぞれ文中の長野県大町市，静岡県静岡市清水区，富山県射水市(データは隣接した伏木市のもの)の雨温図です(それぞれの位置は図３に示しています)。都市名と雨温図の組み合わせとして正しいものを，下のア～カより１つ選び，記号で答えなさい。

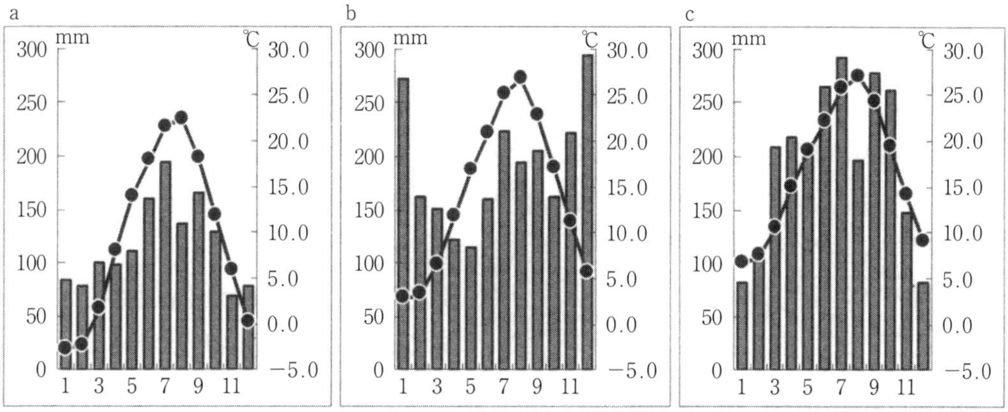

(気象庁ホームページより作成)

図２

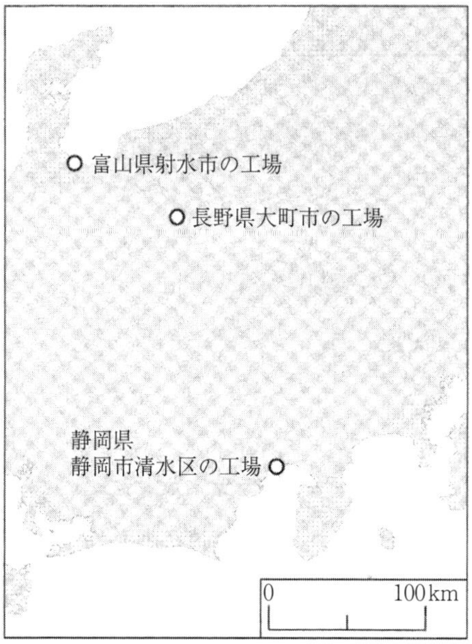

図３

(各社ホームページ，国土交通省「国土数値情報（海岸線）(https://nlftp.mlit.go.jp/ksj/gml/datalist/KsjTmplt-C23.html)」より作成)

	ア	イ	ウ	エ	オ	カ
大町市	a	a	b	b	c	c
清水区	b	c	a	c	a	b
射水市	c	b	c	a	b	a

問4　文中の下線部(a)に関して，次の図4は大町市の工場と静岡市清水区の工場，それぞれの周辺を表した地図です。図中の発電所Ⅰと発電所Ｊはともに同じ種類の発電所です。ⅠおよびＪの発電所の種類として正しいものを，下のア～エより１つ選び，記号で答えなさい。

※各記号，標高等の数値は拡大し，送電線，等高線は太くしている。

（国土地理院「国土基本情報」より作成）

図4

ア．火力発電所　　イ．地熱発電所
ウ．水力発電所　　エ．原子力発電所

問5　文中の下線部(b)に関して，次の図5の5枚の地図は1934年(左端)，1965年，1977年，1986年，2014年(右端)のそれぞれの年におけるアルミニウム精錬工場の分布を示しています。図5中のP～Rとそれが表している年の組み合わせとして正しいものを，下のア～カより1つ選び，記号で答えなさい。

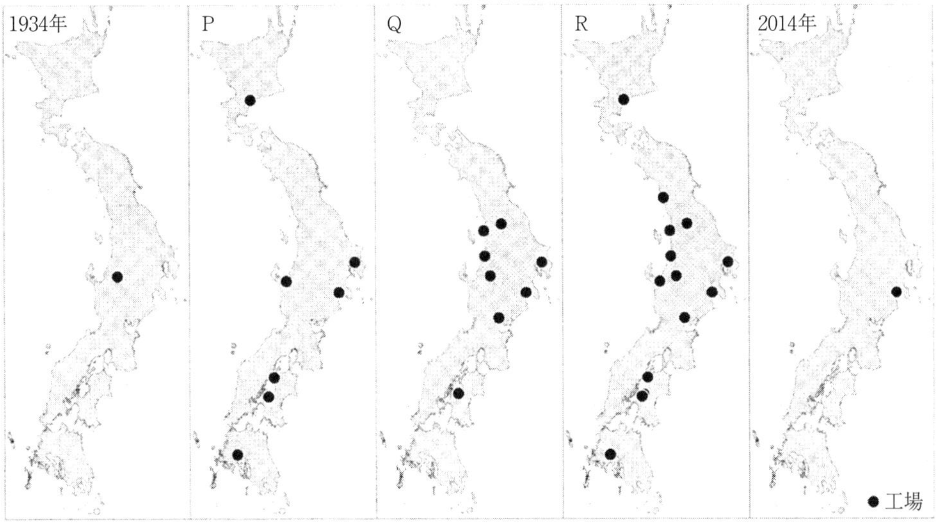

(通商産業省『金属工業統計年報』，軽金属協会『軽金属工業統計年報』，日本アルミニウム協会『軽金属工業統計年報』，日本アルミニウム協会『アルミ産業の歩み』(https://www.aluminum.or.jp/basic/alumi-sangyo/hset.html)，各社ホームページ，国土交通省「国土数値情報(海岸線)(https://nlftp.mlit.go.jp/ksj/gml/datalist/KsjTmplt-C23.html)」より作成)

図5

	ア	イ	ウ	エ	オ	カ
1965年	P	P	Q	Q	R	R
1977年	Q	R	P	R	P	Q
1986年	R	Q	R	P	Q	P

問6　文中の下線部(c)に関して，右の表1は2021年におけるアルミニウム圧延工場の県別工場数を示しています。三大都市圏に多い理由としては**あてはまらないもの**を，次のア～エより1つ選び，記号で答えなさい。

表1

工場数	都道府県					
7	**大阪**					
6	富山					
5	**岐阜**	**愛知**	**栃木**	**埼玉**		
4	**滋賀**	静岡	**群馬**			
3	熊本	山口	**千葉**			
2	**京都**	**東京**				
1	鳥取	岡山	福井	石川	新潟	宮城
	沖縄	香川	**兵庫**	**三重**	**茨城**	福島

※ゴシック体は三大都市圏にふくまれる都道府県を示す。
(日本アルミニウム協会『2021年度 アルミニウム統計年報』より作成)

ア．輸入地金の輸入や製品の輸出に便利な港湾が近くにあるから。
イ．アルミニウム製品を部品とする自動車産業などが発達しているから。
ウ．手作業が多く，安価な労働力が豊富にあるから。
エ．アルミはくやアルミ缶などの消費者向けの需要が高いから。

問7　次の図6中のX～Zはそれぞれ，日本の1950年以降における，A の輸入量，アルミニウムの圧延品生産量，アルミニウムの再生地金の生産量のいずれかを示しています。X～Zとそれぞれが示していることの組み合わせとして正しいものを，下のア～カより1つ選び，記号で答えなさい。

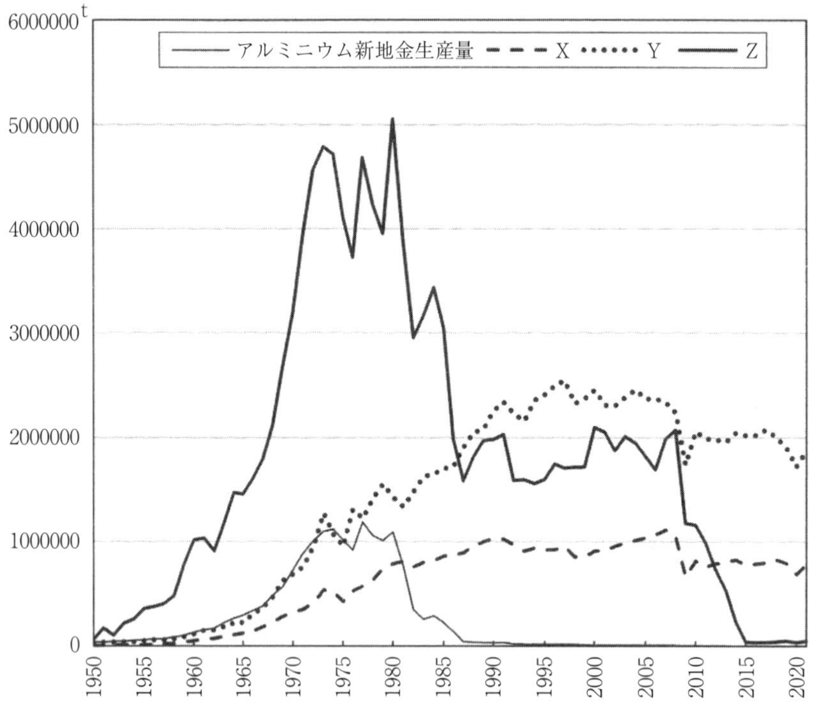

（軽金属協会『軽金属工業統計年報』，日本アルミニウム協会『軽金属工業統計年報』，日本アルミニウム協会『アルミニウム統計年報』，通商産業大臣官房調査統計部『非鉄金属製品統計年報』，財務省『貿易統計』より作成）

図6

	ア	イ	ウ	エ	オ	カ
A の輸入量	X	X	Y	Y	Z	Z
アルミニウムの圧延品生産量	Y	Z	X	Z	X	Y
アルミニウムの再生地金の生産量	Z	Y	Z	X	Y	X

3 巣鴨高等学校では，高校1年生の終わりに各クラスごとオリジナルの行程で，日本国内の様々な地域へ修学旅行に行きます。次の資料1～10は，修学旅行の成果や感想を生徒・先生それぞれがまとめたものです。資料1～10に関する下の問いに答えなさい。

資料1　A君「記紀に綴《つづ》られたはじまりの島」

私たちがクラスで訪れたのは，古事記・日本書紀の「国生み神話」において最初に誕生したとされる「おのころ島」です。日本最古の神社と伝えられる伊弉諾《いざなぎ》神宮のほか，国生みの地に建てられたとされる「おのころ島神社」など，島内には神話のロマンが漂っていました。早良親王や淳仁天皇の流刑地として暗い印象を持っていましたが，歴史あるとても神秘的な魅力を持つ島でした。

大阪
↓
明石
↓明石海峡大橋
X 島
↓大鳴門橋
鳴門
↓
徳島

問１　資料１について，Ａ君が訪れた［ X ］島の名称を漢字で答えなさい。

資料２　Ｂ君「古代のロマンを求めて東北→北海道！」

私たちのクラスは東北，北海道の様々な時代の遺跡や歴史的建造物を訪れました。写真の三内丸山遺跡を見学後に東北を離れ，北海道で研修をおこないました。どの地域でも楽しく勉強ができ，食べ物もとてもおいしかったです。

問２　資料２について，Ｂ君が訪れた東北・北海道で得た学びについて述べた文として正しいものを，次のア～オより１つ選び，記号で答えなさい。

ア．Ｂ君は福島県で多賀城跡を訪れ，飛鳥時代には，ここに大規模な東北経営の拠点がおかれていたということを学んだ。

イ．Ｂ君は宮城県で北条氏の居城であった仙台城を訪れ，杜《もり》の都と呼ばれるこの地が，豊臣秀吉との戦いで焼け野原となった歴史があることを学んだ。

ウ．Ｂ君は岩手県で平泉の中尊寺金色堂を拝観し，奥州藤原氏の繁栄を実感するとともに，浄土教の影響が東北までおよんでいたことを学んだ。

エ．Ｂ君は青森県で弥生時代を代表する三内丸山遺跡を訪れ，周囲を濠で囲んだこの環濠集落は，集落同士が争っていた痕跡であるということを学んだ。

オ．Ｂ君は北海道の白老でアイヌの歴史を学び，本州が縄文文化を形成しているころ，北海道ではアイヌ独自の文化が形成されていたことを学んだ。

資料３　Ｃ君「脱出ツアー」

私たちは下のWebサイトで見つけた「脱出ツアー」に参加してきました。誰の脱出ルートかみなさんはわかりますか？

「絶体絶命！　古の脱出ルートを追体験しよう」

鎌倉時代末期。何度となく倒幕を試み，そのたびに失敗を重ねた［ Y ］。当時としては死に等しい「流刑」となりました。流刑から１年後，［ Y ］は決死の覚悟で島からの脱出を決行。京都まで戻り，足利尊氏らとともに，一気に鎌倉幕府を倒したのが今から約700年前のできごとです。

そんな日本の歴史を大きく変えた脱出劇を追体験できるのが「［ Y ］脱出ツアー」。［ Y ］ゆかりの史跡や今も残る言い伝えなど，運転手さんによる詳しいガイドを楽しみながら，タクシーで［ Y ］の足跡を追います。

ツアーのスタートは［ Y ］の御在所「黒木御所阯」から。小高い山の上にあり，遠く別府港を望めます。［ Y ］もここから海を眺め，遠い都を思ったり我が身の不遇を嘆いたりしたのかもしれません。

脱出ツアーは，絵巻や資料を閲覧できる「碧風館」，脱出までの間に休息をとったと伝えられる「御腰掛の石」を経て，別府港へ。港から見える小さな島「見附島」からは，都からの監視役が黒木御所を見張っていたのだとか。

流刑の身でありながら，島の人からの尊敬を集めていたといわれる［ Y ］。多くの島民が，この地を脱出して歴史の表舞台に返り咲いたヒーローを，今も誇りに思っているのだそうです。命を懸けて日本の政治を動かそうとした［ Y ］の足跡を追えば，自分の中にある何か熱いものが思い出されるかもしれません。

（隠岐ジオパーク推進機構「隠岐の島旅」より引用）

問３　資料３について，［ Y ］にあてはまる人物名を漢字で答えなさい。

資料４　Ｄ君「歴史好き，グルメ好きともに大満足！」

私たちは修学旅行前に，訪れる都市に関わる歴史的なできごとを，年表にしてみました！　右は私が分担したある都市の年表です。どこの都市でしょう？

９世紀	空海が唐からの帰国後に東長寺を建立した。
10世紀	藤原純友が大宰府を制圧するも，小野好古らに大敗！
12世紀	日宋貿易の港として栄える。
13世紀	武士が元寇をこの地で撃退！
15世紀	日明貿易の港として栄える。倭寇鎮圧のための出発地にも。

問４　資料４について，Ｄ君が分担した都市の位置として正しいものを，次の地図中のア～オより１つ選び，記号で答えなさい。なお，点線は現在の府県境を示しています。

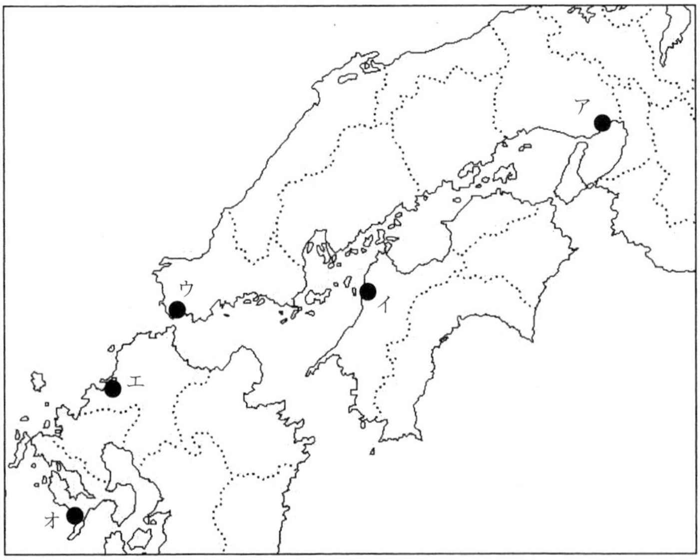

資料５　Ｅ君「寺社の被災」

下の資料をご覧ください。私たちが訪れたこの都市では，15世紀の中ごろに多くの寺社が被災してしまいました。

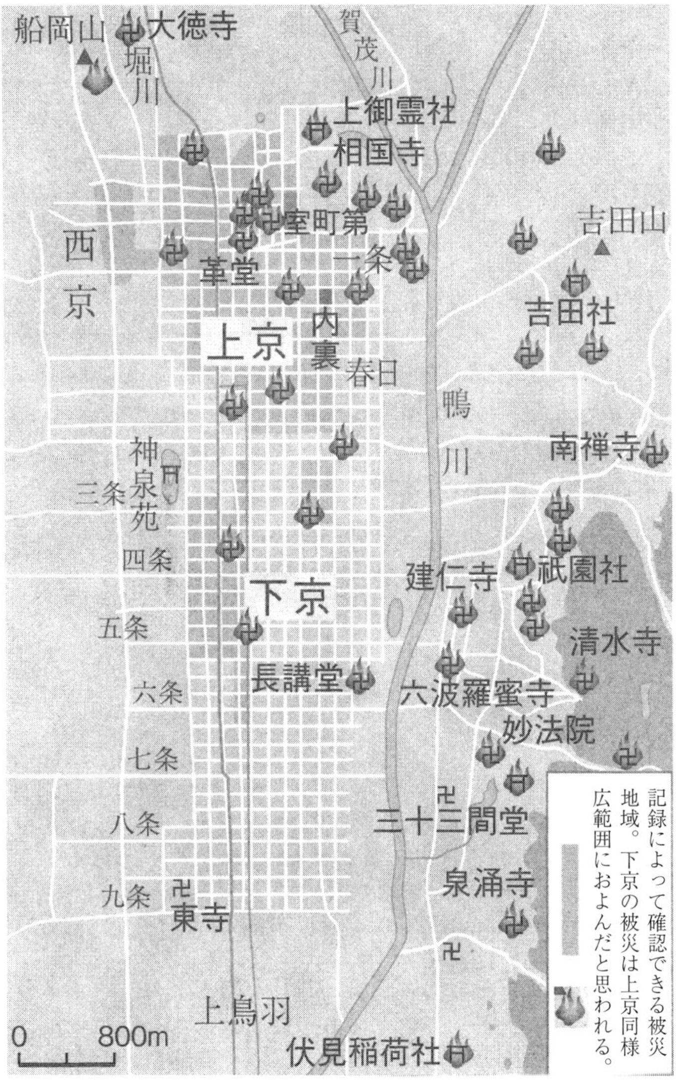

問５　資料５について，Ｅ君の作成した文章中の「被災」はどのような原因でおこったのか30字以内で説明しなさい。

資料6　F君 「まじで出島」	
私たちのクラスは世界文化遺産のひとつである軍艦島を訪れ，現地のガイドさんから当時の活力あふれる島民の様子を聞くことができました。翌日，右の資料に描かれた出島に行き，「鎖国」中でも，ここでは活発に貿易がおこなわれていたことを実感しました。	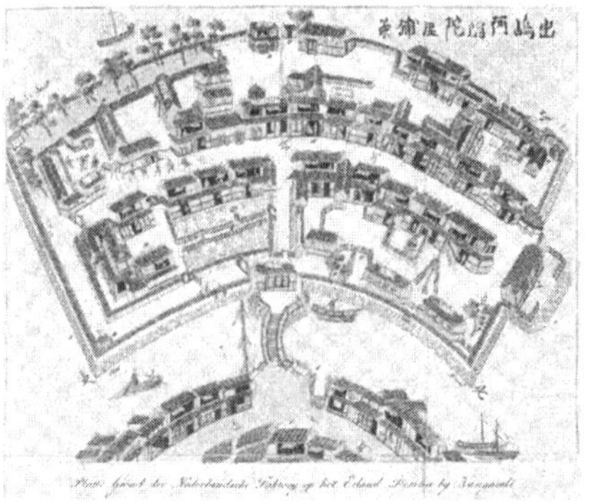

問6　資料6について，次のア～オを古いものから年代順にならべたとき，2番目と4番目にくるものを，それぞれ記号で答えなさい。

ア．ポルトガル船の来航が禁止された　　　イ．島原の乱がおきた

ウ．日本人の海外渡航・帰国が全面禁止となった　　エ．全国に禁教令が出された

オ．オランダ商館が出島に移された

資料7　G君 「江戸時代の改革」	
～白河の清きに魚の住みかねて 　　もとのにごりの田沼恋しき～ 私たちは，大田南畝の狂歌で風刺された右の人物にゆかりのある福島県に行きました。事前学習を通じて，潔癖で保守的な印象の彼が，凶作による米価高騰に苦しむ庶民が安心して暮らせるよう，江戸の霊巌島吉祥院の歓喜天に自らの命を懸けた願文をささげていることを知りました。	

問7　資料7について，この人物がおこなった政策をあらわす史料(口語訳)を，次のア～オより1つ選び，記号で答えなさい。なお，史料は読みやすくするために一部改変しています。

ア．農村に住んでいた者が江戸へ出てきて，その生活に慣れるにしたがい，故郷に帰る気をなくし，そのまま江戸の人別に登録する者が年ごとに増加し，農村の人別が減っているとのことであり，困ったことであるので，このたび，すべての人別を調査して残らず帰郷させるよう命じるところである。

イ．(イギリス船が)昨年は勝手に上陸して廻船の米穀や島の野牛などを奪い取るというように，しだいに乱暴な振舞いがつのり，その上，キリスト教に入信をすすめた事実もわかり，いずれにしても放置しておくことはできない。今後どこの海辺の村においても外国船が乗り寄せてきたことを発見したならば，その場に居あわせた人々で，有無を言わさずただちに打ち払い，逃げた時には追跡船を出す必要はなく，そのまま捨ておいてよい。

ウ．朱子学は，慶長以来，将軍家が代々信用してきた学問で，林家が代々その学風を維持するよう命じられているのであるから，正学である朱子学を学び研究し，門人達を取り立てるべきもので

ある。ところが最近，世間ではいろいろな新しい学説を唱え，異学が流行し，風俗を乱す者がいる。必ず門人が異学を学ぶことをきびしく禁じ，自分の門下に限らず他の門派にも話し，正学を講義・研究し，人材を取り立てるように心がけるようにせよ。

エ．将軍直属の旗本として召し抱えられている家臣は，将軍の代を重ねるごとにだんだん数が増えた。幕府の貢租収入も前よりは多くなったが，結局毎年不足している。そのため，代々このような指示はなかったことであるが，一万石以上の大名より米を上納するよう命じようとお考えになった。石高一万石について米百石の割合で上納せよ。代わりとして江戸滞在を半年ずつ免除されるので，国元でゆっくり休息するようにとの仰せである。

オ．このたび，江戸・大坂周辺の取り締りのため領地を返上するよう上知を命じられた。右の領地やその他の飛地の領地にも課税率の高い場所がある。幕府の命令次第に上知し，その代知については，どのような所でもかまわず与える。しかし，代知の年貢課税率が三割五分よりも高い所では，せっかく大名が上知を申し出た意味もないので，規定通り三割五分を越えない土地を代知として下されることになるので，ありがたいことと安心するように。

資料８　Ｈ君 「四国の旅　～坂本龍馬生誕の地まで～」

私たちは四国巡りをしました。松山空港から道後温泉へ。金刀比羅宮や坂本龍馬記念館にも行くことができました。

問８　資料８について，坂本龍馬の事跡のなかで，その後の江戸幕府に影響を与えたできごとをあげ，そのできごとが江戸幕府にどのような影響を与えたか，30字以内で説明しなさい。

資料９　Ｉ君 「１万円を求めて……」

私たちのクラスは，ひとりの人物に着目し，彼のゆかりの地を巡る旅に出ました。

・高崎線　深谷駅　集合：生家を見学

↓

・京浜東北線　王子駅：「洋紙発祥之地」の碑を見学

↓

・東京メトロ銀座線　三越前駅：日本銀行本店を見学

↓

・徒歩：東京証券取引所を見学

↓

・新幹線　静岡駅：宝台院，徳川慶喜公屋敷跡を見学

↓

・新幹線　新大阪駅(→御堂筋線・バス)：「近代紡績工業発祥の地」の碑を見学

問９　資料９について，Ｉ君のクラスが注目した人物の名前を漢字で答えなさい。

資料10　J先生　「戦後の日本との関係」

修学旅行とは異なりますが，私は生徒を連れて蓼科学校で，イギリスから先生方を招いておこなわれた巣鴨サマースクールを見学しました。オンラインを利用してできることも以前より増えていて，オンラインプログラムや，現地に行く前の事前学習で，イギリスの先生たちとのやり取りもありました。世界のことを知れば知るほど，日本のことを学ぶ大切さを痛感しました。

巣鴨学園　蓼科学校

問10　資料10について，終戦(1945年8月15日)後の世界のできごとについて説明した文として正しいものを，次のア～オより1つ選び，記号で答えなさい。

ア．中国では内戦の末に中国国民党により中華人民共和国が建国され，中国共産党の毛沢東は台湾へ逃れた。

イ．日本のポツダム宣言受諾後にソ連軍は千島列島の占守島に侵攻し，多くの日本人がシベリアへ連行され抑留された。

ウ．中東ではユダヤ人国家のイスラエルが建国されたが，アメリカやイギリスはこれを認めず，中東戦争が繰り返しおこった。

エ．ソ連の影響下にある西ドイツと，アメリカの支援を受ける東ドイツとはベルリンの壁によって国境が分断された。

オ．イランがクウェートに侵攻したことをきっかけに湾岸戦争がおき，鎮圧のために日本の自衛隊が出動した。

4　次の文章は，広島を訪れた著名人によるスピーチや発言に触れながら核兵器について取り上げた授業での会話です。これを読んで，下の問いに答えなさい。

先　生：昨年5月，G7広島サミットが開催されました。岸田首相は議長国として，「力による一方的な現状変更の試みや核兵器による威嚇，その使用を断固として拒否し，(　①　)の支配に基づく国際秩序を守り抜くための議論を深めたい」と語りました。このG7サミットの最終日には，②ロシアによる侵攻に対抗するウクライナの大統領ゼレンスキー氏が来日し，広島に来て原爆資料館を見学したあと，次のスピーチを行っています。抜粋して取り上げます。

> 人々が歴史の中で見つめてきたことは，無数の人々の暮らしが灰と化したということです。街のかわりに焼き尽くされた土地が残り，家々はがれきを残すのみとなったことです。広島は今，復興を遂げています。わたしたちはがれきと化してしまったすべての街，ロシアの攻撃による被害を受けていない家が一軒もなくなってしまったすべての村が復興を遂げることを夢みています。
>
> (中略)
>
> わたしたちは勝利を夢みています。勝利のあとの平和を夢みています。しかし，そのためには，この侵略者だけでなく，戦争そのものの野心を敗北させなければなりません。

（NHK 国際ニュースナビより引用）

巣　太：戦争で破壊されても復興した現在の広島に，現在の自国の街を重ねて復興を願い，そして何より戦争そのものを否定しようと訴えていますね。

先　生：そうですね。広島と長崎は，被爆地であるとともにそこから復興を遂げた都市であり，訪れた人々に希望や力を与えてくれる場所だと思います。広島にはこれまでも世界中から様々な著名人が訪れ，この都市から受けた力を言葉にしています。そのなかで，1981年に広島を訪れた，「空飛ぶ教皇」こと③ローマ教皇ヨハネ＝パウロ２世のスピーチを紹介します。

過去をふり返ることは将来に対する責任を担うことです。広島市の皆さんは，最初の原子爆弾投下の記念碑を，賢明にも平和の記念碑とされました。わたしは，この英断に敬意を表し，その考えに賛同します。平和記念碑を造ることにより，広島市と日本国民は，「自分たちは平和な世界を希求し，人間は戦争もできるが，平和を打ち立てることもできるのだ」という信念を力強く表明しました。この広島でのできごとの中から，「戦争に反対する新たな世界的な意識」が生まれました。そして平和への努力へ向けて新たな決意がなされました。

核戦争の恐怖と，その陰惨な結末については，考えたくないという人がいます。当地でのできごとを体験しつつも，よく生きてこられた人々の中にさえ，そう考える人がいます。また，国家が武器を取って戦い合うということを，実際に経験したことのない人々の中には，核戦争は起こりえないと考えたがる人もいます。さらに，核兵器は力の均衡を保ち，恐怖の均衡を保つため，いたしかたのないものだとする人もいます。しかし，④戦争と核兵器の脅威にさらされながら，それを防ぐための，各国家の果たすべき役割，個々人の役割を考えないですますことは許されません。

（広島市「ローマ法王歓迎の集い　ローマ法王平和アピール」より引用）

鴨次郎：原爆慰霊碑は，ともすると見る人に原爆を落とした国への反発を呼び起こす碑ともなったかもしれませんが，ヨハネ＝パウロ２世が指摘されているように，日本では強く平和を願う記念碑として広く受け入れられているように思えます。

先　生：そうですね。いま鴨次郎くんが話してくれたことを，（ ⑤ ）の革命指導者であったチェ＝ゲバラが問いかけています。彼はカストロとともに（ ⑤ ）革命を成功させて社会主義国に転換させ，ソ連に接近しました。1959年７月に広島を訪問した彼は，原爆資料館の展示を見て回る途中，日本人の通訳にこのような問いかけをしています。

君たち日本人はアメリカにこれほど残虐な目にあわされて，腹が立たないのか。

（朝日新聞 2021年８月６日記事「核といのちを考える」より引用）

学　：はっきりした物言いをしますね。アメリカへの批判が強いようだけど，当時の（ ⑤ ）が，冷戦のなかでアメリカとソ連による対決の最前線にあったことが背景にありそうですね。

先　生：私もそう思います。実際にこのあとの1962年，アメリカとソ連の対立が核戦争の一歩手前まで迫る（ ⑤ ）危機が起きました。しかし，両国首脳同士による交渉でなんとか回避され，核兵器については，その開発につながる核実験を禁止する部分的核実験禁止条約が結ばれ，⑥その後も核兵器に関する国際条約の調印や採択が行われるなど，世界はその廃絶に向けて進んでいきました。そして2016年５月には，当時のアメリカ大統領オバマ氏が，現職の⑦アメリカ大統領としてはじめて広島および原爆資料館を訪れ，次のスピーチを行っています。抜粋したものを紹介します。

> 国家間の全ての侵略行為や，今日世界で目の当たりにする全てのテロ，腐敗，残虐行為，抑圧は，私たちの仕事に終わりがないことを物語っています。人間が悪を行う能力をなくすことはできないかもしれません。ですから私たちがつくり上げる国家や同盟は，自らを防衛する手段を持つ必要があります。しかし私自身の国と同様，核を保有する国々は，恐怖の論理から逃れ，核兵器のない世界を追求する勇気を持たなければなりません。
> （AMERICAN CENTER JAPAN「広島平和記念公園におけるバラク・オバマ大統領の演説」より引用）

巣　太：ほかの誰でもない，世界有数の核保有国でもあるアメリカの大統領が，自国を含めた核保有国に核兵器の廃絶を呼びかけたことには意義を感じます。

鴨次郎：そうだね。でもアメリカは，このあと多くの国が結んだ核兵器禁止条約については反対したと聞いたよ。自国がもつ核兵器で同盟国を守るという安全保障戦略をそのまま維持するかたちになっているね。

園　子：さらに最近では，一部の指導者が，これまで積み上げてきた核兵器に関する条約の破棄を訴えたり，もしくは核兵器の使用をほのめかしたりしています。私にとっては今から40年以上も前に行われたヨハネ＝パウロ２世のスピーチが，まるで今のわれわれに向けられた言葉のように思えます。

先　生：たしかに，核兵器の廃絶をめぐる議論は，前進したかと思えば核保有国をめぐる対立のなかで後退する，というのを繰り返していますね。近年の変化としては，核保有国の一つで，国連による推計で人口が世界一となることが予想され，経済成長も著しい（ ⑧ ）の存在感が増していることです。2019年から連続してG7サミットに招待されているほか，G20議長国として「グローバルサウス」を提唱し，新興国グループの筆頭として，この国の動向が大国にも影響を与えています。G7サミットに対しては，もともと「先進国だけで世界のルールを一方的に決めるな」という抗議もあり，近年のG7は（ ⑧ ）などの新興国を会議に招くといった試みが行われています。核兵器に関する議論についても，従来の議論に「グローバルサウス」の勢力を引き入れることで新たな局面を迎えることが予想されます。

巣　太：核兵器をめぐる議論がどうなっていくのか，しっかり注目していきたいです。

問１　空欄（①）には，専制的な君主から自由を守ったことに由来する，民主主義の原則として位置づけられている語句の一部が入ります。あてはまるものを漢字で答えなさい。

問２　下線部②について，次のページのグラフは2020年を100とした指数で，液化天然ガスの国際価格の推移を表したものです。ロシアは2022年度で世界第２位の液化天然ガスの生産量を誇るほか，原油の生産量も多く，それぞれの世界有数の輸出国としても知られています。次の文は，液化天然ガスの価格がとくに2022年に高騰している理由について説明したものです。これについて，下の問いに答えなさい。

> ロシアの侵攻に反対する英米やEU諸国が，ロシアからの原油の輸入を禁止する［　A　］を行った。これに対してロシアは，とくにEU諸国向けに液化天然ガスを送り出すために設けられた［　B　］の稼働を，保守点検を理由に止めるなど，⑨輸出量を制限することで対抗した。このため液化天然ガスの国際的な供給量が減少し，需要量とのバランスが崩れた結果，価格が高騰した。

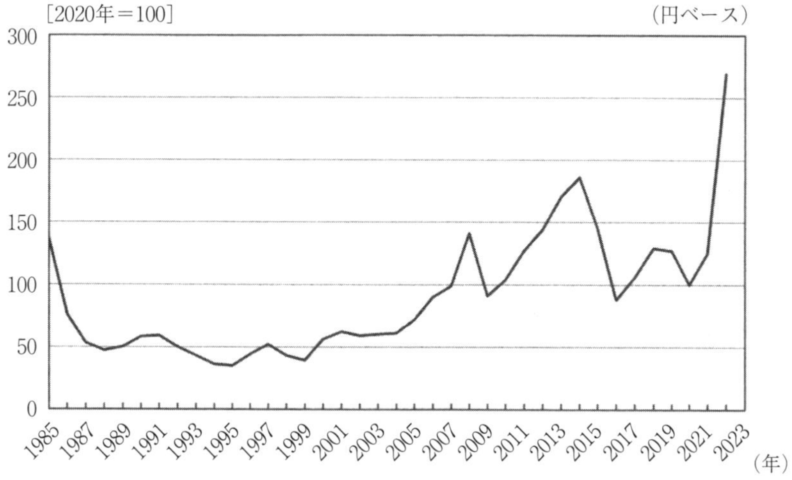

(World Bank “World Bank Commodity Markets” より作成)

(1) 文中の空欄 A にあてはまる語句を漢字で，空欄 B にあてはまる語句をカタカナで答えなさい。

(2) 右の図は，2020年時の液化天然ガスにおける需要量・供給量と価格の関係を表したものです。下線部⑨の内容は，この図でどのように表すことができますか。次のア～エより１つ選び，記号で答えなさい。なお，図中の矢印はそれが指す方向へ曲線が移動(シフト)したことを表しています。

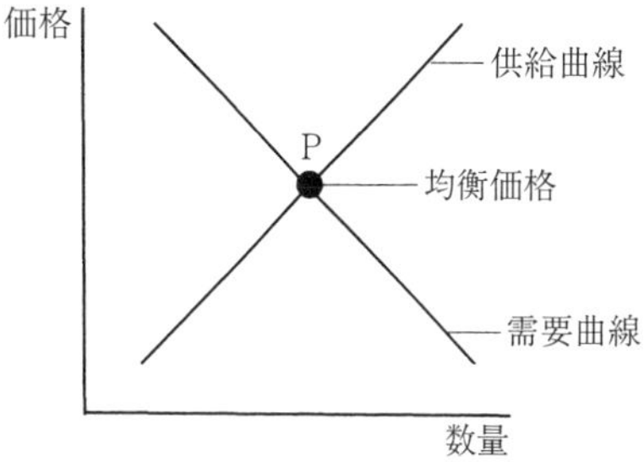

ア.

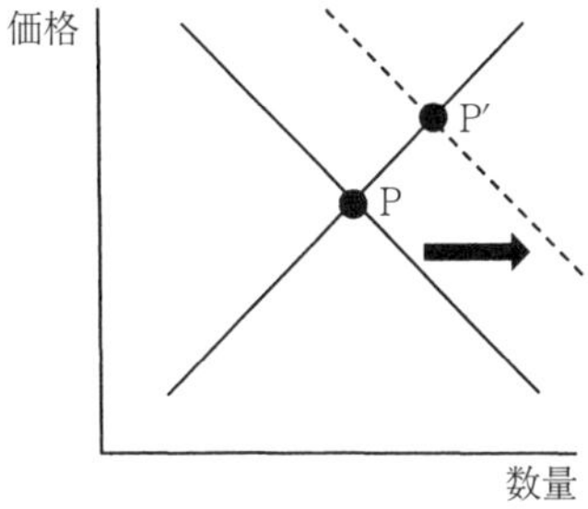

イ.

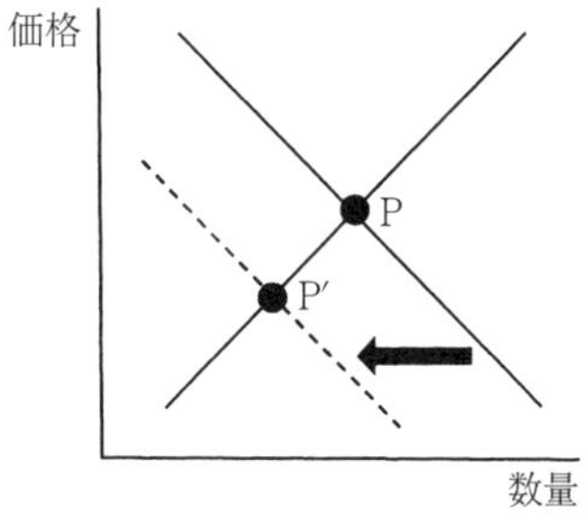

ウ.

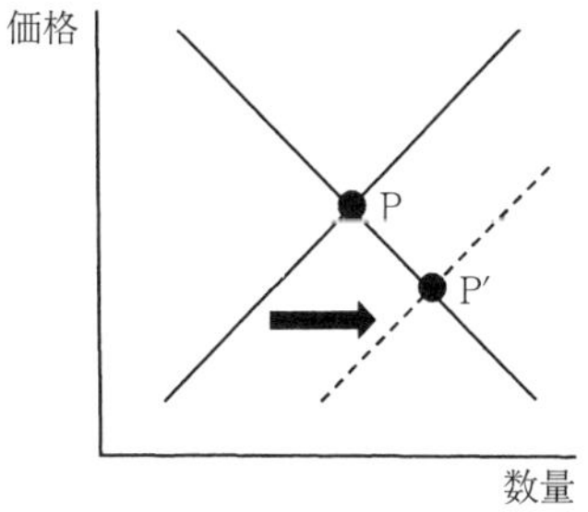

エ.

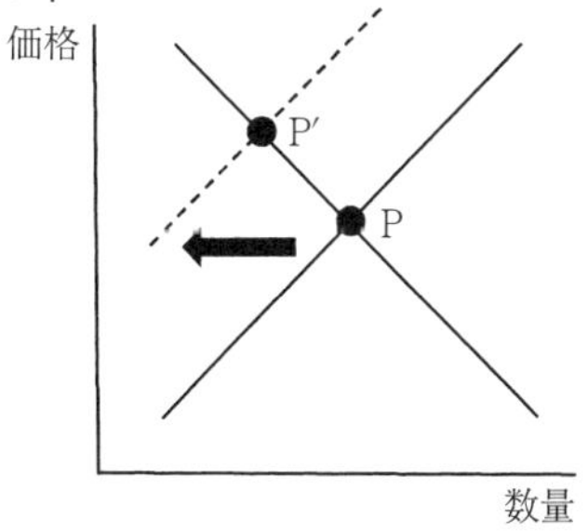

問３　下線部③について，ローマ教皇およびその事跡について述べた文として**誤っているもの**を，次のア～エより１つ選び，記号で答えなさい。

ア．世界でもっとも信者数が多い宗教がキリスト教であり，ローマ教皇はそのなかのカトリック教会における最高指導者である。

イ．11世紀には，かつてイエスが磔刑《たっけい》となった地で，キリスト教の聖地でもあるエルサレムをイスラーム教徒から取り戻すために十字軍の結成を呼びかけた。

ウ．16世紀には，バチカンのサン＝ピエトロ大聖堂の改修費用を得るために免罪符を売り出し，ドイツで宗教改革が始まるきっかけをつくった。

エ．17世紀には，宗教改革の結果，新たに生まれたプロテスタント勢力を支援する目的でフランシスコ＝ザビエルらが創設したイエズス会を承認した。

問4　下線部④について，日本では，佐藤栄作内閣が表明して1971年に国会で決議された非核三原則を核兵器に対する政府の基本方針としています。この原則を解答欄に記された言葉に続けて答えなさい。

問5　空欄(⑤)にあてはまる国名を答えなさい。

問6　下線部⑥について，核開発や核軍縮にまつわる次のA～Cの条約が採択された順番として正しいものを，下のア～カより１つ選び，記号で答えなさい。

A　戦略兵器削減条約(START)

B　核兵器不拡散条約(NPT)

C　包括的核実験禁止条約(CTBT)

ア．A→B→C　イ．A→C→B　ウ．B→A→C

エ．B→C→A　オ．C→A→B　カ．C→B→A

問7　下線部⑦について，アメリカの大統領と日本の内閣総理大臣のもつ権限を比較した次のAとBの文の正誤の組み合わせとして正しいものを，下のア～エより１つ選び，記号で答えなさい。

A　アメリカの大統領は議会で可決された法律案に対する拒否権をもつが，日本の内閣総理大臣は国会が可決した法律案に対する拒否権をもたない。

B　アメリカの大統領は議会の上院・下院いずれも解散することができないが，日本の内閣総理大臣は衆議院・参議院とも解散することができる。

ア．A－正　B－正　イ．A－正　B－誤

ウ．A－誤　B－正　エ．A－誤　B－誤

問8　空欄(⑧)について，この国について述べた次の あ～え の文のうち，正しい文を組み合わせたものを，下のア～カより１つ選び，記号で答えなさい。

あ　WTOへの加盟後，貿易を拡大させるなどして世界第２位のGDPを誇るまでになり，アメリカとの間で貿易に関する対立が起こっている。

い「BRICS」と呼ばれる有力新興国の一つに数えられ，かつての宗主国と同様に首相が政府の長をつとめており，多くの国際会議に出席している。

う　1970年代末より展開してきた「一人っ子政策」を転換し，生産年齢人口を増やすことで経済成長率の維持を図ろうとしている。

え「自由で開かれたインド太平洋」構想に共鳴し，航行の自由や海洋での安全保障を実現するために日本と連携していくことを確認している。

ア．あ・い　イ．あ・う　ウ．あ・え

エ．い・う　オ．い・え　カ．う・え

【理　科】（45分）〈満点：70点〉

（注意）１．字数指定のある問題は，句読点や記号なども字数に含めます。
２．定規・コンパス・分度器・計算機は使用できません。
３．計算問題については，問題文の指示にしたがって答えなさい。

1　次の［Ⅰ］，［Ⅱ］について，それぞれの問いに答えなさい。

［Ⅰ］　次の問いに答えなさい。

問１　図１はイカの体のつくりを示したものです。次の問いに答えなさい。

(1)　内臓を包むやわらかい膜を何といいますか。

(2)　呼吸器官を，図のア～エから１つ選びなさい。

(3)　イカと同じ呼吸器官をもつものを，次のア～オからすべて選びなさい。

ア．ウミガメ　　イ．ヤモリ　　ウ．ハマグリ　　エ．ザリガニ　　オ．イルカ

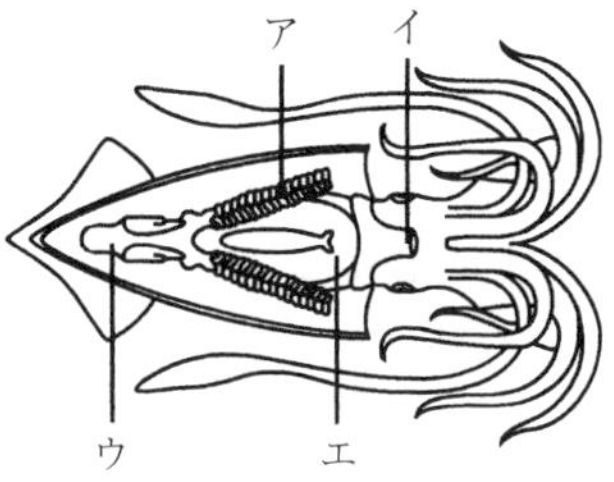

図１

問２　次の文章は，今後の環境保全のあり方について述べたものです。文中の（１）～（３）に当てはまる語句を，下のア～エから１つずつ選びなさい。ただし，同じ記号は一度しか使えません。

私たち人間は，地球環境の一員であり，地球で生活する生物種の１つである。自然と人間が永続的に共存する（　１　）社会を実現するために，ゴミの発生を抑制したり，再利用を推進する（　２　）社会や，温室効果ガスの発生量を自然が吸収できる量以内にとどめる（　３　）社会を築くことが求められている。

ア．低炭素　　イ．持続可能な　　ウ．自然共生　　エ．循環型

［Ⅱ］　刺激を受けとってから反応するまでにかかる時間を調べるために，次の実験を行いました。表１はその結果をまとめたものです。下の問いに答えなさい。ただし，計算の答えは小数第３位を四捨五入して書きなさい。

〈実験〉

①　Ａ（落とす役），Ｂ（つかむ役）の２人１組になる。

②　図２(i)のように，Ａがものさしの上端を支え，Ｂはものさしの０の目盛りの位置に触れないように指をそえる。

③　図２(ii)のように，合図なしにＡはものさしを落とす。Ｂはものさしが落ち始めるのを見たら，すぐにものさしをつかむ。

④　ものさしが何cm落ちたところでつかめたかを読みとる。

⑤　②～④の実験を５回繰り返す。

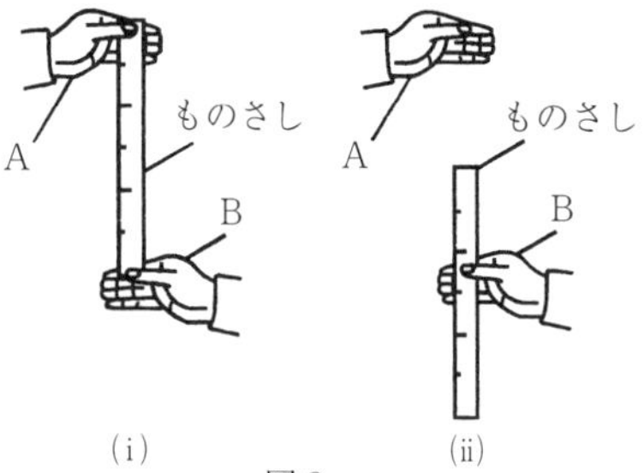

(i)　(ii)
図２

表１

回数	1	2	3	4	5
落ちた距離(cm)	18.5	16.9	17.6	19.1	17.9

問３　図３は，刺激を受けとってから反応するまでの信号が伝わる経路を表したものです。次の問いに答えなさい。

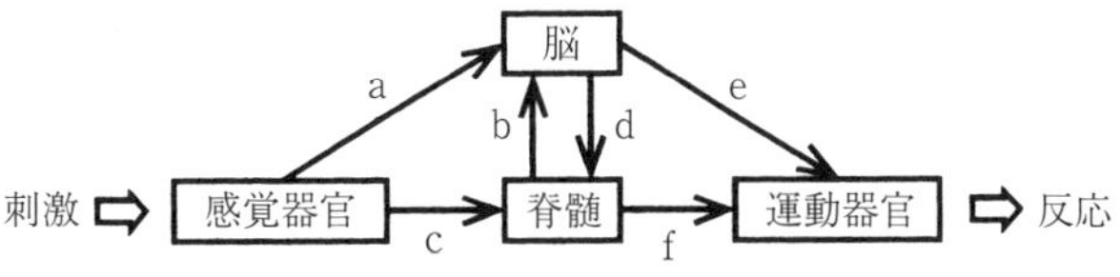

図３

(1)　この実験での感覚器官と運動器官を，次のア～カからそれぞれ１つ選びなさい。

ア．手の汗腺　　イ．足の筋肉　　ウ．目　　エ．手の皮膚　　オ．手の筋肉　　カ．耳

(2)　信号はどのような経路で伝わりましたか。図のａ～ｆから必要なものを選び，順に並べて記号

で答えなさい。

問4　図4は物体が落下する距離と時間の関係を表したグラフです。Bが，ものさしが落ち始めるのを見てからものさしをつかむまでの平均の時間(秒)を，表1と図4から求めなさい。

問5　Bが自転車に乗って，時速18kmで進んでいたところ，自転車の前にボールが転がってきたのでブレーキをかけました。ボールを見てからブレーキをかけるまでの間に自転車が進む距離は何mですか。ただし，Bが刺激を受けとってから反応するまでにかかる時間は，**問4**で求めた時間と同じとします。

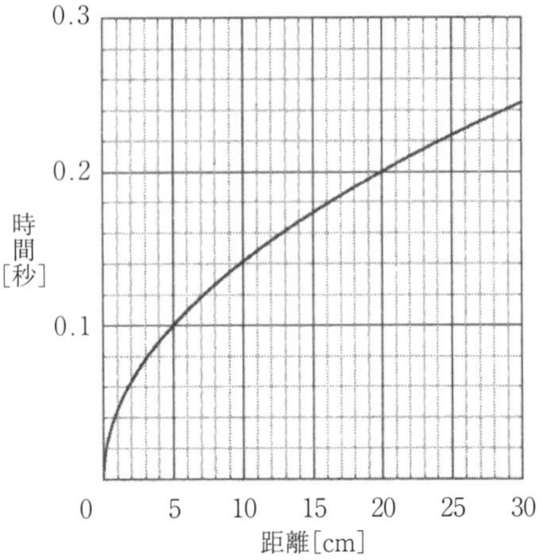

図4

問6　刺激に対するヒトの反応は，今回の実験での反応とは別に，意識と無関係に起こる反応もあります。この反応について，次の問いに答えなさい。

(1)　この反応を何といいますか。

(2)　この反応の例として適するものを，次のア～オからすべて選びなさい。

ア．映画を見ているとき，感動して涙が出てきた。

イ．口の中に食物を入れると，だ液が出てきた。

ウ．名前を呼ばれたので，大きな声で返事をした。

エ．やかんの取っ手をつかむとき，鍋つかみを使った。

オ．暗い部屋から明るい場所に出ると，瞳の大きさが変わった。

(3)　この反応は，意識して起こる反応よりも，刺激を受けとってから反応するまでの時間が短くなります。このことはどのように役立っていますか。簡単に答えなさい。

2　次の[Ⅰ]，[Ⅱ]について，それぞれの問いに答えなさい。ただし，計算の答えは小数第2位を四捨五入して書きなさい。

[Ⅰ]　両端にかかる電圧V[V]とそこを流れる電流I[A]との関係が，図1で与えられる電球と抵抗Rがあります。これらと電池・電流計を用いて図2の直列回路をつくったところ，電球にかかる電圧は4.5Vでした。あとの問いに答えなさい。ただし，電流計・電池・導線の抵抗は無視できるものとします。

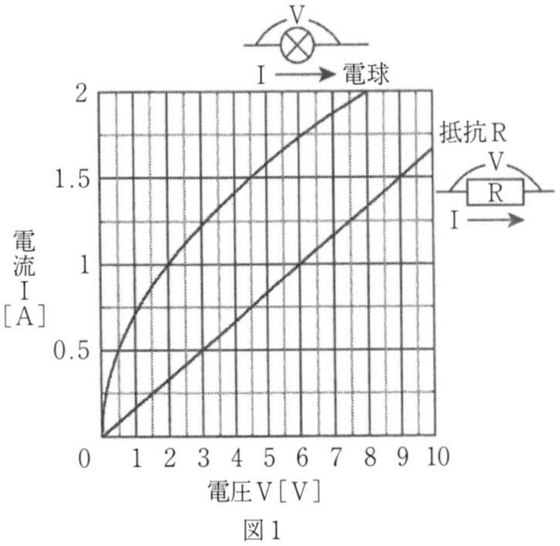

図1

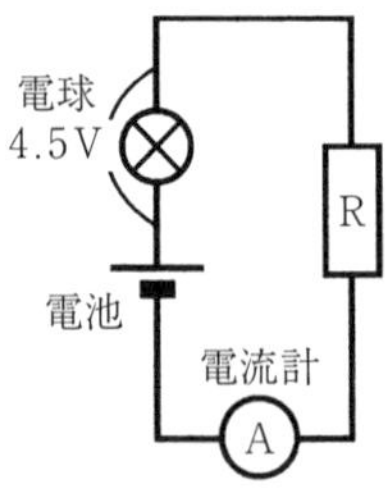

図2

問１　抵抗Rは何Ωですか。
問２　図２で，電流計の値は何Aですか。
問３　図２で，電球の消費電力は何Wですか。
問４　図２で，電池は何Vですか。

次に，性質が抵抗Rと同じものと，異なるもの(抵抗r)を１つずつ図２に追加し，図３の回路をつくりました。このとき，電流計の値は図２と同じままでした。

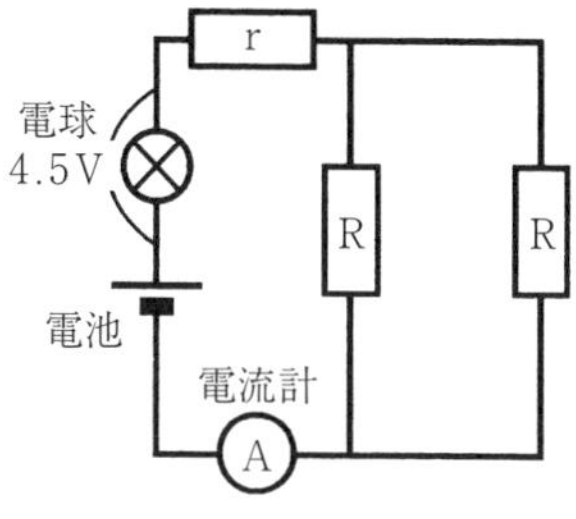

図３

問５　抵抗rは何Ωですか。

さらに，性質が抵抗Rおよび抵抗rと同じものを１つずつ図３に追加し，図４の回路をつくりました。

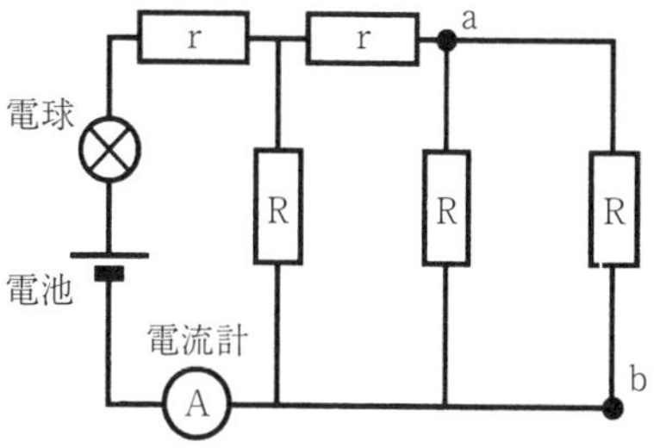

図４

問６　図４で，ab間の電圧は何Vですか。

［Ⅱ］　球A(1.6kg)を斜面で静かに放し，滑らかにつながる床上に静止した木片に衝突させました。図５のように，球を放す点Pの高さをx[m]，点Qでの球の速さをv[m/s]，衝突点Sから木片が再び静止するまでの移動距離をy[m]とします。xを変えてvを調べた結果が図６です。下の問いに答えなさい。ただし，空気抵抗はなく，点Pから点Sまでの面は滑らかで，点Sより右側の床はあらいものとします。また，0.1kgの物体にはたらく重力の大きさ(重さ)を1Nとします。

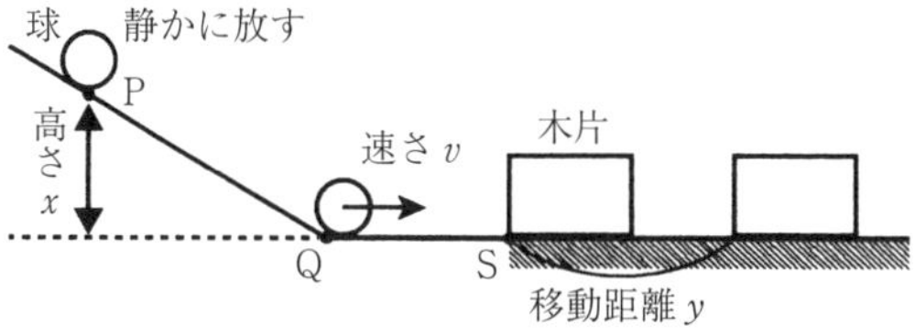

図５

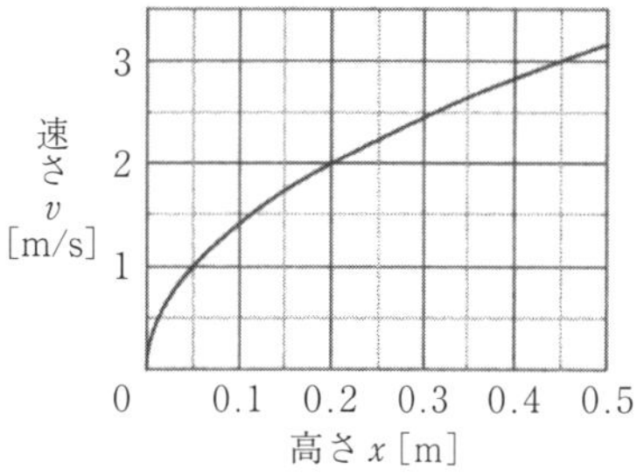

図６

問７　球Aを0.2m持ち上げるのに必要な仕事は何Jですか。
問８　xを何倍にすれば，vが２倍になりますか。

次に，球B(1.2kg)・C(0.8kg)・D(0.6kg)で同じ測定をしました。球A～Dについて，vとyの関係をまとめた結果が図７です。

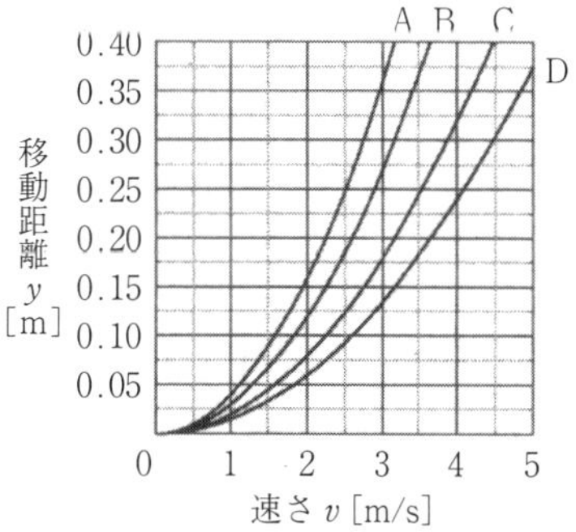

図７

問９　同じxに対し，球が軽いほどvはどうなりますか。次のア～ウから１つ選びなさい。
ア．速くなる
イ．同じ
ウ．遅くなる
問10　球Cについて，図６と図７を対応させてxとyの関係をまとめた結果はどれですか。図８の①～⑤から１つ選びなさい。
問11　x=0.45mでの球の質量とyの関係を，図９のア～エから１つ選びなさい。

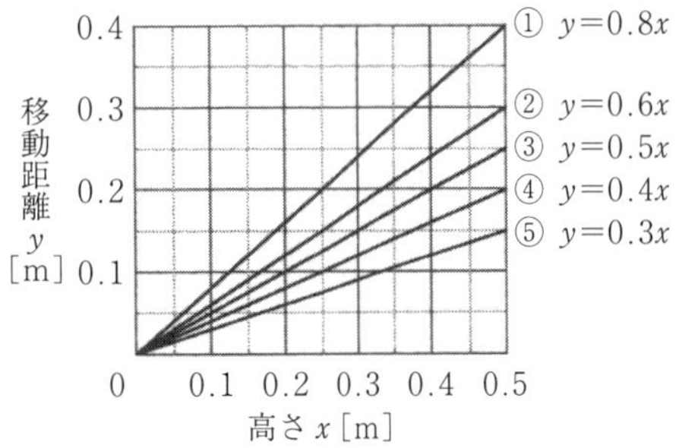

図8

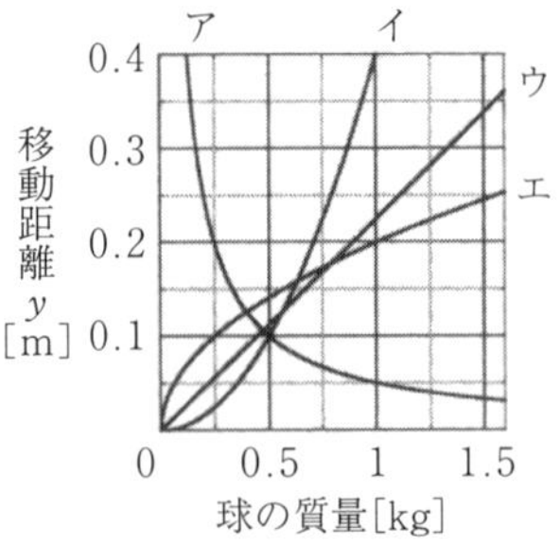

図9

問12　球の質量が1kgで，$x=0.2$mのとき，yは何mですか。

3　次の［Ⅰ］，［Ⅱ］，［Ⅲ］について，それぞれの問いに答えなさい。

［Ⅰ］　巣鴨学園で観測したときの太陽の南中高度について，次の問いに答えなさい。なお，巣鴨学園は，北緯35.7°，東経139.7°にあるとします。

問1　次の文中の{　}から適するものを，それぞれ1つ選びなさい。

北極の上空から見て，地球は①{ア．時計回り　　イ．反時計回り}に自転している。そのため，巣鴨学園では，太陽が南中する時刻は②{ウ．正午より早い　　エ．正午である　　オ．正午より遅い}。

問2　図1のように，地球は地軸を傾けたまま，太陽の周りを公転しています。巣鴨学園では，冬至の日の太陽の南中高度は何度になりますか。答えは小数第1位まで書きなさい。

問3　巣鴨学園とほぼ同じ経度にある地点Oでは，夏至の日の太陽の南中高度は71°でした。地点Oは，巣鴨学園から南と北のどちらへ，何km離れたところにありますか。ただし，地球を半径6400kmの完全な球とし，円周率を3.14とします。また，計算の答えは整数で書きなさい。

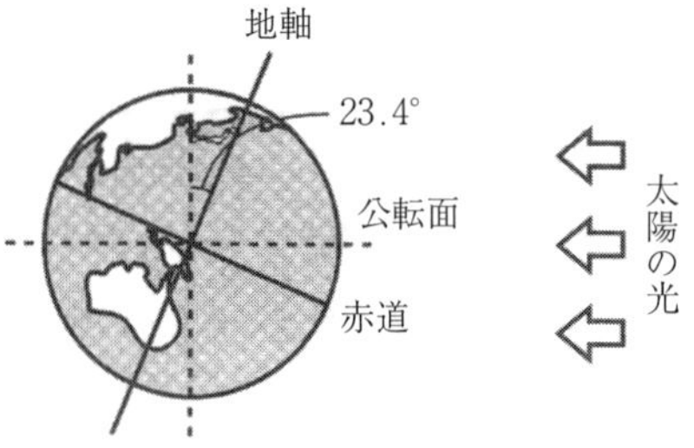

図1

［Ⅱ］　地層について，次の問いに答えなさい。

問4　次の文中の(1)～(3)に最も適する語を，下のア～クからそれぞれ1つ選びなさい。

土砂が海底などに堆積してできた地層を陸上で見ることができるのは，土地の(　1　)や海水面の(　2　)によって，陸上に現れたからである。

その地層が陸上で侵食を受けた後に，再び海底になり土砂が堆積すると，前の地層と後の地層の間に起伏のある面ができる。この面を(　3　)面という。

ア．しゅう曲　　イ．断層　　ウ．上昇　　エ．低下
オ．隆起　　カ．沈降　　キ．整合　　ク．不整合

問5　化石について，次の問いに答えなさい。

(1)　地層のできた年代を知る手がかりとなる化石を何といいますか。

(2)　化石には地層が堆積した当時の環境を知る手がかりになるものもあります。そのような化石の条件として適するものを，次のア～カから3つ選びなさい。

ア．限られた環境にしか生息できない生物の化石
イ．生息していた場所で地層に埋まった生物の化石
ウ．過去に絶滅して，現在は生息していない生物の化石
エ．死後に海流や海底地すべりなどで運ばれた生物の化石

オ．生息範囲が広く，限られた期間に生存していた生物の化石

カ．現在も生息している，あるいはそのなかまが生きている生物の化石

問6　図2の地図に示したA～Dの4地点でボーリング調査を行いました。すべての地点で同じ凝灰岩層を確認することができ，それぞれの地点での地表からの深さは，A地点では50m，B地点とC地点では10mでした。D地点での凝灰岩層の深さは地表から何mでしたか。なお，凝灰岩層はうすく，その厚さをないものとします。

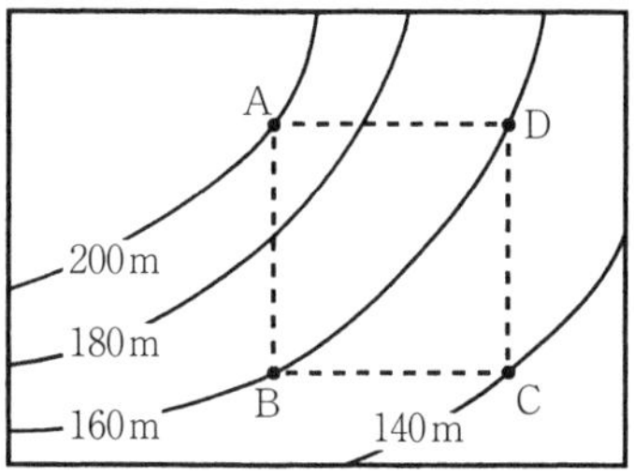

図2

問7　水の流れの速さによって，堆積する土砂の粒の大きさは異なります。堆積したときの水の流れが速い順に並べたものはどれですか。次のア～カから1つ選びなさい。

ア．砂―泥―れき　　イ．砂―れき―泥　　ウ．泥―れき―砂

エ．泥―砂―れき　　オ．れき―砂―泥　　カ．れき―泥―砂

［Ⅲ］　図3は温帯低気圧を表しています。次の問いに答えなさい。

問8　次の(1)～(3)は，前線Xか前線Yについて述べたものです。それぞれXとYのどちらの前線についてのものですか。なお，同じ答えを繰り返し使ってもかまいません。

(1)　この前線の付近では，積乱雲や積雲などの垂直に発達する雲ができる。

(2)　この前線が通過するときには，弱い雨が広い範囲で長時間降り続く。

(3)　この前線が通過すると，風向きが北よりに変わり，気温が低下する。

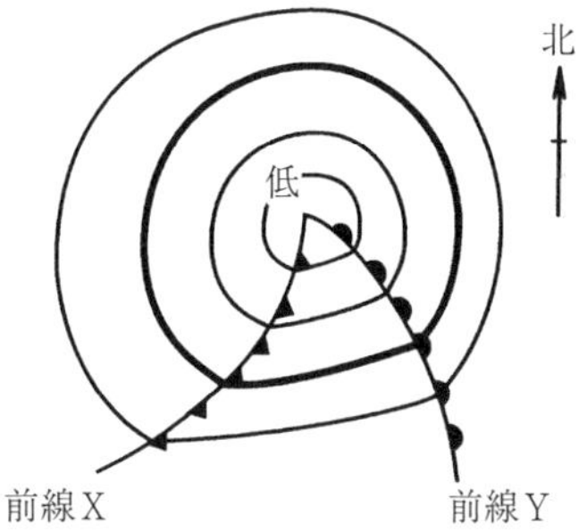

図3

問9　前線Xは何とよばれますか。

問10　図3の温帯低気圧では，このあと前線X，前線Yとは異なる前線が新たに生じました。そのことについて1行で説明しなさい。なお，「前線X」，「前線Y」と新たに生じる前線の名称を必ず用いなさい。

4　次の［Ⅰ］，［Ⅱ］について，それぞれの問いに答えなさい。なお，計算の答えは小数第2位を四捨五入して書きなさい。

［Ⅰ］　物質はさまざまな粒子が集合してできています。そして，集合した粒子の種類によって，物質はそれぞれ固有の性質をもっています。また，物質は加熱や冷却によって，固体，液体，気体に状態が変化します。このように，物質の状態が変わることを状態変化といい，原油からガソリンや軽油などを分離するときに利用されています。

問1　次の文中の(①)と(②)に適する語句を書きなさい。

単位体積あたりの質量を(①)といい，この値は物質の種類や状態によって異なります。水の(①)を水蒸気，水(液体)，氷で比べたとき，最も小さいのは(②)です。

問2　次の文中の(③)と(④)の組み合わせとして適するものを，下のア～エから1つ選びなさい。

物質が状態変化する温度は，物質の種類ごとに異なります。物質の融点が室温よりも(③)温度のとき，その物質は固体の状態で，沸点が室温よりも(④)温度のとき，気体の状態です。

ア．③：高い　④：高い　　イ．③：高い　④：低い

ウ．③：低い　④：高い　　エ．③：低い　④：低い

問３　表１は，固体Ａ～Ｄの体積と質量をまとめたものです。

表１

固体	A	B	C	D
体積(cm^3)	80	180	120	120
質量(ｇ)	216	156	108	420

(1)　１cm^3 あたりの質量が最も小さいものを，Ａ～Ｄから１つ選びなさい。

(2)　Ｄと同じ物質でできた１辺が10cm の立方体を水銀(１cm^3 あたりの質量が13.5ｇの液体)に入れたところ，図１のように立方体が水銀に浮かびました。このとき，立方体が液面から出ていた高さはL cm でした。L はいくらですか。なお，液体中の物体には，その物体が押しのけた液体の重さと同じ大きさの浮力が加わります。

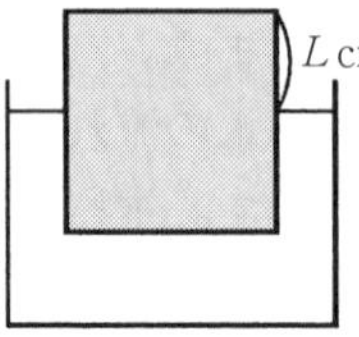

図１

問４　赤ワインを枝つきフラスコに入れ，図２のような装置を組み，加熱しました。６分おきに試験管を取りかえて，順番に３本の試験管Ｘ～Ｚに液体を集めました。図３は，３本の試験管に液体を集めたときの加熱時間と温度との関係を表したものです。また，試験管Ｘ～Ｚに集めた液体を別々の蒸発皿に移し，マッチの火を近づけたところ，表２の結果が得られました。

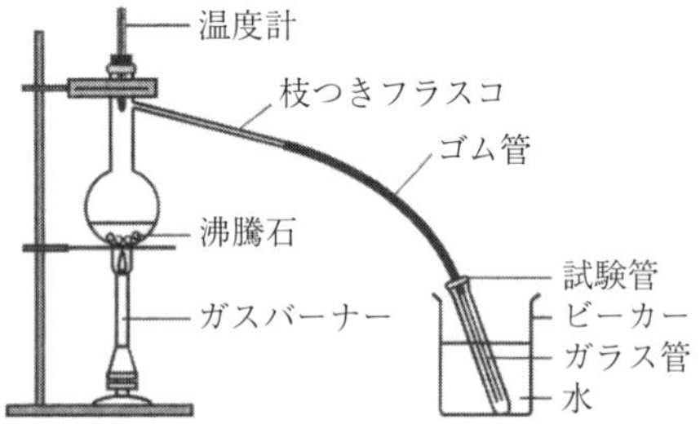

図２

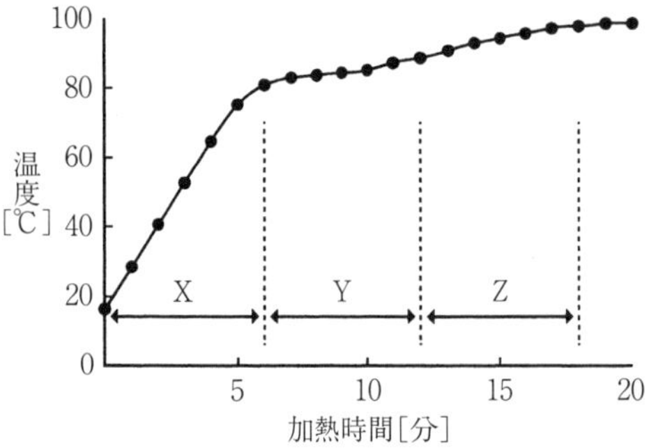

図３

表２

試験管Ｘ	長い間，火がついた
試験管Ｙ	火がついたが，すぐ消えた
試験管Ｚ	火はつかなかった

(1)　試験管に液体を集め終わったあとにガスバーナーの火を消すとき，安全のためにどのような操作が必要ですか。１行で書きなさい。

(2)　次の文は，表２の結果からわかることをまとめたものです。文中の(①)に適するものをＸ～Ｚから１つ選びなさい。また，(②)に適する文を１行で書きなさい。

試験管Ｘ～Ｚのうち，エタノールの含まれる割合が最も多いのは(　①　)である。エタノールの含まれる割合がそれぞれの試験管で異なった理由は，エタノールは水より(　　②　　)からである。

［Ⅱ］　ある金属(元素記号をＭとする)を塩酸 HCl に入れると，水素 H_2 が発生します。この変化は，次のような化学反応式で表すことができます。

(　1　)M＋(　2　)HCl→(　3　)MCl_3＋(　4　)H_2

このとき，生成する MCl_3 は水溶性の大きい物質です。

質量パーセント濃度が10%の塩酸300ｇに，加えた金属Ｍの質量と発生する水素の質量の関係を調べたところ，表３の結果が得られました。発生した水素はすべて溶液から空気中へ逃げたものとし，下の問いに答えなさい。

表3

Mの質量(g)	2.70	5.40	8.10	10.8	13.5
H_2の質量(g)	0.30	0.60	0.90	1.05	1.05

問5　(1)～(4)に適切な数値を求め，化学反応式を完成させて書きなさい。

問6　次の問いに答えなさい。

(1)　10%の塩酸300gに溶かすことのできる金属Mの最大質量は何gですか。

(2)　(1)のとき，反応後の溶液(MCl_3水溶液)の質量パーセント濃度は何%ですか。

問7　10%の塩酸300gに金属Mを10.8g加え，反応後の水溶液を加熱して水を全て蒸発させると，未反応の金属Mと生成したMCl_3の混合物が残りました。このとき残った混合物の質量は何gですか。

の坊のゥ僧来りて、この経を問ふに、「(注5)隣の某房《それがしばう》がもとにⅡあまた見えつるを、法華経にせむとて、取りて来れり」とB云ふ。「法華経は八巻こそ［あり］。給べ、二巻。法師が仁王経持たぬに、仁王経にせむ」と云ふに、「疾く取り給へ」とC云ふ。さて、二巻取りてけり。

（中略）

ある(注6)在家に、大般若誦ませける中に、愚僧ありて、経を逆《さか》さまに持ちたるを、(注7)奉行《ぶぎやう》しける俗、「あの御坊《ごばう》の、持ち給へる経の、逆さまに候《さふら》ふは」と云へば、能《よ》く持ちたるエ僧、取り直して逆さまに持ちてけり。さて、逆さまに持ちたるォ僧は、我《わ》れはよく持ちたる気色《けしき》にて、そばの僧を嗚呼《をこ》がましく思ひて、「④さ見候ひつる」と言ひけり。

（『沙石集《しやせきしゆう》』による）

（注1）法華・仁王・大般若…いずれも仏教の経典。
（注2）虫払はんとて…虫干ししようとして。
（注3）坊…僧の住まい・寺院。
（注4）一帙…ひと包み。
（注5）隣の某房…「房」は僧のこと。
（注6）在家…出家しないで仏教に帰依《きえ》している人の家。
（注7）奉行しける俗…法事を取り仕切っていた俗人。

問1　点線部「習ひ」の読み方を、現代仮名遣いのひらがなで答えよ。

問2　二重傍線部A・B・C「云ふ」の主語としてふさわしい人物を、太線部ア・イ・ウ三人の「僧」から一人ずつ選び、記号で答えよ。

問3　傍線部①「いさ、何経やらむ」の意味としてふさわしいものを、次のア〜エから一つ選び、記号で答えよ。

ア　さあ、何経だと思うか
イ　さあ、何経をあげようか
ウ　さあ、何経であろうか
エ　さあ、何経にしようか

問4　波線部Ⅰ「給べ」・Ⅱ「あまた」の意味を、それぞれ五字以内の現代語で答えよ。

問5　傍線部②「その経十巻」は、結局どうなってしまったか。その答えとなる次の文の空欄［a］・［b］にふさわしい言葉を、後のア〜エから一つずつ選び、記号で答えよ。

二巻は「［a］」にされ、残りの八巻は「［b］」にされてしまった。

ア　大般若経　　イ　法華経
ウ　阿弥陀経《あみだ》　　エ　仁王経

問6　傍線部③「法師」とは、誰のことか。ふさわしい人物を、太線部ア・イ・ウ三人の「僧」から一人選び、記号で答えよ。

問7　［あり］を、ふさわしい形に改めて答えよ。

問8　傍線部④「さ見候ひつる」の意味としてふさわしいものを、次のア〜エから一つ選び、記号で答えよ。

ア　あなたは逆さまにご覧になっていますよ
イ　あなたと同列に見られたくありませんよ
ウ　あなたは私の持ち方を見習うべきですよ
エ　あなたが逆さまだと気づいていましたよ

問9　太線部ア・イ・ウ・エ・オ五人の「僧」は、どういう点において共通していると作者（編者）は述べているか。三十字以内で、具体的に答えよ。

問10　本文の出典である『沙石集』は、鎌倉時代に無住《むじゅう》という僧によって書かれた仏教説話集である。この『沙石集』と同じく、出家した人によって書かれたことが確かな古典作品を、次のア〜エから一つ選び、記号で答えよ。

ア　『土佐日記』　　イ　『枕草子』
ウ　『徒然草』　　エ　『奥の細道』

問5　傍線部④「ほらねを、燃やすことは出来ますか」とあるが、「ほらね」を燃やすことで「私」はどういうことを燃やしてほしいのか。七十字以内で説明せよ。

問6　傍線部⑤「おじさんはその言葉で、プロフェッショナルの枠から、少しだけこちらにはみ出してくれた」とはどういうことか。その説明としてふさわしいものを、次のア～エから一つ選び、記号で答えよ。

ア　プロフェッショナルのおじさんからすれば燃やせないものなど受け入れられないが、何か事情があるらしい様子を見て取って「私」を慰めようとしてくれているということ。

イ　おじさんの発言はプロフェッショナルとしてふさわしくないものであるが、燃やしたいものがあっても燃やせないことへの気持ちは「私」と通じるものがあるということ。

ウ　燃やせないものがあると認めておじさんが謝罪することはプロフェッショナルらしからぬ弱さを見せることであり、その態度は「私」を失望させたということ。

エ　これまでプロフェッショナルとして仕事に没頭してきたおじさんが自分の意のままにならない出来事に直面して嘆く姿に、「私」は同情したということ。

問7　傍線部⑥「でもおじさんには、どうしようもなく私を見てほしいのだった」と「私」が感じたのはなぜか。その説明としてふさわしいものを、次のア～エから一つ選び、記号で答えよ。

ア　自分の可愛らしさにのみ視線を向けてくる級友たちとは違い、おじさんは自分の醜い姿もしっかりと見てくれる人だと「私」は感じたから。

イ　「私」のことを何も見ようとしていない周囲の大人たちとは違い、おじさんは最初の出会いから自分に関心を持ってくれていたと「私」は感じたから。

ウ　あの事件に巻き込まれた自分と目を合わせようとしない他の人とは違い、おじさんは自分の存在そのものを受け止めてくれる人だと「私」は感じたから。

エ　今の「私」の可愛さをかたくなに認めようとしないお母さんとは違い、おじさんは自分の可愛さを認めてくれるはずだと「私」は感じたから。

問8　傍線部⑦「死んだおばあちゃんは燃やされた」とあるが、問題文の全体において、「燃やす」とはどういう行為か。その説明としてふさわしいものを、次のア～エから一つ選び、記号で答えよ。

ア　誰かの力を借りることによって、一人では向き合うことができなかった自分の過去を捉え直し、これまでの自分を改めるきっかけとなる行為。

イ　自分にとって何が大切かに気付かせるとともに、これまでの自分の生き方から解放してくれて、自分を救済してくれるきっかけとなる行為。

ウ　これまでの自分のありようを振り返らせるとともに、自分が苦しんでいた問題を反省させ、自分を生まれ変わらせるきっかけとなる行為。

エ　醜いものを自分から遠ざけてくれることによって、自分にとって重要なことを思い出させてくれて、自分を肯定するきっかけとなる行為。

三

次の文章を読んで、後の問いに答えよ。

ある山寺に、所の習ひとして、(注1)法華《ほっけ》・仁王《にんわう》の二経、僧ごとに、暗《そら》に誦《よ》みつけたる中に、文字にも向《むか》はで覚えたる愚僧多し。その中に、ある若きア僧、師の譲り与《あた》へたる(注1)大般若《だいはんにゃ》を、(注2)虫払はんとて、取り広げたるを、隣《となり》の(注3)坊の若きイ僧来《きた》りて、「何経ぞ」と問ふ。「①いさ、何経やらむ。②その経十巻。先師が譲りて侍《はべ》るなり」とA云《い》ふに、「I給《た》べ、③法師が法華経持たぬに、法華経にせむ」と云へば、「疾《と》く取り給《たま》へ」と云ふ。(注4)一帙《いっちつ》取りて帰りぬ。隣

イ　人は友人との関係を同情に基づくものから、それに頼らない、より高次の友情へとつなげていく必要がある。

ウ　他者と友情を交わした後は、その友人が自分を理解しているかどうかは重要ではない。

エ　価値ある友人とは、自分の苦悩に対して単に共感するのではなく、いかなる場合でも、変わらぬ愛を抱いてくれる存在のことである。

二

次の小説は西加奈子《にしかなこ》「燃やす」の一節である。「私」の母は、小学五年生の女の子の「私」がズボンを穿《は》いて男の子のような言動をすることを喜んだが、祖母は母のそうした好みとは反対に、自分が好む女性的なファッションを身に纏《まと》うことを「私」に期待しており、二人の好みは互いに相容《あいい》れなかった。祖母が入院した頃からスカートを着用し始めた「私」は、不審な中年男性につきまとわれる事件に巻き込まれる。そのことを聞いた母は「私」のスカートを庭で焼き、「私」は周囲から「可哀想《かわいそう》な子」という目を向けられる――以下はそれに続く箇所である。これを読んで、後の問いに答えよ。

〔編集部注…課題文は著作権上の問題により掲載しておりません。作品の該当箇所につきましては次の書籍を参考にしてください〕

・西加奈子著「燃やす」（『おまじない』所収）
〈筑摩書房　二〇一八年三月五日初版第一刷発行〉
一六頁六行目〜十行目
（中略）
一七頁後ろから三行目〜二一頁最終行
（中略）
二三頁冒頭〜三一頁最終行〔一部省略・改変あり〕

（注1）焼却炉…二〇〇〇年頃までの学校内には焼却炉（ゴミなどを焼却する設備）が存在し、校内で排出されたゴミを燃やしていた。

（注2）あの「嫌な顔」…問題文以前の箇所で、「嫌な顔」とは『きらい』と『がっかり』が絶妙な具合で混ざった顔」だと「私」は説明している。

問1　二重傍線部a〜eのカタカナを、それぞれ漢字に改めよ。

問2　傍線部①「窓の外に立ち上る煙を見てどきっとした」のはなぜか。その説明としてふさわしいものを、次のア〜エから一つ選び、記号で答えよ。

ア　ぼんやりしていた「私」は突然上がってきた煙に驚かされたが、他の生徒は授業に集中していたから。

イ　学校内で何かを焼くという非日常の出来事に「私」は刺激を受けているが、他の生徒は煙に気付いていないから。

ウ　黒い煙が立ち上る光景に「私」は不吉な予感を抱いたが、他の生徒は何も感じとっていなさそうだから。

エ　煙に「私」は思わず母の行為を思い出したが、他の生徒にとっては煙は日常の光景でしかないから。

問3　傍線部②で「私」が「恥ずかしかった」のはなぜだと考えられるか。その説明としてふさわしいものを、次のア〜エから一つ選び、記号で答えよ。

ア　人並み外れた仕事を淡々とこなしているおじさんに任せるには、あまりにも取るに足らないものであると思ったから。

イ　何かを燃やしたくて仕方なさそうなおじさんに渡すにはちっぽけなもので、失望されてしまうのではないかと恐れたから。

ウ　燃やすものなど何もないことに気付かされ、自分はおじさんの仕事を邪魔しているだけなのだと思い知らされたから。

エ　自分を一人前に扱ってくれるおじさんに渡すには、自分のティッシュペーパーはみすぼらしく汚いものだったから。

問4　傍線部③に描かれるおじさんの行為を、「私」はどういう燃やし方だと受け止めているか。その答えとしてふさわしい言葉を、本文中から十五字以内で探し、抜き出して答えよ。

ことは、決して、敵として戦うために友情を解消しなければならない、ということを意味するのではない。むしろ、「⑤君が彼に逆らうとき、君の心がもっとも彼に近づいていなくてはならない」のである。

友達と敵対することは、友情を否定することを意味しない。私たちは友達を愛しながら、愛しているがゆえに、友達と戦うことができる。そうした敵対こそが、互いを成長させ、理想へと近づけさせるからである。

（戸《と》谷《や》洋《ひろ》志《し》『友情を哲学する』による）

（注1）アリストテレスもカントも…アリストテレスは紀元前の古代ギリシャの、カントは十八世紀のドイツ（プロイセン）の哲学者。

（注2）『喜ばしき知恵』…ニーチェの著作（村《むら》井《い》則《のり》夫《お》訳、河出文庫、二〇一二年）。

問1　二重傍線部a～eのカタカナを、それぞれ漢字に改めよ。

問2　空欄 1 ・ 2 にふさわしい言葉を、下のア～エから一つ選び、記号で答えよ。

1　ア　もしくは　　イ　というのも
　　ウ　だからこそ　エ　しかしながら

2　ア　なぜなら　　イ　やはり
　　ウ　むしろ　　　エ　言うまでもなく

問3　傍線部①「同情は常に誤解である」とあるが、このように言えるのはなぜか。七十字以内で答えよ。

問4　傍線部②「苦悩は、単になくなればよいものではない」とあるが、その理由として**ふさわしくないもの**を、次のア～エから一つ選び、記号で答えよ。

ア　人から単純にその苦悩を取り除くと、その人はいずれ同様の苦しみを味わうことになりかねないから。

イ　苦悩に傷つきながらも耐えることにより、人は自己の内面を磨くことができるから。

ウ　苦悩との戦いは自己の人生のために必要な試練であり、それを友達とともに超えることで友情が深まることもあるから。

エ　人は苦悩に向き合い、苦しみ抜くことによって他者を思いやれることもあるから。

問5　傍線部③「彼らを超えた理想を目指す」の説明として**ふさわしくないもの**を、次のア～エから一つ選び、記号で答えよ。

ア　友人関係を結ぶ際に相手の立場や性格等は考慮しない。

イ　友人への途切れることのない愛を意識して付き合う。

ウ　自分と友人双方が相手に良い変化をもたらす存在になろうと努める。

エ　友達との友人関係の継続自体にはこだわらない。

問6　傍線部④「その苦悩を肯定し、それを乗り越えようとしている姿を励ますべきだ」とあるが、これは苦悩をどういったものとして捉えることで生じる考えだと言えるか。解答欄の「もの」につながる二十字以内の言葉で答えよ。

問7　傍線部⑤「君が彼に逆らうとき、君の心がもっとも彼に近づいていなくてはならない」とはどういうことか。その説明としてふさわしいものを、次のア～エから一つ選び、記号で答えよ。

ア　自分が友人にとって障害となるときには、最も友人を思いやる存在であらねばならないということ。

イ　自分が友人と敵対するならば、そこには友人と相通じる思いがなくてはならないということ。

ウ　たとえ友人と争うことになったとしても、友人との今までの交友関係を否定するような気持ちになってはならないということ。

エ　自分が友人にとって最高の友となりえた場合には、友人のために迷わず最高の敵として立ちはだかるべきだということ。

問8　ニーチェの友情観の説明としてふさわしいものを、次のア～エから一つ選び、記号で答えよ。

ア　本当の友情をもたらすものとしての愛が存在するとしても、そうした愛を成り立たせる要素は不可欠である。

ようには苦しまなくなるだろう。それはdマギれもなくあなたにとって成長である。あなたはその苦悩を経由することで、より強く、より深い人間にもなれるのである。

同情はそうした成長の機会をあなたから奪う。友達はあなたに同情し、毎晩電話に付き合い、居酒屋で朝まで飲み明かしてくれるかも知れない。友達はあなたがその失恋の苦悩と向き合わないようにeバンサクを尽くしてくれるかも知れない。それによって、たしかにあなたの気は晴れ、新しい恋に向かって再出発できるかも知れない。しかし、そのときあなたは何も成長しないまま、何も学ばないまま、その苦悩を手放してしまうことになる。そしてその結果、また同じように傷つくかも知れないし、あるいは同じように他者を傷つけるかも知れないのである。

同情もまた、友達同士の間の同質性を前提とする。しかしそうした同質性は、実際には、存在しない。だから同情は誤謬《ごびゅう》なのだ。友情を成り立たせるものが愛であるとしても、それは同情をもたらすものであってはならない。ではその愛はどのようなものなのだろうか。苦悩している友達を前にして、同情することなく、しかしその友達を愛するということは、どのようにして可能になるのだろうか。

ニーチェは、そうした愛について、次のように説明している。

――しかし場合によっては、持続する愛なるものも世の中には生じうる。二人の人間相互の所有願望が、新たな欲求と所有欲に場所を空け、③彼らを超えた理想を目指す共通の気高い渇望《かつぼう》に道を譲るようなこともありうるのだ。――しかし、このような愛を知っている者があるだろうか？　このような愛を経験した者があるだろうか。その真の名は、友情である。

（（注2）『喜ばしき知恵』）

すなわちニーチェによれば、友達同士が、単に互いを愛するのではなく、互いにより高い「理想」を目指す関係こそが、「友情」と呼ばれるに値するのだ。

注意するべきことがある。それは、このように友情を成り立たせる「理想」が、あくまでも「彼らを超えた理想」であり、友達同士の関係を成り立たせること自体にあるのではない、ということである。ニーチェにとって友情とはそれ自体で価値があるものではない。友達といつまでも関係を継続することが、友情の理想なのではない。そうではなく友情は、その友情を超える理想へと、友達同士を導くものなのだ――彼はそう考えるのである。

もう少し普通の言葉で言い換えるなら、次のように表現できるだろう。私たちが他者と友情を交わすのは、それによって互いに高め合い、成長するためである。そのように、その他者とともに理想へと近づいていきたい、そう願うことが、友情という名の愛に他ならない。

このような意味で他者と友情を交わすとき、「私」がその友達とわかり合えているかどうか、ということは、そもそも問題ではない。友達がどんな人間であろうが、それは友情にとって関係ない。ニーチェはこのようにして、同質性に基づく伝統的な友情観とは異なる、別の友情の形を提示するのである。

ニーチェの友情論は、裏を返すなら、自分の成長を阻害するような関係を、友情として認めない。だからこそ、互いを同情し合う関係は友情に値しないのである。友達が苦悩しているとき、「私」が本当にその友達を友達として愛しているのなら、④その苦悩を肯定し、それを乗り越えようとしている姿を励ますべきだ、ということになるだろう。

それだけではない。ニーチェは、ある時には私たちは友達と敵対しなければならない、とまで言う。なぜなら、人間は敵と戦うことによって、より大きな困難と立ち向かい、成長することができるからだ。彼によれば、私たちが本当に友達のことを愛しているのなら、「友のなかにおのれの最高の敵がいなくてはならない」。ただしその

二〇二四年度
巣鴨高等学校

【国　語】（六〇分）〈満点：一〇〇点〉

（注意）字数指定のある問題は、句読点やかぎかっこなどの記号も字数に含めます。

一　次の文章は近現代ドイツの哲学者フリードリヒ・ニーチェの友情論について論じたものである。これを読んで、後の問いに答えよ。

ニーチェは同質性に基づく友情を否定する。「私」が他者と友達になるのは、「私」が友達と似ているからではない。では「私」は何を理由に他者と友達になるのだろうか。

（注1）アリストテレスもカントも、友情をもたらす感情を、愛のうちに見出していた。では愛とは何か。カントはその一つのあり方として「**同情**」を挙げていた。私たちは、友達が何かに苦悩しているとき、その友達と同じように苦しみ、共感する。友情を成り立たせる愛は、友達への同情となって表れるのである。

ところで同情とは何だろうか。それは、「私」が友達の苦悩を、自分の苦悩のように感じることである。それはある意味において「私」と友達を同一視することを意味する。しかしそうであるとしたら、ニーチェの発想に従う限り、そうした同情もまた誤解に基づくことになるだろう。同情するということは、「私」には本来知りえないはずの他者の苦悩を、あたかも「私」が経験したことのある苦悩であるかのように理解し、わかった気になることを意味するからだ。ニーチェによれば、「他人の苦悩から、真に個性的なものを取り去るというのは、同情という感情の本質に属する」のであり、それは他者の苦悩に対して行われる「上辺だけの解釈」に過ぎないのである。

たとえばあなたが、一年間付き合った恋人と別れ、それによって深い苦悩に陥ったとしよう。それに対して、友達があなたのそばに近寄ってきて、「うんうん、わかるよ、辛《つら》いよね」と言うとしよう。このときあなたの友達が心からあなたに同情しているかも知れない。しかし、あなたはきっと、「お前に何がわかるのか」と思うのではないだろうか。なぜなら、あなたと恋人の関係は、あなたと恋人の間でしか生じないものであり、［ 1 ］それを失ったことによる苦悩は、あなたにしかわからないからだ。そのときあなたの友達が理解しているのは、「人間は失恋をしたら悲しむ」程度の一般論でしかないかも知れない。しかし、あなたを苦しめているものは一般論ではない。あなたの脳裏には、その恋人と過ごした日々や、一緒に見た景色や、交わした約束が浮かんでいるのであって、そうした具体的な a キオクが、あなたに苦悩をもたらしているのだ。

このように、①同情は常に誤解であるが、しかしそれは、単なる誤解よりもさらに性質が悪い。なぜなら同情はその誤解によって、同情されるものから苦悩を解消しようとするからである。苦悩が解消されるならいいじゃないか、と思われるかも知れない。しかしニーチェはそうは考えない。彼によれば、［ 2 ］苦悩には「個人的必要」というものがあるのだ。つまり、苦悩に陥っている人は、その苦悩を苦しみ抜き、そして自らの力で苦悩を乗り越えなければならない。②苦悩は、単になくなればよいものではない。人間には、あるときには、自分の人生のために苦悩と戦わなければならないときもあるのである。

たとえば、失恋で苦悩しているあなたは、そのことに切実に苦しんでいるし、毎晩眠れなくなり、日常生活にも支障をきたしてしまうかも知れない。しかしその苦悩を苦しみ抜くことは、きっとあなたの人間性を今までよりも深くするだろう。あなたは今までよりも b センサイになり、賢くなるだろう。 c シンチョウに言葉を選ぶことができるようになり、相手の表情から多くのことを感じられるようになるだろう。同じことが再び起きたとしても、きっと今と同じ

英語解答

1
1　ウ
2　(例)レニーとレイラにハイタッチできるところまで近づこうとしていた。
3　エ　　4　ア　　5　ウ
6　(例)あなたはレニー・ブラウンなのよ。そして，あなたはそうでありさえすればいいのよ。
7　イ

2
1　イ　　2　way　　3　local
4　(例)猫の数が増えすぎて，駆除するのに10年かかった。
5　(例)これらの持ち込まれた種自体が，侵略的な種になる可能性があるから。
6　イ　　7　ウ

3
1　you promise to keep it a secret
2　is the company my father used to work for
3　Don't let anyone know where my house is
4　The stamps collected by my grandfather will be displayed

4
1　(例) forget to call me before
2　(例) How often do you eat
3　(例) the most popular among children
4　(例) me something to write with

5
〔問題A〕　PartⅠ　1…エ　2…イ
　　　　　PartⅡ　ア
〔問題B〕　1　ア
　　　　　2　have reached an age in which

1〔長文読解総合─物語〕

≪全訳≫❶一瞬，みんなが沈黙した。レニーでさえとても驚いた。それから，何が起きたのかがわかり始めた。レニーには，ボールがネットに突き刺さっているのが見えた。ゴールキーパーがグラウンドに横たわっているのが見えた。そして，自分がやったことがわかり始めた。❷「なんてゴールなの，レニー！」　レイラが興奮して叫んだ。❸レイラはレニーとハイタッチするために跳び上がった。レニーはレイラの方へジャンプし，そしてまさにその瞬間，まるで2人は飛んでいるような感覚だった。世界は完璧であるように思えた。レニーはこの感覚が永遠に続いてほしいと思った。❹「1つ教えて，レニー」　祝福するためにレニーの肩に自分の腕を回しながら，レイラは尋ねた。「あんなふうにボールを蹴ることができるのなら，木の後ろからずっと私たちを見ているだけで，あなたは何をしていたの？」❺レニーはほほ笑んだ。レニーはもはや目立たない存在ではないだろう。❻大勢の子どもたちがレニーとレイラの周りに集まった。❼勝ったチームのメンバーであるインディゴ，チャーリー，カイは，レニーとレイラにハイタッチできるところまで近づこうとしていた。彼ら全員がレニーとレイラに喝采を送っていた。カイの声が一番大きかった。❽「レニーが決めた！」とカイは叫んでいた。「レニーが火星からのロケットを決めたんだ！」❾レニーはオビや相手チームの選手たちも拍手していることに気づいた。彼らもレニーを祝福しているようだった。クラーク先生でさえ，この騒ぎが何なのかを見に外に出てきた。❿みんなから離れて立っている人物が1人だけいた。⓫キャメロンはこの事態にすっかり困惑しているようだった。彼は首を横に振り，ネットの中のボールを見つめ，それからレニーを再び見つめた。⓬「あれは…現実じゃなかった。現実のはずがない」とキャメロンは呆然《ぼうぜん》として自分に言い聞かせた。⓭それからキャメロンは，信じられない思いでレニーを見ながら，「③お前は誰だ？」と言った。⓮キャメロンの問いは宙に浮いていた。キャメロンの声は歓声の中でほとんど聞こえなかった。しかし，レニーには聞こえていた。レニーが答える番だった。レニーは口を開き，みんなはレニーが答えることができるかどうか確かめようと注視して待っていた。⓯レニーの心臓はとても激しく鼓動していた。口は乾いていた。全ての言葉は喉の奥にあった。出てくるのを待っていた。しかし，出てこようとはしなかった。どうしても出てくることができなかった。⓰レニーはグラウンドを見つめた。ほんの数秒もすればキャメロンが再び自分のことを笑い始めると，レニーにはわかっていた。そうすれば，自分がやったあらゆること――自分が決めたゴールでさえ――何の意味もなさなくなるだろう。もとのレニーに戻ってしまうだろう。キャメロンにからかわれる無口なレニーに。⓱レニーが下を見ると，クモが道路をはっているのが見えた。キャメロンもクモを見て，クモを踏み殺そうとすばやく足を上げた。⓲無意識に，レニーは踏み出してキャメロンの足を払った。キャメロンはクモを捕らえ損なった。⓳レニーとキャメロンはお互いを見た。2人の目が合った。⓴やるなら今しかなかった。母親がレニーに言った言葉が，頭の中で繰り返された。㉑あなたはレニー・ブラウンなのよ。そして，あなたはそうでありさえすればいいのよ。㉒それが答えだった。㉓この言葉がレニーの中でさらに強力なものになり，ついに出てこようとしていた。㉔「僕は…」㉕レニーは間をおいて深呼吸した。「息をするんだ」とレニーは考えた。「ただ息をするんだ」㉖「僕は…」とレニーは繰り返した。レニーはできるだけ背筋を伸ばした。「僕はレニー・ブラウンだ」㉗この言葉が自分の口から出るのを聞いて，レニーはいっそうエネルギーを得た。レニーはもう一歩キャメロンに近づいた。そして，今や背筋を伸ばしているので，2人はほぼ同じ背丈なのだということにレニーは気がついた。㉘レニーは同じ言葉を，今度はさらに大きな声で繰り返した。㉙「僕はレニー・ブラウンだ！」㉚他の子どもたちはレニーの本当の声に衝撃を受けているようだった。レニーでさえ，自分の言葉が本当に明瞭で誇らしげであることに驚いた。レニーは自分の中にいるライオンの力を感じた。㉛「僕の名前は…」㉜「わかったよ，わかった」とキャメロンは後ずさりしながら言った。「聞こえているから。大声を出す必要はないよ」㉝今度こそお互いを見て，まるでキャメロンはまさに初めて本当のレニー・ブラウンに出会っているかのようだった。

1 **＜英文解釈＞**前の2文からは，誰もが静まり返るほど信じられないような出来事が起きたことがわかる。この後に続く内容から，それはレニーがゴールを決めたことだとわかり，下線部はその予想外の事態が徐々に理解されている様子を描写した文になっている。sink in は「(言葉・事態などが)理解される」という意味。

2 **＜英文和訳＞**were trying to get close enough to ～は，try to ～「～しようとする」，‘get＋形容詞’「～(の状態)になる」と‘形容詞〔副詞〕＋enough to …’「～する〔できる〕ほど十分…」という3つの表現が組み合わさった形で「～できるほどまで近づこうとしていた」という意味。to 以下は‘give＋人＋物’「〈人〉に〈物〉を与える」の形で，them は前文の Lenny and Layla を指す。

3 **＜適文選択＞**キャメロンからレニーへの問いかけ。物語の後半でレニーが繰り返し言っている「僕はレニー・ブラウンだ」という言葉は，この問いかけに対する答えである。

4 **＜適語選択＞**言葉を発しようとしているが，緊張のために言葉が出ないレニーの様子を描いた場面。このような場面での「口」の状態を表す形容詞を選ぶ。

5 **＜文脈把握＞**緊張のためにどうしても言葉が出てこないレニーがうつむいた理由は，この後に続く

「キャメロンが再び自分のことを笑い始める(だろう)」,「キャメロンにからかわれる無口なレニー」といった記述から判断できる。　make fun of ～「～をからかう」

6 <要旨把握>レニーの母がレニーに言った言葉は，直後の第21段落に示されている。第２文の all と you の間には目的格の関係代名詞 that が省略されている。この文の直訳は「そしてそれはあなたがいつもそうでなければならない全てだ」。

7 <要旨把握>第16段落より，これまでのレニーはキャメロンにからかわれるような，無口で気弱な人物であったことがわかる。これに対し，第26段落以降で「僕はレニー・ブラウンだ」とキャメロンに言い返し，圧倒する姿は，勇気を出して自分の弱さを克服できたことを示している。

2 〔長文読解総合―説明文〕

≪全訳≫❶このことを知っている人は多くないが，ノルウェーは1960年にエイリアンに侵略された。エイリアンは陸上ではなく海中に生息しており，今日2000万体以上存在していると考えられている。エイリアンは，１万あるいはそれ以上の集団で移動しあらゆるものを食べながら，バレンツ海全域に広がった。もちろんこのエイリアンは宇宙からやってきたのではない。彼らはレッドキングクラブと呼ばれるカニの一種で，通常北太平洋(カムチャッカ半島およびアラスカ周辺)に生息している。北太平洋原産のカニがどのようにしてヨーロッパにたどり着いたのか。答えは簡単だ――人間がそこに連れてきたのだ。レッドキングクラブはとても大きくておいしい。1960年にロシア政府は捕獲できるカニの数を増やしたいと思ったため，バレンツ海にカニを持っていった。カニの数は急増し，ロシア海域からノルウェー海域まで，バレンツ海全域に広がった。幼魚から他のカニまであらゆるものを食べるだけでなく，レッドキングクラブは漁網に穴を開けもする。興味深いことに，乱獲の時代において，ヨーロッパでのレッドキングクラブの問題を解決する唯一の方法は，全部捕らえて食べてしまうことだ。❷それはハリウッド映画や SF 小説で見るようなエイリアンの侵略ではないが，外来種は世界中で大問題を引き起こしており，それを認識している人はほとんどいない。外来種とは，単に，本来生息する場所からそうでない場所に連れてこられた植物や動物，昆虫のことだ。このような種は普通「導入種」と呼ばれ，日本での例には，トマトやジャガイモ，リンゴ，桃，お茶の木などがある。これらの導入種のほとんどは，しばしば野生に広がるのが困難で農地にとどまる傾向があるため，なんら問題を引き起こすことなくその土地の環境に適応する。しかし，導入種の中には，しばしばその土地の種を絶滅させたり，動物や人間の健康を害したりすることによって，たやすく野生に広がり，問題を引き起こし始めるものもある。❸侵入種によって引き起こされる問題は，大変深刻になりうる。侵入種の駆除と損害を受けた土地の修復にかかる総費用は，アメリカだけでも年に約1350億ドルになると考えられている。侵入種がこれほどの損害をどのように引き起こしうるのかを理解するために，２つの例を見てみよう。❹1894年，ニュージーランドのスティーブンズ島で暮らしている人々が，島に妊娠している猫を連れてきたのだが，その島は希少なスチーフンイワサザイの生息地でもあった。1895年末までに，猫は島に生息していたスチーフンイワサザイを全て殺し食べてしまった。猫の数が増えすぎたため，駆除するのに10年かかった。不幸なことに，それはスチーフンイワサザイにとっては手遅れだった。スチーフンイワサザイはその島だけに生息しており，猫が全滅させてしまったのだ。❺1788年，狩猟好きのイギリス人であるトーマス・オースティンが，24羽のウサギをオーストラリアの野に放った。1950年までには，オーストラリアには６億を超えるウサギがいることとなった。さらに，食べ物をめぐる争いによって，ウサギはオーストラリアの哺乳動物の８分の１の絶滅の原因となった。ウサギはまた，数えきれない数の植物種を絶滅させ，そうした植物を全て食べてしまったため，オーストラリアのたくさんの土壌侵食の原因となった。政府は，ある種のウイルスに感染させることによってウサギを殺そうとし，ウイルスによって80パーセントのウサギが殺された。今日，依然として２億～３億のウサギがオーストラリアにいるが，今，ウサギはそのウイルスに耐性がある。❻いったん侵入種が持ち込まれると，駆除するのは難しい。侵入種を食べる種を持ち込むこともあるが，これはいつもうまくいくわけではない，というのは，これらの持ち込まれた種自体が侵入種になることがあるためだ。最良の方法は新しい種を野に放つのを避けることと，すでに野にいる種を駆除するために懸命に努力することであるのは明らかだ。2004年，国際的な環境プログラムの調査により，日本には2248の侵入種がいることがわかった。同年，日本政府は，問題解決に資する，ある法案を可決した。今では侵入種を駆除しようとしているたくさんのボランティア団体が日本にある。⑦彼らが日本を侵略的外来種から守るのを手伝ってはどうだろうか。

1＜要旨把握＞下線部を含む文の後半およびその直後の文参照。　native to ～「～原産の」

2＜適語補充＞'find ～'s way to …'「…にたどり着く」　the only way to ～「～する唯一の方法」

3＜適語補充＞直前に the，直後に名詞 environment があるので，形容詞が入る。導入種について説明している箇所なので，「連れてこられた土地の環境に適応する」といった意味になればよい。第２段落最終文に local「その土地の，その地方の」がある。

4＜英文和訳＞'so ～ that …'「とても～なので…」の構文。主語の the number of ～は「～の数」という意味(a number of ～「たくさんの～，いくつかの～」との違いに注意)。grow (so) large は'grow＋形容詞'「～になる」の形で「(数が)多くなる，増える」という意味。このように number「数」の「多い」「少ない」は large，small で表す。that 以下は'it takes＋時間＋to ～'「～するのに〈時間〉がかかる」の形で，文末の them は cats を指す。

5＜文脈把握＞直後の because 以下が下線部の理由なので，この部分の内容をまとめればよい。these species とは文前半で説明される「侵入種を食べる(持ち込まれた)種」のことであり，themselves「彼ら自身」とは，「these species 自身」のこと。また，ここでの can は「～することがある」という'可能性'を表す。

6＜適語句選択＞Why don't you ～? は「～しませんか」という'勧誘・提案'の表現。前文の，侵入種を駆除しようとしているボランティア団体が日本にたくさんあるという内容から，選択肢中の them は前文の volunteer groups を指す。筆者が「ボランティアグループが侵略的外来種から日本を守るのを手伝いませんか」と読者を誘っている文である。なお，エは「日本にいる侵略的外来種からボランティア団体を守る」となるので，不適。　'help＋人＋動詞の原形'「〈人〉が～するのを手伝う」

7＜要旨把握＞第５段落で挙げられているウサギは，甚大な被害を与えた外来種の例であり，オーストラリアの植物の多くを絶滅させた。なお，アは第２段落第１文後半，イは第３段落第１文，エは第６段落後半の記述に反する。

3〔整序結合〕

1．promise to ～で「～する約束をする」。'～'の部分に当たる「(それを)秘密にしておく」は'keep＋*A*＋*B*'「*A* を *B*(の状態)にしておく」の形で keep it a secret とまとめる。

2．「これが会社です」→This is the company. が文の骨組み。「会社」を修飾する「父が以前働いていた」は助動詞 used to ～「以前は～していた」を使って my father used to work for とまとめ，the company の後に続ける(company と my の間には目的格の関係代名詞が省略されている)。　work for ～「～で働く，～に勤める」

3．'let＋目的語＋動詞の原形' で「～に…させる」という意味なので，Don't let anyone know ～で「誰にも～を知らせるな」→「誰にも～を言うな」となる。know の目的語となる「私の家の場所」は「私の家がどこか」と考え，'疑問詞＋主語＋動詞…' の間接疑問で where my house is とする。

4．主語となる「祖父の収集した切手」は，語群に by があるので「祖父によって収集された切手」と読み換えて，'名詞(The stamps)＋過去分詞(collected)＋その他の語句(by my grandfather)' の形で表す(過去分詞の形容詞的用法)。「展示されます」は未来の内容なので，will be displayed と助動詞 will を使った受け身の形にする。

4〔和文英訳―部分記述―対話文〕

1．A：明日，駅まで迎えに行くわ。／B：ありがとう。それじゃあ，また明日。／A：じゃあね。家を出る前に私に電話するのを忘れないで。そうしたら家を出るから。∥「～するのを忘れる」は，forget to ～で表せる。forget ～ing「～したのを忘れる」との違いに注意。「～に電話する」には，call のほか，phone や telephone を使うこともできる。「～する前に」は 'before＋主語＋動詞…' で表せる。

2．A：あなたは本当にファストフードが好きよね？　どのくらい食べるの？／B：ほとんど毎日だよ。／A：何ですって？　食べる物には気をつけた方がいいわよ！∥B の「ほとんど毎日」という返答から，「どのくらい」は '量' ではなく '頻度' を尋ねているとわかるので，How often を使う。

3．A：お招きいただきありがとう。駅前の新しくできたアイスクリーム屋さんでご家族にアイスクリームを買ってきたよ。／B：ABC アイスクリームのこと？　ありがとう！／A：今子どもに一番人気があるんだよ！∥「～に人気がある」は be popular among〔with〕～。これを最上級にする。「子ども」は kids でもよい。

4．A：ここに名前を書いてください。／B：わかりました。あっ，ペンのインクが切れてる。何か書く物を貸していただけませんか？∥「〈人〉に〈物事〉を貸す」は 'lend＋人＋物事' で表せる。'物事' に当たる「何か書く物」は something to ～「(何か)～する(ための)物」の形(to不定詞の形容詞的用法)で表せばよいが，ここでは「筆記用具＝書く道具」という意味なので，'道具' を表す前置詞 with が必要になる。

5〔放送問題〕解説省略

数学解答

1 (1) $\dfrac{3x+15y+4}{12}$　(2) 2

(3) $x=-9,\ 6$　(4) $x=5,\ y=9$

(5) $\dfrac{1}{6}$　(6) $4\sqrt{2}$

2 (1) (2, 1)　(2) $y=-\dfrac{1}{2}x+2$

(3) 3：1　(4) $1\pm\sqrt{17}$

3 (1) 10　(2) 6　(3) 16

4 (1) (例)△ABCが正三角形より，AC＝BC……①　△CDEが正三角形より，CD＝CE……②　∠ECD＝∠BCA＝60°より，∠ACD＝∠ACE＋∠ECD＝∠ACE＋60°……③　∠BCE＝∠ACE＋∠BCA＝∠ACE＋60°……④　③，④より，∠ACD＝∠BCE……⑤　①，②，⑤より，2組の辺とその間の角がそれぞれ等しいので，△ACD≡△BCE

(2) 60°　(3) $(x+y)^2$

1 〔独立小問集合題〕

(1)＜式の計算＞与式＝$\dfrac{4(x+2y-1)-3(x-3y)+2(x-y+4)}{12}=\dfrac{4x+8y-4-3x+9y+2x-2y+8}{12}=\dfrac{3x+15y+4}{12}$

(2)＜数の計算＞与式＝$\dfrac{5+2\sqrt{10}+2}{7}+\dfrac{5-2\sqrt{10}+2}{7}=\dfrac{7+2\sqrt{10}+7-2\sqrt{10}}{7}=\dfrac{14}{7}=2$

(3)＜二次方程式＞$3(x^2-3x-10)=2(x^2-6x+9)+6$，$3x^2-9x-30=2x^2-12x+18+6$，$x^2+3x-54=0$，$(x+9)(x-6)=0$　$\therefore x=-9,\ 6$

(4)＜数の性質＞$4x^2-y^2=19$より，$(2x)^2-y^2=19$，$(2x+y)(2x-y)=19$となる。x，yは正の整数だから$2x+y$は正の整数であり，$19>0$より，$2x-y$も正の整数である。$2x+y>2x-y$だから$19=19\times1$より，$2x+y=19$……①，$2x-y=1$……②が成り立つ。①，②を連立方程式として解くと，①－②より，$y-(-y)=19-1$，$2y=18$　$\therefore y=9$　これを①に代入して，$2x+9=19$，$2x=10$　$\therefore x=5$

(5)＜確率―さいころ＞大小2つのさいころを投げるとき，目の出方は全部で$6\times6=36$(通り)あるから，a，bの組も36通りある。二次方程式$x^2-ax-b=0$が異なる2つの整数m，nを解に持つとき，左辺は$(x-m)(x-n)$と因数分解できる。$b=1$のとき，$x^2-ax-1=(x-m)(x-n)$となるaの値はない。$b=2$のとき，x^2-ax-2となり，これが因数分解できるのは，$x^2-x-2=(x+1)(x-2)$より，$a=1$の1通りある。以下同様に考えると，$b=3$のとき，$x^2-2x-3=(x+1)(x-3)$より，$a=2$の1通りあり，$b=4$のとき，$x^2-3x-4=(x+1)(x-4)$より，$a=3$の1通り，$b=5$のとき，$x^2-4x-5=(x+1)(x-5)$より，$a=4$の1通り，$b=6$のとき，$x^2-x-6=(x+2)(x-3)$，$x^2-5x-6=(x+1)(x-6)$より，$a=1,\ 5$の2通りある。よって，a，bの組は$1+1+1+1+2=6$(通り)あるから，求める確率は$\dfrac{6}{36}=\dfrac{1}{6}$である。

(6)＜空間図形―体積＞右図で，立体O-ABCDは正四角錐だから，図形の対称性より，頂点Oから底面に垂線OHを引くと，点Hは底面の正方形ABCDの対角線の交点と一致する。△ABCは直角二等辺三角形だから，$AC=\sqrt{2}AB=\sqrt{2}\times2=2\sqrt{2}$であり，$AH=\dfrac{1}{2}AC=\dfrac{1}{2}\times$

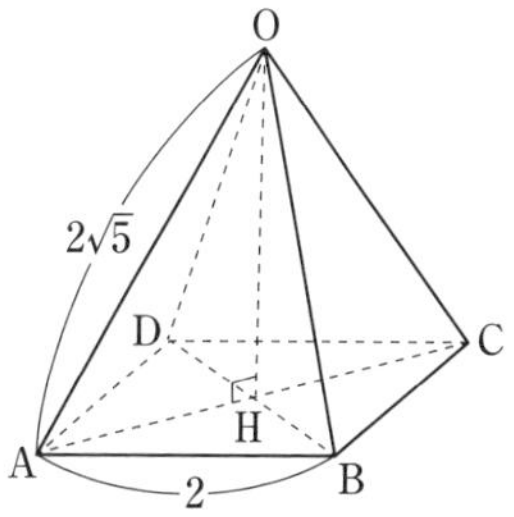

$2\sqrt{2}=\sqrt{2}$ となる。よって，△OAH で三平方の定理より，$\mathrm{OH}=\sqrt{\mathrm{OA}^2-\mathrm{AH}^2}=\sqrt{(2\sqrt{5})^2-(\sqrt{2})^2}=\sqrt{18}=3\sqrt{2}$ となるから，〔正四角錐 O-ABCD〕$=\dfrac{1}{3}\times$〔正方形 ABCD〕$\times\mathrm{OH}=\dfrac{1}{3}\times2\times2\times3\sqrt{2}=4\sqrt{2}$ である。

2 〔関数―関数 $y=ax^2$ と一次関数のグラフ〕

≪基本方針の決定≫(4)　等積変形を利用する。

(1)**＜座標＞**右図で，△OAB は OA＝AB の二等辺三角形だから，頂点 A から辺 OB に垂線 AA′ を引くと，点 A′ は辺 OB の中点となる。よって，$\mathrm{OA'}=\dfrac{1}{2}\mathrm{OB}=\dfrac{1}{2}\times4=2$ より，点 A の x 座標は 2 だから，$y=\dfrac{1}{4}\times2^2=1$ より，A(2, 1)である。

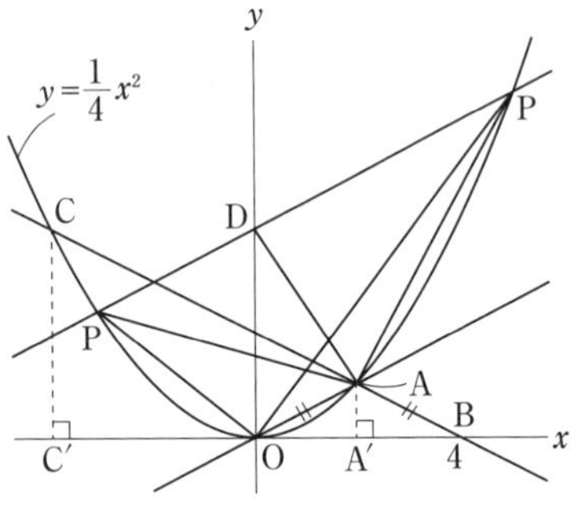

(2)**＜直線の式＞**右図で，直線 BC は A(2, 1)，B(4, 0)を通るので，傾きは $\dfrac{0-1}{4-2}=-\dfrac{1}{2}$ となり，その式は $y=-\dfrac{1}{2}x+b$ とおける。これが点 B を通るので，$0=-\dfrac{1}{2}\times4+b$，$b=2$ となる。よって，直線 BC の式は $y=-\dfrac{1}{2}x+2$ である。

(3)**＜長さの比＞**右上図で，点 C から x 軸に垂線 CC′ を引くと，CC′∥AA′ だから，CA：AB＝C′A′：A′B となる。点 C は放物線 $y=\dfrac{1}{4}x^2$ と直線 $y=-\dfrac{1}{2}x+2$ の交点だから，2 式から y を消去して，$\dfrac{1}{4}x^2=-\dfrac{1}{2}x+2$ より，$x^2=-2x+8$，$x^2+2x-8=0$，$(x+4)(x-2)=0$　$\therefore x=-4,\ 2$　よって，点 C の x 座標は -4 で，C′$(-4,\ 0)$となる。これと，(1)より A′(2, 0)だから，$\mathrm{C'A'}=2-(-4)=6$ となり，B(4, 0)より，$\mathrm{A'B}=4-2=2$ となる。したがって，CA：AB＝6：2＝3：1 である。

(4)**＜x 座標＞**右上図で，OB＝4，AA′＝1 だから，$\triangle\mathrm{OAB}=\dfrac{1}{2}\times4\times1=2$ である。y 軸上の正の部分に△OAD＝2△OAB＝2×2＝4 となる点 D をとると，△OAD の面積について，$\dfrac{1}{2}\times\mathrm{OD}\times2=4$ が成り立ち，これを解くと，OD＝4 となる。これより，D(0, 4)である。△OAP＝2△OAB となるとき，△OAD＝△OAP となるから，共有する OA を底辺と見たときの高さが等しいので，OA∥DP となる。したがって，求める点 P は点 D を通り直線 OA に平行な直線と放物線 $y=\dfrac{1}{4}x^2$ の 2 つの交点である。A(2, 1)より，直線 OA の傾きは $\dfrac{1}{2}$ だから，直線 DP の傾きも $\dfrac{1}{2}$ で，切片は 4 なので，その式は $y=\dfrac{1}{2}x+4$ となる。放物線の式は $y=\dfrac{1}{4}x^2$ だから，2 式から y を消去して，$\dfrac{1}{4}x^2=\dfrac{1}{2}x+4$ より，$x^2-2x-16=0$，解の公式より，$x=\dfrac{-(-2)\pm\sqrt{(-2)^2-4\times1\times(-16)}}{2\times1}=\dfrac{2\pm\sqrt{68}}{2}=\dfrac{2\pm2\sqrt{17}}{2}=1\pm\sqrt{17}$ となる。したがって，点 P の x 座標は $1\pm\sqrt{17}$ である。

3 〔数と式―方程式の応用〕

(1)**＜距離＞**$\dfrac{50}{60}=\dfrac{5}{6}$(時間)より，A さんは第 1 区の x km を時速12km で $\dfrac{5}{6}$ 時間かけて走ったので，$x=12\times\dfrac{5}{6}=10$(km)である。

(2)＜**距離**＞(1)より，第1区は10kmでありコースの全長は56kmだから，第2区の距離は$56-10-y-y^2=46-y-y^2$(km)となる。かかった時間は，第1区が，(1)より$\frac{5}{6}$時間，第2区が$\frac{46-y-y^2}{6}$時間，第3区が$\frac{y}{10}$時間，第4区が$\frac{y^2}{30}$時間となる。18分は$\frac{18}{60}=\frac{3}{10}$(時間)だから，かかった時間の合計は$3\frac{3}{10}=\frac{33}{10}$(時間)であり，$\frac{5}{6}+\frac{46-y-y^2}{6}+\frac{y}{10}+\frac{y^2}{30}=\frac{33}{10}$が成り立ち，これを解く。$25+5(46-y-y^2)+3y+y^2=99$，$25+230-5y-5y^2+3y+y^2=99$，$-4y^2-2y+156=0$，$2y^2+y-78=0$，解の公式より，$y=\frac{-1\pm\sqrt{1^2-4\times2\times(-78)}}{2\times2}=\frac{-1\pm\sqrt{625}}{4}=\frac{-1\pm25}{4}$となるから，$y=\frac{-1+25}{4}=6$，$y=\frac{-1-25}{4}=-\frac{13}{2}$である。よって，$y>0$だから，$y=6$である。

(3)＜**距離**＞(2)より，第4区の距離は$y^2=6^2=36$(km)である。地点エから自転車が故障した地点までの距離はz kmだから，自転車が故障した地点からゴール地点までの距離は$36-z$ kmと表せる。これより，Tチームがかかった時間は，地点エから自転車が故障した地点までが$\frac{z}{30}$時間，修理のために停車した時間が$\frac{10}{60}=\frac{1}{6}$(時間)，自転車が故障した地点からゴール地点までが$\frac{36-z}{20}$時間となる。一方，Sチームが第4区でかかった時間は$\frac{36}{30}=\frac{6}{5}$(時間)である。よって，Tチームは，Sチームがゴールしてから30分，つまり，$\frac{30}{60}=\frac{1}{2}$(時間)後にゴールしたことより，$\frac{z}{30}+\frac{1}{6}+\frac{36-z}{20}=\frac{6}{5}+\frac{1}{2}$が成り立つ。これを解くと，$2z+10+3(36-z)=102$，$2z+10+108-3z=102$，$-z=-16$より，$z=16$(km)となる。

4 〔平面図形―正三角形〕

≪基本方針の決定≫(3)　三角形の相似を利用する。

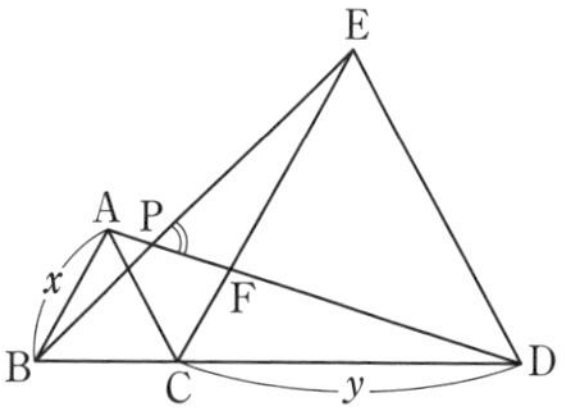

(1)＜**証明**＞右図の△ACDと△BCEにおいて，△ABC，△CDEは正三角形だから，AC＝BC，CD＝CEである。また，∠ACD＝∠ACE＋∠ECD，∠BCE＝∠ACE＋∠BCAである。解答参照。

(2)＜**角度**＞右図で，線分ADと線分CEの交点をFとする。(1)より，△ACD≡△BCEだから，∠PEF＝∠CDFである。また，対頂角は等しいので，∠PFE＝∠CFDであり，2組の角がそれぞれ等しいので，△PEF∽△CDFとなる。よって，∠DPE＝∠FCD＝60°である。

(3)＜**長さ**＞右上図の△BPDと△BCEにおいて，(1)より，△ACD≡△BCEだから，∠BDP＝∠BECとなる。また，∠PBD＝∠CBEだから，△BPD∽△BCEである。よって，BD：BE＝PD：CEより，BE×PD＝BD×CEとなる。これと，BE＝ADより，AD×PD＝BD×CEと表せる。したがって，BC＝AB＝x，CE＝CD＝y，BD＝BC＋CD＝$x+y$だから，AD×PD＝$(x+y)y$となる。同様にして，BP：BC＝BD：BEより，BP×BE＝BC×BDとなり，BP×BE＝$x(x+y)$となる。以上より，AD×PD＋BP×BE＝$(x+y)y+x(x+y)=(x+y)(y+x)=(x+y)^2$と表せる。

社会解答

1 問１　ヒスパニック　　問２　トルコ

問３　(例)ポーランドがEUに加盟し，高賃金のドイツへの移住者が増えた。(30字)

問４　(例)石油輸出で得た利益で工業が発展し，建設ラッシュも進んだから。(30字)

問５　難民　　問６　①…オ　②…カ

問７　エ

2 問１　ボーキサイト　　問２　1973

問３　イ　　問４　ウ　　問５　エ

問６　ウ　　問７　カ

3 問１　淡路　　問２　ウ

問３　後醍醐天皇　　問４　エ

問５　(例)京都が応仁の乱の主戦場となり，両陣営が寺社を拠点にしたため。(30字)

問６　２番目…ウ　４番目…ア

問７　ウ

問８　(例)薩長同盟を仲介して，江戸幕府に朝廷への大政奉還を決意させた。(30字)

問９　渋沢栄一　　問10　イ

4 問１　法

問２　(1)　A…〔経済〕制裁

B…パイプライン

(2)…エ

問３　エ

問４　持たず，つくらず，持ち込ませず

問５　キューバ　　問６　ウ

問７　イ　　問８　オ

1〔世界地理―国際移住者を題材とした問題〕

問１＜ヒスパニック＞メキシコをはじめとしたスペイン語圏からのアメリカ合衆国への移住者を，ヒスパニックといい，テキサス州やカリフォルニア州など南西部の州に特に多く住んでいる。

問２＜ドイツの外国人労働者＞ドイツでは外国人労働者はガストアルバイターと呼ばれ，戦後の西ドイツが復興のために受け入れた外国人労働者の出身国は，トルコが最多となっている。

問３＜EUの経済格差＞EUの域内では，2004年以降に新しく加盟したポーランドのような東ヨーロッパの国々の方が，西ヨーロッパの国々よりも賃金が安い傾向にある。そのため，ポーランドなどの東ヨーロッパの国々が2004年以降にEUに加盟することで，国境を越えて働くことが容易になると，より高い賃金の仕事を求めて東ヨーロッパから西ヨーロッパへ移住する人が多くなった。

問４＜産油国の出稼ぎ労働者＞サウジアラビアやアラブ首長国連邦のような産油国が石油輸出で得た利益をオイルマネーという。オイルマネーで産業を発展させた産油国では，建設ラッシュなどにより必要となった労働力を，外国からの出稼ぎ労働者に頼っている。

問５＜難民＞内戦による混乱や，宗教，人種，政治的意見などを理由とする迫害により，母国を追われた人々を難民という。

問６＜難民の移動ルート＞トルコはボスポラス海峡を挟んでヨーロッパとアジアにまたがる国であり，南の隣国で2011年から内戦状態にあるシリアから多くの難民を受け入れている(①…オ)。イランは世界最大の産油地域であるペルシャ湾の北に位置し，東の隣国で1970年代から紛争や政情不安が続くアフガニスタンから多数の難民を受け入れている(②…カ)。

問7＜フランスの移民社会＞フランスは，地中海を挟んで対岸にあるアルジェリアなどの北アフリカ諸国をかつて植民地支配しており，独立後も多くの移民を受け入れている。サハラ砂漠以北の北アフリカ諸国はイスラム教を信仰する人々が多数を占めているため，カトリックを信仰する人が多く，政教分離の考え方が厳格なフランスでは，イスラム系移民の増加によって，国内で宗教的な摩擦が生じている(エ…○)。

[2]〔日本地理―アルミニウムを題材とした問題〕

問1＜ボーキサイト＞アルミニウムの原料となる鉱産資源はボーキサイトであり，オーストラリアや中国などで生産量が多い。

問2＜石油危機＞1973年，第4次中東戦争の際にアラブ産油国が行った石油戦略により，石油価格が大幅に上がる第一次石油危機が起こった。

問3＜日本の気候＞長野県大町市は内陸部に位置するため，年降水量が少なく夏と冬の気温差が大きいaが当てはまる。静岡県静岡市清水区は，太平洋側に位置するため，夏の降水量の多いcが当てはまる。富山県射水市は日本海側に位置するため，冬の降水量が多いbが当てはまる。

問4＜水力発電所＞発電所Ｉ・Ｊともに等高線の間隔が狭い急な斜面のそばにあるため，山地のダムの水を利用した水力発電所であることがわかる(ウ…○)。なお，アルミニウムの精錬工場は，電力が豊富に得られる水力発電所のそばに多く立地していた。

問5＜資料の読み取り＞[2]冒頭の文章の第3段落目に書かれている「はじめて精錬が行われた長野県大町市の工場」は，図5の地図のうち1934年の地図のほか，ＱとＲの地図に見られるが，Ｐと2014年の地図には見られないため，Ｐが選択肢のうちで最も新しい1986年の地図と判断できる。また，文章の第4段落目の「北海道から福岡県まで各地に精錬工場が建設され，1970年代には世界第三位の生産量を誇るようになった」という記述から，図5の地図のうち，アルミニウム精錬工場の数が最も多く，北海道や福岡県にも工場が見られるＲが1977年，残ったＱが1965年の地図とわかる。

問6＜三大都市圏＞アルミニウムの圧延は大型の機械を用いて行われる。また，三大都市圏は人口が多いため，労働力は豊富であるが，賃金水準は三大都市圏以外の地域に比べると高い(ウ…×)。

問7＜資料の読み取り＞[2]冒頭の文章の第5・6段落目を読むと，2015年以降は，ボーキサイトを精錬して得られるアルミニウム地金は輸入に依存しており，国内では輸入地金や再生地金を圧延してアルミニウム製品が生産されていることがわかる。したがって，ボーキサイトの輸入量も，ボーキサイトを原料とするアルミニウム地金の国内生産をしなくなった2015年以降は減っていると考えられるため，Ｚが当てはまる。また，アルミニウムの圧延品は，再生地金や輸入地金を原料としてつくられるため，圧延品生産量の方が原料である再生地金の生産量よりも多くなる。したがって，アルミニウムの圧延品生産量はＹ，再生地金の生産量はＸが当てはまる。

[3]〔歴史―修学旅行を題材とした問題〕

問1＜淡路島＞本州四国連絡橋のうち，神戸・鳴門ルートは，兵庫県神戸市と淡路島を明石海峡大橋が，淡路島と徳島県鳴門市を大鳴門橋が結ぶルートとなっている。

問2＜東北・北海道の史跡＞岩手県の平泉は，平安時代末期，東北を支配した奥州藤原氏の本拠地であり，浄土教の影響からつくられた阿弥陀堂である中尊寺金色堂が現存している(ウ…○)。なお，多賀城は現在の宮城県に奈良時代に置かれた(ア…×)。仙台城は大名である伊達氏が江戸時代に藩庁を置いた城である。また，伊達氏は安土桃山時代には米沢城を本拠地としており，豊臣秀吉とは交戦せずに服従した(イ…×)。三内丸山遺跡は縄文時代を代表する遺跡である。弥生時代の代表的な環濠集落遺跡は，佐賀県にある吉野ヶ里遺跡である(エ…×)。北海道では，本州が弥生時代を形成している頃に独自の文化が形成され，13世紀以降にアイヌ文化が形成された(オ…×)。

問３＜後醍醐天皇＞鎌倉時代末期，後醍醐天皇は倒幕を企てて隠岐に流されたが，隠岐を脱出すると足利尊氏，新田義貞らの協力により1333年に幕府を滅ぼし，翌年に天皇中心の政治である建武の新政を始めた。

問４＜博多＞古くより貿易港として発展し，鎌倉時代の元軍の襲来の際に戦場となったのは，福岡市の博多港である(エ…○)。なお，アは神戸市，イは松山市(愛媛県)，ウは下関市(山口県)，オは長崎市である。

問５＜応仁の乱＞1467年，室町幕府第８代将軍足利義政の後継ぎ争いに，守護大名どうしの対立がからんで起こった応仁の乱では，山名持豊〔宗全〕の率いる西軍と，細川勝元の率いる東軍が，それぞれ京都の寺社や邸宅を拠点にして争ったため，京都は戦火に焼かれ荒廃した。

問６＜年代整序＞年代の古い順に，エ(全国に禁教令が出される―1613年)，ウ(日本人の海外渡航・帰国の禁止―1635年)，イ(島原の乱〔島原・天草一揆〕―1637～38年)，ア(ポルトガル船の来航禁止―1639年)，オ(オランダ商館を出島に移す―1641年)となる。

問７＜寛政の改革＞資料７の人物は，現在の福島県にあった白河藩の藩主であり，18世紀後半に老中として寛政の改革を主導した松平定信である。ウは，松平定信が出した，寛政異学の禁に関する史料で，湯島聖堂の学問所において朱子学以外の研究・講義を禁止する内容が書かれている。なお，江戸に出稼ぎに来ていた百姓の帰郷を強制する人返しの法は，老中水野忠邦による天保の改革の内容である(ア…×)。外国船の撃退を命じた異国船打払令は，第11代将軍徳川家斉の治世である文化・文政年間(19世紀前半)の政策である(イ…×)。大名から幕府に米を納めさせる代わりに参勤交代を緩める上げ米の制は，第８代将軍徳川吉宗による享保の改革の内容である(エ…×)。江戸・大坂〔大阪〕周辺を幕領にしようとした上知令は，天保の改革の内容である(オ…×)。

問８＜坂本龍馬＞坂本龍馬は，土佐藩(高知県)出身で，薩摩藩(鹿児島県)と長州藩(山口県)による薩長同盟を仲介した。薩長同盟が武力による倒幕の姿勢を見せたため，江戸幕府第15代将軍徳川慶喜は，薩長の機先を制して政治の主導権を維持するべく，1867年に朝廷に政権を返す大政奉還を行った。

問９＜渋沢栄一＞渋沢栄一は，明治時代中期の1883年に近代紡績工業のさきがけとなる大阪紡績会社を設立するなど，多くの企業を設立して「日本資本主義の父」と呼ばれる。

問10＜第二次世界大戦後の世界＞ソ連軍は日本のポツダム宣言受諾後も千島列島への侵攻を続け，南樺太や千島列島，満州などで人々を捕らえ，シベリアに連行して抑留した(イ…○)。なお，日本敗戦後の中国では中国国民党と中国共産党による内戦が再発し，毛沢東の率いる共産党が勝利して中華人民共和国を建国する一方で，敗北した蔣介石の率いる国民党は台湾に逃れて中華民国政府を維持した(ア…×)。ユダヤ人国家であるイスラエルは，第二次世界大戦後の1948年にパレスチナ地方に建国されたが，周囲のアラブ諸国は建国を認めず，４次にわたる中東戦争が起こった(ウ…×)。戦後の冷戦期には，ドイツは，アメリカ合衆国の影響下にある西ドイツと，ソ連の影響下にある東ドイツに分裂し，東ドイツの首都ベルリンも，東西に分断されて後にベルリンの壁が構築された(エ…×)。1990年のイラクによるクウェート侵攻をきっかけとして，1991年に湾岸戦争が起こったが，イラクへの武力制裁を行ったアメリカ軍を中心とする多国籍軍には，日本の自衛隊は参加していない(オ…×)。

4〔公民―核兵器を題材とする問題〕

問１＜法の支配＞専制的な君主による支配を人の支配というのに対し，国民が制定した法により政府の権力行使を制限することを法の支配といい，民主主義の原則として位置づけられている。

問２⑴＜経済制裁，パイプライン＞Ａ．ロシアによるウクライナ侵攻のような世界の平和を乱す行為に対しては，世界各国は貿易制限などの経済制裁を加えることがある。　Ｂ．石油や天然ガスを輸送する管をパイプラインという。ロシアとEU諸国も長距離の天然ガスのパイプラインで結ばれている。

⑵＜需要量・供給量と価格の関係＞下線部⑨のように供給量が減少すると，供給曲線が左に移動し，需要曲線と供給曲線の交点の価格である均衡価格がＰからＰ′に移動して値上がりする(エ…○)。

問３＜ローマ教皇＞1534年にフランシスコ=ザビエルらによって創設されたイエズス会は，宗教改革の結果として生まれたプロテスタントに対抗し，カトリック勢力を支援する目的で，1540年にローマ教皇によって承認された(エ…×)。

問４＜非核三原則＞非核三原則は，1967年に佐藤栄作が唱えた方針で，核兵器を「持たず，つくらず，持ち込ませず」を内容とする。

問５＜キューバ危機＞1959年にキューバ革命が起き，アメリカ合衆国の影響下から離れたキューバは，ソ連の影響下に入った。ソ連はキューバにミサイル基地を設置したため，1962年，基地の撤去を要求するアメリカ合衆国とソ連の間で核戦争の危機が高まるキューバ危機が起こった。

問６＜年代整序＞年代の古い順に，Ｂ(核兵器不拡散条約〔NPT〕の採択―1968年)，Ａ(第１次戦略兵器削減条約〔START Ⅰ〕の調印―1991年)，Ｃ(包括的核実験禁止条約〔CTBT〕の採択―1996年)となる。

問７＜大統領制と議院内閣制＞アメリカ合衆国の大統領は議会の可決した法律案に対する拒否権を持つが，日本の内閣総理大臣には国会が可決した法律案への拒否権はない(Ａ…正)。日本の内閣総理大臣は衆議院は解散できるが，参議院は解散できない(Ｂ…誤)。

問８＜インド＞国連の推計により，人口が2023年半ばに中国を抜いて世界一となるとされた，「グローバルサウス」を代表する新興国は，インドであるため，空欄⑧にはインドが入る。インドはBRICSと呼ばれる新興国の１つであり，かつての宗主国であるイギリスと同じく首相が行政府の長を務めている(い…○)。インドは，「自由で開かれたインド太平洋」構想で日本と連携している(え…○)。なお，アメリカ合衆国に次いでGDPが世界第２位であり，1970年代末から続けてきた一人っ子政策を少子高齢化を防ぐために転換したのは，中国である(あ，う…×)。

理科解答

1 問1 (1) 外とう膜 (2)…ア
(3)…ウ，エ
問2 (1)…イ (2)…エ (3)…ア
問3 (1) 感覚…ウ 運動…オ
(2) a－d－f
問4 0.19秒 問5 0.95m
問6 (1) 反射 (2)…イ，オ
(3) (例)危険から身を守る

2 問1 6Ω 問2 1.5A
問3 6.8W 問4 13.5V
問5 3Ω 問6 2.3V
問7 3.2J 問8 4倍 問9 イ
問10 ④ 問11 ウ 問12 0.1m

3 問1 ①…イ ②…ウ 問2 30.9°
問3 方位…北 距離…748km
問4 (1)…オ (2)…エ (3)…ク
問5 (1) 示準化石 (2)…ア，イ，カ
問6 30m 問7 オ
問8 (1)…X (2)…Y (3)…X
問9 寒冷前線
問10 (例)前線Xが前線Yに追いつき，閉塞前線が生じる。

4 問1 ①…密度 ②…水蒸気
問2 イ 問3 (1)…B (2) 7.4cm
問4 (1) (例)火を消す前に，ガラス管を試験管から抜く。
(2) ①…X ②…(例)沸点が低い
問5 $2M + 6HCl \longrightarrow 2MCl_3 + 3H_2$
問6 (1) 9.5g (2) 12.5%
問7 39.8g

1〔生物の世界，生物の体のつくりとはたらき〕

問1＜軟体動物＞(1)イカは，無脊椎動物のうちの軟体動物のなかまである。軟体動物の内臓を包むやわらかい膜を外とう膜という。　(2)イカの呼吸器官は，図1のアのえらである。なお，イはろうと，ウは胃，エは肝臓である。　(3)イカの呼吸器官はえらである。ア～オのうち，えらを持つものは，ハマグリとザリガニである。なお，ウミガメ，ヤモリ，イルカの呼吸器官は肺である。

問2＜持続可能な社会＞自然と人間が永続的に共存する社会を，持続可能な(1)社会という。持続可能な社会をつくるためには，資源の消費を減らし，繰り返し利用することができる循環型(2)社会や，温室効果ガスの発生を自然が吸収できる量以内にとどめる低炭素(3)社会，人間が他の生物と共生し，自然の恵みを受け続けられる，自然共生社会を築くことが求められている。

問3＜刺激と反応＞(1)この実験では，目で見て，手でものさしをつかんでいる。よって，感覚器官は目，運動器官は手の筋肉である。　(2)目で受け取った刺激は，信号に変えられ，視神経を通って脳に伝えられる。信号は脳で判断され，命令の信号が出される。そして，命令の信号は，脊髄から運動神経を通って手の筋肉に伝えられ，反応が起こる。よって，図3で，信号はa－d－fの経路で伝わる。なお，目は脳に近いため，目で受け取った刺激の信号は脊髄を通らず，直接脳に伝わる。

問4＜反応時間＞表1より，Bがものさしが落ち始めるのを見てから，ものさしをつかむまで，ものさしが落ちた距離の平均は，$(18.5+16.9+17.6+19.1+17.9)\div 5=90\div 5=18$(cm)となる。よって，図4より，物体が落下する距離が18cmのときの時間は0.19秒だから，求める平均の時間は0.19秒である。

問5＜反応時間＞18kmは$18\times 1000=18000$(m)，1時間は，$60\times 60=3600$(秒)だから，時速18kmは，$18000\div 3600=5$より，秒速5mである。よって，問4より，Bが刺激を受け取ってから反応するまでにかかる時間は0.19秒なので，ボールを見てからブレーキをかけるまでの間に自転車が進む距離は，$5\times 0.19=0.95$(m)となる。

問６＜反射＞⑴意識と無関係に起こる反応を反射という。　⑵ア～オのうち，反射の例として適するものは，意識と無関係に起こる反応で，口の中に食物を入れると，だ液が出る反応と，暗い部屋から明るい場所に出ると，瞳の大きさが変わる反応である。なお，ア，ウ，エの反応は，いずれも意識して起こす反応である。　⑶反射は，意識して起こる反応よりも，刺激を受け取ってから反応するまでの時間が短いので，危険から身を守るのに役立つ。

2〔電流とその利用，運動とエネルギー〕

問１＜オームの法則＞図１より，抵抗Ｒの両端にかかる電圧が９Ｖのとき，1.5Aの電流が流れる。よって，抵抗Ｒの抵抗は，オームの法則〔抵抗〕＝〔電圧〕÷〔電流〕より，9÷1.5＝６(Ω)となる。

問２＜電球に流れる電流＞図２の回路で，電球にかかる電圧が4.5Vなので，図１より，このとき，電球に流れる電流は1.5Aである。よって，図２の電流計の値は1.5Aになる。

問３＜消費電力＞問２より，図２で，電球にかかる電圧は4.5V，流れる電流は1.5Aである。よって，求める電球の消費電力は，〔消費電力(W)〕＝〔電圧(V)〕×〔電流(A)〕より，4.5×1.5＝6.75となるから，6.8Wである。

問４＜オームの法則＞図２で，電球と抵抗Ｒは直列につながっているから，電池の電圧は，電球にかかる電圧と抵抗Ｒにかかる電圧の和になる。問２より，電球にかかる電圧は4.5Vで流れる電流は1.5Aである。図２は直列回路だから，抵抗Ｒにも1.5Aの電流が流れ，図１より，抵抗Ｒにかかる電圧は９Ｖである。よって，電池の電圧は，4.5＋9＝13.5(V)となる。

問５＜オームの法則＞図３の電池の電圧は図２と同じで，電流計の値も図２と同じであったことから，図２と図３で，回路全体の抵抗は同じである。よって，抵抗Ｒが２つ並列につながった部分の抵抗と抵抗ｒの和は抵抗Ｒの抵抗６Ωに等しい。したがって，抵抗Ｒが２つ並列につながった部分の抵抗は６Ωの$\frac{1}{2}$で，$6\times\frac{1}{2}=3$(Ω)なので，抵抗ｒの抵抗は，6－3＝3(Ω)である。

問６＜回路＞図４の回路図は，右図のようになり，各点をｃ～ｈと定める。まず，ab間には，６Ωの抵抗Ｒが２個並列につながっているので，問５より，この部分の抵抗は３(Ω)である。次に，cd間の抵抗は，抵抗ｒの抵抗が３Ω，ab間の抵抗が３Ωより，3＋3＝6(Ω)である。さらに，ef間の抵抗は，cd間の抵抗が６Ω，抵抗Ｒの抵抗が６Ωより，$6\times\frac{1}{2}=3$(Ω)である。これより，ef間の抵抗は，図３で，抵抗Ｒが２個並列につながった部分の抵抗に等しいから，gh間は，電球と抵抗ｒ，３Ωの抵抗が直列につながっていることになり，図３の回路と同様な回路と考えられる。よって，図３と図４では電池の電圧も13.5Vで同じだから，ef間にかかる電圧は，問５より，図３で，抵抗Ｒが２個並列につながった部分にかかる電圧に等しく4.5Vとなり，cd間にかかる電圧も4.5Vである。したがって，cd間で，抵抗ｒの抵抗が３Ω，ab間の抵抗が３Ωで，抵抗は等しいから，それぞれの部分にかかる電圧は$\frac{1}{2}$になり，$4.5\times\frac{1}{2}=2.25$(V)である。以上より，ab間の電圧は2.3Vとなる。

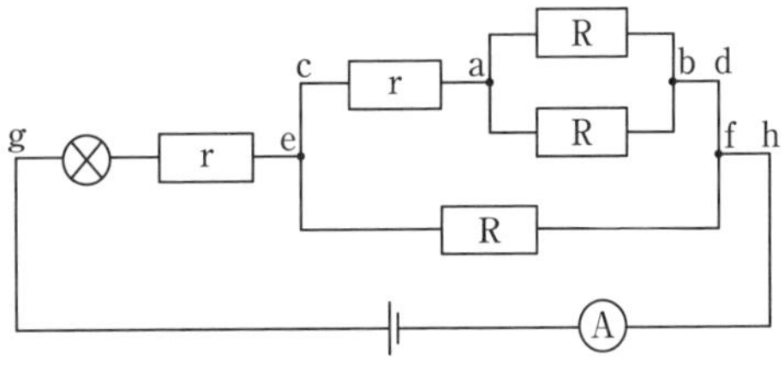

問７＜仕事＞0.1kgの物体にはたらく重力の大きさを１Ｎとするので，1.6kgの球Ａにはたらく重力の大きさは，1.6÷0.1×1＝16(N)である。よって，球Ａを持ち上げるのに必要な力の大きさは16Nだから，球Ａを0.2m持ち上げるのに必要な仕事は，〔仕事(J)〕＝〔力の大きさ(N)〕×〔力の向きに動いた距離(m)〕より，16×0.2＝3.2(J)となる。

問８＜物体の運動＞図６より，点Ｑでの球の速さが１m/sのとき，球を放す点Ｐの高さは0.05mであり，速さが２m/sのとき，高さは0.2mである。これより，点Ｑでの球の速さが２倍になると，球を放す点Ｐの高さは，0.2÷0.05＝4(倍)になっている。よって，vが２倍になるのは，xを４倍にしたときである。なお，速さが３m/sのとき，高さは0.45mより，0.45÷0.05＝9＝3^2(倍)となり，点Ｑでの速さが２倍，３倍になると，球を放す点Ｐの高さは，4＝2^2(倍)，3^2倍となっていることから，点Ｑでの速さは，球を放す点Ｐの高さの２乗に比例している。

問９＜斜面を転がる物体の速さ＞斜面を転がる物体の速さは，物体を放す高さによって変化するが，物体の質量には関係しない。よって，質量が異なる球を同じ高さから落としたとき，球の速さは，球の質量に関係なく同じになる。

問10＜運動とエネルギー＞図６より，球Ｃを高さ0.45mから放すと，点Ｑでの球の速さは３m/sになる。次に，図７より，球Ｃを３m/sの速さで木片に衝突させたとき，木片の移動距離は0.175mである。よって，図８で，球Ｃのグラフは，高さが0.45mで，移動距離が0.175mの点を通る④である。

問11＜運動とエネルギー＞問９より，球の速さは，球の質量に関係なく同じになるから，図６より，x＝0.45mのとき，全ての球の点Ｑでの速さは３m/sとなる。また，図７より，球の速さが３m/sのときの，木片の移動距離は，質量1.6kgの球Ａではおよそ0.35m，質量0.8kgの球Ｃでは0.175mとなる。これより，質量が，1.6÷0.8＝2(倍)になると，木片の移動距離は，0.35÷0.175＝2(倍)になっているので，木片の移動距離は球の質量に比例する。よって，図９で，求めるグラフは，原点を通る直線のウである。

問12＜力学的エネルギー＞問11より，木片の移動距離は球の質量に比例する。球の質量が１kgで，x＝0.2mのとき，y＝tmとすると，図10より，質量0.8kgの球Ｃで，x＝0.2のとき，y＝0.4×0.2＝0.08だから，球の質量と木片の移動距離について，1：t＝0.8：0.08が成り立つ。これを解くと，t×0.8＝1×0.08より，t＝0.1となるから，y＝0.1mである。

３ 〔地球と宇宙，大地の変化，気象と天気の変化〕

問１＜地球の自転＞地球の自転は，北極の上空から見ると反時計回り①である。次に，日本では，東経135°の地点で太陽が南中する時刻を正午と決めている。また，太陽は地球の自転によって，東から西に動いて見えるから，東にある地点ほど太陽が早く南中する。よって，東経135°より東に位置する巣鴨学園では，太陽が南中する時刻は正午より早い②。

問２＜南中高度＞冬至の日の太陽の南中高度は，〔南中高度〕＝90°－〔緯度〕－23.4°で求められる。よって，北緯35.7°にある巣鴨学園では，冬至の日の太陽の南中高度は，90°－35.7°－23.4°＝30.9°となる。

問３＜南中高度＞夏至の日の太陽の南中高度は，〔南中高度〕＝90°－〔緯度〕＋23.4°で求められる。地点Ｏでは，夏至の日の太陽の南中高度が71°だったことから，地点Ｏの緯度を北緯x°とすると，90°－x°＋23.4°＝71°が成り立つ。これを解くと，x°＝42.4°となる。よって，地点Ｏは，巣鴨学園から北にあることがわかる。次に，地球の円周は，2×3.14×6400＝40192(km)であり，地点Ｏと巣鴨学園の緯度の差は，42.4°－35.7°＝6.7°である。したがって，地点Ｏと巣鴨学園の間の距離は，40192×(6.7°÷360°)＝748.0…より，748kmとなる。

問４＜地層＞海底や湖沼などに堆積してできた地層を陸上で見ることができるのは，土地の隆起(1)や海水面の低下(2)により，地層が陸上に現れたためである。陸上に現れた地層が侵食され，その後，土地の沈降や海水面の上昇により，再び水中に沈み，その上に新たな地層が堆積すると，水中に沈む前の地層と沈んだ後の地層の間に起伏のある不整合(3)面ができる。

問5＜化石＞(1)地層のできた年代を知る手がかりとなる化石を示準化石という。　(2)地層が堆積した当時の環境を知る手がかりとなる化石を示相化石という。示相化石となる生物の条件は，限られた環境にしか生息できないこと，生息していた場所で地層に埋まったこと，その生物の生息する環境がわかるよう，現在も生息している，あるいはそのなかまが生きていることである。なお，オは，示準化石となる生物の条件である。

問6＜地層の重なり＞図2より，A地点での凝灰岩層の標高は，A地点の標高が200mで，凝灰岩層の地表からの深さが50mだから，200－50＝150(m)である。同様に，標高が160mのB地点では，160－10＝150(m)，標高が140mのC地点では，140－10＝130(m)となる。これより，図2の地域では，各地点での凝灰岩層の標高は，上下に位置するA地点とB地点では変わらず，左右に位置するB地点とC地点では，C地点に向かって，150－130＝20(m)低くなっている。よって，C地点と上下に位置するD地点では，凝灰岩層の標高はC地点と同じ130mとなる。したがって，D地点の標高は160mだから，D地点での凝灰岩層の深さは地表から，160－130＝30(m)である。

問7＜堆積作用＞水の流れの速さが速いほど，粒の小さいものは流されやすく，粒の大きいものは沈みやすい。また，土砂の粒の大きさを大きい順に並べると，れき＞砂＞泥となる。よって，堆積したときの水の流れが速い順に並べると，れき－砂－泥である。

問8，問9＜前線＞図3で，前線Xは寒冷前線であり，寒冷前線付近では積乱雲や積雲などの垂直に発達する雲ができ，寒冷前線が通過するときは，狭い範囲で強い雨が短時間降り続き，風向きが北よりに変わり，気温が低下する。一方，前線Yは温暖前線であり，温暖前線付近では乱層雲や高層雲などの層状の雲ができ，温暖前線が通過するときは，広い範囲で弱い雨が長時間降り続き，風向きが南よりに変わり，気温が上昇する。

問10＜閉塞前線＞温帯低気圧では，寒冷前線の進み方が温暖前線よりも速いので，図3の前線X(寒冷前線)が前線Y(温暖前線)に追いつき，閉塞前線が生じる。

4〔物質のすがた，化学変化と原子・分子〕

問1＜密度＞単位体積当たりの質量を<u>密度</u>①といい，密度は物質の種類や状態によって異なる。水は，水蒸気，水(液体)，氷と状態変化し，同じ質量で，体積が大きい順に，水蒸気，氷，水(液体)となる。よって，密度が最も小さいのは，同じ質量での体積が最も大きい<u>水蒸気</u>②である。

問2＜状態変化＞物質は，その温度が融点よりも低いときに固体，融点よりも高いときに液体になる。また，物質は，その温度が沸点よりも低いときに液体に，沸点よりも高いときに気体になる。よって，物質が固体の状態になるのは，物質の融点が室温より<u>高い</u>③ときであり，物質が気体の状態になるのは，物質の沸点が室温より<u>低い</u>④ときである。

問3＜密度と浮力＞(1)表1より，固体A～Dの1 $\mathrm{cm^3}$当たりの質量，つまり密度を求めると，〔密度$(\mathrm{g/cm^3})$〕$=\dfrac{〔\text{質量}(\mathrm{g})〕}{〔\text{体積}(\mathrm{cm^3})〕}$より，固体Aは，$\dfrac{216}{80}=2.7(\mathrm{g/cm^3})$，固体Bは，$\dfrac{156}{180}=0.866\cdots$より，0.87 $\mathrm{g/cm^3}$，固体Cは，$\dfrac{108}{120}=0.90(\mathrm{g/cm^3})$，固体Dは，$\dfrac{420}{120}=3.5(\mathrm{g/cm^3})$となる。したがって，1 $\mathrm{cm^3}$当たりの質量(密度)が最も小さいものは，固体Bである。　(2)(1)より，固体Dの1 $\mathrm{cm^3}$当たりの質量(密度)は3.5 $\mathrm{g/cm^3}$である。固体を液体中に入れたとき，液体よりも密度の大きい固体は沈み，小さい固体は浮く。よって，密度が13.5 $\mathrm{g/cm^3}$の水銀に固体Dを入れると，固体Dは浮く。また，液体中の物体には，その物体が押しのけた液体の重さ，つまり押しのけた液体にはたらく重力と同じ大きさの浮力が加わる。固体Dと同じ物質でできた1辺10cmの立方体の質量が，$3.5\times(10\times10\times10)=3500(\mathrm{g})$より，固体Dを水銀に入れたとき，固体Dが押しのけた水銀の質量は

3500gである。このとき，押しのけた水銀3500gの体積は，$3500\div13.5=259.2\cdots$より，259cm^{3}となる。したがって，液体中の立方体の高さは，$259\div(10\times10)=2.59$(cm)だから，液面から出ていた高さは，$10-2.59=7.41$より，7.4cmである。

問４＜蒸留＞(1)試験管に液体を集め終わった後，ガスバーナーの火を消す前に，ガラス管を試験管から抜く操作が必要である。これは，試験管にたまった液体が，枝つきフラスコの方に流れ込むのを防ぐためである。　(2)エタノールには火をつけると燃える性質があるため，エタノールの含まれる割合が最も多いのは，表２より，長い間，火がついた試験管X①に集めた液体である。また，エタノールの含まれる割合がそれぞれの試験管で異なったのは，エタノールの沸点が約78℃，水の沸点が100℃と，エタノールは水より沸点が低い②ため，エタノールを多く含んだ気体が先に出てくるからである。

問５＜化学反応式＞ある金属(M)を塩酸(HCl)に入れると，化学反応式より，金属と塩素の化合物(MCl_3)と水素(H_2)ができる。化学反応式は，矢印の左側に反応前の物質の化学式，右側に反応後の物質の化学式を書き，矢印の左右で原子の種類と数が等しくなるように化学式の前に係数をつける。よって，MCl_3の係数を１とすると，矢印の左右で，M原子と塩素原子，水素原子の数をそれぞれ合わせるため，Mの係数は１，HClの係数は３，H_2の係数は$\frac{3}{2}$となる。係数は整数にするので，それぞれを２倍して，化学反応式は，$2M+6HCl\longrightarrow2MCl_3+3H_2$となる。

問６＜化学変化と物質の質量＞(1)表３より，質量パーセント濃度10%の塩酸300gに金属Mを加えると，最大で1.05gの水素が発生する。塩酸に加えた金属Mの質量が2.70gのとき，発生する水素の質量は0.30gより，水素が1.05g発生するときの金属Mの質量をxgとすると，$x:1.05=2.70:0.30$が成り立つ。これを解くと，$x\times0.30=1.05\times2.70$より，$x=9.45$となるから，求める金属Mの最大質量は9.5gである。　(2)10%の塩酸300gに含まれる溶質(塩化水素)の質量は，$300\times\frac{10}{100}=30$(g)である。この塩酸に，金属Mを9.45g溶かすと，水素が1.05g発生するから，反応後に生成したMCl_3の質量は，$30+9.45-1.05=38.4$(g)となる。発生した水素は空気中に逃げるため，溶質の質量は生成したMCl_3の質量38.4gであり，溶液の質量は，$300+9.45-1.05=308.4$(g)となる。よって，反応後の溶液の質量パーセント濃度は，〔質量パーセント濃度(%)〕=〔溶質の質量(g)〕÷〔溶液の質量(g)〕×100より，$38.4\div308.4\times100=12.45\cdots$となるから，12.5%である。

問７＜化学変化と物質の質量＞問６より，質量パーセント濃度10%の塩酸300gに金属Mを10.8g加えると，金属Mは10.8gのうち9.45gが塩酸と反応して，MCl_3が38.4g生成する。このとき，未反応の金属Mの質量は，$10.8-9.45=1.35$(g)となる。よって，残った金属Mと生成したMCl_3の混合物の質量は，$38.4+1.35=39.75$より，39.8gである。

国語解答

一　問1　a　記憶　b　繊細　c　慎重
　　　d　紛　e　万策
　問2　1…ウ　2…ウ
　問3　他者の苦悩のもととなる具体的な経験がない以上，いかなる場合も他者の苦悩は知りえないのに，同情はそれを自分が経験したかのようにとらえるから。(69字)
　問4　ウ　　問5　イ
　問6　友人とともに成長するための〔自分と友人を理想へ近づけてくれる〕［もの］
　問7　イ　　問8　ア

二　問1　a　瞳　b　無尽　c　緊張
　　　d　軽蔑　e　粘
　問2　エ　　問3　ア
　問4　何かを慰めるようなやり方
　問5　可愛くなりたいと思って，お母さんの意に反した行動をして事件に巻き込まれたのは，全て自分のせいなのだと，お母さんから強く非難されたこと。(67字)
　問6　イ　　問7　ウ　　問8　イ

三　問1　ならい
　問2　A…ア　B…イ　C…イ
　問3　ウ
　問4　Ⅰ　ください　Ⅱ　たくさん
　問5　a…エ　b…イ　　問6　イ
　問7　あれ　　問8　エ
　問9　愚かにも，文字がわからない状態で経典を暗唱しているという点。(30字)
　問10　ウ

一〔論説文の読解―哲学的分野―人生〕出典：戸谷洋志『友情を哲学する』。

≪本文の概要≫ニーチェによれば，同情とは，本来知りえないはずの他者の苦悩を，自分が経験したことのある苦悩であるかのように理解し，わかった気になるという誤解であり，同情される者の苦悩を解消しようとする点で，単なる誤解よりも悪質である。ニーチェは，このように私と友達との同質性に基づく友情を否定した。ニーチェによれば，苦悩にはより強く深い人間になる「個人的必要」があり，自らの力で苦悩を乗り越えなければならないのに，同情は，人からそうした成長の機会を奪う。苦悩する友達を，同情することなく愛するということは，互いにより高い理想を目指す関係となることによって可能であり，それこそが友情と呼ばれるに値する愛である。互いに高め合い，成長し，友達とともに理想へと近づいていきたいと願うことが，友情という名の愛である。他者と友情を交わすとき，私がその友達とわかり合えているかも，友達がどんな人間であるかも関係ない。友達を本当に愛しているのなら，友達の苦悩を肯定し，それを乗り越えようとしている姿を励まし，ときには，より大きな困難と立ち向かい成長するために，友達と敵対すべきである。私たちは，友達を愛しながら敵対することもでき，それが互いを成長させ，理想へと近づけさせるのである。

問1＜漢字＞a．「記憶」は，忘れずに覚えている物事のこと。　b．「繊細」は，感情などがこまやかなこと。　c．「慎重」は，用心深く，軽々しい言動をしないこと。　d．音読みは「紛争」などの「フン」。　e．「万策」は，あらゆる解決方法のこと。

問2＜接続語＞1．「あなたと恋人の関係は，あなたと恋人の間でしか生じないもの」であるから，まさしく，恋人との関係を「失ったことによる苦悩は，あなたにしかわからない」のである。

２．同情によって「苦悩が解消されるならいいじゃないか，と思われるかも知れない」が，ニーチェは，苦悩には，解消よりもどちらかといえば，「個人的必要」というものがあり，苦悩は「単になくなればよいものではない」と考えた。

問３＜文章内容＞ある人の苦悩は，常に「真に個性的なもの」で「具体的な記憶」から発するので，「『私』には本来知りえないはずの他者の苦悩を，あたかも『私』が経験したことのある苦悩であるかのように理解し，わかった気になる」同情は，常に誤解であるといえる。

問４＜文章内容＞「苦悩を経由することで，より強く，より深い人間にもなれる」のである(イ…○)。しかし，友達からの同情によって苦悩を手放してしまうと，「あなたは何も成長しないまま，何も学ばないまま」で，「また同じように傷つくかも知れないし，あるいは同じように他者を傷つけるかも知れない」ので(ア・エ…○)，苦悩はなくなればよいというものではない。

問５＜文章内容＞友達どうしが「互いにより高い『理想』を目指す関係こそが，『友情』と呼ばれるに値する」ものである(ウ…○)。そのような友情を成り立たせる「理想」は，「あくまでも『彼らを超えた理想』」であり，「友達といつまでも関係を継続することが，友情の理想なのではない」のである(エ…○)。また，他者と真の友情を交わすとき，「友達がどんな人間であろうが，それは友情にとって関係ない」のである(ア…○)。

問６＜文章内容＞苦悩する友達に，ときに敵対することは，「互いを成長させ，理想へと近づけさせる」ことにつながる。友達が自らの苦悩を肯定し，それを乗り越えようとしている姿を励まし，ときには友達と敵対することによって，自分も友達も，ともに「より大きな困難と立ち向かい，成長することができる」のである。

問７＜文章内容＞「私たちは友達を愛しながら，愛しているがゆえに」友達と敵対することができるのであり，「そうした敵対こそが，互いを成長させ，理想へと近づけさせる」という思いで互いが相通じていることが，友達との敵対関係には必要である。

問８＜主題＞ニーチェによれば，「友情を成り立たせるものが愛であるとしても，それは同情をもたらすものであってはなら」ず(イ…×)，友達どうしが「互いにより高い『理想』を目指す関係こそが，『友情』と呼ばれるに値する」のである(ア…○)。また，真の意味で他者と友情を交わすとき，「『私』がその友達とわかり合えているかどうか，ということは，そもそも問題ではない」のである(ウ…×)。価値ある友達とは，自分の苦悩に対して同情してくれる人ではなく，互いに成長し合い，より高い理想を目指せる人である(エ…×)。

二〔**小説の読解**〕出典：西加奈子『燃やす』。

問１＜漢字＞ａ．音読みは「瞳孔」などの「ドウ」。　ｂ．「縦横無尽」は，自由自在であること。　ｃ．「緊張」は，心が張り詰めていること。　ｄ．「軽蔑」は，相手を軽視し，さげすむこと。　ｅ．音読みは「粘着」などの「ネン」。

問２＜文章内容＞「私」は，「立ち上る煙」を見て，母にスカートを庭で焼かれた経験を思い出した。だが，他の生徒には同様の経験はなく，ゴミを燃やす煙にも無関心であると思われ，「私」は，自分だけが「煙を見てどきっとした」のだろうと思った。

問３＜心情＞「私」は，「あれは無理だ，あれはきっと燃えないにちがいない」と思われるようなものでも「綺麗に煙に」してしまえる「おじさんの手管に夢中に」なっていた。そのため，「私」は，おじさんに燃やしてもらうにしてはあまりにもちっぽけなティッシュペーパーの塊が，恥ずかしかった。

問４＜文章内容＞どんなものでも「綺麗に煙に」してしまうおじさんの燃やし方は，「何かを罰するように燃やす」お母さんの燃やし方とは違い，「何かを慰めるようなやり方」だと，「私」には思われた。

問５＜文章内容＞「私」は，「可愛くなりたかった」のでお母さんの意に反してスカートをはいた時期に，「おかしな人」につきまとわれるという事件に巻き込まれた。事件に対するお母さんの「ほらね」という言葉を，「私」はお母さんの言うことを聞かないからひどい目に遭ったのだ，事件に巻き込まれたのは「私が悪い」のだという意味で受けとめた。

問６＜文章内容＞おじさんは，「余計なことを言わない」人であり，「私」に対しては燃やすものがあるかどうかを尋ねるだけであった。そのおじさんが，「燃やすことが出来なくてすみません」と，「私」の心情に寄り添うようなことを言ったのは，「私」にはプロフェッショナルとしてはふさわしくない態度とも思えた。だが，「私」には，おじさんは「かたちのないものを燃やすことが出来ないことに，私よりうんとうんと昔から，ずっと悲しんでいた」ように見え，「私」の「本当に燃やしたいもの」をおじさんもわかってくれているように思われた。

問７＜文章内容＞「おかしな人」につきまとわれるという事件の後，「大人の男の人は，小学生の女の子に話しかけなくなって」いて，長く女の子を見ないようになった。だが，おじさんには，素っけないながらも「私をひとりぼっちに」しない態度があり，事件の被害者としてではなく，ありのままの一人の人間としての「私」に，誠実に向き合ってくれた。その態度がうれしくて，「私」は，「私のことを，もっとはっきり見て」ほしいと思うようになっていた。

問８＜主題＞お母さんは，相入れなかったおばあちゃんがなくなって火葬されて初めて，実母を慕って泣くことができ，再び「ママ」と呼ぶことができた。「私」は，事件に巻き込まれたのは「私」自身のせいだと，お母さんに冷たく突き放された「ほらね」という言葉を，おじさんに燃やしてもらいたいと願った。「燃やす」という行為は，それまでの自分や，自分と他者との関係から自由になり，自分に救いを与えてくれる行為として描かれている。

三〔**古文の読解―説話**〕出典：無住法師『沙石集』巻第八ノ三。

≪現代語訳≫ある山寺に，当地の慣習として，法華経と仁王経の二経を，僧一人ひとりが，暗記していつも唱えている中に，文字も見ないで丸暗記した愚かな僧が多かった。その中に，ある若い僧が，師が譲り与えた大般若経を，虫干ししようとして，取り広げておいたのを，隣の坊の若い僧がやってきて，「これは何経かね」ときいた。「さあ，何経であろうか。先師が譲ってくれたのです」と言ったところ，「ください，その経十巻を。私は法華経を持っていないので，法華経にしよう」と言うので，（持ち主の僧は）「早く取りなさい」と言った。（経をもらった隣の僧は，経を）ひと包み持って帰った。（そのまた）隣の坊の僧が（大般若経を法華経としてもらった僧のもとに）やってきて，この経のことをきくと，（経をもらった僧は）「隣のなんとかいう僧のところにたくさんあったのを，法華経にしようと思って，取ってきたのだ」と言う。（そのまた隣の坊の僧は）「法華経は八巻だ。ください，（余分な）二巻を。私は仁王経を持っていないので，仁王経にしよう」と言うので，（経をもらった僧は）」「早く取りなさい」

と言う。そうして(そのまた隣の坊の僧は)，二巻取っていった。／(中略)／ある在家で，大般若経を読ませた中に，愚かな僧がいて，経典を逆さまに持っていたのを，法事を取り仕切っていた俗人が，「あのお坊様が，持っていらっしゃる経典が，逆さまでございますよなあ」と言ったところ，正しく持っていた僧が，(自分の経典を)取り直して逆さまに持った。そうして，(もともと)逆さまに持っていた僧は，自分は正しく持っていたという様子で，そばの(逆さまに持ち直した)僧を馬鹿なように思って，「あなたが逆さまだと気づいていましたよ」と言った。

問１＜歴史的仮名遣い＞歴史的仮名遣いの語頭以外のハ行は，現代仮名遣いでは原則として「わいうえお」になる。

問２＜古文の内容理解＞Ａ.「ある若き僧」が，虫干ししていた大般若経を，先師が譲ってくれたのですと言った。　Ｂ.「ある若き僧」から大般若経をもらってきた「隣の坊の若き僧」が，隣のなんとかいう僧のところにたくさんあった経典を，法華経にしようと思って取ってきたと言った。Ｃ.「隣の坊の僧」に，法華経なら八巻だから，余分の二巻は仁王経にしたいから私にくださいと言われて，「隣の坊の若き僧」は，早く取りなさいと言った。

問３＜現代語訳＞「やらむ」は，「にやあらむ」の変形したもので，～であろうか，という意味。文字を見ないでいた「ある若き僧」は，「隣の坊の若き僧」に，それは何経かときかれても，何経だかわからなかったのである。

問４＜古語＞Ⅰ.「給べ」は，お与えになる，くださる，という意味の尊敬語動詞「給ぶ」の命令形で，ください，という意味。　Ⅱ.「あまた」は，たくさん，多く，という意味。

問５＜古文の内容理解＞「ある若き僧」が師から譲られて持っていた全十巻の大般若経は，「隣の坊の若き僧」に法華経として持っていかれ(…ｂ)，そのうちの二巻は，さらに「隣の坊の僧」によって仁王経として持っていかれた(…ａ)。

問６＜古文の内容理解＞「隣の坊の若き僧」は，自分は法華経を持っていないので，虫干ししている経典をくださいと言った。

問７＜古典文法＞係助詞「こそ」によって，結びの活用語は已然形となる。「あり」の已然形は「あれ」。このような古典文法上の規則を，係り結びの法則という。

問８＜現代語訳＞「さ見候ひつる」を直訳すると，そのように見ました，となる。「さ」は，そう，そのように，という意味で，ここでの指示内容は，あなたの経典の持ち方が逆さまだということ。経を逆さまに持っていた「愚僧」は，経を正しく持っていたのに逆さまに持ち直した僧に，したり顔で，あなたの経典の持ち方が逆さまだと，さっきから思って見ていましたよと言ったのである。

問９＜古文の内容理解＞前半の三人の僧は，文字を見ないで暗記していたために，経典が大般若経か法華経か仁王経かの区別もつかなかった，という話。後半の二人の僧は，文字が読めないために，自分の経典の持ち方が逆さまかどうかの判断もつかなかった，という話。いずれも，経典を文字がわからずに覚えていただけであるという愚かさにおいて，共通している。

問10＜文学史＞『徒然草』は，鎌倉時代後期に成立した，兼好法師の随筆。『土佐日記』は，平安時代初期に成立した，紀貫之の仮名文で書かれた旅日記。『枕草子』は，平安時代中期に成立した，清少納言の随筆。『おくのほそ道』は，江戸時代前期に成立した，松尾芭蕉の俳諧紀行文。

2023年度 巣鴨高等学校

【英　語】（60分）〈満点：100点〉

（注意）　1．本文中の左上に数字が付いている語(句)には注があります。

2．⑤はリスニング問題です。試験開始後約20分経過してから，リスニング問題(約12分間)を実施します。

1　次に書かれているのは，ある男子小学生とスクール・カウンセラー(counselor)が会話をしている場面です。英文を読み，あとの設問に答えなさい。

Jeff sat at the round table.　The counselor sat across from him.

“So how do you like Red Hill School ?” she asked.

He [1] stared straight ahead.　① *There's a boy in the girls' bathroom* [2] echoed inside his head.

“I imagine it must seem a little scary,” said the counselor.

He didn't answer.

“I think it's scary,” she said.　“It seems so big !　Anytime I try to go anywhere, I [3] get lost.”

He smiled weakly.

“It's hard for me because I'm new here,” she explained.　“Today is only my second day of school.　I don't know anybody.　Nobody knows me.　The other teachers all look at me strangely.　It's hard for me to make friends with them.　They already have their own friends.”

“I know ② what you mean,” Jeff said.

“Maybe you can help me,” said the counselor.

“Me ?” said Jeff.　“How can *I help you* ?　I'm the one who needs help !”

“Well, maybe we can help each other.　What do you think about that ?”

“③ How ?”

“We're the two new kids at school,” she said.　“We can share our experiences and learn from each other.”

Jeff smiled.　“Okay, Miss Davis,” he said.

“Jeff,” she said, “If we're going to be friends, I want you to call me Carla, not Miss Davis.”

He laughed.

“Do you think Carla is a funny name ?”

“Oh, no !　I just never called a teacher by her first name, that's all.”

“But we're friends.　Friends don't call each other Miss Davis and Mr. Fishkin, do they ?”

Jeff laughed again.　“No,” he said, then he [4] frowned.　“The kids in my class call me Fishface.”

“Have you made any friends ?” asked Carla.

“I [5] sort of made one friend,” said Jeff, “but I don't like him.”

“How can he be your friend if you don't like him ?”

“Nobody likes him.　At first I felt sorry for him because nobody wanted to sit next to him.　Mrs. Ebbel said it out loud right in front of the whole class.　‘Nobody likes sitting there,’ she said.　It was like he wasn't even there.　It's bad enough when a kid says something like that, but a teacher.”

“It [6] must have hurt his feelings,” said Carla.

“No.　He just smiled.”

“He [7] may have been smiling on the outside, but do you think he really was smiling on the inside ?”

"I don't know. I guess not. I guess ④that's why I tried to be friends with him. I told him I liked sitting next to him. But then he said, 'Give me a dollar or I'll [8]spit on you.'"

"What did you do?"

"I gave him a dollar. I didn't want him to spit on me. But then, later, he said, 'I'll give you a dollar to be my friend.' So I took it. It was my dollar! So does that mean I have to be his friend, even though I just [9]broke even?"

"What do you think friendship is?" Carla asked him.

"I don't know. I mean I know what it is, but I can't explain it."

"Is it something you can buy and sell? Can you go to the store and get [10]a quart of milk, a dozen eggs, and a friend?"

Jeff laughed. "No. So does that mean I ⑤[　　　] be friends with him?"

"I won't tell you what to do," said Carla. "All I can do is help you think for yourself."

"I don't even know if Bradley wants to be my friend," said Jeff. "Today, [11]at recess, we [12]hung around together but we didn't do anything. He acted like I wasn't there. Then, when it started to rain, he ran around trying to push little kids into the [13]mud."

"Could you share your feelings with him?" asked Carla. "That's the real way to build a friendship: by talking, and by being honest and by sharing your feelings. Like the way we're talking and being honest with each other now. That's why we're friends."

"But Bradley's different than you and me," said Jeff.

"I think you'll find that if you're nice to Bradley, he'll be nice to you. If you are honest and friendly with him, he'll be honest and friendly with you. ⑥It's just like with the dollar. You always break even."

Jeff smiled. "Are you going to see Bradley, too?" he asked.

"Yes, later today."

"Do you think you'll be able to help him?"

"I don't know."

"I hope so. I think he needs help even more than me. You won't tell him anything I said, will you?"

"No, that's one of my most important rules. I never repeat anything anyone tells me here, around the round table."

"Never?"

She shook her head.

"What about to other teachers?"

She shook it again.

"What about to the principal?"

"Nope."

"Okay," said Jeff. He took a breath. "Here goes."

He [14]grimaced. "On the way here, I got a little lost, and, um, accidentally went into the girls' bathroom!" He covered his face with his hands.

注：1　stare　見つめる　　2　echo　こだまする　　3　get lost　迷子になる　　4　frown　顔をしかめる
5　sort of　～みたいな　　6　must have hurt　～を傷つけたに違いない
7　may have been smiling　笑っていたのかも知れない　　8　spit　つばをかける
9　break even　貸し借りなしにする　　10　a quart of　約1リットルの～

11　at recess　休み時間に　12　hang around　ぶらつく　13　mud　ぬかるみ
14　grimace　顔をしかめる

1．下線部①は誰の発言ですか。次の中から１つ選び，記号で答えなさい。
ア　ジェフ　イ　カーラ　ウ　ブラドリー　エ　その他の人たち

2．下線部②の指す内容として最も適切なものを次の中から１つ選び，記号で答えなさい。
ア　友だちが１人しかいなくて寂しく思っていること。
イ　不慣れな場所で不安を感じていること。
ウ　ひんぱんに迷子になって困っていること。
エ　学校施設の大きさに圧倒されていること。

3．下線部③の答えとして最も適切な１文の最初の２語と最後の２語を英語で抜き出しなさい。

4．下線部④の指す内容として最も適切なものを次の中から１つ選び，記号で答えなさい。
ア　ジェフがブラドリーのことを密かに気に入っていること。
イ　ブラドリーの隣りの席に座りたい人は誰もいないということ。
ウ　エベル先生がブラドリーの状況をかわいそうだと言ったこと。
エ　ブラドリーは酷いことを言われて内心は気にしているということ。

5．下線部⑤の空所に入る最も適切なものを次の中から１つ選び，記号で答えなさい。
ア　don't have to　イ　have to　ウ　can't　エ　can

6．下線部⑥の内容として最も適切なものを次の中から１つ選び，記号で答えなさい。
ア　友だちの間では，借りたお金は返さなければならない。
イ　友だちの間では，お金の貸し借りはしてはいけない。
ウ　友だちの間では，お互いに対等の関係であるべきだ。
エ　友だちの間では，お互いの違いを認め合うべきだ。

2　次の英文を読み，あとの設問に答えなさい。

Go into a restaurant in almost any country in the world and you will find at least one of these items on the menu : beef, chicken, pork, or mutton. Considering that there are thousands of types of animals, why does almost every country limit itself to the meat of these four unlucky animals ? A similar question can also be asked about vegetables, fruits, grains, and seeds. We only seem to eat food from two or three dozen plants, even though there are thousands of plants in the world. These are difficult questions, but they can be answered by looking at our ancestors' difficulties and experiments.

Almost all the food we eat today in developed countries, both plants and animals, was once wild. Then about 10,000 years ago, humans began domesticating their food sources. As people discovered how to control some foods, either by planting seeds or by raising animals, our eating customs started to change. Naturally, ①<u>these discoveries</u> happened over time in different places, with different foods, and for different reasons. Let's take a look at some examples.

One of the main reasons for domesticating animals was the need to feed an increasing population. As the number of humans increased, people began domesticating animals because over-hunting was reducing traditional sources of meat. The first [1] attempts at domestication were like experiments. Some animals were naturally better than others as a domestic meat source. In fact, humans have tried to domesticate most large [2] mammals in the world, but we have only really succeeded with five : sheep, goats, cows, pigs, and horses. For an animal to be successfully domesticated, it must :

1. eat food such as grass, which is cheap
2. grow quickly
3. be able to [3] reproduce in the presence of humans
4. accept humans as their leaders and live peacefully in a group
5. be calm

The five animals above meet all these [4] conditions, but why only these five animals ? Perhaps you can imagine some others. An example of an animal which seems to be a good choice for domestication, but actually is not, is the zebra. It generally meets the first four conditions, but it can be very ②(　　　) and bite hard. Although Africans tried to domesticate zebras, they were too difficult to domesticate. [5] Gazelles appear to be another possibility, but they are too [6] independent to accept humans as their leaders. Similarly, people have tried to ③[　　　　　], but in the end these attempts have failed because these animals did not meet all five conditions. Chickens are not mammals, but they meet all five conditions, and because they can't fly, they are also easier to domesticate.

It is interesting that taste has not been discussed. ④Though humans naturally like foods that are sweet or high in calories, our sense of taste is something that develops as we grow up. When we think of the insects that are eaten in some cultures or even the *wasabi* eaten in Japan, it is clear that people can get used to and enjoy an amazing variety of tastes.

Although it may be surprising that we eat the meat of so few domestic animals, it is even more surprising that we eat so few types of plants. Of the more than 200,000 types of wild plants, 80% of our food comes from only a dozen.

As in the case of domestic animals, the domesticated plants that we eat today were chosen for several reasons. Some of these reasons are clear, for example, taste, size, and [7] texture. Because most plants or their seeds are either too small, too bitter, or too hard to chew, humans have selected only the most [8] suitable. However, there are other, less clear, reasons. One of these reasons can be explained by looking at the [9] acorn. It seems like a good food source, [10] except that acorns are quite bitter and can make you sick. Originally, almonds had the same problem. Wild almonds are very bitter, and poisonous enough to kill you. So ⑤why have almonds become a popular food, but not acorns ? One reason is because a change in only one [11] gene can remove the almond's bitter taste and poison. This means that some trees with good-tasting almonds appeared naturally in the forest, and people could reproduce them easily. On the other hand, an acorn's bitterness is caused by many genes. This means that it is much more difficult to reproduce good-tasting acorns. Of course, there are other reasons as well. For example, [12] oak trees take more than ten years to start producing acorns.

It is clear that our eating customs have developed for many reasons. The most important [13] factor, however, appears to be our ability to successfully domesticate a few plants and animals. Because of this success, humans have reached such a large ⑥(　　　) . . . or such a great enjoyment of cooking.

注：1 attempt 試み　2 mammal 哺乳動物　3 reproduce 繁殖する，～を繁殖させる
4 condition 条件　5 gazelle ガゼル（ウシ科の動物）　6 independent 自立している
7 texture 歯ごたえ　8 suitable 適した　9 acorn どんぐり
10 except that ～であることを除けば　11 gene 遺伝子　12 oak tree ナラやシイの木
13 factor 要因

1．下線部①の具体的な内容を35字～45字の日本語で説明しなさい。
2．下線部②の空所に入る最も適切なものを次の中から１つ選び，記号で答えなさい。
ア intelligent　イ patient　ウ shy　エ violent
3．下線部③の空所に入る最も適切なものを次の中から１つ選び，記号で答えなさい。
ア eat the meat of a lot of other wild animals
イ raise many other large mammals
ウ examine various types of fish and birds as well
エ find other traditional sources of meat
4．下線部④を日本語に直しなさい。ただし，本文中の calories は「カロリー」と訳すこと。
5．下線部⑤の答えとして最も適切なものを次の中から１つ選び，記号で答えなさい。
ア Because almonds grow more naturally in the forest than acorns do.
イ Because acorns are more bitter and poisonous than wild almonds are.
ウ Because it is easier to grow good-tasting almonds than good-tasting acorns.
エ Because it takes ten years longer to grow acorns than to grow almonds.
6．下線部⑥の空所に入る p- で始まる本文中の１語を答えなさい。
7．本文のタイトルとして最も適切なものを次の中から１つ選び，記号で答えなさい。
ア How have humans changed their taste for animals and plants ?
イ Why did traditional sources of meat decrease ?
ウ What type of food is best for humans ?
エ Where did our eating customs come from ?

3 次の日本語に合う英文になるように，[ ]内の語(句)を並べ替えなさい。解答欄には[ ]内のみ答えなさい。

1．２週間前に引いた風邪が治っていません。
I [caught / haven't / from / I / recovered / the cold] two weeks ago.
2．ローラは他の子たちと遊んでいて楽しくなりました。
Playing [other / with / happy / made / children / Laura].
3．クラシックギターをとても上手に弾いている青い服の女性は誰ですか。
Who [blue / the woman / is / the classical guitar / in / playing] so well ?
4．日本で旭川ほど寒くなる都市はないでしょう。
No [in Japan / as / get / other / may / cold / city] as Asahikawa.
5．いつアメリカに出発するのか教えてくれませんか。
Can you [will / for / me / leave / when / tell / you] the United States ?

4 次の会話文１～４について，下線部がそれぞれ下の日本語の意味になるように，空所に4語～6語の英語を補いなさい。なお，短縮形は１語とみなします。解答欄には[ ]内のみ答えなさい。

1．A： Good morning! You're covered in sweat.
B： Yeah, I run to work these days. I don't [ ] the rush hour.
私はラッシュアワーには電車に乗りたくありません。
2．A： [ ]!
B： Ken will probably be chosen as the new class president.
ケンはなんてすごい演説をしたのでしょう！

3．A： More and more people have become interested in this problem.
B： What do you think the turning point was？
A： One month ago, the media [　　　　　]. That's been very helpful.
1か月前に，メディアがこの問題に注目してくれたのです。

4．A： Our time in junior high school will be over soon.
B： Time flies. Three years is a short time.
A： Three years at high school surely will pass much faster！ I'm going to try many things and learn from my mistakes.
B： [　　　　　] your success.
あなたの活躍を楽しみにしています。

5 （リスニング問題） 放送を聞いて，〔問題A〕～〔問題C〕に答えなさい。

注意 ・放送を聞きながらメモを取ってもかまいません。
・放送が終わったあとも，リスニング問題の解答を続けることができます。

〔問題A〕 これから放送される対話を聞き，その最後の文に対する応答として，最も適切なものを次の選択肢の中から1つ選び，記号で答えなさい。対話は2回繰り返して放送されます。

ア Sure. What do you want to eat？
イ Ah, that is what I was going to do.
ウ Silly boy. Don't forget what you ate yesterday.
エ It's impossible. We don't have noodles in the fridge.

〔問題B〕 これから放送される対話を聞き，その後に続く質問に対する答えとして，最も適切なものをそれぞれ下の選択肢の中から1つずつ選び，記号で答えなさい。対話と質問はそれぞれ2回放送されます。

1．ア Taro is so busy that he doesn't have enough time to write his essay.
イ Taro has no idea which essay topic is the easiest to write about.
ウ Taro asks Jane for advice about which goal to choose for his essay.
エ Taro has to choose three goals from the 17 SDGs for his essay.

2．ア No Poverty　イ Gender Equality　ウ Life Below Water　エ 17 SDGs

〔問題C〕 これから放送される英文を聞き，その後に続く質問に対する答えとして，最も適切なものをそれぞれ下の選択肢の中から1つずつ選び，記号で答えなさい。英文と質問はそれぞれ2回放送されます。

1．ア How to use modern technology
イ How to get good grades on your exams
ウ How to hand in your homework
エ How to become friends with others

2．ア Technology　イ Research　ウ Other users　エ The Internet

3．ア Check their emails　イ Play games
ウ Research school projects　エ Copy homework

4．ア You should not use the Internet in order to respect others.
イ You should ask your teacher about your homework.
ウ You should try to do the best work because the world can see it.
エ You should not use someone else's idea as your own.

＜リスニング問題放送原稿＞

これから，リスニング問題を始めます。

問題冊子の 5 のページを開きなさい。問題は〔**問題A**〕，〔**問題B**〕，〔**問題C**〕に分かれています。

放送を聞きながら，問題冊子の余白にメモをとってもかまいません。答えはすべて解答用紙に書きなさい。

〔**問題A**〕 これから放送される対話を聞き，その最後の文に対する応答として，最も適切なものを次の選択肢の中から１つ選び，記号で答えなさい。対話は２回繰り返して放送されます。では，始めます。

Boy : Mom, is it curry and rice for dinner again ?

Mother : We have some curry left over from yesterday. I'm going to have that, but you can have something else.

Boy : Could you make me some udon noodles ?

Mother : Okay. That won't take long.

Boy : Sorry, Mom, but please don't make the noodles using the leftover curry.

繰り返します。(対話を繰り返す)

これで，〔**問題A**〕を終わります。

〔**問題B**〕 これから放送される対話を聞き，その後に続く質問に対する答えとして，最も適切なものをそれぞれ下の選択肢の中から１つずつ選び，記号で答えなさい。対話と質問はそれぞれ２回放送されます。では，始めます。

Woman : Hi, Taro. I hear you've been looking for me.

Man : Hi, Jane. Yes. I need your help.

Woman : OK. What's the matter ?

Man : Well, we are going to hand in an English essay two weeks from now, on Saturday. I want you to help me choose the topic for my essay.

Woman : For your essay ? Sure, of course. What kind of essay is it ?

Man : We have to write about one of the 17 SDGs. I've already picked three as possible topics, but I can't decide which one is best.

Woman : Which three did you pick ?

Man : "No Poverty", "Gender Equality", and "Life Below Water". Which one do you think is best ?

Woman : That's easy. The one you're most interested in.

Man : I know, but I don't have enough time to think about them. I want to choose the easiest one, so I may choose "Life Below Water". What do you think about that one ?

Woman : Well, which topic are you really interested in ?

Man : Honestly ? I like "Gender Equality" best.

Woman : So why don't you choose that one ?

Man : Because it's the hardest topic for me to write about in English. What do you think of "No Poverty" ?

Woman : Any of them is fine, I'm sure.

Man : Mm . . . OK, I'll probably just pick the one I'm most interested in. Thanks anyway.

Question 1 . Which is true about Taro ?

Question 2 . Which goal is Taro most likely to choose as a topic for his English essay ?

繰り返します。(対話と質問を繰り返す)

これで,〔**問題B**〕を終わります。

〔**問題C**〕 これから放送される英文を聞き,その後に続く質問に対する答えとして,最も適切なものをそれぞれ下の選択肢の中から1つずつ選び,記号で答えなさい。英文と質問はそれぞれ2回放送されます。では,始めます。

We live in a world of new technology. Many of you use the Internet, mobile phones, and email. These technologies have become more and more important in our daily lives. However, when you use them at school, there are a few rules you need to follow. Please listen to my words very carefully.

First, when you are in class, you should be learning, not playing or sending messages on your phone. This is a time to talk with your classmates and your teachers. Don't waste this opportunity to build good relationships with them.

Second, when you go to the computer lab, use the Internet only for research on your homework assignments or school projects. I do not want you to be checking your emails or playing games. If you play games or check your emails, other students who need the computers for their research can't use them. You must respect the needs of other users.

Finally, when you do research on the Internet, do not copy anything from the Internet for your assignment. Copying from the Internet means that you are stealing someone's ideas or work without asking. So you need to do your own work. By the way, your school can find out if you have copied or cheated in some other way. Anything you do on the Internet, the whole world can see.

Question 1 . What is the talk mainly about ?

Question 2 . What should students have respect for ?

Question 3 . What should students do in the computer lab ?

Question 4 . What advice does the speaker give to listeners ?

繰り返します。(英文と質問を繰り返す)

これでリスニングテストは終わりますが,このまま解答を続けても,また他の問題に移ってもかまいません。

【数　学】（60分）〈満点：100点〉

（注意）1．円周率が必要な場合はπを用い，解答に$\sqrt{\quad}$が含まれる場合は$\sqrt{\quad}$のままできるだけ簡単な形にしなさい。

2．(途中経過)の欄には，答えを導くのに必要な式を書きなさい。

3．定規・コンパス・分度器は使用できません。

1　次の各問いに答えなさい。

(1)　$(2x-3)(3x+5)-5(x+3)(x-3)$を計算しなさい。

(2)　$\dfrac{\sqrt{18}+\sqrt{5}}{\sqrt{2}}$の整数部分を$a$，$1+\sqrt{17}$の小数部分を$b$とするとき，$a$，$b$の値を求めなさい。
また，$M=3a^2+2ab+b^2$の値を求めなさい。

(3)　次の3つの2次方程式

$$x^2+ax+b=0,\ 2x^2+3ax+4b=0,\ x^2-2x-3=0$$

が同じ正の解をもつとき，定数a，bの値を求めなさい。

(4)　大，中，小の3つのさいころを同時に投げたとき，出た目の積が4で割り切れる確率を求めなさい。

(5)　$\sqrt{n^2+104}$が自然数となるような自然数nをすべて求めなさい。

(6)　ある遊園地で入園料がa円のとき，入園者数はb人です。この遊園地では，入園料をx％値上げすることを検討しており，x％値上げした場合，$\dfrac{x}{3}$％の入園者数の減少が見込まれています。値上げ率を25％以内にして売上げをちょうど12％増やしたいとき，xの値を求めなさい。ただし，xは整数とします。

2　右図のようにx座標が-2の点Aで，放物線$y=x^2$と双曲線$y=\dfrac{a}{x}$ $(a<0)$が交わっています。放物線$y=x^2$上に点B(1，1)をとり，直線ABと双曲線$y=\dfrac{a}{x}$の点Aと異なる交点をC，直線ABとy軸との交点をDとします。

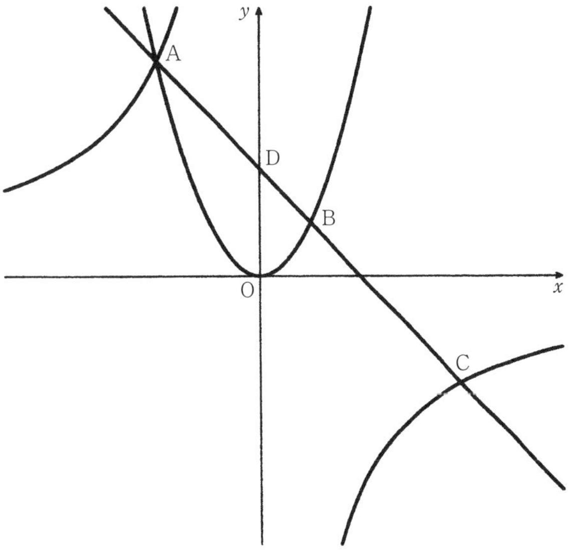

このとき，次の各問いに答えなさい。

(1)　定数aの値を求めなさい。

(2)　直線ABの式を求めなさい。

以下，原点に関して点Aと対称な点をEとします。

(3)　△ACEの面積を求めなさい。

(4)　点Pは放物線$y=x^2$上を点Aから点Bまで動きます。直線DPが△ACEを2つの部分に分け，その2つの部分の面積比が2：1になるときの点Pのx座標をすべて求めなさい。

3　右図のようなAB＝3cm，BC＝6cm，BF＝9cmの直方体ABCD-EFGHがあります。

点Pは頂点Aを出発して毎秒1cmの速さで点Bに到達するまで動き，点Qは頂点Bを出発して毎秒2cmの速さで点Cに到達するまで動き，点Rは頂点Fを出発して毎秒3cmの速さで点Bに到達するまで動くものとします。

3点P，Q，Rが同時に出発するとき，次の各問いに答えなさい。

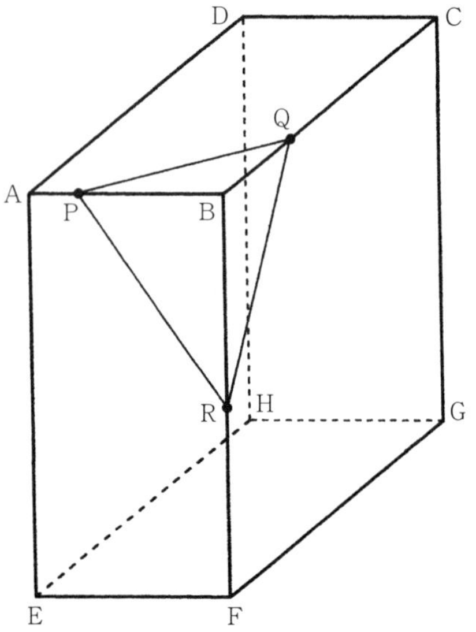

(1)　出発してからx秒後の線分PQの長さをxを用いて表しなさい。

(2)　PQ：PR＝$1:\sqrt{2}$となるのは，出発してから何秒後ですか。

(3)　△PQRがはじめて二等辺三角形となるとき，点Bから平面PQRに下ろした垂線と平面PQRとの交点をIとします。また，直線BIと平面AEHDの交点をJとし，点Jから線分EHに下ろした垂線と線分EHとの交点をKとします。

①　線分BIの長さを求めなさい。

②　線分JKの長さを求めなさい。

4　右図において△ABCは，AB＝AC＝15cm，BC＝6cmの二等辺三角形です。3点A，B，Cを通る円と∠ABCの二等分線の点Bと異なる交点をD，直線ADと直線BCの交点をE，線分ACと線分BDの交点をFとします。

このとき，次の各問いに答えなさい。

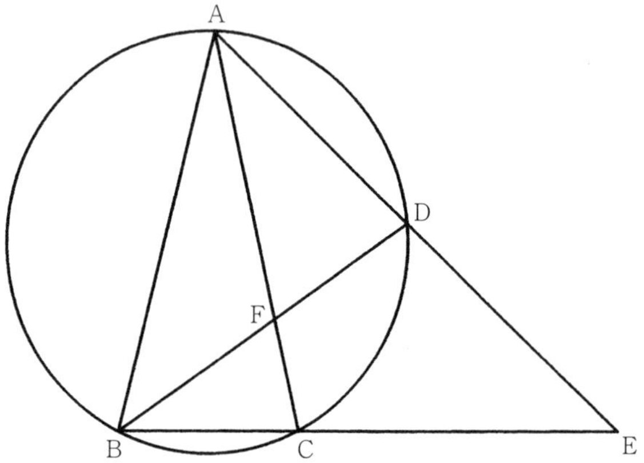

(1)　△ACEが二等辺三角形であることを以下のように証明しました。

> 証明　∠ABD＝∠CBD＝a°とおくと，△ABCが二等辺三角形により
> ∠ACB＝［　ア　］°
>
> ［　イ　］
>
> よって，△ACEは二等辺三角形である。　終

①　アに入る式をaを用いて表しなさい。

②　イに証明の続きを書き，証明を完成させなさい。

(2)　線分AEの長さを求めなさい。

(3)　線分DFの長さを求めなさい。

【社　会】（45分）〈満点：70点〉

（注意）字数指定のある問題は，句読点やかぎかっこなどの記号も字数に含めます。

1　アフリカ開発会議(TICAD)に関する次の文を読み，あとの問いに答えなさい。

TICADとは，「Tokyo International Conference on African Development(アフリカ開発会議)」の略称であり，アフリカの開発をテーマとする国際会議です。1993年以降，日本政府が主導し，国連，国連開発計画(UNEP)などと共同で開催しています。

2016年(平成28年)に，(a)ケニアで第6回アフリカ開発会議(TICAD Ⅵ)が，2019年(令和元年)には，(b)横浜で第7回アフリカ開発会議(TICAD 7)が開催されました。TICAD 7には，アフリカ53か国の首脳級をはじめ，各種団体の代表も合わせて10,000名以上が参加しました。日本からは安倍晋三内閣総理大臣(当時)が出席し，エルシーシ・(c)エジプト大統領(AU議長(当時))と共に共同議長を務め，ビジネス促進が議論の中心となりました。2022年には，アフリカでの開催が2回目となるTICAD 8が(d)チュニジアで開催されました。日本としては，TICAD 8以降も，アフリカと「共に成長するパートナー」として，アフリカ自身が目指す強靭《きょうじん》で持続可能なアフリカを実現していくため，力強く後押ししていく考えです。

（外務省ホームページより一部引用）

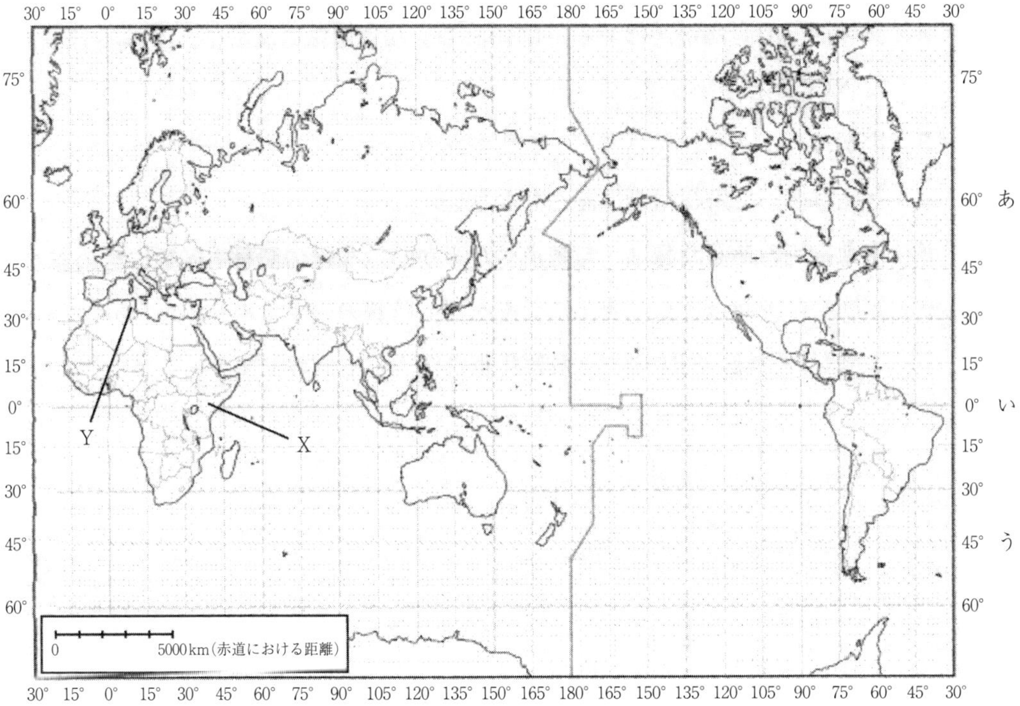

図1

問1　下線部(a)に関して，図1中のX国はケニアにあたります。また，図2は，東京を中心とした正距方位図法の地図です。これらの地図を見て，東京からケニアの方位として最も適当なものを次のア～エより1つ選び，記号で答えなさい。また，東京からケニアの距離に最も近いものを次のカ～ケより1つ選び，記号で答えなさい。

ア．北東　　イ．北西

ウ．西　　エ．南西

カ．9000km　　キ．12000km

ク．15000km　　ケ．18000km

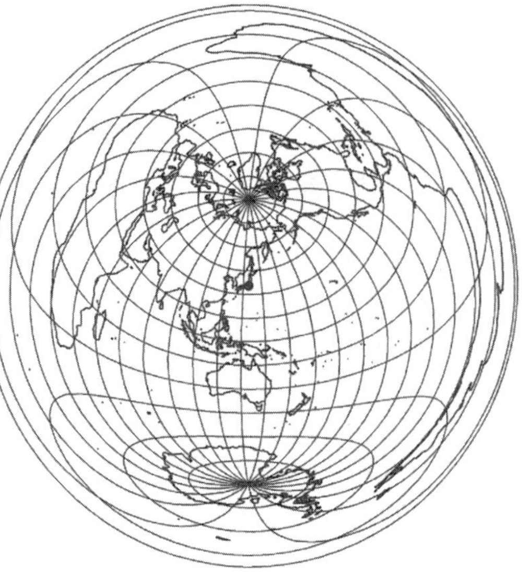

図 2

問 2　下線部(b)に関して，横浜の緯度・経度は，おおむね北緯35度・東経140度にあたります。この地点の対せき点として正しいものを，図 1 を参考にしながら次のア～エより 1 つ選び，記号で答えなさい。

ア．南緯35度・西経40度　　イ．南緯35度・西経140度

ウ．南緯35度・東経40度　　エ．南緯35度・東経140度

問 3　図 1 の地図では，緯線の長さが同じに描かれていますが，実際の長さは異なります。図 1 中のあ～う の実際の緯線を長い方からならべたとき，正しい順番になるものを次のア～カより 1 つ選び，記号で答えなさい。

ア．あ→い→う　　イ．あ→う→い

ウ．い→あ→う　　エ．い→う→あ

オ．う→あ→い　　カ．う→い→あ

問 4　下線部(c)に関して，エジプトの南部にアスワンハイダムが建設され，ナイル川流域での灌漑《かんがい》農業がよりさかんになりました。このダムの建設目的としてほかに考えられることを 2 点，20字以内で説明しなさい。

問 5　下線部(d)に関して，図 1 のＹ国はチュニジアにあたります。この国の首都チュニスの月平均気温と月降水量を示したグラフとして正しいものを，次の図 3 のア～エより 1 つ選び，記号で答えなさい。

ア.

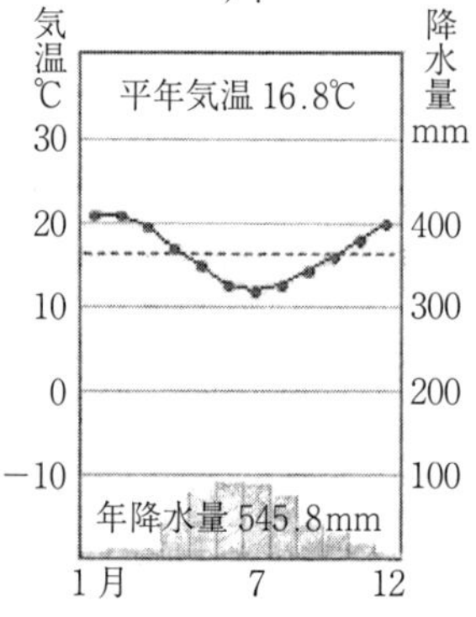

イ.

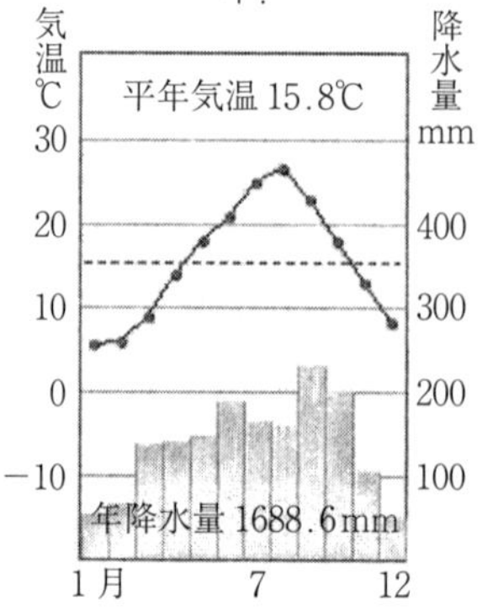

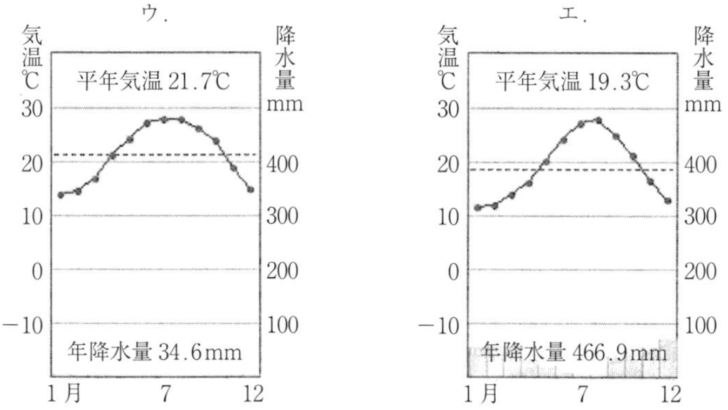

(『データブック オブ・ザ・ワールド 2020』より作成)

図3

問6　次の表は，日本，ケニア，エジプト，チュニジアの主な輸出品です。空欄X～Zにあてはまる輸出品の組み合わせとして正しいものを，下のア～カより1つ選び，記号で答えなさい。

表　(単位：%)

日本		ケニア		エジプト		チュニジア	
機械類	35.5	Y	22.7	石油製品	14.2	機械類	32.4
X	20.6	野菜と果実	9.8	野菜と果実	9.3	衣類	15.9
精密機械	5.8	切り花	9.5	Z	7.3	精密機械	3.7
鉄鋼	4.2	石油製品	6.3	機械類	5.8	X	3.6
化学薬品	3.3	衣類	5.6	衣類	5.5	Z	3.6

(『データブック オブ・ザ・ワールド 2020』より作成)

ア．X：自動車　Y：原油　Z：茶　　イ．X：自動車　Y：茶　Z：原油
ウ．X：原油　Y：自動車　Z：茶　　エ．X：原油　Y：茶　Z：自動車
オ．X：茶　Y：自動車　Z：原油　　カ．X：茶　Y：原油　Z：自動車

問7　次の文は，2016年にケニアで開催されたTICAD Ⅵにおける安倍晋三総理大臣(当時)の基調演説の一部です。この演説で「自由で開かれた(　1　)(　2　)戦略」が提唱されて以来6年以上が経過し，法の支配に基づく自由で開かれた海洋秩序を実現することの重要性が，国際社会で広く共有されてきています。この文と図1を参考にして，(1)に入る地名と(2)に入る海洋名を答えなさい。

「アジアの海と(　1　)洋を越え，ナイロビに来ると，アジアとアフリカをつなぐのは，海の道だとよくわかります。世界に安定，繁栄を与えるのは，自由で開かれた2つの大洋，2つの大陸の結合が生む，偉大な躍動にほかなりません。日本は，(　2　)と(　1　)洋，アジアとアフリカの交わりを，力や威圧と無縁で，自由と，法の支配，市場経済を重んじる場として育て，豊かにする責任をにないます。両大陸をつなぐ海を，平和な，ルールの支配する海とするため，アフリカの皆さまと一緒に働きたい。それが日本の願いです。」

2　日本の諸地域に関する次の問いに答えなさい。

問1　次のページの図1のX～Zの線はすべて同じ長さで描かれています。あとの図2の断面図A～Cは，それぞれ図1の線X～Zのいずれかの断面を示しており，横軸の0km地点はすべて日本海側，横軸の273km地点はすべて太平洋側になります。また，縦軸の標高はそれぞれ異なっています。線X～Zと断面図A～Cとの正しい組み合わせを，次のア～カより1つ選び，記号で答えなさい。

ア．X－A　Y－B　Z－C　　イ．X－A　Y－C　Z－B
ウ．X－B　Y－A　Z－C　　エ．X－B　Y－C　Z－A
オ．X－C　Y－A　Z－B　　カ．X－C　Y－B　Z－A

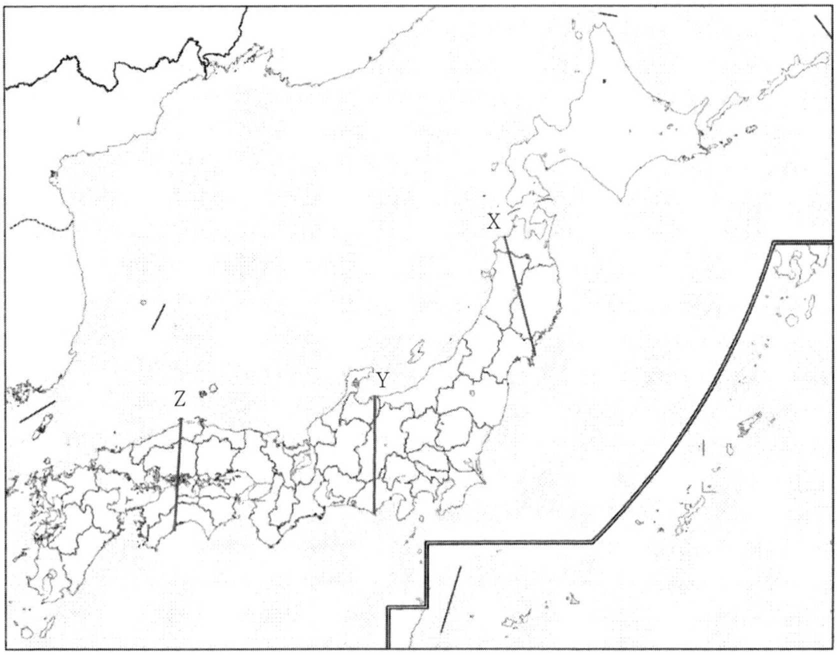

図1

A．

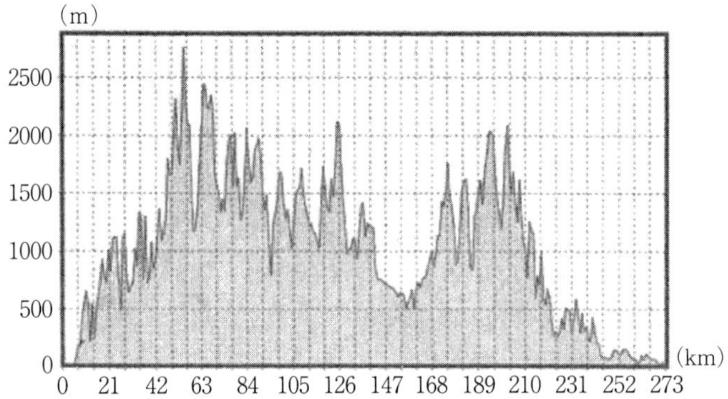

B．

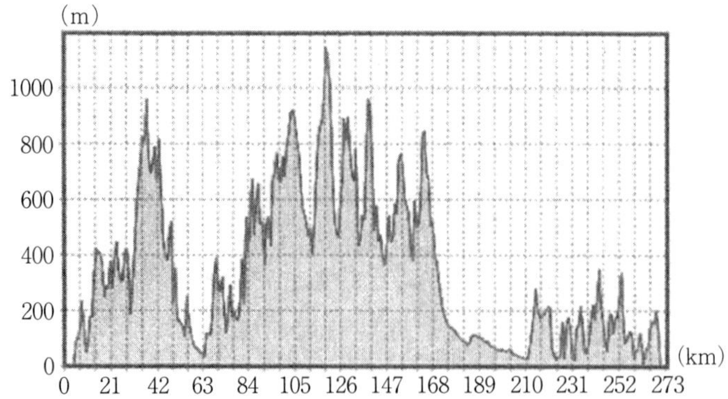

C.

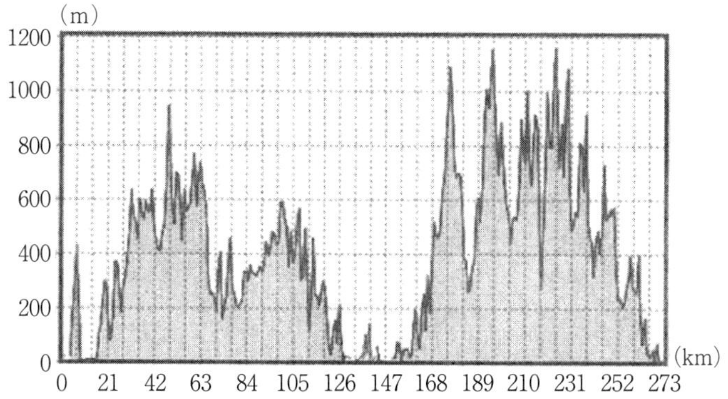

図2

問2　次の図3のA～Fは，図1のX～Zの通過する県の県庁所在地のうち，盛岡・秋田・長野・富山・松山・高知について，月平均気温と月降水量を示しています。秋田・長野・高知の正しい組み合わせを，下のア～クより1つ選び，記号で答えなさい。

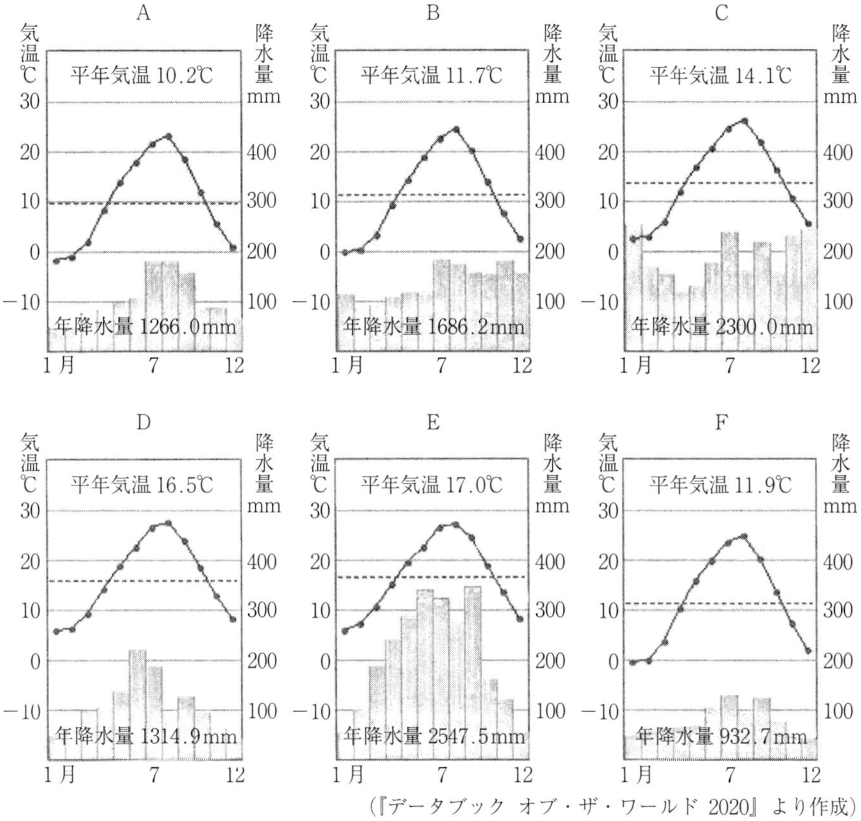

(『データブック オブ・ザ・ワールド 2020』より作成)

図3

ア．秋田－A　長野－C　高知－D

イ．秋田－A　長野－C　高知－E

ウ．秋田－A　長野－F　高知－D

エ．秋田－A　長野－F　高知－E

オ．秋田－B　長野－C　高知－D

カ．秋田－B　長野－C　高知－E

キ．秋田－B　長野－F　高知－D

ク．秋田－B　長野－F　高知－E

問３　次の表のア～キは，図１の線X～Zが通過する県のうち，青森・岩手・富山・長野・静岡・愛媛・高知のいずれかにあたり，それぞれの耕地面積と農業産出額を示したものです。岩手・富山・高知にあたるものを，ア～キより１つずつ選び，記号で答えなさい。

表

県	耕地（百 ha）					農業産出額				
	総面積	田	普通畑	樹園地	牧草地	（億円）	米（%）	野菜（%）	果実（%）	畜産（%）
ア	1,510	798	350	224	137	3,103	16.5	25.1	25.5	29.5
イ	1,501	942	249	36	274	2,693	20.8	9.7	3.7	62.0
ウ	1,067	528	357	150	33	2,475	19.1	33.9	25.3	12.1
エ	653	222	155	265	114	2,263	8.7	32.1	13.3	21.5
オ	584	558	17	72	2	661	68.2	8.9	3.3	14.1
カ	485	225	62	196	2	1,259	13.1	16.4	42.7	20.7
キ	274	207	29	37	2	1,193	10.5	62.9	9.9	7.1

（『データブック オブ・ザ・ワールド 2020』より作成）

問４　次の写真は，2022年の夏に東京のスーパーマーケットの果実売り場で撮影したペルー産うんしゅうみかんです。農林水産省によると，この生の果実は2018年に条件付きで日本への輸入が解禁され，2019年から店頭に並び始めました。また，2021年９月にペルーに対して発効されたある協定により，うんしゅうみかんの生の果実の関税率は，今後段階的に引き下げられることになっています。この協定の略称をアルファベットで答えなさい。

写真

3　次の巣鴨高等学校の巣太君と鴨之介君の会話を読んで，あとの問いに答えなさい。

巣：サマースクールのトリスタン先生の授業がとても印象に残っているんだ。

鴨：肖像画からイギリスと日本の権威，権力の違いについて考える授業だったね。

巣：外国との比較を通して，日本の歴史を再認識することができた。普段はあまり自分の国のことを意識してこなかったけど，もっと勉強して知りたいと思った。

鴨：①奈良時代以前にも女性の天皇が重祚《ちょうそ》していたことも先生は知っていたね。

巣：８人10代の女性天皇を含めて，男系が2000年維持されている特別な王室であることを，イギリス人の先生に教わることになるなんて。
鴨：「patrilineal」という難しい単語もわかりやすく説明してくれた。
巣：奈良時代の，渡来僧ではなく日本の僧侶を聞かれた時は少しとまどったなあ。
鴨：奈良時代といえば東大寺の大仏。国々をめぐり民衆に仏教をひろめ，大仏造立に尽力した[②]の名前が僕もすぐには出てこなかったよ。
巣：平安時代初期に，ある人物を征夷大将軍に任命して蝦夷征討にあたらせ，阿弖流為を降伏させた…
鴨：その時の天皇は誰か？　でしょ。正解は[③]なのに，ついつい早まってみんな征夷大将軍の名前を答えちゃったよね。
巣：④中世の武士の台頭についても，イギリスと比較することでその勇猛さを初めて知ることができた。
鴨：先生は仏教についてすごく興味を持っていたね。キリスト教やイスラム教のような一神教と，多神教の違いも面白かったな。日本では自然そのものに対する信仰がずっと昔からあったことにもあらためて気付かされた。
巣：先生は⑤中世の絵巻を見せたらとても喜んでくれた。イエスの布教の様子を描いた絵画とも大きく異なっていたね。
鴨：日本の⑥世界遺産について英語で発表したのも，とても良い経験になった。
巣：僕は⑦江戸幕府の大名統治の姿勢が変わっていったことを発表したよ。自分で表にまとめてみたら，よく理解できて上手く説明できた気がする。
鴨：あれはわかりやすい資料もあって先生も感心してたね。
巣：君は⑧江戸時代の絵画を示していたね。
鴨：うん。先生が浮世絵が好きだと言っていたから。でも，イギリスと関わりのある絵画を選んだら，ひとつだけ⑨明治時代のものだった。
巣：ニック先生は⑩各国の近現代の歴史をふまえた上で，尖閣諸島や竹島，北方領土，台湾のことにも触れていたね。イギリスから見ると日本は大変な状況なのに，僕たちが詳しいことを知らないことに驚いていた。「Why？」と聞かれても答えられなかったよ。
鴨：サマースクールを通して⑪世界地図にも色々な見方があることがわかった。歴史，文化，政治など様々な観点から考える視点が，自分の中で芽生えた夏だったと思う。
巣：うん。僕は自国の歴史や文化を深く知ることが，世界に羽ばたく第一歩だって痛感したよ。

問1　下線部①について，次のア～オのできごとを古いものから年代順にならべたとき，２番目と４番目にくるものを，それぞれ記号で答えなさい。

ア．天皇の死後，皇位継承をめぐり壬申の乱がおこった。
イ．初の本格的な都城をもつ藤原京に遷都した。
ウ．大宝律令が完成し律令に基づいた政治が行われるようになった。
エ．倭は百済救援のため軍を派遣したが，白村江の戦いで敗れた。
オ．皇后の病気平癒を祈願し薬師寺がつくりはじめられた。

問2　空欄[②]について，あてはまる人物名を漢字で答えなさい。

問3　空欄[③]について，あてはまる人物名を漢字で答えなさい。

問4　下線部④について，次のア～オはそれぞれある人物に関する説明です。彼らが没したとされる年によって古いものから年代順にならべたとき，２番目と４番目にくるものを，それぞれ記号で答えなさい。

ア．建武の新政が崩壊した後，京都に幕府を開いたが，後醍醐天皇との対立により南北朝の動乱が幕を開けることになった。その後，対立する弟を毒殺するに至ったが，南朝及び対立派との抗争中に病死した。

イ．奥州に下り藤原秀衡の援助を得て成長し，一の谷の戦い，屋島の戦い，壇の浦の戦いに勝利した。兄と不和になり，奥州に潜伏したが，秀衡の子泰衡に攻められて自害した。

ウ．弱冠18歳で執権に就任し，文永・弘安の両役で元軍を撃退した。両役の間には，のちに円覚寺を開山する無学祖元を南宋から招き，弘安の役後３年で没した。

エ．承久の乱に総大将として勝利し，乱後に初代六波羅探題に就任した。連署・評定衆を新設して合議制を進めるとともに，没する10年前に御成敗式目を制定した。

オ．武士として初めて太政大臣となり，天皇の外祖父として政治の実権を握った。福原京への遷都に失敗し，まもなく高熱を発して病死したとされる。

問５　下線部⑤について，以下の図１，図２に描かれているＡは同一人物です。この人物名を答えながら，この人物らが図２では何をしているかを25字以内で説明しなさい。

図１

図２

問６　下線部⑥について，以下は鴨之介君が世界遺産について調べた際に作成したメモの一部です。［A］にあてはまる語を漢字で答えなさい。なお［B］は作問の都合上伏せており，解答の必要はありません。

> タイトル：［A］
>
> ［A］は1526年，日本最大の貿易港だった博多を領有する戦国大名の大内氏のもとで活躍した豪商の神屋寿禎《かみやじゅてい》によって開発が始められました。神屋は博多から技術者を送り，新しい精錬技術によって［A］の［B］生産量を飛躍的に高めました。その技術は各地の鉱山に伝わり，日本の［B］産出量は，16世紀から17世紀初めに，世界の３分の１を占めていたと推定されています。信用度の高い［A］の［B］は，東アジアの交易でも使用されました。

問７　下線部⑦について，徳川家康～家光が将軍だった時期から徳川家綱～綱吉の時期にかけて，江戸幕府が大名を統治する方針はどのように変化しましたか。巣太君の作成した以下の資料を参考にしながら，50字以内で説明しなさい。

家康～家光	家綱～綱吉
・武家諸法度　第一条 「文武弓馬の道　専《もっぱ》ら相嗜《たしな》むべき事」 ・武家諸法度違反で福島正則が改易された ※改易：領地を没収されること ・牢人《ろうにん》が数多く発生した ※牢人：仕える大名を失った武士のこと ・大名が死の間際に養子を迎えることを禁止した	・武家諸法度　第一条 「文武忠孝を励し，礼儀を正すべきの事」 ・殉死を禁止した ※殉死：家臣が亡くなった大名の後を追うこと ・湯島に孔子を讃える霊廟《れいびょう》を建てた ・大名が死の間際に養子を迎えることを許可した

問８　下線部⑧について，江戸時代に作成されたものとしてあやまっているものを，次のア～オより１つ選び，記号で答えなさい。

ア．

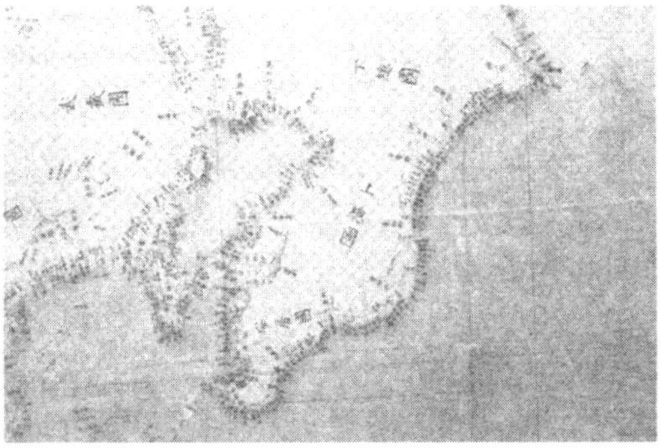

イ．

ウ．

エ．

オ．

問９　下線部⑨について，明治政府の政策や締結した条約について述べた文としてあやまっているものを，次のア～オより１つ選び，記号で答えなさい。

ア．廃藩置県によって藩は廃止され，代わって府県が設置された。旧藩の債務を新政府が引き継いだこともあり，大規模な反対運動はおきなかった。

イ．徴兵令によって満20歳以上の男子に３年間の兵役の義務を負わせたが，当初は様々な免除規定があったため，実際に兵役についたのは農家の二男・三男が中心であった。

ウ．地租改正条例によって地価の３％(のちに2.5％)を地租として土地の所有者に現金で納めさせた。農民の負担は変わらず，地租改正反対一揆がおこった。

エ．樺太・千島交換条約によって樺太をロシア領とし，千島列島を日本領とした。

オ．日英通商航海条約によって，日清戦争の直前に関税自主権の完全回復となった。領事裁判権の撤廃は，日露戦争後に達成された。

問10　下線部⑩について，次のア～オのできごとを古いものから年代順にならべたとき，２番目と４番目にくるものを，それぞれ記号で答えなさい。

ア．ニューディール政策により，大規模な公共事業がおこされた。

イ．ワイマール憲法が制定され，男女の普通選挙が認められた。

ウ．義和団事件が発生したため，日本やロシアなどが出兵した。

エ．サラエボ事件をきっかけに，第一次世界大戦が始まった。

オ．インドネシアのバンドンで，アジア・アフリカ会議が開かれた。

問11　下線部⑪について，以下の史料①～③の条約が締結された，または宣言が採択された都市を，地図中のア～コよりそれぞれ１つずつ選び，記号で答えなさい。なお，以下の史料はすべて『日本外交年表竝主要文書』より作成しました。

＜史料①＞

第一条　清国ハ朝鮮国ノ完全無欠ナル独立自主ノ国タルコトヲ確認ス。因《よっ》テ右独立自主ヲ損害スヘキ朝鮮国ヨリ清国ニ対スル貢献典礼《こうけんてんれい》等ハ将来全《まった》ク之《これ》ヲ廃止スヘシ。

第二条　清国ハ左記ノ土地ノ主権竝《ならび》ニ該《ガイ》地方ニ在《あ》ル城塁《じょうるい》，兵器製造所及《および》官有物ヲ永遠日本国ニ割与《かつよ》ス。

一　左ノ経界内ニ在ル奉天《ほうてん》省南部ノ地(遼東半島)

二　台湾全島及其《そ》ノ附属諸島嶼《とうしょ》

三　澎湖《ほうこ》列島……

第四条　清国ハ軍費賠償金《ばいしょうきん》トシテ庫平銀《こへいぎん》二億両《テール》ヲ日本国ニ支払フヘキコトヲ約ス。

第六条　……清国ハ本約批准《ひじゅん》交換ノ後，速《すみやか》ニ全権委員ヲ任命シ，日本国全権委員ト通商航海条約及陸路交通貿易ニ関スル約定ヲ締結スヘキコトヲ約ス。而《しこう》シテ現ニ清国ト欧州各国トノ間ニ存在スル諸条約章程《しょうてい》ヲ以テ該日清両国間諸条約ノ基礎ト為スヘシ。

＜史料②＞

第四条　各締約国ノ主力艦合計代換噸《だいかんトン》数ハ，基準排水量ニ於《おい》テ，合衆国五十二万五千噸，英帝国五十二万五千噸，仏蘭西《フランス》国十七万五千噸，伊太利《イタリー》国十七万五千噸，日本国三十一万五千噸ヲ超ユルコトヲ得ス。

第五条　基準排水量三万五千噸ヲ超ユル主力艦ハ，何《いず》レノ締約国モ之ヲ取得シ又ハ之ヲ建造シ，建造セシメ若《もしく》ハ其ノ法域内ニ於テ之カ建造ヲ許スコトヲ得ス。

第十九条　合衆国，英帝国及日本国ハ，……各自ノ領土及属地ニ於テ要塞《ようさい》及海軍根拠地ニ関シ本条約署名ノ時ニ於ケル現状ヲ維持スヘキコトヲ約定ス。

＜史料③＞

一．吾等《われら》合衆国大統領，中華民国政府主席及「グレート・ブリテン」国総理大臣ハ，吾等ノ数億ノ国民ヲ代表シ協議ノ上，日本国ニ対シ今次ノ戦争ヲ終結スルノ機会ヲ与フルコトニ意見一致セリ。

七．右ノ如《ごと》キ新秩序カ建設セラレ且《かつ》日本国ノ戦争遂行能力カ破砕セラレタルコトノ確証アルニ至ルマテハ，連合国ノ指定スヘキ日本国領域内ノ諸地点ハ，吾等ノ茲《ここ》ニ指示スル基本的目的ノ達成ヲ確保スルタメ占領セラルヘシ。

八．「カイロ」宣言ノ条項ハ履行セラルヘク又日本国ノ主権ハ本州，北海道，九州及四国並《ならび》ニ吾等ノ決定スル諸小島ニ局限セラルヘシ。

九．日本国軍隊ハ，完全ニ武装ヲ解除セラレタル後，各自ノ家庭ニ復帰シ平和的且生産的ノ生活ヲ営ムノ機会ヲ得シメラルヘシ。

十二．前記諸目的カ達成セラレ，且日本国国民ノ自由ニ表明セル意思ニ従ヒ平和的傾向ヲ有シ且責任アル政府カ樹立セラルルニ於テハ，連合国ノ占領軍ハ直ニ日本国ヨリ撤収セラルヘシ。

十三．吾等ハ，日本国政府カ直ニ全日本国軍隊ノ無条件降伏ヲ宣言シ且右行動ニ於ケル同政府ノ誠意ニ付適当且充分ナル保障ヲ提供センコトヲ，同政府ニ対シ要求ス。右以外ノ日本国ノ選択ハ迅速且完全ナル壊滅アルノミトス。

4　イギリスの前国王エリザベス２世に関する次の資料や文章を読んで，あとの問いに答えなさい。

Ⅰ．戴冠式でのスピーチ

あなたがたが今日目にした儀式は古来より伝わるもので，その起源が歴史のもやに包まれているものもあります。しかしその精神と意義が今ほど明るく輝いたことは，長い歴史を通じておそらくなかったでしょう。多くの方々が私のためにそうしてくださるように，①私はあなたがたに奉仕するために，誠実にこの身を捧げます。

私は生涯を通じ，全身全霊をかけて，あなたがたの信頼に値するよう努めます。この決意のもと，私は支えとなる夫を得ました。夫は私の理想のすべてと，あなたがたへの愛のすべてを分かち合っています。さらに，私の経験は浅く，私の務めは未知のものだとしても，私は両親や祖父母が示してくれた模範に確信をもって従うことができます。

私の戴冠はすでに過去のものとなった力や栄光の象徴ではなく，未来への希望と，神の恵みと慈悲によって②私が女王として統治し，あなたがたに奉仕することを許された年月への希望を宣言するものです。

（イギリス王室ホームページより抜粋・作成者訳）

Ⅱ．議会と女王の役割

イギリスの議会は，上院にあたる貴族院と下院にあたる庶民院（衆議院）で構成される両院制で，政治の中心は庶民院にあり，首相を含む各大臣は基本的に庶民院議員から選ばれています。貴族院は貴族によって構成される非公選制の議会で，③議員はかつて世襲貴族が務め，その任期も終身でしたが，近年の貴族院改革が進むなかで世襲貴族の議席数は制限され，現在，大半の議席は一代限りの爵位を得た議員で占められています。

女王は国家元首として，政治的な問題に関しては厳密に中立を保たなければなりません。慣習上，女王は選挙に投票したり立候補したりしませんが，イギリス政府との関係で重要な儀式的かつ公式的役割を担っています。国王，貴族院，庶民院からなるイギリスの立法府を表現するのに，「議会における女王」という正式な表現が用いられています。女王の任務には，④議会の新たな会期を開会すること，立法に王室の同意を与えること，枢密院を通じて命令や布告を承認することが含まれています。

立憲君主制のイギリスは，通常議会の開会に際して女王（国王）の臨席を賜ります。議員は伝統の赤い儀礼用ローブを着用し，女王に続いて貴族院の議場へと歩を進めます。⑤女王は玉座で開会の辞を述べて，議場を後にします。なお，⑥女王が議会に出向いている間，議会にいる女王の身の安全を確保するために国会議員１名が※バッキンガム宮殿に「人質」として囚われ，女王が無事に議会挨拶を終えて宮殿に戻るまで拘束されるというならわしが今に受け継がれています。

女王による開会式を終えた議会が最初に審議するのは，女王のスピーチを受けて議会としてどのような返答をするかというものであり，「女王陛下の素晴らしいスピーチに対する答礼決議」が採択され，本格的な論戦が始まります。

※　首都ロンドンにあるイギリス王室の宮殿。

問１　下線部①と②について，この言葉から読み取れる女王の為政者としての姿勢として正しいと解釈されるものを，次のア～エより１つ選び，記号で答えなさい。

ア．「あなたがた」とは貴族や聖職者などの有力者を指しており，彼らと協力しながら女王の務めを果たしていこうとする姿勢をあらわしている。

イ．「あなたがた」とは神々のことを指しており，自身が熱心な信仰者であり，神が授けた律法に従い女王の務めを果たしていこうとする姿勢をあらわしている。

ウ．「あなたがた」とはイギリス国民を指しており，国の主権者である自身の謙虚な姿を国民に示し，自らを受け入れてもらおうとする姿勢をあらわしている。

エ．「あなたがた」とはイギリス国民を指しており，自らは国王という地位につくが，主権者である国民による決定に従おうとする姿勢をあらわしている。

問２　下線部③について，昨年改選が行われた日本の参議院も，その在り方をめぐり，さまざまな検討が行われています。次の表は，2000年４月に参議院の有識者懇談会がまとめた「参議院の存在意義と役割」についての概要です。

(1)　衆議院の役割は民意の集約による政権選択にあるが，参議院は衆議院とは別の角度で多様な民意を反映させる「良識の府」としての機能を持つ。
(2)　衆議院は政府形成機能を持つのに対し，参議院は「権威の府」として衆議院に対する抑制・均衡・補完の機能を発揮する。
(3)　衆議院より議員の任期が長く，解散もないため，長期的展望に立った議論を行う。

同懇談会は，これらの原則をもとに，参議院の具体的な改革案を広く提示しました。次に挙げたものはこの改革案の一例です。このうち，実施にあたり日本国憲法の改正を必要としないものの組み合わせとして正しいものを，下のア～カより１つ選び，記号で答えなさい。

A　弾劾裁判所を参議院議員の中から選挙された裁判員のみで構成する。
　衆参両議院の機能を分離し，裁判官を弾劾裁判にかけるかどうかを判断する訴追委員会には衆議院議員から選ばれた委員のみで構成し，弾劾裁判所については(1)の観点などから参議院議員から選ばれた裁判員のみで構成する。

B　参議院は内閣総理大臣の指名を行わない。
　首相指名は衆議院が(2)に示されるとおり政府形成機能を発揮する場であり，また衆議院に首相指名の優越が認められていることもあり，参議院は「権威の府」として衆議院と一定の距離を置くため，内閣総理大臣の指名を行わない。

C　参議院で「実施された政策の評価」を行う。
　(1)および(3)の観点から参議院に常設の政策評価委員会を置き，政策への評価を行い，その結論を議長が内閣総理大臣に送付して，内閣はそれに対して採った措置を参議院で報告するようにする。

D　地方自治および地方分権に関する議題のほか，条約の承認や批准について，参議院が優先的に審議する。
　地方自治や地方分権が進むなかで，このテーマに関する議題を参議院が衆議院より先に議論する場とするほか，条約の批准においても，とくに(3)の観点から国益にかなうものかどうかを参議院が衆議院より先に議論する場とする。

ア．AとB　　イ．AとC
ウ．AとD　　エ．BとC
オ．BとD　　カ．CとD

問３　下線部④について，日本では国会の召集や法律の公布は天皇によって行われています。天皇によるこれらの行為は何とよばれていますか。漢字で答えなさい。

問４　下線部⑤について，次の図１はこの様子をあらわしたものです。日本では参議院に両議院の議員が集まり，天皇陛下を迎えて開会式が行われます。日本の参議院の本会議場を，下のア～エより１つ選び，記号で答えなさい。

（イギリス王室ホームページより引用）

図1

ア．

イ．

ウ.

エ.

問５　下線部⑥について，このならわしはイギリス国王と議会との間で17世紀に起きた，あるできごとに関係していると考えられます。このできごとの名称をあげながら，議会が国王に対して行ったことを25字以内で説明しなさい。

問６　次のＡ～Ｄは，エリザベス２世の生涯のなかでイギリス政府が行ってきた社会・経済政策を時代ごとにまとめたものです。Ａに続けてＢ～Ｄを年代順に正しくならべたものを，下のア～カより１つ選び，記号で答えなさい。

Ａ　世界恐慌による不況を克服するために，イギリス政府は本国とその植民地の間で関税の［　あ　］などを通じて経済活動を活発化させる一方，それ以外の国に対しては関税の［　い　］などを通じて輸入制限を強めるブロック経済政策を世界に先駆けて行った。植民地をもつ列強にとって，この政策は不況を乗り越える道筋をしめすものとなり，類似の経済政策が行われる一方，植民地をもたない列強は新たな植民地を得ようと他国に侵攻する例が相次いだ。これが第二次世界大戦の起こるきっかけとなった。

B　イギリス初の女性首相であるサッチャーが公企業の民営化を進めるなど，国の機関が関与するものを減らす改革や規制緩和が行われた。これと同時期のアメリカのレーガン政権や日本の中曽根内閣も同様の改革を進めるなど，この政策は時代の大きな潮流となった。

C　移民の受け入れに関する問題を中心にEUからの離脱の是非をめぐって議論が進むなか，国民投票などの結果をうけてEUの単一市場および関税同盟から離脱した。これによって，価格競争力を重視する企業が［　う　］ことも予測される反面，イギリス政府はEUに加盟していた時に比べて独自の経済政策を打ち出せるようになったことで，この問題に対する対応策をとることも可能となった。

D「ゆりかごから墓場まで」というスローガンを掲げて医療サービスの無償化をはじめ社会保障を充実させるなど［　え　］のモデルとなり，高度経済成長期をむかえる日本のほか，欧州諸国の指針となった。一方で，社会保障を充実させたことが次第に財政赤字を増大させ，後に経済の停滞の原因のひとつとみなされるようになった。

ア．B→C→D　イ．B→D→C　ウ．C→B→D
エ．C→D→B　オ．D→B→C　カ．D→C→B

問7　問6の空欄［あ］～［え］にあてはまる語句を正しく組み合わせたものを，次のア～エより1つ選び，記号で答えなさい。

ア．［あ］引き上げ　［い］引き下げ
　［う］イギリスに生産・販売拠点を集中させる　［え］夜警国家
イ．［あ］引き下げ　［い］引き上げ
　［う］イギリスから生産・販売拠点を撤退させる　［え］福祉国家
ウ．［あ］引き上げ　［い］引き下げ
　［う］イギリスから生産・販売拠点を撤退させる　［え］夜警国家
エ．［あ］引き下げ　［い］引き上げ
　［う］イギリスに生産・販売拠点を集中させる　［え］福祉国家

問8　エリザベス2世の70年間の在位期間中に起きたできごととして正しいものを，次のア～エより1つ選び，記号で答えなさい。

ア．アメリカを中心とする西側諸国がソ連などの東側諸国に対する軍事機構としてNATO(北大西洋条約機構)を結成し，東側諸国もワルシャワ条約機構を結成した。冷戦終結後，NATOは旧東側諸国の加盟を受け入れ，欧州全体の集団安全保障を担う組織へと転換した。さらに昨年，ロシアによるウクライナ侵攻をうけて国際連合の安全保障理事会の下部組織となり，平和維持活動を行っている。

イ．ビキニ水爆実験をうけて第五福竜丸事件が発生したほか，相次ぐ核実験により生態系への悪影響も報告され，核実験や核兵器の開発に反対する声が世界中で強まった。キューバ危機後に部分的核実験禁止条約が結ばれ，冷戦終結後には包括的核実験禁止条約が採択された。近年では，核兵器禁止のキャンペーンを展開してきたICAN(核兵器廃絶国際キャンペーン)がノーベル平和賞を受賞した。
ウ．大気汚染や酸性雨をめぐって国連人間環境会議で対策が検討され，また温室効果ガスをめぐって国連環境開発会議が開かれ，温暖化防止のための枠組みがつくられた。のちに採択された京都議定書では，先進国にのみ排出削減に向けた具体的な数値目標が課され，以後のパリ協定でも，先進国にのみ更なる削減義務が課され，途上国には経済発展を優先させるため削減目標を掲げる義務は課されなかった。
エ．オイルショック後の世界経済の安定を目指し，先進国首脳会議(サミット)が開かれた。冷戦終結後はロシアも加わって「G8」として行われたが，クリミア侵攻をうけ，ロシアに替わり中国が参加した。さらに，リーマン・ショック後の世界的な経済・金融危機に対応するため，サミット参加国を含む国や地域の財務大臣・中央銀行総裁会議が行われた。この会議は「G20」とよばれ，以後，毎年開催されている。

【理　科】（45分）〈満点：70点〉

（注意）　1．字数指定のある問題は，句読点や記号なども字数に含めます。
　　　　　2．定規・コンパス・分度器・計算機は使用できません。
　　　　　3．計算問題については，問題文の指示にしたがって答えなさい。

1　次の［Ⅰ］，［Ⅱ］について，それぞれの問いに答えなさい。

［Ⅰ］　図1は，自然界における炭素の循環を表したものです。次の問いに答えなさい。

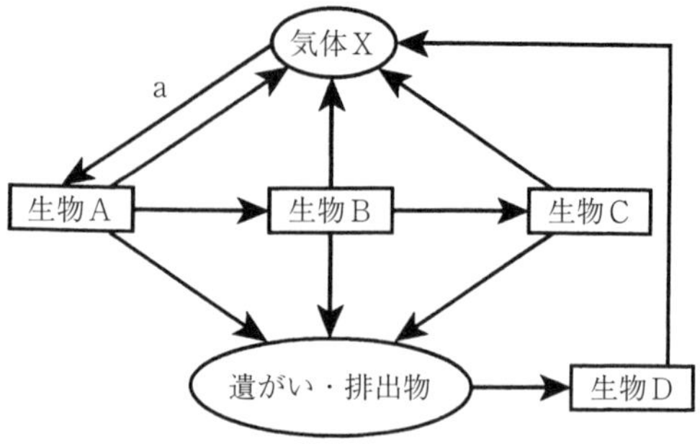

図1

問1　図1の気体Xは何ですか。化学式で答えなさい。

問2　図1で，生物Aと矢印aはそれぞれ何を表していますか。正しい組合せを，表のア～エから1つ選びなさい。

	生物A	矢印a
ア	消費者	呼吸
イ	消費者	光合成
ウ	生産者	呼吸
エ	生産者	光合成

問3　図1で，生物の数量のつり合いが保たれているとき，生物A，生物B，生物Cの数量の大小関係として適するものを，次のア～カから1つ選びなさい。
ア．生物A＜生物B＜生物C　　イ．生物A＜生物C＜生物B
ウ．生物B＜生物A＜生物C　　エ．生物B＜生物C＜生物A
オ．生物C＜生物A＜生物B　　カ．生物C＜生物B＜生物A

問4　図1の生物Dは，自然界におけるはたらきから何とよばれていますか。

問5　図1で，ある地域において生物Cが絶滅すると，生物Bは著しく増加したのちどうなりますか。適するものを，次のア～ウから1つ選びなさい。また，その理由を書きなさい。
ア．緩やかに増加する。　　イ．そのまま変わらない。
ウ．急激に減少する。

［Ⅱ］　図2は，6つの植物をある特徴で①～⑥のグループに分けたものです。次の問いに答えなさい。

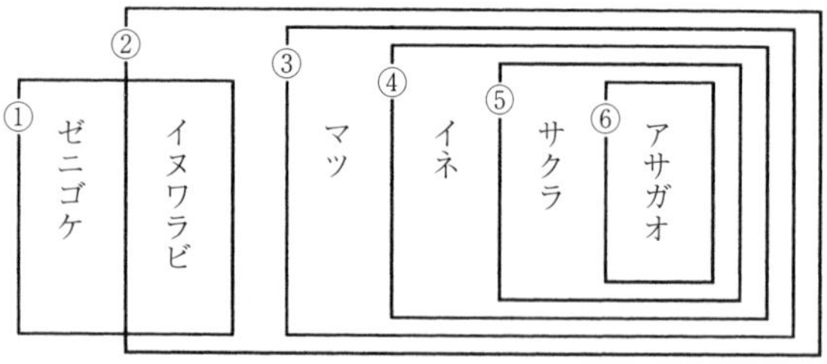

図2

問6　図3のゼニゴケについて述べた文として正しいものを，次のア～エから1つ選びなさい。
ア．Aが雌株，Bが雄株である。
イ．雌株に胞子のうができる。
ウ．葉や茎はないが根はある。
エ．雌株に雌花，雄株に雄花が咲く。

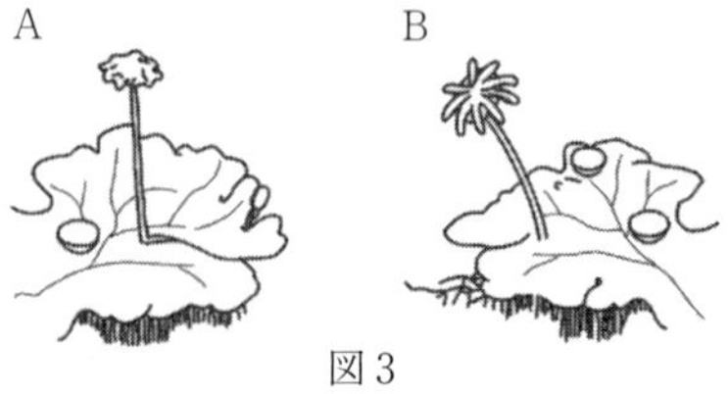

図3

問7　図4のイヌワラビについて，葉，茎，根の区別として正しいものを，表のア～エから1つ選びなさい。

	葉	茎	根
ア	a	b	c，d
イ	a	b，c	d
ウ	a，b	c	d
エ	a，b	なし	c，d

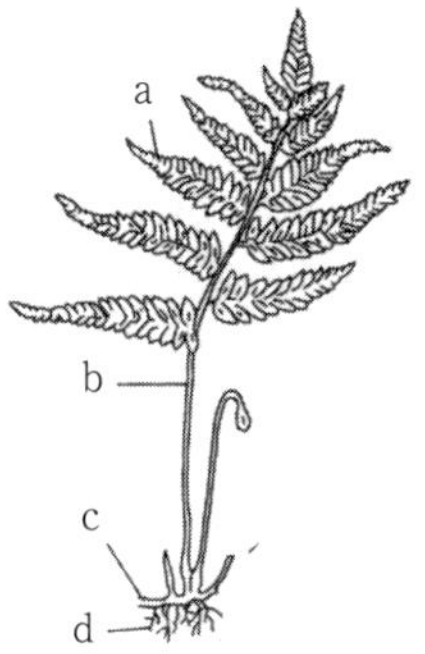

図4

問8　図5のマツの花について，次の問いに答えなさい。

(1)　次の文中の{　}から正しいものを，1つずつ選びなさい。

図のAは①{ア．雌花　　イ．雄花}で，そのりん片は②{ウ．C　　エ．D}である。種子ができるのは，受粉した③{オ．その年　　カ．次の年}の④{キ．春　　ク．秋}である。

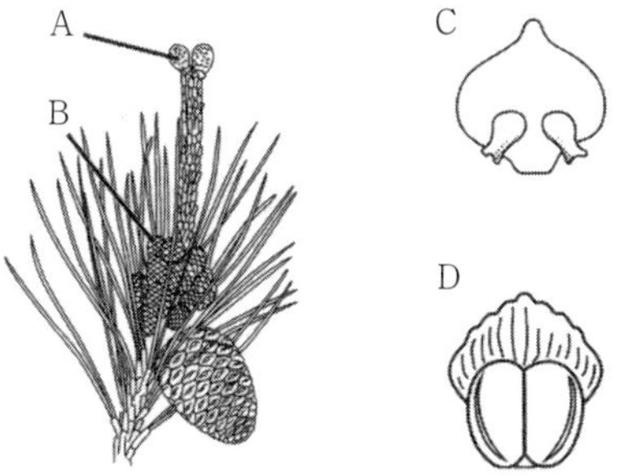

図5

(2)　マツの花粉は風で運ばれやすいつくりになっています。そのつくりとはどのようなものですか。15字以内で書きなさい。

(3)　マツのように雌花と雄花が同じ株に咲く植物を，次のア～エから1つ選びなさい。

ア．イチョウ　　イ．ヘチマ

ウ．ヒマワリ　　エ．イネ

問9　植物の分類について，次の問いに答えなさい。

(1)　次の文中の(　)にあてはまる語句を答えなさい。ただし，すべて漢字で書きなさい。

図2の①のグループは(　1　)をつくってふえるのに対し，③のグループは(　2　)をつくってふえる。

⑤のグループの葉脈は(　3　)脈で，茎の横断面に(　4　)が輪のように並び，主根と側根からなる根をもつ。このグループを(　5　)類という。

(2)　④のグループを何といいますか。

(3)　花弁のつくりについて，⑥のグループに属するものを，次のア～オから2つ選びなさい。

ア．タンポポ　　イ．アブラナ　　ウ．トウモロコシ

エ．エンドウ　　オ．ツツジ

2　次の[Ⅰ]，[Ⅱ]について，それぞれの問いに答えなさい。ただし，計算の答えは小数第2位を四捨五入して書きなさい。

[Ⅰ]　質量250gの直方体のおもり，1cm伸ばすのに0.5Nの力が必要なばね，定滑車，糸を用いて，図1の装置をつくったところ，全体がつり合い静止しました。なお，糸とばねの質量は考えないものとします。また，質量100g(＝0.1kg)の物体にはたらく重力の大きさ(重さ)を1Nとします。

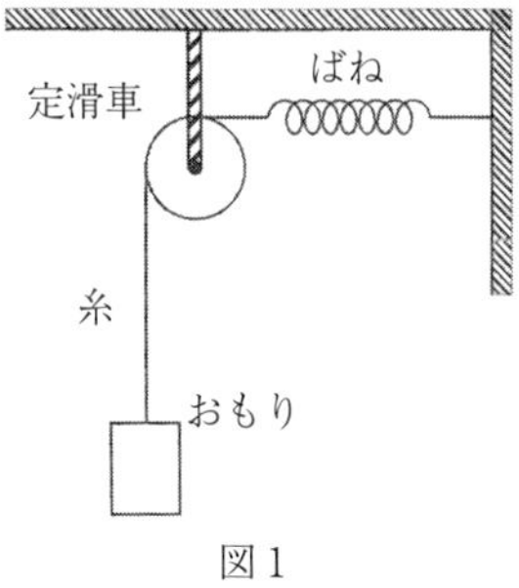

図1

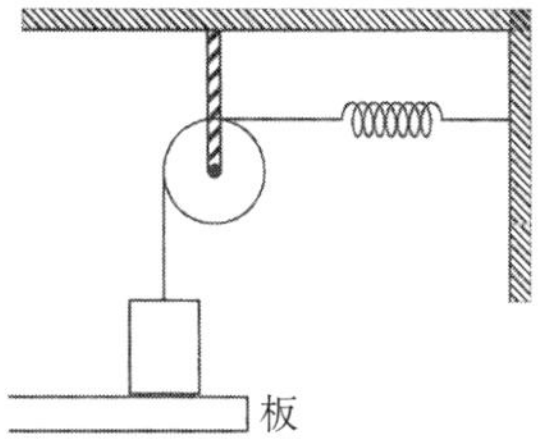

図2

問1　図1で，ばねの伸びは何cmですか。ただし，おもりは床についていないものとします。

いま，図2のように，図1のおもりを板で下から水平に支えて全体をつり合わせました。このときばねの伸びは3.6cmでした。

問2　図2で，板がおもりを支えている力の大きさは何Nですか。

次に，図3のように，摩擦のない水平な床の上に，直角三角形の断面PQRをもつ台を置き，床に平行な外力Fを台の面QRに垂直に加え，おもりを引く糸と台の斜面PQが平行になる位置で台を静止させ全体をつり合わせたところ，ばねの伸びは3cmでした。ただし，台の斜面PQに摩擦はないものとします。

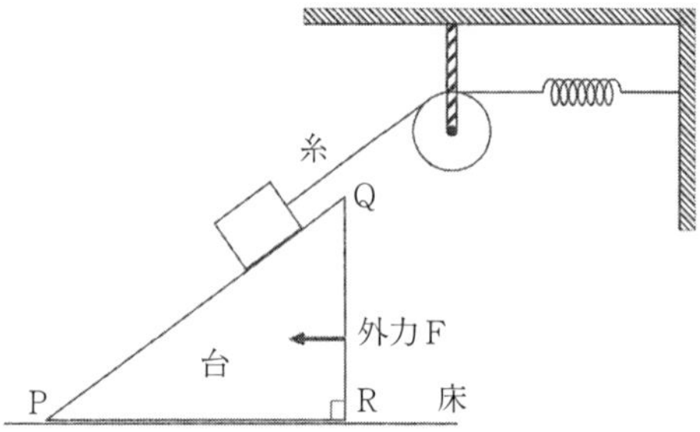

図3

問3　図3で，斜面PQに垂直な向きに，おもりが台から受ける力の大きさは何Nですか。適するものを，次のア～カから1つ選びなさい。

ア．1N　　イ．1.5N
ウ．2N　　エ．2.5N
オ．3N　　カ．3.5N

問4　図3で，外力Fの大きさは何Nですか。

さらに，外力Fを維持し台が動かないようにしたまま，図3の糸を静かに切ったところ，おもりが斜面PQを滑りだしました。ただし，以下ではおもりは斜面PQ上にあり，床まで届いていないものとします。

問5　おもりが斜面PQを20cm滑ると，おもりの位置エネルギーは何J減少しますか。

問6　糸を切った直後からの，おもりが斜面PQを滑った距離(縦軸)と，おもりの速さ(横軸)との関係を表したグラフとして適するものを，次のア～オから1つ選びなさい。

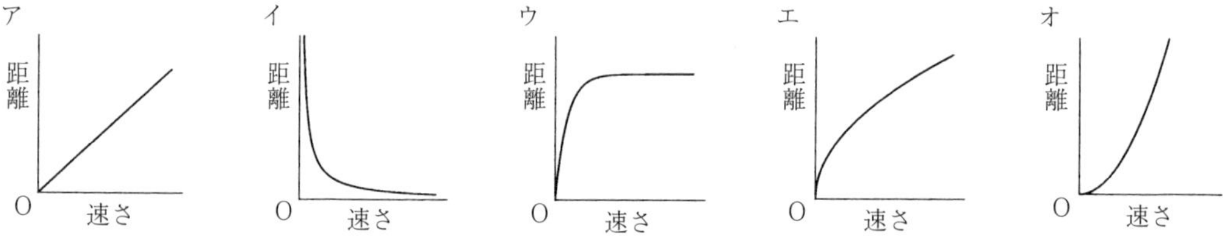

［Ⅱ］　150gの水が入った容器Xと，300gの水が入った容器Yがあります。このXとYの水中にそれぞれ50Ωの電熱線Rと150Ωの電熱線rを完全にひたし，電源(定電圧)，スイッチ，導線，電流計を用いて，図4の装置をつくりスイッチを入れたところ，電流計には1.8Aの電流が流れました。次の問いに答えなさい。ただし，電熱線以外の抵抗は考えないものとし，電熱線で発生した熱量は全て水温上昇に使われるものとします。なお，水の蒸発は無視でき，沸騰も起こらないものとします。また，室温は一定であり，スイッチを入れる前のXとYの水温はともに室温と等しく20℃であったものとします。

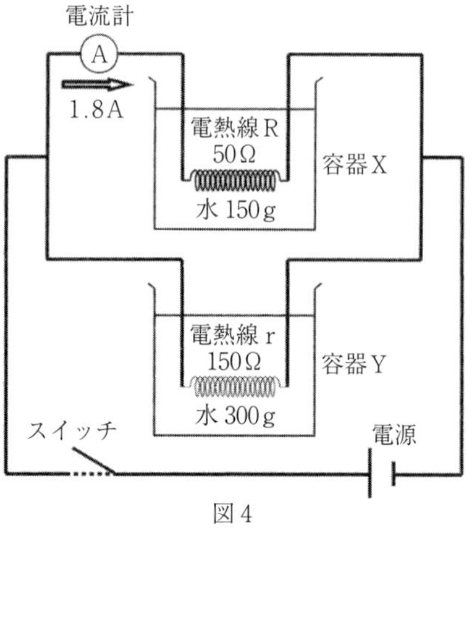

図4

問7　電熱線rを流れる電流は何Aですか。

問8　電源の電圧は何Vですか。

問9　電熱線Rでの消費電力は何Wですか。

問10　1分間電流を流すと，電熱線 r で発生する熱量は何 J ですか。

問11　図4で，一定時間電流を流すとき，Xの水温上昇はYの水温上昇の何倍ですか。

図4のスイッチを入れて一定時間経過したとき，Yの水温は23℃でした。ここで，電熱線Rと電熱線 r を素早く入れかえ図5の状態にし，引き続き水温上昇を計測したところ，ある時刻でXとYの水温は再び等しくなり，その温度は T℃でした。

問12　Tは何℃ですか。

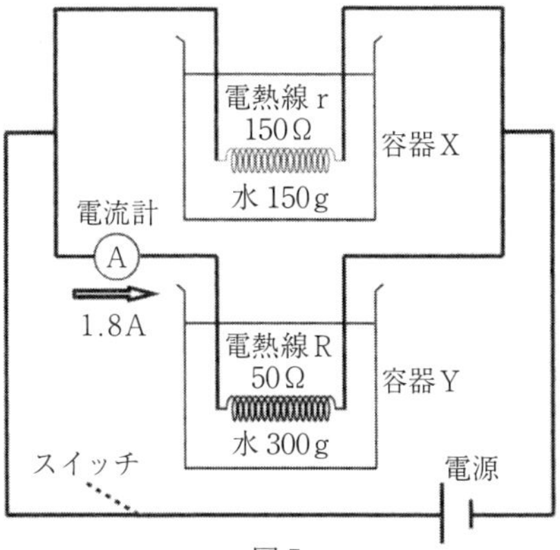

図5

3　次の問いに答えなさい。

問1　図1は，連続した3日間の東京での1時間ごとの気温と降水量を表しています。図2は，1日目の9時における日本付近の天気図です。下の問いに答えなさい。

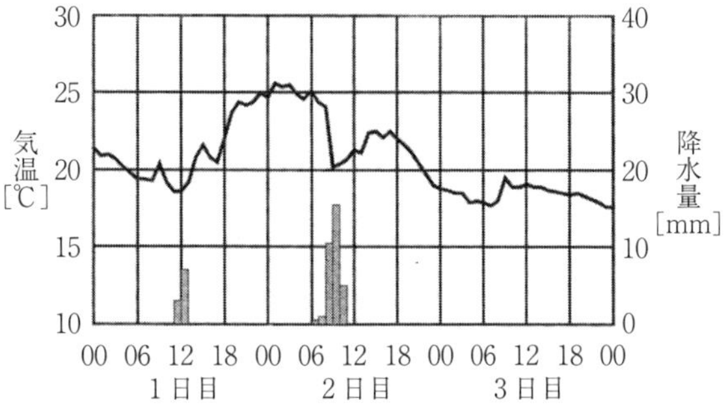

図1

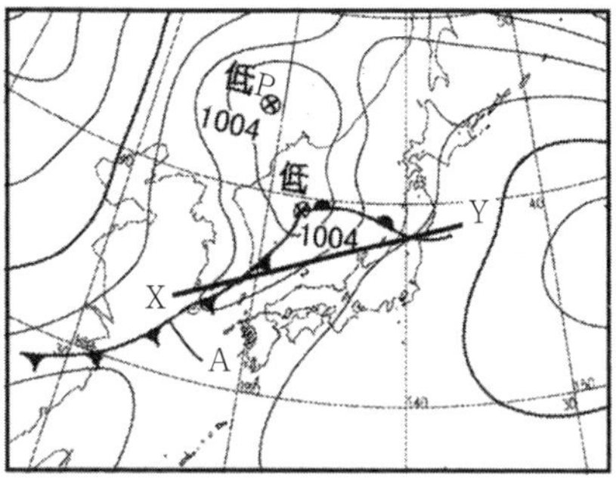

図2

(1)　図3で表される風向と風力，天気を答えなさい。

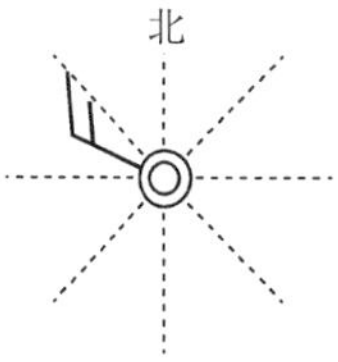

図3

(2)　図2の低気圧Pの地上付近と上空における大気の流れを模式的に表したものとして最も適するものを，次のア～エから1つ選びなさい。

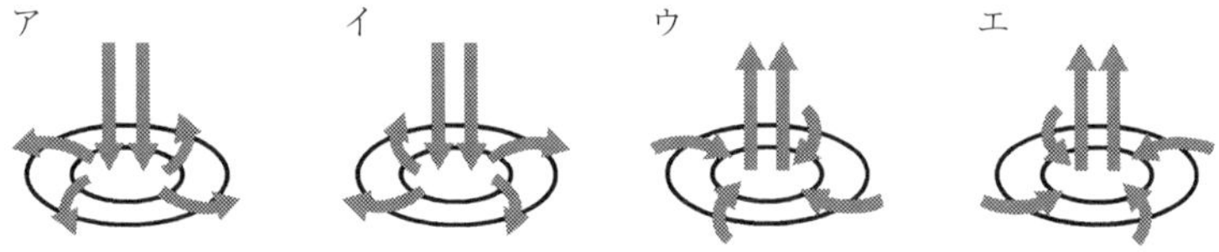

(3)　図2の直線X－Yでの断面を模式的に表した図として適するものを，次のア～エから1つ選びなさい。

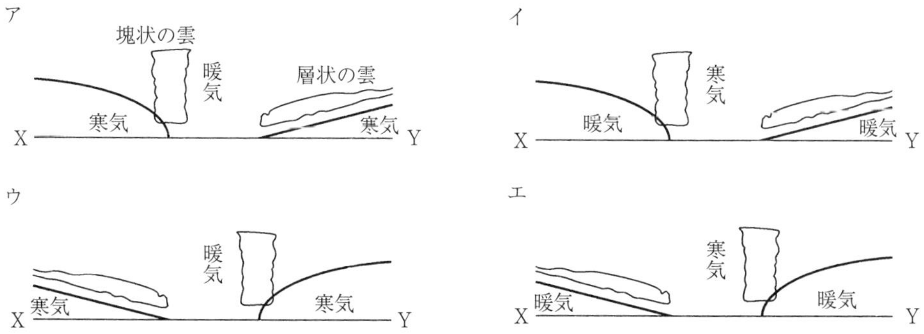

(4) 図2の前線Aが東京を通過した時刻として適するものを，次のア～オから1つ選びなさい。

ア．1日目の12時頃　イ．2日目の1時頃　ウ．2日目の9時頃

エ．2日目の17時頃　オ．3日目の7時頃

問2　雲のでき方について，次の実験を行いました。

図4のように，簡易真空容器にデジタル温度計と少しふくらませて口を閉じたゴム風船を入れました。さらに中を水でしめらせて，線香のけむりを入れ，ピストンを引いて容器内の空気を抜いていくと，容器の中がくもりました。

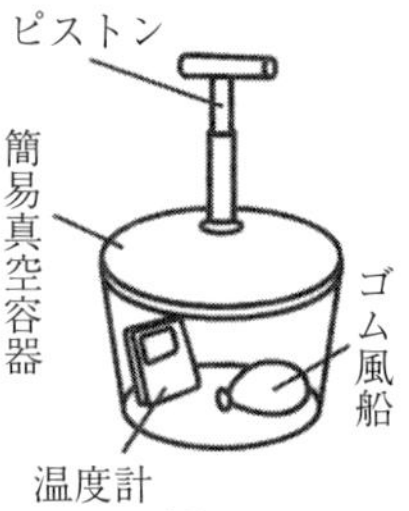

図4

この実験について，次の問いに答えなさい。

(1) 実験において，ゴム風船はどうなりましたか。適するものを，次のア～ウから1つ選びなさい。

ア．ふくらんだ　イ．しぼんだ　ウ．変わらなかった

(2) 実験の結果について説明した次の文中の{　}から適するものを，1つずつ選びなさい。

ピストンを引くと気圧が①{ア．高く　イ．低く}なり，空気が②{ウ．収縮　エ．膨張}した。そのため，温度が③{オ．上昇　カ．低下}し，露点よりも④{キ．低く　ク．高く}なり，空気中の水蒸気が水滴となって容器の中がくもった。

(3) 雲ができやすい状況を述べた文として適するものを，次のア～エから1つ選びなさい。

ア．空気が山の斜面にそって下降するとき

イ．太陽によって地表があたためられて上昇気流が起きるとき

ウ．まわりより気圧の低いところで下降気流が起きるとき

エ．冷たい空気があたたかい空気と接して上昇するとき

(4) 雲をつくっている粒(雲粒)があつまって雨粒になります。雲粒を直径0.01mmの球，雨粒を直径1mmの球とすると，1つの雨粒はいくつの雲粒が集まってできますか。適するものを，次のア～オから1つ選びなさい。

ア．100　イ．1000　ウ．1万

エ．10万　オ．100万

問3　図5は，気温と飽和水蒸気量の関係を表しています。次の問いに答えなさい。ただし，計算の答えは小数第1位を四捨五入して書きなさい。

(1) 気温14℃で露点が3℃の空気の湿度は何%ですか。

(2) 図5の点A～Dの空気のうち，もっとも湿度が高いのはどれですか。A～Dから1つ選びなさい。

(3) 標高0mで気温28℃，湿度37%の空気の塊が上昇して雲が生じる高さは何mですか。ただし，雲ができ始めるまでは，空気の塊は100m上昇するごとに1℃下がるものとします。

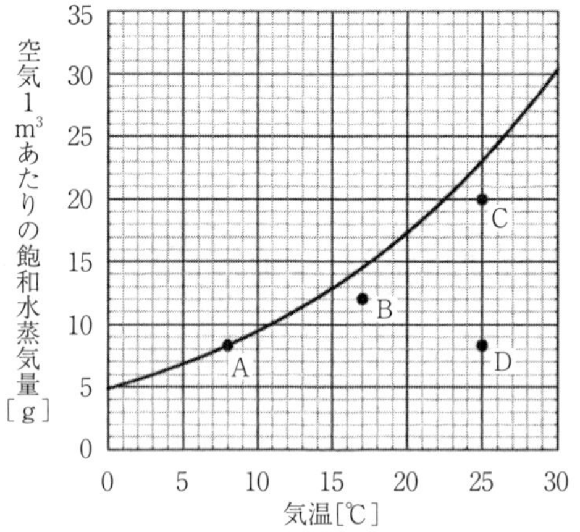

図5

4　次の文章を読んで，下の問いに答えなさい。

ディーゼルエンジンの排気ガスに含まれる有害な物質として，窒素酸化物があります。これには a 1つの窒素原子に酸素原子が1つ結びついた一酸化窒素NOや，酸素原子が2つ結びついた二酸化窒素 NO_2 などがあり，まとめて窒素酸化物 NO_X とよばれます。特に二酸化窒素は人の呼吸器に悪い影響を与えたり，酸性雨の原因になったりします。

この二酸化窒素を b 化学変化によって減らすために，トラックでは尿素を水に溶かした c 尿素水が利用されています。まず，尿素が d 二酸化炭素と e アンモニアへと変化し，このアンモニアと窒素酸化物が反応して無害な窒素と水へと変化します。この二酸化窒素とアンモニアの反応を化学反応式で表すと，次のようになります。

(あ)NH_3 ＋ (い)NO_2 → (う)N_2 ＋ $12H_2O$　…式 f

このような化学反応を利用した排気ガスの浄化技術を尿素SCRシステムといいます。SCRとは「選択的触媒 g 還元」という意味です。

問１　下線部aについて，次の文中の(X)に適する数値を整数で答えなさい。また，(Y)に適する人名を，下のア～エから１つ選びなさい。

２つの元素が結びついて２種以上の化合物ができるとき，一方の元素の一定質量と結びつく他の元素の質量の比は簡単な整数比になる。これを倍数比例の法則といい，例えば，NOが14gの窒素と16gの酸素が結びついてできているとき，14gの窒素から生じるNO_2は(X)gになる。この倍数比例の法則を提唱した(Y)は，同じころに原子説も提唱している。

ア．ゲーリュサック　　イ．ドルトン
ウ．ラボアジエ　　エ．アボガドロ

問２　下線部bについて，化学変化が起きるものを，次のア～エから１つ選びなさい。

ア．水に食塩を溶かす。　　イ．水を０℃以下に冷却する。
ウ．食塩水に電流を流す。　　エ．氷の塊を砕く。

問３　下線部cについて，利用されている尿素水の質量パーセント濃度は33%です。この尿素水を20L作るとき，何kgの水が必要になりますか。ただし，尿素水の密度は$1.1g/cm^3$とします。答えは小数第２位を四捨五入して書きなさい。

問４　下線部dについて，二酸化炭素は炭酸水素ナトリウムを加熱することでも発生します。次の問いに答えなさい。

(1)　二酸化炭素の特徴として適するものを，次のア～エから１つ選びなさい。
ア．炭素を含むので有機物に分類される。
イ．石灰水に塩酸を加えると発生する。
ウ．ヒトが吐く息の中で最も多く含まれる。
エ．無色無臭である。

(2)　炭酸水素ナトリウムを加熱した際に起こる変化を，化学反応式で表しなさい。

(3)　次の文中の{　}から適するものを，１つずつ選びなさい。

炭酸水素ナトリウムを加熱すると，別の白い固体へ変化する。加熱前の物質と比べて加熱後の物質は水に溶け①{ア．やすい　　イ．にくい}。また，それぞれ少量をとって水に溶かしてからフェノールフタレイン液を加えると，加熱後の物質の方がより②{ウ．うすい　　エ．濃い}赤色になる。

問５　下線部eについて，次の問いに答えなさい。

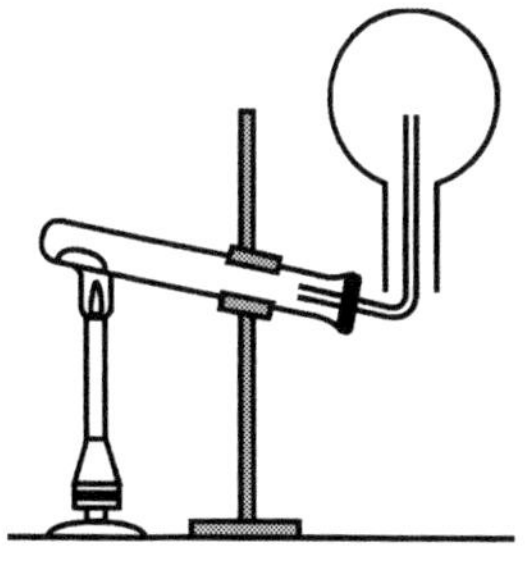

(1)　右図の装置を用いてアンモニアを発生させるには，２種類の試薬を試験管に入れます。その２つを，次のア～エから選びなさい。
ア．水酸化カルシウム　　イ．塩化カルシウム
ウ．塩化アンモニウム　　エ．塩化ナトリウム

(2)　右図のように，アンモニアを上方置換法で集める理由を書きなさい。

(3)　アンモニアが水に溶けて電離しているようすを，イオンを用いた化学反応式で表しなさい。

問6　式fの係数(あ)～(う)に適する数字を答えなさい。ただし，係数が1の場合には1と書きなさい。

問7　下線部gについて，還元が起こるものを，次のア～エから1つ選びなさい。

ア．水とエタノールの混合物を加熱する。

イ．鉄鉱石とコークスをよく混ぜて加熱する。

ウ．塩酸に水酸化ナトリウム水溶液を加える。

エ．硝酸カリウムの飽和水溶液を冷却する。

それまで、Bえ待つまじ。ただ今日一提《ひとひさげ》ばかりの水をもて、喉をうるへよと言ひしかば、さてなん助けし。鮒の言ひしことわが身に知りぬ。さらに今日の命、物食はずは、生くべからず。③後の千の金《こがね》、さらに益《やく》なし」とぞY言ひ□□。

それより、「後の千金」といふこと、(注4)名誉せり。

(『宇治拾遺《うじしゅうい》物語《ものがたり》』による)

(注1) 荘子…紀元前四世紀～紀元前三世紀。古代中国の思想家。
(注2) 河伯神…河の神のこと。
(注3) 江湖…河と湖のこと。
(注4) 名誉せり…(その言葉が)有名になったということ。

問1 傍線部X「いみじう」の読み方を、現代仮名遣いのひらがなで答えよ。

問2 傍線部Y「言ひ□□」が「言った」という意味になるように、「□□」にふさわしい言葉を、ひらがな二字で答えよ。

問3 波線部A・Bの現代語訳としてふさわしいものを、後のア～エからそれぞれ一つずつ選び、記号で答えよ。

A「死なんとす」
ア 死にたい　イ 死にそうだ
ウ 死にたくない　エ 死ぬつもりはない

B「え待つまじ」
ア 待たなければならない
イ 待つはずがない
ウ 待つつもりはない
エ 待つことはできない

問4 二重傍線部Ⅰ・Ⅱについて、次の問いに答えよ。

Ⅰ「今日食ふべき料の粟」に対応する言葉を、後の荘子の言葉の中から十字以内で探し、抜き出して答えよ。

Ⅱ「いま五日ありておはせよ。千両の金を得んとす。それを奉らん」に対応する言葉を、後の荘子の言葉の中から四十五字以内で探し、その初めと終わりの三字を抜き出して答えよ。

問5 傍線部①「いかでか、やんごとなき人に、今日参るばかりの粟をば奉らん」の意味としてふさわしいものを、次のア～エから一つ選び、記号で答えよ。

ア どうして縁もない人に、今日手に入った貴重な粟をくれてやらないといけないのですか。
イ 偉いあなたに対して、今日召し上がるだけのわずかな粟を差し上げるのは失礼でしょう。
ウ 何を言われても、今日の私は自分自身が食べるだけの分の粟しか持っていないのですよ。
エ つらいお気持ちはわかりますが、五日間待っていただければ望む粟を差し上げられます。

問6 傍線部②「少水に、鮒一つふためく」とあるが、この鮒は、どうしてこのような状態になってしまったのか。本文の内容に即して、三十字以内で答えよ。

問7 傍線部③「後の千の金、さらに益なし」とは、どういうことか。その答えとしてふさわしいものを、次のア～エから一つ選び、記号で答えよ。

ア 後で千金をもらったとしても、まったく意味などないということ。
イ 後で千金をもらうことには、いっそう意味がなくなるということ。
ウ 後で千金をもらってから、感謝しろと言われても遅いということ。
エ 後で千金をもらえるならば、もう少しがまんができるということ。

問8 『宇治拾遺物語』は鎌倉時代の作品であるが、同じ時代の作品を、次のア～エから一つ選び、記号で答えよ。

ア『雨月物語』　イ『今昔物語集』
ウ『太平記』　エ『新古今和歌集』

ている主張を一方的にぶつけているのだ、と受けとめている。

問4 傍線部③「どれでもいいから、一つを言え」とベンが判断したのはなぜか。その説明としてふさわしいものを、次のア～エから一つ選び、記号で答えよ。

ア 新入りのベンを困らせようとしている「ますむら」にとって、ベンが答えられない質問をすること自体が目的になっているであろうから。

イ ベンという他者の存在と向き合おうとしない「ますむら」にとって、ベンの出身地がどこであっても自分には問題ないと考えているだろうから。

ウ アメリカについて全く関心がないであろう「ますむら」にとって、ニューヨークをワシントンと言われても違いを感じられないであろうから。

エ 気に入らないベンの存在にいらだちを感じている「ますむら」にとって、ベンは自分に従わせなければならない存在だと考えているだろうから。

問5 傍線部④「ますむらさん、あなたになってやるぞ」と意気込むベンについての説明としてふさわしいものを、次のア～エから一つ選び、記号で答えよ。

ア 的確に仕事をこなす「ますむら」を目標としてベンは彼の仕事ぶりを真似していくが、客に対して一方的に接することとなり、皮肉にもそれはベンの存在を頑なに拒む「ますむら」のようになってしまっている。

イ 他者の存在を認めない「ますむら」への対抗心から、仕事をこなすことで認められようとするが、ぎこちない接客となってしまい、結局「ますむら」にはなれないことを痛感させられることになってしまっている。

ウ 同じ制服を自分よりもしっかりと着こなした「ますむら」の姿に憧れて自分も「ますむら」のように働くが、自分を見る客の好奇の目に晒されるうちに、自分は「ますむら」にはなれないのだと諦め始めてしまっている。

エ 「ますむら」を見返したいと思い自分なりに工夫した接客を試みようとするが、かえって「ますむら」を意識してしまうことになり、ベンを見る客は「ますむら」との違いを認めないという逆説に陥ってしまっている。

問6 傍線部⑤「スパゲッティのミート・ソースひとつと、コーヒーひとつと、レモン・ティひとつ、です」のような言葉遣いは、ベンにとって、何と同じであったか。本文中から三十一～三十五字で探し、その初めと終わりの三字を抜き出して答えよ。

問7 傍線部⑥「明るい声だった」から、どういうことがわかるか。その声が発せられた理由を明らかにして、八十字以内で答えよ。

三

次の文章を読んで、後の問いに答えよ。なお、作問の都合で一部表記を改めたところがある。

今は昔、唐《もろこし》に（注1）荘子《さうじ》といふ人ありけり。家X いみじう貧しくて、今日の食物絶えぬ。隣にかんあとうといふ人ありけり。それがもとへ、Ⅰ 今日食ふべき料の粟《あは》を乞ふ。

あとうが言はく、「Ⅱ いま五日ありておはせよ。千両の金を得んとす。それを奉らん。① いかでか、やんごとなき人に、今日参るばかりの粟をば奉らん。かへすがへすおのが恥なるべし」と言へば、荘子の言はく、「昨日、道をまかりしに、跡《あと》に呼ばふ声あり。顧《かへり》みれば、人なし。ただ車の輪跡のくぼみたる所にたまりたる ② 少水に、鮒《ふな》一つふためく。何ぞの鮒にかあらんと思ひて、寄りて見れば、すこしばかりの水に、いみじう大きなる鮒あり。何ぞの鮒ぞと問へば、鮒の言はく、われは（注2）河伯神《かはくしん》の使ひに、（注3）江湖《がうこ》へ行くなり。それが飛びそこなひて、この溝に落ち入りたるなり。喉《のど》乾き、A 死なんとす。われを助けよと思ひて、呼びつるなりと言ふ。答へて言はく、われ、いま二三日ありて、江湖といふ所に、遊びしに行かんとす。そこにもて行きて放さんと言ふに、魚の言はく、さらにした」といってテーブルに置いたとき、反対側のテーブルをふいている「ますむら」の沈黙を背に感じた。客がまた二人、入ってきた。「ますむら」と競うようにほとんど同時に「いらっしゃいませ」と叫んで、ベンは「ますむら」より早くその客の席へ行き、自分でおどろくほど淀《よど》みのないことばでその注文を取って、また階段を下りた。

今度一階へ着いたとき、「マネージャ」はいなかった。

ベンはキッチンのまぶしい光へゆっくりと歩み寄って、その真前《まんまえ》で足を止めて、一人で立った。

キッチンの中には、自分のことなど無関心に、忙しく動き廻《まわ》っている男たちの薄汚れた白いエプロン姿が、はっきり見えた。二人は年上で、一人は、その見習いか、ベンと同じ年頃の青年だった。

見習いの方が、大きな鍋から顔を上げて、ベンの方を漠然と見た。ぽっちゃりした顔だった。その顔には、ベンに対する好意も悪意もなく、好奇心すら感じられなかった。ただ、一人で立ちすくんでいるベンを見て、「何だ」といっているような、蛍光灯の下のぽっちゃりした黄色い顔。

ベンは、どこから勇気が湧き出たのか、腹の底から声をしぼって、

「ツーホットワンミートワントースト」と叫んだ。

黄白の光の中から、

「はいよー」という声が返ってきた。

⑥明るい声だった。誰にでも答えるような、こだわりのない声だった。

（注1） ridiculous…「馬鹿げている」の意の英単語。

（注2） ユダヤの親戚…アイザックという姓が示すように、ベンのルーツの一つはユダヤ系である。

（注3） 女の歌声…直前の「中略」の箇所に、ベンの空想の中で響く「女の歌声」の描写があり、それを指している。

（注4） 「外人」…外国人のこと。「外人」という表現には自分たち以外を排除する意味合いも含まれがちであり、現在では用いることが避けられる表現でもある。

（注5） マネージャ…店の支配人。

問1 二重傍線部a～eのカタカナを、それぞれ漢字に改めよ。

問2 傍線部①にある「はじめまして、ベン・アイザックと申します」という挨拶をすることが、「動転してたじろぐかれに対してはまずいのかな」という直感をもたらしたのはなぜだと考えられるか。その説明としてふさわしいものを、次のア～エから一つ選び、記号で答えよ。

ア いかにも外国人といった自分の容姿に圧倒されてしまっている「かれ」に滑らかな日本語で挨拶をすることは、「かれ」の常識を覆《くつがえ》してしまうだろうから。

イ 「かれ」に対して内心では動揺している自分から挨拶の声をかけることは、「かれ」との関係をこじらせてしまうことにしかならないであろうから。

ウ よそ者である自分が突如現れたことを受け入れられないでいる「かれ」にかしこまった挨拶をすることは、「かれ」をより一層混乱させることになるだろうから。

エ 未熟な日本語で挨拶をする自分の羞恥心を想像できないだろう「かれ」には、自分の落ち着いたふるまいは「かれ」をとまどわせることにしかならないであろうから。

問3 傍線部②「アメリカ?」という「ますむら」の発言を、ベンはどのように受けとめているか。その説明としてふさわしいものを、次のア～エから一つ選び、記号で答えよ。

ア ここに似つかわしくないベンへの適切な呼び方が思いつかず、自分との関係を持つこともできていない、と受けとめている。

イ 丁寧すぎるベンの言葉遣いはもどかしくうっとうしいので、この話題を切り上げたくなったのだろう、と受けとめている。

ウ 突然現れたベンのことを拒絶するために、意図的に全く関係のない話題へと変えようとしているのだ、と受けとめている。

エ 仕事上の彼とベンとの立場とは別に、彼は自身がいつも抱い

の男が今ついた席へ持って行った。「何にいたしますか」、「かしこまりました」と「ますむら」が大声を発しているのをベンが注意深くうかがい、それから広い階段を下りてゆく「ますむら」の姿をじっと見守った。醜い「ますむら」の、一々が細かく正確な動作に、ベンはある種の美しさを感じた。「キャッスル」の中では振舞《ふるま》いがすべてだろう。「ますむら」の振舞いを自分のものにしなければ、「キャッスル」の中では長続きしないだろう。「ますむら」の振舞いに夢中になっていたあまり、かれがいなくなったときはじめて、台の前で立ちすくんでいる自分を中二階の客という客がじろじろ眺めていたのに気がついた。

　気がつくと同時に一階から「いらっしゃいませ」の合唱が耳に響き、また二人の客が中二階へ上ってきた。ベンの制服姿が目に入ると客が二人ともとまどい、まわりを見たが、あちこちの席に他の客が普通にいることで安心したのか、ためらいながらあいている席についた。

　ベンはそのとまどいだけを感じ取り、客の姿も見ないでうつむいて、台の前で一瞬麻痺《まひ》して立ちつくしてしまった。

　それから、自分を奮いたたせようとして、さっきの甲高い声を「ますむら」の声と同じように低めて、「いらっしゃいませ」と言った。

「ますむら」がしたのと同じように、コップと灰皿を手にして、「ますむら」と同じきびきびした足取りで、まっすぐ前を見ながら客に近寄った。客と顔を合わせまいと、客の頭上の壁にかざってあるカレンダーに目をすえて、客の前にコップと灰皿をドンと置いた。

　下から自分を眺めている二つの顔におどろきの表情が浮ぶすきも与えまいと、

「何にいたしますか」と力強くはっきりとした発音で問いかけた。

　完璧に言えたのか、客の目線が自分の顔からメニューへ移っているのを下で感じた。あたかもそこに立っているのが自分でなく「ますむら」であるかのように、一人の客が、

「ええと、ミート・ソースにレモン・ティ」

とつぶやくだけだった。

　もう一人の客が「コーヒー」と言ったとき、はじめてそのもう一人が女であるのにベンは気がついた。

「かしこまりました」

「ますむら」と同じ、確かだがけっしてうるさくはない声の調子が盾となってくれたか、客から（注4）「外人」ということばが出なかった。

　ベンが中二階に背を向けた瞬間、たくさんのささやき声が起きたという気がした。階段を下りる途中で、トレイにコーヒーをのせて上ってくる「ますむら」とすれ違った。「ますむら」は黙っていた。

④ますむらさん、あなたになってやるぞ。

　階段を下りると、一階の奥に「（注5）マネージャ」が待機しているように立っていた。その後には、「マネージャ」を逆光で包む、強力な蛍光灯と黄色いeジョウキのまぶしい光が見えた。そこは「キャッスル」のキッチンだった。キッチンに関係のない者は「入るな」と拒んでいるようなまぶしい光の下で、しみのついたエプロン姿の男が二人、三人、動いているのが見分けられた。

　ベンは「マネージャ」の前まで歩み寄って、一所懸命稽古したセリフを吐くように朗々と、⑤「スパゲッティのミート・ソースひとつと、コーヒーひとつと、レモン・ティひとつ、です」と無事に言い終えた。

「マネージャ」はそくざにキッチンへ振りかえって、

「ワンミートワンホットワンレティ」と叫んだ。

　まぶしい光に向かって、犬が吠《ほ》えているようだった。

「マネージャ」がカタカナを飛ばした瞬間、エプロン姿の男たちがベンの方をちらりと見たが、振り返りもしないで、黄白の光の下でそのまま働きつづけた。

「ワンミートワンホットワンレティ」をトレイに危うげにのせて、ベンは二階にもどった。「ますむら」と同じく「お待たせいたしま

今度は、ベンの方が黙りこんだ。自分の顔に焦点を合わせてきた「ますむら」の視線をさけようと、中二階から一階へ下る広い階段に目をやった。

ぼくについて、他に訊くことはないんですか。

ベンは数秒間、無口のままで、一階のガラス・ドアに目をすえた。返辞《へんじ》につまった自分の、「ますむら」のように一瞬無表情となった顔を、「ますむら」が一層疑わしげなまなざしで見ているのが気になりだして、やがては弱々しい声で、「ええ」とつぶやいた。容疑者が自供を強いられたとき、たぶんこんな身の入らないdコウテイをするだろう、けっして「yes」を意味しない、こんな弱々しい「ええ」をつぶやくだろう、とベンは思った。

ベンの「ええ」を待ちかねていたように、「ますむら」はそくざに、

「俺はアメリカがきらいだ」と言った。

そう言った瞬間の「ますむら」の顔には、不思議なほどに、これといった表情はなかった。しかしその声には、はじめて力がこもっていた。その声が信念を断言しているように、ベンに聞《きこ》えた。「ますむら」はもう一度、ベンの顔から、ベンが着ている「キャッスル」の制服に視線を下ろし、それから、身構えようとしているように肩をいからせた。

「ぼくもあまり好きじゃない」

とベンは答えた。

「ますむら」がにらんでいる制服の白い上着は、ベンの胴をぴしっと包んで、その圧力感は心地良い。ほら、ますむらさん、見て下さい、ぼくはあなたと同じになったじゃないですか。

「ますむら」は一瞬とまどった様子で、それから、訊くというよりも言い返すという声調で、「ニューヨーク？」と訊いた。

「ますむら」の声には、ある陰湿なしつこさが感じられた。その唐突な質問は、お前はニューヨーク出身なのか、とか、お前はニューヨークから来たのか、という意味には聞えなかった。むしろ、お前は「ニューヨーク」というところに属するのか、ここにいるべきでないお前が本来いるべきところは、どこだ、「ニューヨーク」というところなのか、と聞こえた。

（中略）

ベンの頭の中で、「ニューヨーク」はもはや、（注2）ユダヤの親戚が住んでいる場所ではなくなり、何の意味もない、単なるカタカナとして響いていた。

ますむらさん、ぼくはニューヨークの話《はな》しをしたくない。カタカナの話しをしたくない。ここはしんじゅくじゃないですか。

「ますむら」の口元がもう一度動こうとした。

（注3）女の歌声がすっかり脳裏から消えてしまった。ベンは恐《こわ》くなった。

③どれでもいいから、一つを言え。

「ワシントン……ディー・シィー」

答えがベンの口をついて出るや否《いな》や、「ますむら」はすかさず

「俺は知らない」と言った。

明瞭で、ほとんど自慢しているような響きが込められていた。

「ますむら」はそう言ってから、視線をベンから手前の台へ移して、とつぜん元気づいたように台の上に並べてある灰皿を布でていねいに拭きはじめた。

急に自分の存在を忘れて仕事に専念しだした「ますむら」を、ベンは横目で不思議そうに睨《にら》んだ。「ますむら」がなぜあれだけこだわったかも、少し分《わか》るような気がした。

「俺は知らない」。「ますむら」はきっとそれを言わせてもらいたかったのだろう。「ますむら」は意外といろんなことを知っているかもしれない。しかし、かれにとって、知らないことは唯一の安堵《あんど》になっていたに違いない。

「客だ」、と「ますむら」が独り言のようにつぶやき、反射的な動作で台上の水と灰皿をひろって、きびきびした足取りで、スーツ姿

二

次の文章はリービ英雄《ひでお》『星条旗の聞こえない部屋』に収められた連作小説の一節である。一九六〇年代末、アメリカの高校を卒業して日本に滞在しているベン・アイザックは、アメリカ領事である父のいる領事館から家出し、東京《とうきょう》都新宿《しんじゅく》区にあるW大学で知り合った日本人学生安藤の下宿で生活している。収入を得るために新宿にある喫茶店「キャッスル」でのアルバイトを見つけたベンは、採用されて初めて出勤する――以下はそれに続く一節である。これを読んで、後の問いに答えよ。

かれは血色の悪い顔をしていた。だが、それはたぶん、プラスチック・シャンデリアが発する白い光の輪の中でいつも立っているからだけではなかった。かれは不健康に見えたが、けっして貧弱には見えなかった。むしろタフな印象さえ与えていた。かれはまだ二十歳にはなっていないが、百年も深夜のウエーターをやりつづけてきたと思わせるほど、「キャッスル」の中二階にある持ち場を離れないで何時間も同じ姿勢で立つことができた。

ベンが階段を下りて、はじめて中二階に現《あら》われたとき、かれは待っていた。

かれは同じ白い制服を着たベンに対して、最初、何とか作り笑いを浮《うか》べようとした。しかし、そんな恰好《かっこう》をしたベンがかれの方へ向いたとき、作り笑いが消えた。そして、水のコップと洗いたての灰皿をaセイゼンと並べた持ち場の台にベンが近づいたとき、かれはたじろいで一歩退いた。

自分が近寄るだけでたじろいだかれの前で、ベンは当惑してしまった。あわてて自己紹介しようとしたが、今までは誰にも日本語で自己紹介したことはなかった。いくら首をひねっても、かつてW大学で覚えさせられた日本語教科書の「挨拶編」にあった一文句しか浮ばない。①動転してたじろぐかれに対してはまずいのかな、と直感しながら、

「はじめまして、ベン・アイザックと申します」と言い出した。

言い出したとたんに、はずかしくなった。安藤に対しては一度も使ったことがない、そんなフォーマルな、そんなかしこまった挨拶を口にするのが、なぜかはずかしかった。

そのはずかしさはかれに伝わらなかったらしい。自分がそこに現われただけで台の向《む》う側に身を隠すようにしり込みするかれには、そんなことをされると自分もbヘイコウを失って当惑してしまうという気持ちも、伝わるはずがない。「はじめまして」といわれたかれはひたすら黙って、かれとまったく同じ「キャッスル」の白い制服と、かれとまったく違ったベンの顔を、交互に眺めた。

かれは眺めるだけで、血色の悪い顔には何の表情も浮ばなかった。あたかも訓練されたような、かれの完璧な沈黙がベンの耳に鳴り響き、一分も経《た》つとそれが耐えられなくなった。ベンは、本来は新入りの、一番下っぱの、安藤の言葉で言うと後輩の自分の方が逆に訊《き》かれるのが筋ではないか、と思いながら、しかたなく、「名前は何と……」と尋ねようとした。先輩の「名前」の前に「お」を付けることを忘れたのに気づいて、あわてて言い直そうとしたところ、かれは渋々と口元を動かして、つぶやいた。

「ますむら」

名前を告げた瞬間、無表情のかれの顔面には細かな痙攣《けいれん》が横切った。自分よりはるかにタフに見える先輩のかれが、まさか、自分のことをどこかで恐れているのか、いや、それはあまりにもコッケイではないか、(注1)ridiculous ではないか。

かれは再び黙りこんだ。

（中略）

「ますむら」はもう一度、ベンの顔と制服を見比べて、それからさらに一歩しり込みした。何かを訊きかえしたいが、ベンに相当するcコショウが思い当《あた》らないのか、「ますむら」は今教えられたベンの名前も、「あなた」も「きみ」も「お前」も言わず、ベンが立っている辺りを顎で指して、問いを投げかけた。

②「アメリカ?」

ンスの作家。

（注4）マルティン・ハイデガー…一八八九〜一九七六年。ドイツの哲学者。

問1　二重傍線部a〜eのカタカナを、それぞれ漢字に改めよ。

問2　傍線部①「病院も然り」とあるが、学校と病院とは、どういう点で同じであると言えるのか。その答えとなる「という点。」に続く言葉を、本文中の言葉を使って、四十五字以内で答えよ。

問3　傍線部②「ベンサムの考案した刑務所」について説明したものとしてふさわしいものを、次のア〜エから一つ選び、記号で答えよ。

ア　全体は円形をしていて、円形の外側の壁にそって囚人たちの個々の部屋の出入り口がある。

イ　個々の部屋は壁で仕切られており、鉄格子ごしにしか囚人同士で顔を合わせることは無い。

ウ　個々の部屋からは常に、中央の監視塔の中で囚人たちを見渡している監視者の姿が見える。

エ　個々の部屋からは監視塔だけが見え、囚人たちは常に監視者に見られている感覚で過ごす。

問4　傍線部③「生きることについてまで、自己を監視するようになった」結果として、現代の我々が失ってしまったものは、何か。その答えとしてふさわしい言葉を、本文中から十字ちょうどで探し、抜き出して答えよ。

問5　傍線部④「『健康寿命』に奔走する現代人の姿」について説明したものとしてふさわしいものを、次のア〜エから一つ選び、記号で答えよ。

ア　早死にしたとしても、健康でさえあればそれはそれでよかったと思っている。

イ　ただ長生きすることそのものだけを、生きる目的とさせられてしまっている。

ウ　定年を迎えて仕事から解放される老後こそが、人生の幸せだと実感している。

エ　健康にこだわることで、実年齢を気にせずに生きていけると思い込んでいる。

問6　傍線部⑤「長寿達成は、喜びではなく悲観的に受け止められている」とあるが、子どもの側にとって、自分の親と自分とが、どちらも共にこれから長生きをするであろうことが悲観的なことであるのは、なぜか。本文中の言葉を使って、四十字以内で答えよ。

問7　傍線部⑥「ディーンの言葉」が名言であるのは、今日限りの命と思いながら生きることで、人間が、具体的にどういう行動を取るものだからか。その答えとなる言葉を、本文中から二十五字以内で探し、その初めと終わりの五字を抜き出して答えよ。

問8　筆者は、現代人がどう生きれば良いのかという問いについて、どういう答えを提示しようとしているか。その答えとしてふさわしいものを、次のア〜オから一つ選び、記号で答えよ。

ア　人はいつか必ず死んでしまうからこそ、今生きているこの時をかけがえのないものととらえて、欲しいものを手にし、楽しみたいだけ楽しむのが良い。

イ　やがて来る「死」を自覚しつつも、医学と医療技術の進歩によって約束された、先の長い人生を永遠に生きるつもりで、たくさんの夢を抱くのが良い。

ウ　自分という存在の、耐えられないほどの軽さから目をそむけることなく、今日の「死」を自覚することで、明日からは生まれ変わって生きるのが良い。

エ　何が起こるかわからない未来に対応するには、教育や医学の専門家の意見をしっかりと聞いて、素人判断はなるべくしないで、慎重に生きるのが良い。

オ　何も予定されていない未来に合わせて、誰かの言うことに従って生きるより、自分が今しなければならないことを自覚して、それを実行するのが良い。

現代社会において、高齢者はどのように捉えられているのでしょうか。

世論調査をもとにした「親の世話は？　変わる意識」と題した『朝日新聞』（２０２０年9月18日付夕刊）の記事がありました。

（中略）

調査データから見えてくる高齢者の問題は、子どもの側からは親の世話にあり、高齢者の側からは孤独死にあるようです。そして、医学と医療技術の格段の進歩によって築かれた⑤長寿達成は、喜びではなく悲観的に受け止められているように思えるのです。

減少していく若者にとって、依存的ともいえる高齢者の増大が「負担」と考えられることは仕方のないことです。親の介護を担うのは当然であるかのようなロマンティックな古い道徳観に縛られて、70代の子どもが90代の親を看《み》る姿を目にすれば、老人たちは哀れな存在だけにとどまらず、大きな負担を抱えているように見えます。

とはいえ、老いたる者から言わせれば、cエイセイ、医療、栄養の充実もあって、なかなか死ねない時代になってしまったわけです。

（中略）

現代人にとって、今を生きるとはどういうことか、またどう生きれば良いのかについて考えてみましょう。

（注3）ミラン・クンデラの書いた小説に『存在の耐えられない軽さ』があります。

人間は生まれようという意志もなくこの世に生み落とされ、おまけに死までがセットされています。そこでクンデラは、人間として生まれてきたことそれ自体が、罠《わな》に掛けられたようなものだと述べます。タイトルにある〝軽さ〟とはこのような〝人間の軽さ〟を指しているわけです。

戦争に駆り出された兵士はもはや逃げ場もなく、数字の一つとなって、人間が軽く扱われるようになってしまったというのです。

このような個々人の主体性が剝ぎ取られている現代社会に、クンデラはdイギを唱えます。

では、人間が主体的に生きるとは、どういうことでしょう。

哲学者（注4）マルティン・ハイデガーは、「死」を自覚することだと言います。人間は永遠に生きることなどできません。しかし、ほとんど死を意識せずに生活をしています。それゆえ、しなければならないことがあっても「別に今、それをやらなくてもいいか」と先延ばしをしてしまうのです。

「今、死んでしまうかもしれない」という意識があれば、チャンスが目の前に訪れたら必死で奪い取ろうとするでしょう。このようにいつでも死を意識することによって、主体的かつ充実した生を刻むことができると、ハイデガーは説きます。

みなさんは、ジェームズ・ディーンという俳優をご存じでしょうか。

初の主演作となった『エデンの東』（１９５５年）での、孤独と悲しみの目で遠くを見つめるディーンの表現力はeアッカンでした。ところが、愛車ポルシェによる自動車事故によって24歳という若さでこの世を去ります。

この伝説の俳優ディーンが残した名言が以下のものです。

Dream as if you'll live forever.　Live as if you'll die today.

（永遠に生きるつもりで夢を抱こう。今日限りの命と思いながら生きよう）

⑥ディーンの言葉には、ハイデガーの教えがコンパクトに表現されています。

（岩本茂樹《いわもとしげき》『「コミュ障《しょう》」のための社会学《しゃかいがく》』による）

（注1）ミシェル・フーコー…一九二六〜一九八四年。フランスの哲学者。

（注2）ベンサム…ジェレミ・ベンサム。一七四八〜一八三二年。イギリスの思想家。哲学・法学・政治学者。

（注3）ミラン・クンデラ…一九二九年〜。チェコスロバキア出身の、フラ

二〇二三年度 巣鴨高等学校

【国　語】（六〇分）〈満点：一〇〇点〉

（注意）字数指定のある問題は、句読点やかぎかっこなどの記号も字数に含めます。

一　次の文章を読んで、後の問いに答えよ。

日々、多くの人たちが体重と体温を測るようになったのはいつからでしょうか。

（中略）

現代人は、自己の身体をチェックし、健康を維持するのにaヤッキとなっています。さらには、単に寿命を延ばすのではなく、健康的に生きることをめざす「健康寿命」なる言葉が叫ばれるようになったのです。

（中略）

ところが、このような生に関して自らが自らをチェックするようになった社会というものを、批判的に眺めたのが哲学者(注1)ミシェル・フーコーです。彼の目に映った風景を見てみることにしましょう。

フーコーのキーとなる概念は権力です。

まず権力というと、力ずくで相手を自分の考えに従わせようとする力を想像すると思います。ところが、学校へ入るとルールや道徳などを学びながら、規範を守り理想とする人間像を身につけていく、そこにも権力は働いているというのです。

もしも授業中にトイレに行きたくなったら、ルールを守れない違反者のような気持ちから、申し訳なさそうに手をあげるでしょう。そこには暴力的な権力はbコウシされていないけれど、自己を戒める気持ちがオートマティックに作動するのです。

そこで、できるだけ休み時間まで我慢する。このように、教育の場で僕たちは従順な人間になるよう訓練されていきます。

①病院も然《しか》りです。

診察をした医師が、「甘いものはダメですよ。それと、塩分はあまり取らないように」と食事療法を告げたとしましょう。医学的見地から見た医師の言葉ゆえに、権力は医師にあります。ところが、日常生活のなかに医師はいません。しかし、医師から告げられた食事制限を自ら進んで実行するようになります。つまり、主体的に自らの生活を取り締まることになるのです。

このように自らが主体的に自己を管理し規制していく近代社会の仕組みを、フーコーはイギリスの思想家・②(注2)ベンサムの考案した刑務所をヒントにして、パノプティコン（一望監視体制）と呼びました。

まずベンサムの考案した刑務所とは、低コストで大きな成果につながる施設のことです。功利主義のベンサムは、多くの囚人たちを少数の監視者で管理する刑務所（パノプティコン）を考案しました。

収容する刑務所は円形をしていて、円形の外壁にそって囚人たちの部屋があります。個々の部屋は壁で仕切られているため、囚人たちは互いに顔を合わせることはありません。囚人たちから見えるのは、個室の出入り口にある鉄格子《てつごうし》から廊下を隔てて、遠くにある中央の監視塔だけです。

ところが、監視塔内の監視者は円形に配置された囚人たちを一望に見渡すことができるのです。ですから、囚人たちは常に監視者が見ているものとして自らの行動を規制していくことになります。つまり、自発的に良き囚人として行動することになるというわけです。

（中略）

こうしてフーコーの視点から眺めてみますと、僕たちは③生きることについてまで、自己を監視するようになった風景が見えてきます。それが④「健康寿命」に奔走する現代人の姿と言えるのでしょう。

（中略）

2023年度／巣鴨高等学校

英語解答

1 1 エ　2 イ
3 (最初の2語)…We can
(最後の2語)…each other
4 エ　5 ア　6 ウ

2 1 (例)種子を植えたり動物を育てたりすることによって，一部の食物を管理する方法の発見。(39字)
2 エ　3 イ
4 (例)人間は生まれつき甘い，あるいはカロリーが高い食物が好きであるが，私たちの味覚は成長するにつれて発達するものである。
5 ウ　6 population　7 エ

3 1 haven't recovered from the cold I caught
2 with other children made Laura happy
3 is the woman in blue playing the classical guitar
4 other city in Japan may get as cold
5 tell me when you will leave for

4 1 (例) like to take the train at
2 (例) What a good speech Ken made
3 (例) drew attention to this problem
4 (例) I'm looking forward to

5 〔問題A〕 イ
〔問題B〕 1…ウ　2…イ
〔問題C〕 1…ア　2…ウ　3…ウ　4…エ

1 〔長文読解総合―物語〕

≪全訳≫❶ジェフは丸テーブルに座った。カウンセラーはジェフの向かいに座った。❷「レッドヒル校はどう？」とカウンセラーは尋ねた。❸ジェフはまっすぐ前を見つめた。「女子トイレに男の子がいる」という声がジェフの頭の中でこだました。❹「きっとちょっと怖いはずよね」とカウンセラーは言った。❺ジェフは答えなかった。❻「怖いと思うわ」とカウンセラーは言った。「とても大きく思えるの！　いつどこへ行こうとしても，私はいつも迷子になるの」❼ジェフは弱々しくほほ笑んだ。❽「ここに来たばかりだから，私には大変だわ」とカウンセラーは説明した。「今日でこの学校はまだ2日目なの。知り合いはいないわ。誰も私を知らないの。他の先生方はみんな，よそよそしい態度で私を見るのよ。仲良くなるのは私には難しいわ。もう友人関係ができあがっているのよ」❾「おっしゃりたいことはわかります」とジェフは言った。❿「ひょっとすると，君が私を助けられるかもしれない」とカウンセラーは言った。⓫「僕が？」とジェフは言った。「どうして僕が先生を助けられるのですか？　助けが必要なのは僕ですよ！」⓬「そうね，お互いに助け合えるかもしれないわ。そのことについて君はどう思う？」⓭「どうやってですか？」⓮「私たちは2人ともこの学校に来たばかりなの」とカウンセラーは言った。「私たちは経験を共有して，お互いから学ぶことができるわ」⓯ジェフはほほ笑んだ。「わかりました，デイビス先生」とジェフは言った。⓰「ジェフ」と彼女は言った。「もし私たちが友達になるのなら，私をデイビス先生じゃなくて，カーラって呼んでほしいの」⓱ジェフは笑った。⓲「カーラが変な名前だと思う？」⓳「いいえ，そんなことありません！　ただ今まで先生をファーストネームで呼んだことがないので。それだけです」⓴「でも，私たちは友達よ。友達はお互いをデイビス先生とかフィッシュキンさんとか呼ばないわよね？」㉑ジェフは再び笑った。「そうですね」とジェフは言って，顔をしかめた。「僕のクラスの子は，僕をフィッシュフェイスと呼ぶんです」㉒「友達はできたの？」とカーラは尋ねた。㉓「1人できたような」とジェフは言った。「でも，その子が好きじゃないんです」㉔「その子のことが好きじゃないなら，どうして友達になれるの？」㉕「誰もその子が好きじゃないんです。

誰もその子の隣に座りたがらなかったから，最初はかわいそうだと思ったんです。エベル先生がクラス全員の目の前で口に出して言ったんです。『誰もそこに座りたくないわね』と先生は言ったんです。その子がいないみたいに。生徒がそんなことを言うだけでもひどいけど，先生が言うなんて」26「その子の気持ちを傷つけたに違いないわね」とカーラは言った。27「そうじゃないんです。その子はただほほ笑んでいたんです」28「その子は外見ではほほ笑んでいたかもしれないけれど，心の中で本当にほほ笑んでいたと思う？」29「わかりません。そうではないと思います。だから僕はその子と友達になろうとしたんだと思います。隣に座りたいって僕はその子に言いました。でもそのとき，『１ドルくれなかったらつばをかけるぞ』ってその子は言ったんです」30「あなたはどうしたの？」31「１ドルあげました。つばをかけられたくなかったので。でも後から，『僕の友達になるために君に１ドルあげるよ』ってその子が言ったんです。だから僕はそれを受け取りました。もともと僕のお金です！　貸し借りなしになっただけなのに，僕はその子の友達にならないといけないっていうことなんですか？」32「友情ってどんなものだと思う？」とカーラはジェフに尋ねた。33「わかりません。僕が言いたいのは，友情がどんなものかはわかりますが，説明できないっていうことです」34「買ったり売ったりできるもの？　お店に行って，約１リットルの牛乳，１ダースの卵，それに友達を買うことはできる？」35ジェフは笑った。「できません。ということは，僕はその子と友達にならなくてもいいっていうことですか？」36「私はあなたにどうすればいいのかは言わないわ」とカーラは言った。「私にできるのは，あなたが自分で考えるのを手伝うことだけよ」37「ブラドリーが僕の友達になりたいと思っているのかどうかさえわかりません」とジェフは言った。「今日の休み時間，僕たちは一緒にぶらぶらしたんですけど，何もしませんでした。彼は僕がいないみたいに振る舞いました。それから，雨が降り出すと，彼は走り回って小さな子をぬかるみに押し倒そうとしていました」38「あなたは自分の気持ちを彼と共有できる？」とカーラは尋ねた。「それが友情を築く本当の方法よ。話をして，正直であって，気持ちを共有する。私たちが今お互いに話をして正直であるみたいに。だから私たちは友達なの」39「でも，ブラドリーは先生や僕とは違います」とジェフは言った。40「あなたがブラドリーに親切にすれば，彼もあなたに親切にすることがわかると思うわ。あなたが彼に正直で優しくすれば，彼もあなたに正直で優しくするわ。まるで１ドルの件みたいに。いつも貸し借りなしで」41ジェフはほほ笑んだ。「先生はブラドリーにも会うんですか？」とジェフは尋ねた。42「ええ，今日後でね」43「先生はブラドリーを助けられると思いますか？」44「わからないわ」45「助けられたらいいのに。彼は僕よりもずっと助けが必要だと思うんです。僕が言ったことを彼に言わないですよね？」46「言わないわ。それは私の一番大切なルールの１つよ。ここで，丸テーブルで私に話したことは，誰が話したどんなことでも絶対に言わないわ」47「絶対に？」48カーラは首を横に振った。49「他の先生には？」50カーラは再び首を横に振った。51「校長先生には？」52「言わない」53「わかりました」とジェフは言って，息を継いだ。「言います」54ジェフは顔をしかめた。「ここに来る途中で僕は少し迷子になって，それで，間違って女子トイレに入ってしまったんです！」　ジェフは両手で顔を覆った。

1＜話者特定＞最終段落から，ジェフが間違って女子トイレに入ってしまったことがわかる。そのとき女子トイレにいた女子生徒の言葉がジェフの頭に残っていたと考えられる。

2＜語句解釈＞下線部②を含むI know what you meanは，直前の第８段落でカーラが言った発言に対するジェフの言葉である。よって，第８段落の内容をまとめているものを選ぶ。

3＜文脈把握＞下線部③のHow?は，直前でカーラが言った ... we can help each other. What do you think about that?を受けての言葉であることから，言葉を補えばHow can we help each other?という意味であり，ジェフとカーラがどうやって助け合えるのかを尋ねる言葉である。すぐ後でカーラがWe can ...とその方法を説明している。

4＜指示語＞that's why ～は「それが～の理由だ，だから～だ」という意味(that's とwhyの間にはthe reasonが省略されている)。thatが指すのは直前のI guess not.で，これはI guess he really was not smiling on the inside.の下線部を省略したもの。ジェフにはブラドリーをかわいそうだと思う気持ちがあったから，友達になろうとしたのである。

5＜適語(句)選択＞直前の第34段落での，友情は売買できるのか，友達を店で買えるのかというカーラの質問に対し，ジェフはNoと答えている。ここから，１ドルくれることでジェフと友達になろうとしたブラドリーとは友達になる必要はないと考えたのだとわかる。

6＜英文解釈＞the dollarとは，第29～31段落にあるジェフとブラドリーとの１ドルのやりとりのことである。like「～のように」とあることから，１ドル(お金)はたとえである。

2〔長文読解総合―説明文〕

≪全訳≫❶世界のほとんど全ての国でレストランに入れば，次の品目の少なくとも１つがメニューにあるだろう。それは，牛肉，鶏《とり》肉，豚肉，羊肉だ。数千種類の動物がいることを考えると，ほとんど全ての国でこれら４つの不運な動物の肉だけを食べるのはなぜなのだろうか。野菜，果物，穀物，種子についても，同じような質問ができる。世界には数千の植物が存在するというのに，私たちは２，３ダースの植物から得た食べ物を食べているにすぎないようだ。これらは難問だが，私たちの祖先の苦難と実験を見ることによって答えることができる。❷先進国で私たちが今日食べているほとんど全ての食べ物は，植物も動物もかつては野生だった。その後，約１万年前，人間は食物源を家畜化したり栽培したりし始めた。種子を植えたり動物を育てたりすることによって，人間が一部の食物の管理方法を発見するにつれて，人間の食習慣は変わり始めた。当然のことながらこういった発見は，時間の経過とともにさまざまな場所で，さまざまな食物についてさまざまな理由でなされた。いくつか例を見てみよう。❸動物を家畜化する主な理由の１つは，増加する人口を養う必要があったからだ。乱獲によって旧来の肉の供給源が減ってきていたため，人口が増えるにつれて，人間は動物を家畜化し始めた。家畜化の最初の試みは，実験のようであった。家庭内での肉の供給源として，他の動物よりも生まれつき優れている動物もいた。実のところ，人間は世界のほとんどの大型の哺乳動物を家畜化しようとしてきたのだが，５つの動物についてだけしか成功していない。それは，羊，ヤギ，牛，豚，馬だ。動物をうまく家畜化するためには，動物は次の条件を備えていなければならない。／１．草などの安価なものを食べる／２．成長が早い／３．人間の目の前で繁殖できる／４．人間をリーダーとして受け入れ，集団で平穏に暮らす／５．おとなしい❹上に挙げた５つの動物は全て，これら全ての条件を満たしているが，なぜこれら５つの動物だけなのだろうか。もしかしたらあなたは別の動物を想像できるかもしれない。家畜化に適していると思えるのに，実際には適していない動物の一例は，シマウマだ。シマウマは一般的には最初の４つの条件を満たしているが，非常に凶暴で激しくかみつくことがある。アフリカ人はシマウマを家畜化しようとしたが，家畜化するのはあまりに難しかった。ガゼルにも(家畜化の)可能性はあるように思えるが，ガゼルはあまりに自立しているため人間をリーダーとして受け入れることができない。同様に，人間はたくさんの他の大型の哺乳動物を飼育しようとしたが，これらの動物は５つの条件を全て満たしたわけではなかったので，結局この試みは失敗している。ニワトリは哺乳動物ではないが，５つの条件を全て満たしており，また，飛べないので家畜化しやすいのである。❺味について議論されてきていないのは興味深い。人間は生まれつき甘い，あるいはカロリーが高い食物が好きだが，私たちの味覚は成長するにつれて発達するものだ。一部の文化で食べられる昆虫や日本で食べられているワサビについてでさえ私たちが考えるとき，人間は驚くほどさまざまな味に慣れ，それらを楽しむことができるのは明らかだ。❻私たちが非常に限られた家畜の肉しか食べないのは驚くべきことかもしれないが，非常に限られた種類の植物しか食べないのはいっそう驚くべきことだ。20万種類を超える野生の植物のうち，私たちが食物としているものの80%は，わずか12の植物に由来するのだ。❼家畜の場合のように，今日私たちが食べる栽培植物は，いくつかの理由によって選ばれた。その理由のいくつかは明らかで，味，大きさ，歯ごたえといったものだ。ほとんどの植物とその種子は，小さすぎたり，苦すぎたり，あるいは固すぎてかむことができないため，人間は最も適したものだけを選んできた。しかし，あまりはっきりしない理由もある。その理由の１つは，どんぐりを見ることで説明できる。非常に苦くて体調不良の原因となる可能性があることを除けば，どんぐりは優れた食物源であるように思える。もとはアーモンドにも同じ問題があった。野生のアーモンドは非常に苦くて，人を死に至らせるほどの毒性がある。では，なぜアーモンドは人気の食べ物になったのに，どんぐりはならなかったのか。１つの理由は，遺伝子が１つ変わるだけで，アーモンドの苦味と毒を取り除くことができるからだ。これが意味するのは，味の良いアーモンドのなる木々が森林に自然発生し，人間がその木々を簡単に繁殖させることができたということだ。他方，どんぐりの苦味は数多くの遺伝子が原因となっている。これが意味するのは，味の良いどんぐりを繁殖させるのははるかに難しいということだ。もちろん理由は他にもある。例えば，ナラやシイの木にどんぐりができ始めるのには10年以上かかることだ。❽私たちの食習慣がたくさんの理由で発展してきたのは明らかだ。しかし，最も重要な要因は，人間がいくつかの植物の栽培と動物の家畜化に成功したことであるように思える。この成功によって，人口はこれほどまでに多くなり，人間は料理をこれほどまでに楽しむようになったのだ。

１＜語句解釈＞these discoveries「これらの発見」は，直前の文にある people discovered ～「人々が～を発見した」を受けているので，この文の内容をまとめる。‘how to＋動詞の原形’は「～する方法，～の仕方」，‘either *A* or *B*’は「*A* か *B* かどちらか」という意味。

２＜適語選択＞前に‘逆接’の but があるので，文前半の「最初の４つの条件を満たしている」に対して，５つめの be calm「おとなしい」は満たしていないことを示す内容になる。 intelligent「知的な」 patient「辛抱強い」 shy「恥ずかしがりの」

３＜適語句選択＞大型の哺乳動物であるシマウマとガゼルの家畜化失敗について述べた後，Similarly「同様に」とあること，but の後に「結局この試みは失敗している」とあることから判断できる。この raise は「(家畜)を飼育する」という意味。

４＜英文和訳＞文全体の構造は‘Though＋主語＋動詞～，主語＋動詞…’の形で「～であるが〔だけれども〕，…」という意味になる。２つある that はどちらも主格の関係代名詞。naturally は「生まれつき，生来」という意味の副詞。ここでの sense は「感覚」の意味。sense of taste で「味覚」となる。as は接続詞で，ここでは「～するにつれて」という意味。 grow up「成長する」

５＜文脈把握＞直後の４つの文に，アーモンドとどんぐりを対比する形で，下線部⑤の理由が述べられている。その内容は，アーモンドとどんぐりでは苦みの原因となる遺伝子の数が異なり，その数が少ないアーモンドは味の良いものが自然に発生するため人が繁殖させることができるが，どんぐりはそうできないというもの。ウ．「味の良いどんぐりより味の良いアーモンドを育てる方が簡単だから」は，この内容に合致する。

６＜適語補充＞Because of this success「この成功によって」の this success とは，直前に述べられている「植物の栽培と動物の家畜化に成功したこと」である。これは食物が安定して手に入るということ。その結果「人口」が増えたのである。population の「多い」「少ない」は，large, small で表すことも押さえておきたい。population は第３段落第１文にある。

７＜表題選択＞本文では私たちが現在食べている動植物は，数あるもののうちのほんのわずかにすぎないことを説明したうえで，その理由を過去に遡って説明している。エ．「私たちの食習慣はどこからきたのか」がこの内容を端的に言い表している。

3〔整序結合〕

1．「風邪が治っていません」は「現時点でも治っていない」ということなので，現在完了を用いる。「2週間前に引いた風邪」は，the cold「風邪」を先行詞とする関係代名詞節でthe cold I caught two weeks agoとする(coldとIの間に目的格の関係代名詞が省略されている)。 recover from ～「～から回復する」 catch (a) cold「風邪をひく」

2．文頭のPlayingと選択肢から，「他の子たちと遊ぶことが，ローラを楽しくさせた」と読み換え，'make＋目的語＋形容詞'「～を…(の状態)にする」の形をつくる。

3．まずWho is the womanという文の骨組みをつくる。残りはplaying the classical guitarとin blueという，the womanを修飾する2つのまとまりができるが，文末のso well「とても上手に」がplaying「弾く」にかかるのでplaying the classical guitar so wellとつなげる。 'in＋色'「～色の服を着て」

4．「～ほど…なものはない」は，'No other＋単数名詞＋動詞＋as … as ～'で「他のどの―も～ほど…ない」の形で表せる。「日本の他のどの都市も」と考え，No other cityの直後にin Japanを置く。

5．'tell＋人＋物事'で「〈人〉に〈物事〉を教える」という意味。'物事'に該当する「(あなたが)いつアメリカに出発するのか」を，'疑問詞(when)＋主語(you)＋(助)動詞(will leave)...'という間接疑問の語順にまとめる。 leave for ～「～へ出発する」

4〔和文英訳―部分記述―対話文〕

1．A：おはよう！ 汗びっしょりだね。／B：そうなんです。最近，走って通勤しているんです。私はラッシュアワーには電車に乗りたくありません。／／「～したくない」は，don't like〔want〕to ～で表せる。ここでの「電車に乗る」は「電車を利用する」という意味なので，take〔use〕the trainなどとする。get on ～は「～に乗り込む」という動作を表すので，ここで使うのは不適切。the rush hourの前の前置詞は，inやduringも可。

2．A：ケンはなんてすごい演説をしたんだろう！／B：ケンはたぶん新しい学級委員長に選ばれるよ。／／「スピーチをする」はmake〔give〕a speechで表せる。「なんて～なんでしょう」は感嘆文を使うが，「すごい演説」が'形容詞＋名詞'なので，'What (a/an)＋形容詞＋名詞＋主語＋動詞！'の形とする。goodの代わりにgreatなどを使ってもよい。

3．A：ますます多くの人がこの問題に興味を持っています。／B：ターニングポイントは何だったと思いますか？／A：1か月前に，メディアがこの問題に注目してくれたのです。それがとても役立っています。／／Aの最初の発言内容から，「メディアがこの問題に注目してくれた」は「メディアがこの問題に人々の注意を向けさせてくれた」という意味だと考える。draw〔call／attract〕attention to ～で「～に注意を引く，～に注意を向けさせる」という意味を表せる。 draw－drew－drawn

4．A：僕たちの中学校生活ももうすぐ終わりだね。／B：光陰矢のごとしね。3年間は短いな。／A：きっと高校での3年間はずっと早く過ぎてしまうよ！ 僕はいろいろなことに挑戦して，失敗から学ぶつもりなんだ。／B：あなたの活躍を楽しみにしているわ。／／'look forward to＋名詞〔動名詞(～ing)〕'で「～を楽しみに待つ」という意味。

5〔放送問題〕解説省略

2023年度／巣鴨高等学校

数学解答

1 (1) x^2+x+30

(2) $a=4,\ b=-4+\sqrt{17},\ M=49$

(3) $a=-6,\ b=9$　(4) $\dfrac{5}{8}$

(5) 11，25　(6) 20

2 (1) -8　(2) $y=-x+2$　(3) 12

(4) $\dfrac{-3+\sqrt{17}}{2}$，$\dfrac{-5+\sqrt{97}}{6}$

3 (1) $\sqrt{5x^2-6x+9}$ cm　(2) $\dfrac{3}{2}$秒後

(3) ① $\dfrac{6\sqrt{19}}{19}$cm　② 8cm

4 (1) ① $2a$

② (例)$\overset{\frown}{\mathrm{CD}}$に対する円周角より，$\angle\mathrm{DAC}=\angle\mathrm{CBD}=a^\circ$……①
$\triangle\mathrm{ACE}$で内角と外角の関係より，$\angle\mathrm{DEC}=\angle\mathrm{ACB}-\angle\mathrm{DAC}=2a^\circ-a^\circ=a^\circ$……②　①，②より，$\angle\mathrm{DAC}=\angle\mathrm{DEC}$

(2) $6\sqrt{15}$ cm　(3) $\dfrac{25\sqrt{15}}{14}$cm

1 〔独立小問集合題〕

(1)＜式の計算＞与式$=6x^2+10x-9x-15-5(x^2-9)=6x^2+x-15-5x^2+45=x^2+x+30$

(2)＜数の計算＞$\dfrac{\sqrt{18}+\sqrt{5}}{\sqrt{2}}=\dfrac{\sqrt{18}}{\sqrt{2}}+\dfrac{\sqrt{5}}{\sqrt{2}}=\sqrt{9}+\dfrac{\sqrt{5}\times\sqrt{2}}{\sqrt{2}\times\sqrt{2}}=3+\dfrac{\sqrt{10}}{2}$となる。$\sqrt{9}<\sqrt{10}<\sqrt{16}$ より，$3<\sqrt{10}<4$ だから，$1.5<\dfrac{\sqrt{10}}{2}<2$ となり，$3+1.5<3+\dfrac{\sqrt{10}}{2}<3+2$，$4.5<3+\dfrac{\sqrt{10}}{2}<5$ となる。よって，$\dfrac{\sqrt{18}+\sqrt{5}}{\sqrt{2}}$の整数部分 a は $a=4$ となる。一方，$\sqrt{16}<\sqrt{17}<\sqrt{25}$ より，$4<\sqrt{17}<5$ だから，$1+4<1+\sqrt{17}<1+5$，$5<1+\sqrt{17}<6$ となり，$1+\sqrt{17}$ の整数部分は5となる。よって，小数部分 b は $b=1+\sqrt{17}-5=-4+\sqrt{17}$ となる。また，$M=2a^2+a^2+2ab+b^2=2a^2+(a+b)^2=2\times4^2+(4-4+\sqrt{17})^2=2\times16+(\sqrt{17})^2=32+17=49$ である。

(3)＜二次方程式―解の利用＞3つの二次方程式を $x^2+ax+b=0$……①，$2x^2+3ax+4b=0$……②，$x^2-2x-3=0$……③とする。③を解くと，$(x+1)(x-3)=0$ より，$x=-1$，3 となる。これより，①，②が同じ正の解3を持つので，$x=3$ を①に代入すると，$3^2+a\times3+b=0$ より，$3a+b=-9$……④，②に代入すると，$2\times3^2+3a\times3+4b=0$ より，$9a+4b=-18$……⑤となる。④，⑤の連立方程式を解く。⑤－④×3 より，$4b-3b=-18-(-27)$　$\therefore b=9$　これを④に代入して，$3a+9=-9$，$3a=-18$　$\therefore a=-6$

(4)＜確率―さいころ＞大，中，小の3つのさいころを同時に投げたとき，目の出方はそれぞれ6通りあるから，出る目の組は全部で $6\times6\times6=216$(通り)ある。このうち，出た目の積が4でわり切れるのは，積が4の倍数となる場合である。積が4の倍数となるのは，(ア)4の目が1個，奇数の目が2個出る場合，(イ)偶数の目が2個，奇数の目が1個出る場合，(ウ)偶数の目が3個出る場合である。(ア)の場合，大のさいころで4の目が出るとき，奇数の目は1，3，5の3通りだから，中，小のさいころの目の出方は3通りずつあり，$1\times3\times3=9$(通り)ある。中，小のさいころが4の目のときも9通りずつあるので，$9\times3=27$(通り)ある。(イ)の場合，大のさいころで奇数の目が出るとき，奇数の目は1，3，5の3通りだから，目の出方は3通りあり，偶数の目は3通りだから，中，小のさいころの目の出方は3通りずつある。よって，$3\times3\times3=27$(通り)となる。中，小のさいころが奇数の目のときも27通りずつあるので，$27\times3=81$(通り)ある。(ウ)の場合，大，中，小のさいころの目の出方は3通りずつあるので，$3\times3\times3=27$(通り)ある。よって，出た目の積が4でわり切れる場合は $27+81+27=135$(通り)あるから，求める確率は$\dfrac{135}{216}=\dfrac{5}{8}$である。

(5)<数の性質>$\sqrt{n^2+104}$ が自然数となるとき，m を自然数として，$n^2+104=m^2$ と表せる。これより，$m^2-n^2=104$，$(m+n)(m-n)=104$ となる。m，n は自然数で $104>0$ だから，$m+n$，$m-n$ はともに自然数であり，$m+n>m-n>0$ となる。よって，$104=2^3\times13$ より，考えられる $m+n$，$m-n$ の組は，$(m+n,\ m-n)=(104,\ 1)$，$(52,\ 2)$，$(26,\ 4)$，$(13,\ 8)$ の4通りの場合がある。$(m+n,\ m-n)=(104,\ 1)$ の場合，$m+n=104$，$m-n=1$ となる。これを連立方程式として解くと，$m=\frac{105}{2}$，$n=\frac{103}{2}$ となり，m，n が自然数でないので，適さない。同様に考えると，$(m+n,\ m-n)=(52,\ 2)$ の場合，$m=27$，$n=25$ となり，適する。$(m+n,\ m-n)=(26,\ 4)$ の場合，$m=15$，$n=11$ となり，適する。$(m+n,\ m-n)=(13,\ 8)$ の場合，$m=\frac{21}{2}$，$n=\frac{5}{2}$ となり，適さない。以上より，求める自然数 n は $n=11$，25 である。

(6)<二次方程式の応用>入園料が a 円，入園者数が b 人のときの売り上げは ab 円である。入園料を x% 値上げした場合，入園料は $a\times\left(1+\frac{x}{100}\right)=a\left(1+\frac{x}{100}\right)$(円)，入園者数は $\frac{x}{3}$% 減少するので，$b\times\left(1-\frac{x}{3}\div100\right)=b\left(1-\frac{x}{300}\right)$(人)となる。この場合，売り上げは $a\left(1+\frac{x}{100}\right)\times b\left(1-\frac{x}{300}\right)=ab\left(1+\frac{x}{100}\right)\left(1-\frac{x}{300}\right)$(円)である。よって，値上げして売り上げをちょうど12%増やしたいとき，$ab\left(1+\frac{x}{100}\right)\left(1-\frac{x}{300}\right)=ab\left(1+\frac{12}{100}\right)$ が成り立つ。両辺を ab でわってこれを解くと，$\left(1+\frac{x}{100}\right)\left(1-\frac{x}{300}\right)=1+\frac{12}{100}$，$1-\frac{x}{300}+\frac{x}{100}-\frac{x^2}{30000}=\frac{112}{100}$，$30000-100x+300x-x^2=33600$，$x^2-200x+3600=0$，$(x-20)(x-180)=0$　$\therefore x=20$，180　値上げ率は25%以内にするので，$x=20$ である。

2 〔関数—関数 $y=ax^2$ と一次関数，反比例のグラフ〕

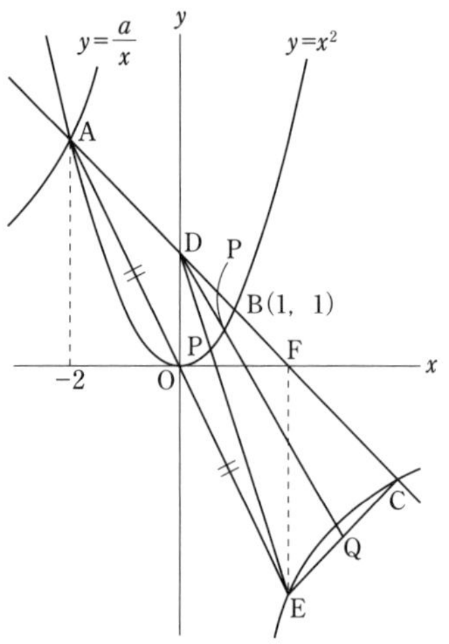

(1)<比例定数>右図で，点Aは放物線 $y=x^2$ 上にあり，x 座標は -2 だから，$y=(-2)^2=4$ より，A$(-2,\ 4)$ となる。点Aは双曲線 $y=\frac{a}{x}$ 上の点でもあるので，$4=\frac{a}{-2}$ より，$a=-8$ である。

(2)<直線の式>右図で，B$(1,\ 1)$ であり，(1)より，A$(-2,\ 4)$ だから，直線ABの傾きは $\frac{1-4}{1-(-2)}=-1$ となる。よって，その式は $y=-x+b$ とおける。これが点Bを通るので，$1=-1+b$，$b=2$ となるから，直線ABの式は $y=-x+2$ である。

(3)<面積>右図で，点Eは原点に関してA$(-2,\ 4)$ と対称なので，E$(2,\ -4)$ となる。また，(1)，(2)より，点Cは直線 $y=-x+2$ と双曲線 $y=-\frac{8}{x}$ の交点だから，2式から y を消去して，$-\frac{8}{x}=-x+2$ より，$-8=-x^2+2x$，$x^2-2x-8=0$，$(x+2)(x-4)=0$　$\therefore x=-2$，4　よって，点Cの x 座標は4だから，$y=-4+2=-2$ より，C$(4,\ -2)$ となる。ここで，直線 $y=-x+2$ と x 軸の交点をFとする。点Fの x 座標は $y=0$ より，$0=-x+2$，$x=2$ となり，F$(2,\ 0)$ である。したがって，2点E，Fを結ぶと，x 座標が等しいから，EF⊥〔x 軸〕となる。このとき，△ACE＝△AEF＋△CEFとして，底辺をEFと見ると，点Eの y 座標より，EF＝4であり，3点A，E，Cの x 座標より，△AEFの高さは $2-(-2)=4$，△CEFの高さは $4-2=2$ となる。以上より，△ACE$=\frac{1}{2}\times4\times4+\frac{1}{2}\times4\times2=12$ である。

(4)<x 座標>まず，右上図で，△ADEの面積を求める。△ADE＝△ADO＋△EDOと見て，△ADOと△EDOの底辺をDOとすると，直線ABの切片より，D$(0,\ 2)$ だから，DO＝2である。高さは点A，Eのx座標より，どちらも2なので，$\triangle \mathrm{ADE}=\frac{1}{2}\times2\times2+\frac{1}{2}\times2\times2=4$となる。このとき，$\triangle \mathrm{CDE}=\triangle \mathrm{ACE}-\triangle \mathrm{ADE}=12-4=8$となり，$\triangle \mathrm{ADE}:\triangle \mathrm{CDE}=4:8=1:2$である。よって，点Pは放物線$y=x^2$と直線DEの交点となる。D$(0,\ 2)$，E$(2,\ -4)$より，直線DEの傾きは$\frac{-4-2}{2-0}=-3$となるから，直線DEの式は$y=-3x+2$である。2式から$y$を消去して，$x^2=-3x+2$より，$x^2+3x-2=0$，解の公式より，$x=\frac{-3\pm\sqrt{3^2-4\times1\times(-2)}}{2\times1}=\frac{-3\pm\sqrt{17}}{2}$となる。点Pは点Aから点Bまで動くので，$-2\leqq x\leqq1$より，$x=\frac{-3+\sqrt{17}}{2}$となる。次に，直線DPが辺ECと交わる場合を考える。辺ECの中点をQとすると，$\triangle \mathrm{CQD}=\triangle \mathrm{EQD}=\frac{1}{2}\triangle \mathrm{CED}=\triangle \mathrm{ADE}$だから，〔四角形AEQD〕：$\triangle \mathrm{CQD}=(\triangle \mathrm{ADE}+\triangle \mathrm{EQD}):\triangle \mathrm{CQD}=2\triangle \mathrm{CQD}:\triangle \mathrm{CQD}=2:1$となる。したがって，点Pは放物線$y=x^2$と直線DQの交点となる。E$(2,\ -4)$，C$(4,\ -2)$より，点Qの$x$座標は$\frac{2+4}{2}=3$，$y$座標は$\frac{-4+(-2)}{2}=-3$となるので，Q$(3,\ -3)$である。これより，直線DQの傾きは$\frac{-3-2}{3-0}=-\frac{5}{3}$となるから，直線DQの式は$y=-\frac{5}{3}x+2$となる。2式から$y$を消去して，$x^2=-\frac{5}{3}x+2$より，$3x^2=-5x+6$，$3x^2+5x-6=0$，$x=\frac{-5\pm\sqrt{5^2-4\times3\times(-6)}}{2\times3}=\frac{-5\pm\sqrt{97}}{6}$となり，$-2\leqq x\leqq1$だから，$x=\frac{-5+\sqrt{97}}{6}$である。以上より，点Pの$x$座標は$x=\frac{-3+\sqrt{17}}{2}$，$\frac{-5+\sqrt{97}}{6}$である。

3 〔関数―図形の移動と関数〕

≪基本方針の決定≫(3)① 三角錐BPQRの体積を利用する。

(1)＜長さ＞点Pの速さは毎秒1cmだから，出発してからx秒後までに$x$cm動く。よって，右図1で，$\mathrm{AP}=x$より，$\mathrm{PB}=\mathrm{AB}-\mathrm{AP}=3-x$となる。また，点Qの速さは毎秒2cmだから，$x$秒後までに$2x$cm動き，$\mathrm{BQ}=2x$となる。よって，$\triangle \mathrm{PBQ}$で三平方の定理より，$\mathrm{PQ}=\sqrt{\mathrm{PB}^2+\mathrm{BQ}^2}=\sqrt{(3-x)^2+(2x)^2}=\sqrt{9-6x+x^2+4x^2}=\sqrt{5x^2-6x+9}$(cm)と表せる。

図1

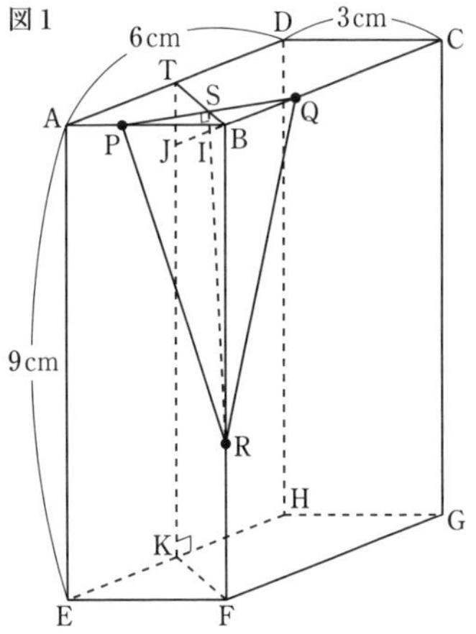

(2)＜時間＞点Rの速さは毎秒3cmだから，出発してからx秒後までに$3x$cm動く。よって，右図1で，$\mathrm{FR}=3x$より，$\mathrm{BR}=\mathrm{BF}-\mathrm{FR}=9-3x$となる。(1)より，$\mathrm{PB}=3-x$であるから，$\triangle \mathrm{PBR}$で三平方の定理を利用すると，$\mathrm{PR}=\sqrt{\mathrm{PB}^2+\mathrm{BR}^2}=\sqrt{(3-x)^2+(9-3x)^2}=\sqrt{9-6x+x^2+81-54x+9x^2}=\sqrt{10x^2-60x+90}$と表せる。よって，$\mathrm{PQ}:\mathrm{PR}=1:\sqrt{2}$となるとき，$\sqrt{2}\mathrm{PQ}=\mathrm{PR}$となるので，$\sqrt{2}\times\sqrt{5x^2-6x+9}=\sqrt{10x^2-60x+90}$より，$\sqrt{10x^2-12x+18}=\sqrt{10x^2-60x+90}$となる。これより，$10x^2-12x+18=10x^2-60x+90$が成り立つので，$48x=72$，$x=\frac{3}{2}$(秒)後となる。

(3)＜長さ＞①右上図1で，$\triangle \mathrm{PQR}$が二等辺三角形となるのは，(i)$\mathrm{PQ}=\mathrm{PR}$となる場合，(ii)$\mathrm{PQ}=\mathrm{QR}$となる場合，(iii)$\mathrm{PR}=\mathrm{QR}$となる場合が考えられる。(i)の場合，$\triangle \mathrm{PBQ}\equiv\triangle \mathrm{PBR}$となるから，$\mathrm{BQ}=\mathrm{BR}$である。(1)，(2)より，$\mathrm{BQ}=2x$，$\mathrm{BR}=9-3x$だから，$2x=9-3x$が成り立ち，$5x=9$，$x=\frac{9}{5}$となる。(ii)の場合，$\triangle \mathrm{PBQ}\equiv\triangle \mathrm{RBQ}$となり，$\mathrm{PB}=\mathrm{BR}$となる。(1)より，$\mathrm{PB}=3-x$だから，$3-x=9-3x$が成り立ち，$2x=6$，$x=3$となる。(iii)の場合，$\triangle \mathrm{PBR}\equiv\triangle \mathrm{QBR}$となり，$\mathrm{PB}=\mathrm{BQ}$となるから，$3-x=2x$が成り立ち，$3x=3$，$x=1$となる。よって，$\triangle \mathrm{PQR}$が初めて二等辺三角形となるのは，(iii)のPR＝

QRの場合で，出発してから1秒後である。このとき，$PB=3-1=2$，$BQ=2\times1=2$，$BR=9-3\times1=6$となる。△PBQはPB＝BQの直角二等辺三角形となるので，$PQ=\sqrt{2}PB=\sqrt{2}\times2=2\sqrt{2}$である。また，△PBRで三平方の定理より，$PR=\sqrt{PB^2+BR^2}=\sqrt{2^2+6^2}=\sqrt{40}=2\sqrt{10}$となる。点Rから線分PQに垂線RSを引くと，点Sは線分PQの中点となり，∠RSP＝90°となる。$PS=\frac{1}{2}PQ=\frac{1}{2}\times2\sqrt{2}=\sqrt{2}$だから，△RSPで三平方の定理より，$RS=\sqrt{PR^2-PS^2}=\sqrt{(2\sqrt{10})^2-(\sqrt{2})^2}=\sqrt{38}$となる。よって，$△PQR=\frac{1}{2}\times PQ\times RS=\frac{1}{2}\times2\sqrt{2}\times\sqrt{38}=2\sqrt{19}$となるから，三角錐BPQRの体積について，$\frac{1}{3}\times△PQR\times BI=\frac{1}{3}\times△PBQ\times BR$より，$\frac{1}{3}\times2\sqrt{19}\times BI=\frac{1}{3}\times\left(\frac{1}{2}\times2\times2\right)\times6$が成り立つ。これを解くと，$BI=\frac{6\sqrt{19}}{19}$(cm)となる。　②図1で，図形の対称性より，点Iは線分RS上にあるので，3点S，B，Rを通る平面と辺AD，EHの交点をそれぞれT，Kとすると，四角形BTKFは長方形となり，点Jは線分TK上にある。①より，△PBQはPB＝BQ＝2の直角二等辺三角形で，点Sは線分PQの中点だから，△BSP，△TABも直角二等辺三角形となり，$BS=PS=\sqrt{2}$，$BT=\sqrt{2}AB=\sqrt{2}\times3=3\sqrt{2}$となる。右図2で，∠BTJ＝∠BIS＝90°より，△BTJ∽△BISとなる。△BIS∽△RBSだから，△BTJ∽△RBSとなり，TJ：BS＝BT：RBである。よって，$TJ:\sqrt{2}=3\sqrt{2}:6$が成り立ち，$TJ\times6=\sqrt{2}\times3\sqrt{2}$より，6TJ＝6，TJ＝1となるので，JK＝TK－TJ＝9－1＝8(cm)である。

図2

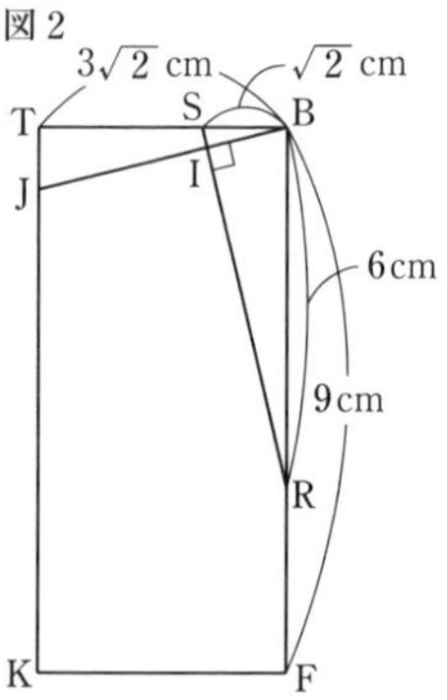

4〔平面図形―三角形，円〕

≪基本方針の決定≫(2)　三角形の相似を利用する。線分BDは∠ABEの二等分線である。

(1)<証明>①右図で，∠ABC＝∠ABD＋∠CBD＝a°＋a°＝2a°となる。△ABCはAB＝ACの二等辺三角形だから，∠ACB＝∠ABC＝2a°である。　②図で，$\overset{\frown}{CD}$に対する円周角に着目する。また，△ACEで内角と外角の関係を利用し，∠DAC＝∠DECを導く。解答参照。

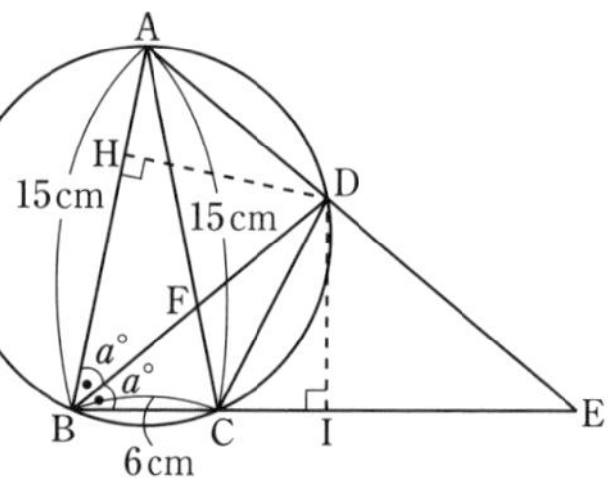

(2)<長さ>右図で，∠EAC＝∠EBDより，△ACE∽△BDEとなるから，△BDEはBD＝DEの二等辺三角形であり，また，AE：BE＝AC：BDとなる。AD：DE＝△ABD：△DBEであり，点Dは∠ABEの二等分線上の点だから，点Dから∠ABEの2辺BA，BEに垂線DH，DIをそれぞれ引くと，DH＝DIとなる。よって，$△ABD:△DBE=\frac{1}{2}\times AB\times DH:\frac{1}{2}\times BE\times DI=AB:BE$であり，AD：DE＝AB：BEとなる。(1)で，CE＝AC＝15より，BE＝BC＋CE＝6＋15＝21となるから，AD：DE＝15：21＝5：7である。これより，AE＝x(cm)とすると，$DE=\frac{7}{5+7}AE=\frac{7}{12}x$と表せるから，$BD=DE=\frac{7}{12}x$である。したがって，$x:21=15:\frac{7}{12}x$となり，$x\times\frac{7}{12}x=21\times15$，$x^2=540$，$x=\pm6\sqrt{15}$より，$x>0$だから，$AE=6\sqrt{15}$(cm)である。

(3)<長さ>右上図で，(1)より，∠DAC＝a°だから，∠ABD＝∠FAD＝a°となり，△ABD∽△FADである。(2)より，BD＝DEだから，AD：FD＝BD：AD＝DE：AD＝7：5となる。よって，$AD=\frac{5}{7+5}AE=\frac{5}{12}\times6\sqrt{15}=\frac{5\sqrt{15}}{2}$だから，$\frac{5\sqrt{15}}{2}:DF=7:5$となり，$DF\times7=\frac{5\sqrt{15}}{2}\times5$より，$DF=\frac{25\sqrt{15}}{14}$(cm)となる。

社会解答

1 問1　方位…ウ　距離…キ
問2　ア　　問3　エ
問4　(例)水力発電による電力供給と洪水対策
問5　エ　　問6　イ
問7　1地名…インド
2海洋名…太平洋

2 問1　ウ　　問2　ク
問3　岩手…イ　富山…オ　高知…キ
問4　TPP〔TPP11，CPTPP〕

3 問1　2番目…ア　4番目…イ
問2　行基　　問3　桓武(天皇)
問4　2番目…イ　4番目…ウ
問5　(例)Aは一遍で踊念仏によって布教活動をしている。(22字)
問6　石見銀山
問7　(例)武力で大名を従わせる政治から，武士の気風を廃し朱子学などの学問に基づいて統治するようになった。(47字)
問8　ウ　　問9　オ
問10　2番目…エ　4番目…ア
問11　史料①…ク　史料②…コ
史料③…ウ

4 問1　エ　　問2　カ
問3　国事行為　　問4　エ
問5　(例)ピューリタン革命が起こり，議会が国王を処刑した。(24字)
問6　オ　　問7　イ　　問8　イ

1〔世界地理―総合〕

問1＜方位と距離＞図2の正距方位図法では，地図の中心(東京)からある地点までの距離と方位が正しく表されるので，ケニアは東京から西の方位となる。また，この図法では中心から円周(外円＝対せき点)まで約20000kmであり，Xのケニアは東京から円周までの距離のうち半分をやや超えた位置にあることから，東京からケニアの距離は12000kmに近いとわかる。

問2＜対せき点＞対せき点は地球上で正反対にある地点であり，経度は180度反対側，緯度は赤道を挟んで反対側の地点にあたる。北緯35度・東経140度の地点の対せき点は南緯35度・西経40度の地点で，大西洋上にある。

問3＜メルカトル図法と実際の緯線＞図1のメルカトル図法では，高緯度ほど距離や面積が拡大されるため，実際の緯線の長さは長い方から，い(0度の緯線―赤道)，う(南緯45度線)，あ(北緯60度線)の順番になる。

問4＜アスワンハイダムの建設目的＞アスワンハイダムは，1970年にナイル川中流部に建設された多目的ダムで，農地の灌漑《かんがい》のほか，水力発電や洪水防止などに利用されている。

問5＜チュニスの気候＞チュニジアの首都チュニスは地中海沿岸に位置するので，夏は高温少雨で乾燥し，冬に比較的多雨となる地中海性気候の特徴を示すエのグラフが当てはまる。なお，アも地中海性気候を示しているが，北半球と季節が逆になっているので南半球の都市(南アフリカ共和国のケープタウン)に当てはまる。イは夏に高温多雨となり，冬に低温となる温暖湿潤気候を示すグラフ(横浜市)，ウは1年中降水量が少ない乾燥帯の砂漠気候を示すグラフ(エジプトの首都カイロ)である。

問6＜日本とアフリカ諸国の輸出品＞表のXは日本の主要な輸出品であるから自動車である。また，Yはケニアの最大の輸出品であるので茶，Zはエジプトとチュニジアに共通する品目であることから原油とわかる。

問７＜インド太平洋戦略＞基調演説では，アジアとアフリカをつなぐ２つの大洋について述べているので，インド(洋)と太平洋がそれぞれ当てはまる。2016年に当時の安倍首相は，法の支配に基づく「自由で開かれたインド太平洋〔FOIP〕」の実現を目指し，この地域の平和と安定の重要性を強調した。

2〔日本地理―総合〕

問１＜断面図＞線Ｘは中央に険しい山脈(奥羽山脈)があることなどから断面図Ｂ，線Ｙは標高が全体的に高く，飛騨山脈などの中央高地の様子が示されている断面図Ａが当てはまる。また，線Ｚは中央部の標高が低く(瀬戸内海)，日本海側(中国山地)と太平洋側(四国山地)の標高が比較的高いという特徴から，断面図Ｃが当てはまる。

問２＜雨温図＞秋田は富山とともに日本海沿岸に位置し，冬に降水量が多い日本海側の気候の特徴を示すＢかＣの雨温図のうち，より北に位置するため平年気温の低いＢが当てはまり，Ｃは富山となる。また，長野は内陸の中央高地の気候に属するので年降水量が少なく，夏と冬の気温差が大きいＦが当てはまる。次に，高知は太平洋側の気候に属し，６都市のうち最も南にあるので，夏に特に高温多雨となるＥが当てはまる。なお，Ａも太平洋側の気候の特徴を示すが，平年気温が低いので盛岡(岩手県)とわかる。残るＤは松山(愛媛県)で，冬も比較的温暖で年降水量が少ない瀬戸内の気候の特徴を示している。

問３＜農業統計表＞岩手県は北海道に次いで面積が広い県で，北上高地などの山麓で酪農など畜産業が盛んであるから，耕地の総面積が大きく畜産の産出額の割合が表中最大のイが当てはまる。また，富山県は降雪量が多く水田単作地帯が広がっており，米の産出額の割合が特に大きいオが当てはまる。次に，高知県は高知平野以外は耕地が少なく，野菜の促成栽培が盛んであるので，野菜の産出額の割合が表中で最大のキが当てはまる。なお，アとウは農業産出額の割合の構成は似ているが，野菜の産出額の割合がより大きいウが，高原野菜の生産が盛んな長野県，耕地の総面積や農業産出額の大きいアが青森県である。また，表中で果実の産出額の割合が最大のカが，みかんなどの生産が盛んな愛媛県に当てはまる。残るエが静岡県で，茶の生産高が日本第１位となっている(2021年)。

問４＜TPP＞TPPは環太平洋パートナーシップ〔経済連携〕協定の略称で，2016年に太平洋を囲む12か国が署名した。2017年にアメリカが離脱したため，2018年にアメリカ以外の11か国がTPP11(協定)〔環太平洋パートナーシップに関する包括的及び先進的な協定〕として署名して，協定が発効した。新協定の略称はCPTPPで，日本，シンガポール，オーストラリア，カナダ，チリ，ペルーなどが参加している。

3〔歴史―古代～現代の日本と世界〕

問１＜年代整序＞年代の古い順に，エ(白村江の戦い―663年)，ア(壬申の乱―672年)，オ(天武天皇による薬師寺建立―680年)，イ(藤原京遷都―694年)，ウ(大宝律令の完成―701年)となる。

問２＜行基＞奈良時代に活躍した行基は，民間に仏教を広め，ため池や橋をつくり民衆に慕われた僧で，聖武天皇による東大寺の大仏造立に協力した功績により，晩年，僧の最高位である大僧正の位を与えられた。

問３＜桓武天皇＞桓武天皇は794年に平安京に遷都した天皇で，坂上田村麻呂を征夷大将軍に任命して東北地方に派遣し，蝦夷の首長を降伏させた。

問４＜年代整序＞年代の古い順に，オ(平清盛―平安時代末の1181年没)，イ(源義経―鎌倉時代初めの1189年没)，エ(鎌倉幕府第３代執権北条泰時―鎌倉時代の1242年没)，ウ(鎌倉幕府第８代執権北条時宗―鎌倉時代の1284年没)，ア(室町幕府初代将軍足利尊氏―南北朝時代の1358年没)となる。

問５＜一遍の踊念仏＞図１，図２は『一遍上人絵伝』〔『一遍聖絵』〕という鎌倉時代の絵巻物である。図２では，時宗を開いたＡの一遍らが京都で踊念仏によって念仏の教えを広めている様子が描かれている。なお，図１では，一遍が筑前国(福岡県)の武士の館で念仏の札を配って時宗の布教活動をしている様子が描かれている。

問６＜石見銀山＞石見銀山(石見大森銀山)は現在の島根県大田市にあった銀山で，2007年に「石見銀山遺跡とその文化的景観」としてユネスコ〔国連教育科学文化機関〕の世界文化遺産に登録された。16世紀前半に朝鮮から伝わった灰吹法と呼ばれる新しい精錬技術によって，生産量が急増し，16世紀から17世紀初めにかけて，世界の銀の３分の１を産出していたといわれている。

問７＜江戸幕府の大名統治方針の変化＞江戸幕府は第３代将軍徳川家光の時期までは，武力によって大名を従わせる武断政治と呼ばれる統治方針をとり，多くの大名を改易など厳罰に処した。しかし，家光の死の直後に起こった牢人《ろうにん》らの反乱計画(1651年の由井正雪の乱)をきっかけに，第４代将軍家綱，第５代将軍綱吉の時期には，儒学(朱子学)などの学問に基づいて統治する文治政治と呼ばれる方針へと変化した。

問８＜江戸時代の作品＞ウは明治時代に来日したフランス人ビゴーの風刺漫画で，1886年に和歌山県沖で沈没したイギリス貨物船の日本人乗客25人が全員水死したノルマントン号事件に関連して描かれた作品である。領事裁判権〔治外法権〕によりイギリス人船長らが一時は無罪となったため，不平等条約改正の世論が高まった。なお，アは伊能忠敬が江戸幕府の命令で作成した測量図『大日本沿海輿地全図』の一部，イは豪商三井家が江戸に開いた越後屋呉服店の店内の様子を描いた絵画，エは江戸時代後半の浮世絵師歌川広重の代表作『東海道五十三次』より「日本橋」，オは医師の杉田玄白と前野良沢らが出版した『解体新書』で，日本初の西洋医学書の翻訳本である。

問９＜明治政府の政策と締結した条約＞オの日清戦争の直前，1894年の日英通商航海条約により達成されたのは領事裁判権の撤廃である。また，日露戦争(1904～05年)後の1911年に，関税自主権の完全回復が実現された。なお，アの廃藩置県は1871年，イの徴兵令とウの地租改正条例の布告は1873年，エの樺太・千島交換条約の調印は1875年で，いずれも明治時代初めに政府が行った。

問10＜年代整序＞年代の古い順に，ウ(義和団事件—19世紀末)，エ(サラエボ事件—1914年)，イ(ドイツのワイマール憲法の制定—1919年)，ア(アメリカのニューディール政策の実施—1933年以降)，オ(アジア・アフリカ会議—1955年)となる。

問11＜歴史史料と関連都市＞史料①は山口県の下関市で1895年に締結された下関条約(日清戦争の講和条約)で，日本は清国から台湾などの領土や多額の賠償金などを得た。史料②は主な海軍国の主力艦の保有数を制限したワシントン海軍軍縮条約(1922年)で，アメリカの首都ワシントンD.C.で1921～22年にかけて開催されたワシントン会議で調印された。史料③は1945年７月に連合国が日本に無条件降伏を要求したポツダム宣言で，1945年７～８月にドイツの首都ベルリン郊外のポツダムで行われたポツダム会議の期間中，アメリカ，イギリス，中国の連名で発せられた。なお，アはロンドン，イはパリ，エはモスクワ，オはクリミア半島のヤルタ，カはカイロ，キは北京，ケはサンフランシスコである。

４〔公民—総合〕

問１＜エリザベス２世の政治姿勢＞エリザベス２世(女王)は立憲君主制の国家元首としてイギリスの象徴的存在であったが，エのように主権者である国民の意思と決定を尊重して国王としての役割を果たそうとする決意を示していた。

問２＜参議院改革と憲法改正＞Ｃの参議院での内閣の政策への評価や，Ｄの地方自治，条約の承認や批准等についての参議院の先議権は，日本国憲法に規定がないので特に憲法の改正を必要としない。なお，Ａの弾劾裁判所は憲法第64条１項で両議院の議員で組織すると定められているので，裁判員を参議院議員のみとするには，この条文の改正を必要とする。また，Ｂの内閣総理大臣の指名は憲法第67条で国会(両議院)の議決で行うとされているので，参議院での指名を不要とするには，この条文の改正を要する。

問３＜国事行為＞天皇の国事行為は国事に関する形式的，儀礼的な行為で，内閣の助言と承認に基づいて行われ，内閣が責任を負うと定められている(日本国憲法第３条，第７条)。

問４＜日本の参議院の本会議場＞議長席後方のカーテンの後ろに天皇の席が見えるエが，参議院の本会議場で，写真は，両議院の議員が起立して天皇を迎えて開会式が行われている様子である。なお，アは日本の衆議院の本会議場である。イはイギリスの下院〔庶民院〕の議場で，議席は与野党が向かい合うつくりとなっている。ウはフランスの上院〔元老院〕の議場である。

問５＜ピューリタン革命と国王＞17世紀に起きたピューリタン革命〔清教徒革命〕では，クロムウェルらの議会派が1649年に国王チャールズ１世を処刑し，君主政を廃止して共和政とした。「女王の身の安全」などから，ピューリタン革命中の出来事とわかる。

問６＜年代整序＞年代の古い順に，Ａ(世界恐慌後のブロック経済政策―1929年以降)，Ｄ(第二次世界大戦後の社会保障の充実政策―1945年以降)，Ｂ(サッチャー首相の改革―1979～90年)，Ｃ(イギリスのEU離脱―2020年１月)となる。

問７＜イギリスの政策＞あ．い．ブロック経済政策は，本国と植民地などの間でのみ関税の引き下げなどを行って経済的結びつきを強める一方，他の国には関税の引き上げにより商品を締め出すという政策で，世界恐慌の際にイギリスやフランスなどが行った。　う．イギリスのEUからの離脱により，価格競争力を重視する企業は，EU加盟国間で認められている自由貿易などの恩恵を受けられなくなるので，イギリスから生産・販売拠点を撤退させることになり，多くの雇用が失われる可能性もある。　え．社会保障の充実政策を実施したイギリスは，第二次世界大戦後の福祉国家のモデルとなった。なお，夜警国家は，福祉国家に対して治安維持と国防を主な役割とする国家で，小さな政府などともいわれる。

問８＜エリザベス２世の在位期間中の出来事＞エリザベス２世の在位期間は1952～2022年である。イの第五福竜丸事件は1954年，キューバ危機は1962年，部分的核実験禁止条約の締結は1963年，包括的核実験禁止条約の採択は1996年である。なお，アのNATO〔北大西洋条約機構〕は1949年に結成された。また，NATOは国際連合の関係機関ではない。ウのパリ協定は2015年に国連気候変動枠組条約第21回締約国会議〔COP21〕で採択されて2016年に発効した協定で，途上国を含む全ての国に温室効果ガスの排出削減目標を掲げる義務を課した。エの先進国首脳会議〔サミット〕は，2014年にロシアがウクライナのクリミア半島を併合したため，ロシアのサミットへの参加資格を停止した。また，中国はG20には参加しているが，先進国首脳会議のメンバーではない。

理科解答

1 問1　CO_2　　問2　エ　　問3　カ

問4　分解者

問5　記号…ウ

理由…(例)えさとなる生物Aが不足するから。

問6　イ　　問7　ウ

問8　(1)　①…ア　②…ウ　③…カ　④…ク

(2)　(例)空気ぶくろがついている。

(3)…イ

問9　(1)　1…胞子　2…種子　3…網状　4…維管束　5…双子葉

(2)　被子植物　(3)…ア，オ

2 問1　5 cm　　問2　0.7N

問3　ウ　　問4　1.2N　　問5　0.3J

問6　オ　　問7　0.6A　　問8　90V

問9　162W　　問10　3240J

問11　6倍　　問12　68℃

3 問1　(1)　風向…西北西　風力…2　天気…曇り

(2)…エ　(3)…ア　(4)…ウ

問2　(1)…ア

(2)　①…イ　②…エ　③…カ　④…キ

(3)…イ　(4)…オ

問3　(1)　50%　(2)…A　(3)　1700m

4 問1　X…46　Y…イ　　問2　ウ

問3　14.7kg

問4　(1)…エ

(2)　$2NaHCO_3 \longrightarrow Na_2CO_3 + H_2O + CO_2$

(3)　①…ア　②…エ

問5　(1)…ア，ウ

(2)　(例)アンモニアは水に溶けやすく，空気より密度が小さいため。

(3)　$NH_3 + H_2O \longrightarrow NH_4^+ + OH^-$

問6　あ…8　い…6　う…7

問7　イ

1〔生命・自然界のつながり，生物の世界〕

問1＜炭素の循環＞生物は，植物も動物も生命活動に必要なエネルギーを呼吸によって得ているので，二酸化炭素を放出している。よって，図1の気体Xは，二酸化炭素(CO_2)である。自然界において，炭素は二酸化炭素や有機物として循環している。

問2＜生産者＞図1の生物Aは二酸化炭素を吸収し，呼吸もしていることから，無機物から有機物をつくる植物で，そのはたらきから生産者と呼ばれる。また，矢印aは，生物Aが二酸化炭素を吸収して有機物をつくる光合成を表している。

問3＜生物の数量関係＞ある生態系での生物の数量を調べると，生産者である植物(生物A)の数量が最も多く，消費者である草食動物(生物B)，肉食動物(生物C)の順に数が少なくなる。

問4＜分解者＞図1の生物Dは，生物の遺がいや排出物を分解することで生活するエネルギーを得ていることから，分解者と呼ばれる。

問5＜生態系のつり合い＞図1で，生物Cが絶滅すると，生物Bは捕食者がいなくなるため，一時的に増加する。しかし，生物Bが増えすぎるとえさとなる生物Aが不足するため，その後，生物Bは急激に減少することになる。

問6＜コケ植物＞図3のゼニゴケは，Aが雄株，Bが雌株であり，雌株に胞子のうができる。なお，コケ植物には葉・茎・根の区別がなく，花は咲かない。

問7＜シダ植物＞図4のイヌワラビで，葉の部分はaとb，茎の部分はc，根の部分はdである。なお，シダ植物に見られるような土の中にある茎を地下茎という。

問8＜マツ＞(1)図5で，Aは雌花①で，そのりん片はC②であり，りん片には子房はなく，胚珠がむき出しでついている。マツは，花粉が胚珠に直接つくことで受粉し，受粉した次の年③の秋④になると種子ができる。なお，Bは雄花で，そのりん片はDであり，りん片には花粉のうがついている。　(2)マツの花粉には空気ぶくろがついていて，風で遠くまで運ばれやすい。　(3)ア～エのうち，雌花と雄花が同じ株に咲く植物は，ヘチマである。なお，イチョウは雌花と雄花が異なる株に咲き，ヒマワリとイネは1つの花の中にめしべとおしべがあり，雄花と雌花に分かれていない。

問9＜植物の分類＞(1)図2の①のグループは胞子$_1$をつくってふえ，③のグループは種子$_2$をつくってふえ，種子植物と呼ばれる。また，⑤のグループの葉脈は網状$_3$脈で，茎の横断面には維管束$_4$が輪のように並び，根は主根と側根からなる。このグループを双子葉$_5$類という。なお，葉脈が平行脈で，茎の横断面に維管束が散らばり，根がひげ根のグループを単子葉類という。　(2)④のグループを被子植物といい，胚珠が子房に包まれている。　(3)⑥のグループは花弁が1つにくっついている合弁花類で，ア～オのうち，合弁花類に属するのはタンポポとツツジである。なお，アブラナやエンドウのように，花弁が1枚1枚離れているグループを離弁花類という。また，トウモロコシはイネと同じ単子葉類である。

2 〔運動とエネルギー，電流とその利用〕

問1＜フックの法則＞ばねの伸びは，ばねにはたらく力の大きさに比例する(フックの法則)。おもりの質量は250gなので，おもりにはたらく重力の大きさは，250÷100×1＝2.5(N)である。図1のばねは，1cm伸ばすのに0.5Nの力が必要なので，ばねの伸びは，2.5÷0.5×1＝5(cm)となる。

問2＜フックの法則＞図2では，ばねの伸びが3.6cmなので，ばねにはたらく力の大きさは，3.6×0.5＝1.8(N)である。よって，ばねにつながった糸が1.8Nの力でおもりを引いているので，板が2.5Nのおもりを支えている力の大きさは，2.5－1.8＝0.7(N)である。

図1

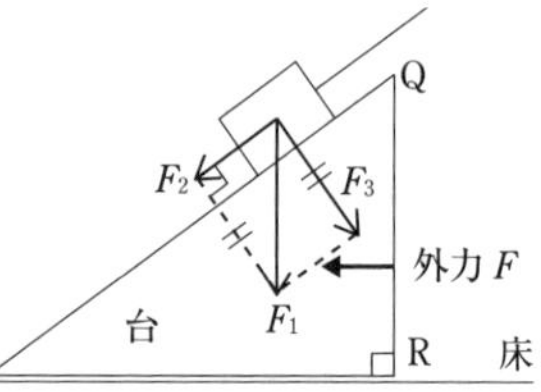

問3＜垂直抗力＞右図1のように，重力F_1を，斜面PQに平行な下向きの力F_2と斜面PQに垂直な力F_3に分解すると，重力F_1を対角線とし，力F_2，F_3を2辺とする平行四辺形は長方形になるから，重力F_1と力F_2を2辺とする三角形は直角三角形となる。このとき，おもりにはたらく重力F_1の大きさは2.5Nである。また，問題の図3で，ばねの伸びが3cmのとき，糸がおもりを引く力は，3×0.5＝1.5(N)だから，この力とつり合うおもりにはたらく斜面PQに平行な下向きの力F_2の大きさは1.5Nとなる。よって，力F_3の大きさは，三平方の定理より，$\sqrt{2.5^2-1.5^2}=\sqrt{4}=2$(N)となる。したがって，力$F_3$は斜面PQに垂直な向きに台がおもりから受ける力なので，その反作用であるおもりが台から受ける力の大きさは2Nとなる。

図2

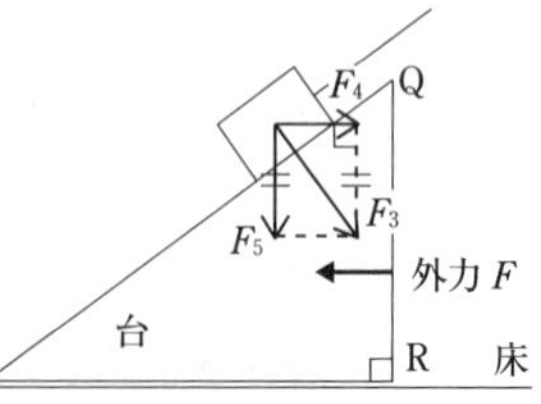

問4＜力の大きさ＞問3より，台はおもりから斜面PQに垂直な向きに2Nの力F_3を受けている。この力F_3を，右図2のように，床に平行な力F_4と床に垂直な力F_5に分解すると，台を右側から押すことで斜面PQ上のおもりは静止しているので，床に平行な力F_4と

台を押す外力 F はつり合っている。図２で，力 F_3 と力 F_4 を２辺とする三角形は直角三角形であり，この直角三角形は，前ページの図１の重力 F_1 と力 F_2 を２辺とする直角三角形と相似になるため，力 F_3 と力 F_4 の大きさの比は，重力 F_1 と力 F_2 の大きさの比と等しく，2.5：1.5＝5：3となる。よって，力 F_4 の大きさは力 F_3 の大きさの $\frac{3}{5}$ だから，問３より，力 F_4 の大きさは，$2\times\frac{3}{5}=1.2$(N)である。したがって，この力 F_4 とつり合う外力 F の大きさは1.2N である。

問５＜位置エネルギー＞問３より，おもりは斜面 PQ に平行な下向きの1.5N の力を受けて，力の向きに20cm，つまり0.2m 移動している。このとき減少した位置エネルギーは，物体にした仕事の大きさと等しい。よって，物体にした仕事は，〔仕事(J)〕＝〔力の大きさ(N)〕×〔力の向きに動いた距離(m)〕より，1.5×0.2＝0.3(J)だから，減少したおもりの位置エネルギーは0.3J である。

問６＜運動エネルギー＞おもりが斜面 PQ を滑るとき，おもりには斜面 PQ に平行な下向きの力がはたらいている。よって，おもりの速さはしだいに大きくなるため，一定時間当たりにおもりが斜面 PQ を滑った距離は増加する。したがって，求めるグラフはオのようになる。

問７，問８＜オームの法則＞50Ωの電熱線 R に1.8A の電流が流れているから，電熱線 R に加わる電圧は，オームの法則〔電圧〕＝〔電流〕×〔抵抗〕より，1.8×50＝90(V)である。図４の装置は並列回路で，各電熱線に加わる電圧は電源の電圧に等しいので，電熱線 r に加わる電圧は電源の電圧と同じ90V となる。よって，150Ωの電熱線 r に流れる電流は，90÷150＝0.6(A)である。

問９＜電力＞問８より，電熱線 R には90V の電圧が加わり，1.8A の電流が流れている。よって，電熱線 R での消費電力は，〔電力(W)〕＝〔電流(A)〕×〔電圧(V)〕より，1.8×90＝162(W)である。

問10＜発熱量＞問７，問８より，電熱線 r には90V の電圧が加わり，0.6A の電流が流れているので，電熱線 r での消費電力は，0.6×90＝54(W)である。よって，電熱線 r に１分間，つまり，60秒間電流を流したときに発生する熱量は，〔発熱量(J)〕＝〔電力(W)〕×〔時間(秒)〕より，54×60＝3240(J)となる。

問11＜発熱量＞電流を同じ時間流したときの発熱量の比は，電熱線の電力の比と等しくなる。電熱線 R の電力は，問９より162W，電熱線 r の電力は，問10より54W である。よって，電熱線 R と電熱線 r の電力の比は，162：54＝3：1である。また，電熱線 R は水が150g 入った容器 X に，電熱線 r は水が300g 入った容器 Y にひたしてあるため，同じ熱量を与えたときに上昇する温度は，水の量に反比例する。つまり，容器 Y で上昇する温度は，容器 X で上昇する温度の $\frac{150}{300}=\frac{1}{2}$(倍)となる。したがって，電熱線 R をひたした容器 X と電熱線 r をひたした容器 Y の水温上昇の比は，$3:1\times\frac{1}{2}=6:1$ となるから，容器 X の水温上昇は容器 Y の水温上昇の６倍となる。

問12＜発熱量＞図４で，容器 Y の水温が23℃になったとき，容器 Y の水温上昇は，23－20＝3(℃)だから，問11より，このときの容器 X の水温上昇は，3×6＝18(℃)となり，容器 X の水温は，20＋18＝38(℃)である。次に，図５では，電熱線 r を容器 X に，電熱線 R を容器 Y にひたしていて，電熱線 r と電熱線 R の電力の比が1：3で，容器 X と容器 Y に入っている水の質量の比が150：300＝1：2なので，容器 X と容器 Y の水温上昇の比は $1:3\times\frac{1}{2}=1:\frac{3}{2}$ となり，容器 Y の水温上昇は容器 X の水温上昇の $\frac{3}{2}$ 倍である。よって，図５で，容器 X の水温上昇が x℃のときに，容器 X と容器 Y の水温が T℃で再び等しくなったとすると，図５でスイッチを入れてからの水温について，$38+x=23+\frac{3}{2}x$ が成り立つ。これを解くと，$x=30$(℃)となるから，$T=38+30=68$(℃)となる。

3〔気象と天気の変化〕

問１＜気象観測，低気圧＞⑴図３の天気図記号では，矢の向きが風向で西北西，はねの数が風力で２，天気記号の◎は曇りを表している。　⑵低気圧の地上付近では，反時計回りに風がふき込み，上空では上昇気流が生じている。　⑶図２で，X側にある前線Aは寒冷前線，Y側にある前線は温暖前線である。寒冷前線では，寒気が暖気を押し上げるようにして進み，前線付近には垂直に発達した雲(積乱雲など)ができる。一方，温暖前線では，暖気が寒気の上にはい上がるように進み，前線付近に層状の雲(乱層雲など)ができる。　⑷図２の前線Aは寒冷前線で，寒冷前線が通過すると，激しい雨が短時間降り，風向が北寄りに変わり，気温が下がる。よって，図１より，寒冷前線が東京を通過したと考えられるのは，激しい雨が降り，気温が下がっている２日目の９時頃である。

問２＜雲のでき方＞⑴図４の簡易真空容器で，ピストンを引いて容器内の空気を抜いていくと，しだいに容器内の気圧が下がる。このとき，ゴム風船の中の気圧は変わらず，容器内の気圧よりも大きくなるため，ゴム風船はふくらむ。　⑵図４の簡易真空容器のピストンを引くと，容器内の気圧が低く①なり，空気が膨張②する。空気が膨張すると温度が低下③し，露点よりも低く④なると，水蒸気が水滴になる。　⑶雲ができやすいのは，上昇気流が起こるところである。上昇気流が起こるのは，太陽によって地表があたためられたときや，山の斜面に沿って空気が上昇するときである。　⑷雲粒を直径0.01mmの球，雨粒を直径１mmの球とすると，雲粒と雨粒は相似で，相似比は，0.01：1＝1：100である。相似な立体の体積比は，相似比の３乗の比となるから，雲粒と雨粒の体積比は，1^3：100^3＝1：1000000となる。よって，雨粒は雲粒が100万個集まってできている。

問３＜湿度＞⑴図５より，気温14℃での飽和水蒸気量は12.0g/m^3，露点である気温３℃での飽和水蒸気量は6.0g/m^{3}である。よって，気温14℃で露点が３℃の空気の湿度は，〔湿度(％)〕＝〔空気１m^{3}中に含まれる水蒸気量(g/m^3)〕÷〔その温度での飽和水蒸気量(g/m^3)〕×100より，6.0÷12.0×100＝50(％)となる。　⑵図５で，飽和水蒸気量を表す曲線上の湿度は100％である。よって，曲線上にある点Aの空気の湿度が最も高くなる。　⑶図５より，気温28℃の飽和水蒸気量は27.2g/m^{3}である。よって，気温28℃，湿度37％の空気１m^{3}中には，$27.2\times\frac{37}{100}=10.064$より，約10.0gの水蒸気が含まれる。この空気の塊が上昇して雲が生じるのは，露点に達したときであり，露点は空気１m^{3}中に含まれる水蒸気量が飽和水蒸気量に等しくなるときの温度である。したがって，この空気の塊の露点は飽和水蒸気量が10.0gとなるときの温度で，図５より，11℃だから，雲ができ始めるのは，気温が，28－11＝17(℃)下がったときである。空気の塊は100m上昇するごとに気温が１℃下がるので，気温が17℃下がって雲が生じる高さは，100×17＝1700(m)となる。

4〔化学変化と原子・分子〕

問１＜倍数比例の法則＞一酸化窒素(NO)は14gの窒素(N)と16gの酸素(O)が結びついてできているので，14gの窒素から生じる二酸化窒素(NO_2)の質量は，14＋16×2＝46(g)となる。また，倍数比例の法則を提唱したのは，イギリスの化学者，物理学者であるドルトンである。ドルトンは，物質はそれ以上分割できない原子という粒子からできているという原子説も提唱している。

問２＜化学変化＞食塩水に電流を流すと，陰極から水素が発生し，陽極から塩素が発生する。このように，もとの物質とは性質の異なる別の物質ができる変化を化学変化という。

問３＜質量パーセント濃度＞１Lは1000cm^{3}だから，20Lは，1000×20＝20000(cm^3)である。よって，

尿素水の密度が1.1g/cm^3より，尿素水20Lの質量は，20000×1.1＝22000(g)となる。この尿素水の質量パーセント濃度が33％のとき，水の質量は尿素水の質量の，100－33＝67(％)である。したがって，質量パーセント濃度33％の尿素水20Lを作るときに必要な水の質量は，$22000\times\frac{67}{100}=14740$(g)より，約14.7kgとなる。

問４＜炭酸水素ナトリウムの分解＞(1)二酸化炭素は，無色無臭で空気より重い気体である。石灰水を白く濁らせ，その水溶液は酸性を示す。また，石灰石(炭酸カルシウム)にうすい塩酸を加えることでも発生する。よって，適しているのはエである。なお，二酸化炭素は炭素を含むが，無機物に分類される。石灰水は水酸化カルシウムの水溶液で，塩酸を加えると塩化カルシウムと水は生じるが，二酸化炭素は発生しない。また，ヒトが吐く息の中で最も多く含まれるのは窒素で，含まれる二酸化炭素の割合は約４％である。　(2)炭酸水素ナトリウム($NaHCO_3$)を加熱すると，炭酸ナトリウム(Na_2CO_3)と水(H_2O)，二酸化炭素(CO_2)に分解される。化学反応式は，矢印の左側に反応前の物質の化学式，右側に反応後の物質の化学式を書き，矢印の左右で原子の種類と数が等しくなるように化学式の前に係数をつける。　(3)炭酸水素ナトリウムの加熱後に残る物質は炭酸ナトリウムで，炭酸水素ナトリウムより水に溶けやすい①。また，炭酸ナトリウムの水溶液は，炭酸水素ナトリウムの水溶液よりアルカリ性が強いため，フェノールフタレイン液が濃い②赤色になる。

問５＜アンモニア＞(1)アンモニアは，水酸化カルシウムと塩化アンモニウムの混合物を加熱すると発生する。　(2)アンモニアは，水に非常によく溶け，空気より密度が小さい(軽い)ため，上方置換法で集める。　(3)アンモニアが水に溶けると，アンモニア(NH_3)は水(H_2O)と反応して，アンモニウムイオン(NH_4^+)と水酸化物イオン(OH^-)に電離する。よって，この様子をイオンを用いた化学反応式で表すと，$NH_3+H_2O \longrightarrow NH_4^+ + OH^-$となる。

問６＜化学反応式＞化学反応式は，矢印の左右で原子の種類と数が等しくなるように化学式の前に係数をつける。まず，式ｆでは，矢印の右側で，水分子(H_2O)の係数が12なので，水素原子(H)が，2×12＝24(個)，酸素原子(O)が，1×12＝12(個)ある。よって，矢印の左側で，アンモニア分子(NH_3)１個にHが３個含まれることから，あには，24÷3＝8が当てはまり，二酸化窒素分子(NO_2)にOが２個含まれることから，いには，12÷2＝6が当てはまる。次に，矢印の左側で，NH_3に窒素原子(N)が１個，NO_2に窒素原子(N)が１個含まれるから，Nは，1×8＋1×6＝14(個)ある。したがって，矢印の右側で，窒素分子(N_2)はNが２個結びついているから，うには，14÷2＝7が当てはまる。

問７＜還元＞還元は，酸化物から酸素が取り除かれる化学変化である。鉄鉱石(酸化鉄)にコークス(炭素)を混ぜて加熱すると，還元が起こり，酸化鉄から酸素が取り除かれて鉄を取り出すことができる。なお，アは沸点の違いを利用した蒸留，ウは中和，エは温度による溶解度の変化を利用した再結晶で，還元は起こっていない。

2023年度／巣鴨高等学校

国語解答

一 問1　a　躍起　b　行使　c　衛生
d　異議　e　圧巻

問2　人が権力に従順になり，権力者がいない場所でも，自らが主体的に自己を管理し規制していく(42字)［という点。］

問3　エ

問4　主体的かつ充実した生

問5　イ

問6　自分が高齢者となった時に，もっと高齢の親の世話をすることが大きな負担となるから。(40字)

問7　チャンスが～ろうとする

問8　オ

二 問1　a　整然　b　平衡　c　呼称
d　肯定　e　蒸気

問2　ウ　　問3　ア　　問4　イ

問5　ア　　問6　かつて～一文句

問7　見習いはベンへの偏見がなく，ベンの外見や話し方にとらわれないため，この店での言葉遣いと声の出し方で注文を伝えたベンを，ともに働く仲間として認めているということ。(80字)

三 問1　いみじゅう　　問2　ける

問3　A…イ　B…エ

問4　Ⅰ　一提ばかりの水
Ⅱ　われ，～放さん

問5　イ

問6　河の神の使いとして江湖に行く途中で飛びそこなって落ちたから。(30字)

問7　ア　　問8　エ

一〔論説文の読解―哲学的分野―人生〕出典；岩本茂樹『「コミュ障」のための社会学』。

《本文の概要》我々は，病院で医師から指導を受けると，日常生活でもそれを実行するようになるが，こうした，権力のない場所でも自らが主体的に自己を管理し規制していく近代社会を，哲学者のフーコーは批判的に見た。人々が長寿になり，親の世話や孤独死が問題となっている現代では，長寿であることは悲観的に受けとめられ，現代人は，自分が負担となる存在にならないよう，健康的に生きることに懸命になっている。しかし，そんな「健康長寿」に奔走する現代人をフーコーの視点から見ると，生きることについてまで，自己を監視していることになる。では，現代人はどう生きればよいのか。哲学者のハイデガーは，他者の考えに従って生きるのではなく，主体的に生きるべきであり，そのためには「死」を自覚することであるという。人間は永遠に生きることはできないから，いつでも死を意識して，自分が今やらなければならないことを自覚することで，充実した生を主体的に生きることができる。

問1＜漢字＞a．あせってむきになること。「躍起となる」「躍起になる」は，むきになって熱心に物事をする，という意味。　b．権利や権力などを実際に用いること。　c．身の回りを清潔にして，健康の維持と病気の予防・治療に努めること。　d．ある意見や処置などに対し，不服または不賛成の意見のこと。　e．全体の中で最も優れた部分のこと。

問2＜文章内容＞学校では，我々は「従順な人間になるよう訓練されて」いく。病院では，「権力は医師に」あるが，その医師が日常生活の中にいないにもかかわらず，我々は「医師から告げられた食事制限を自ら進んで実行するように」なる。そうやって，学校でも病院でも同様に，我々は権力に従順になり，「自らが主体的に自己を管理し規制していく」のである。

問3＜文章内容＞刑務所全体は「円形をしていて，円形の外壁にそって囚人たちの部屋」があり，「個室の出入り口にある鉄格子から廊下を隔てて」，中央に監視塔がある(ア…×)。「個々の部屋は壁で仕切られているため，囚人たちは互いに顔を合わせること」はない(イ…×)。囚人たちから見えるのは「遠くにある中央の監視塔だけ」であり，「囚人たちは常に監視者が見ているものとして自らの行動を規制していく」のである(ウ…×，エ…○)。

問４＜文章内容＞現代人は，健康的に生きることを目指して，「生きることについてまで，自己を監視するようになった」ため，主体的に生き，生を充実させることができなくなっている。

問５＜文章内容＞現代人は，「健康寿命」に取り組むことに懸命になり，それに向けて自己を訓練していくあまり，健康で長生きするということ自体が，生きる目的となってしまっている。

問６＜文章内容＞子どもの側にとって，自分の親と自分とがどちらもともに長生きすれば，自分が高齢になったときに，「70代の子どもが90代の親を看る」というように，もっと高齢になった親の世話をしなくてはならなくなる。そのことは，子どもの側にとって大きな負担に感じられるため，自分の親と自分とがともに長生きすることは，「悲観的に受け止められている」のである。

問７＜文章内容＞人間は，今死んでしまうかもしれないという意識があれば，「チャンスが目の前に訪れたら必死で奪い取ろうとする」であろうから，いつでも死を意識することによって，主体的かつ充実した生を刻むことができるとハイデガーは説いた。ディーンの「今日限りの命と思いながら生きよう」という言葉は，ハイデガーの教えを簡潔に表現している。

問８＜主題＞人間は永遠に生きることはできないから，実際には何も予定されていない未来を想定して，他者の言うことに従うのではなく，今死んでも悔いの残らないよう，自分の意志・判断に基づいて，自分が今やらなければならないことを行うべきである。

二〔小説の読解〕出典；リービ英雄『星条旗の聞こえない部屋』。

問１＜漢字＞ａ．秩序正しく整っていること。　ｂ．つり合いがとれて安定した状態にあること。　ｃ．呼び名のこと。　ｄ．認めること。　ｅ．水蒸気の略。

問２＜文章内容＞「かれ」は，日本人ではないベンが「そこに現われただけで台の向う側に身を隠すようにしり込み」した。そんな驚き慌てている「かれ」に，自分が「かしこまった挨拶」をすると，「かれ」をいっそう戸惑わせてしまうのではないか，とベンは考えた。

問３＜文章内容＞「ますむら」は，「ベンに相当する呼称が思い当らない」ので，ベンが立っている辺りを顎で指し，また，ベンを他の土地から来た，自分とは関わり合いのない者ととらえて，「アメリカ？」と言ったのだとベンは考えた。

問４＜文章内容＞ベンは，自分を同じ店で働く仲間としてではなく，「ここにいるべきでない」他者としてしかとらえようとしない「ますむら」が，自分の出身地がどこであろうと関わりのないことだと考えているだろうから，どこでもいいから何か一つ地名を言えばよいと判断した。

問５＜文章内容＞ベンは，「ますむら」の振る舞いを自分のものにしようとして仕事ぶりをまねていった。しかし，熱心にまねるうちに，ベンは客に対して，性別も認識しないほど一方的に接するようになり，その態度は，ベンの存在を認めようとしない「ますむら」に似てしまっていた。

問６＜文章内容＞「～コーヒーひとつと，レモン・ティひとつ，です」は，省略のないていねいな言葉遣いであり，硬く形式的であるという点で，ベンにとって，「かつてW大学で覚えさせられた日本語教科書の『挨拶編』にあった一文句」と同様のものであった。

問７＜文章内容＞見習いの表情は，「ベンに対する好意も悪意もなく，好奇心すら感じられなかった」もので，見習いはベンの外見や話し方を気にせず，ベンへの偏見もないようだった。また，見習いは，ベンがマネージャーをまねて注文を伝えると，こだわりのない声で応えたことから，ベンをともに働く仲間として受け入れていることがわかる。

三〔古文の読解―説話〕出典；『宇治拾遺物語』巻第十五ノ十一。

≪現代語訳≫今は昔，唐に荘子という人がいた。家がひどく貧しくて，今日の食べ物もなくなってしまった。隣にかんあとうという人がいた。その人の所へ行って，今日食べるための粟を与えてくれるよう願い求めた。／(すると)あとうが，「もう五日たっておいでください。千両の金が入ることになっています。それを差し上げましょう。どうして，(あなたのような)偉い方に，今日召し上がるだけの(わずかな)粟を差し上げることができましょうか，そんなことはできません。(そんなことをしたら)どうしても私の恥になるでしょう」と言ったところ，荘子は，「昨日，道を通っていましたら，後ろから呼ぶ声がする。振り返って見ると，人はいない。ただ車の車輪の跡のくぼんだ所にたまったわずかな水の中に，鮒が一匹ばたばた跳ねている。どのような鮒であろうかと思って，近寄って見ると，わずかな水の中に，実に大きな鮒がいる。(私が，お前は)どのような鮒かと尋ねると，鮒が，私は河の神の使いで，江湖に行くところだ。ところが飛びそこなって，この溝に落ち込んでしまった。喉が渇いて，死にそうだ。私を助けてほしいと思って，呼んだのだと言う。(私がそれに)答えて，私は，あと二三日たって，江湖という所に，遊びに行こうとしている。そこに(お前を)持っていって放そうと言うと，魚は，とてもそれまでは，待つことはできない。ただ今日器一杯ほどの水で，(私の)喉を潤してくれと言ったので，そのようにして助けてやった。鮒が言ったことは我が身にも思い知った。改めて今日の命は，物を食べなければ，とても保つことはできない。後になってからの千両の金は，何の役にも立たない」と言っ〈た〉。／それから，「後の千金」ということが，有名になった。

問１＜歴史的仮名遣い＞歴史的仮名遣いの「iu」は，現代仮名遣いでは「yuu」になる。

問２＜古典文法＞「言った」という意味になるので，動詞「言ふ」＋過去の意味の助動詞となる。また，係助詞「ぞ」の係り結びで，文末は連体形になる。したがって，文末に入るのは，過去の助動詞「けり」の連体形「ける」。

問３＜現代語訳＞Ａ．「ん」は，推量の助動詞「む(ん)」の終止形で，全体で，死にそうだ，という意味。　　Ｂ．副詞「え」は，下に打ち消しの意味の語を伴って，～することができない，という意味。「まじ」は，打ち消し推量の助動詞「まじ」の終止形。全体で，待つことはできないだろう，という意味。

問４＜古文の内容理解＞Ⅰ．荘子は，物を食べなければ今日の命を保つことができない。また，鮒は，喉が渇いて死にそうだった。荘子にとって必要な「今日食ふべき料の粟」に相当するものは，鮒にとって必要な「一提ばかりの水」である。　　Ⅱ．隣人のあとうは，荘子に五日後に千両の金を差し上げよう，と言った。一方，鮒から「一提ばかりの水」を乞われた荘子は，私は，あと二三日たてば，江湖という所に遊びに行こうとしている，そこに持っていって放そうと言った。

問５＜現代語訳＞「いかでか」は，どうして～か，いや，～ない，という反語の意味を表す。「やんごとなき人」は，尊い人のこと。「参る」は，ここでは，召し上がる，という意味。全体で，どうして，あなたのような偉い方に，今日召し上がるだけのわずかな粟を差し上げることができましょうか，そんなことはできません，という意味になる。

問６＜古文の内容理解＞荘子が鮒に，お前はどのような鮒か，と尋ねると，鮒は，私は河の神の使いで，江湖に行くところですが，飛びそこなって，この溝に落ち込んだのですと言った。

問７＜古文の内容理解＞「さらに」は下に打ち消しの語を伴って，全く，という意味。今現在死ぬかもしれないという状況なのだから，後から大金をもらっても，何の役にも立たないのである。

問８＜文学史＞『新古今和歌集』は，鎌倉時代に成立した勅撰和歌集(エ…○)。『雨月物語』は，江戸時代に成立した上田秋成の読本。『今昔物語集』は，平安時代に成立した説話。『太平記』は，室町時代に成立した軍記物語。

2022年度 巣鴨高等学校

【英　語】（60分）〈満点：100点〉

（注意）１．本文中の左上に数字が付いている語(句)には注があります。

２．5 はリスニング問題です。試験開始後約20分経過してから，リスニング問題(約12分間)を実施します。

1　司書(librarian)として図書館で働く「私」と，その図書館に住んでいた猫の「デューイ(Dewey)」に関する次の英文を読み，あとの設問に答えなさい。

Have you ever been in a library after closing? Of course not! (Or at least I hope not.) Well, let me tell you: a library after closing is a lonely place. It is very quiet, and the [1] rows of shelves create a lot of dark corners that make you nervous. ①<u>Most of the librarians I know won't stay alone in a library after dark.</u> But I worked at the Spencer Public Library almost every night after everyone else had gone home, and I was never scared. I was strong. I was [2] stubborn. And above all, I was never alone. I had Dewey.

While I worked, Dewey sat on top of my computer screen, slowly moving his tail. When I stopped working, he always jumped down onto the keyboard. *No more*, he [3] would say. *Let's play*. Dewey had ②[　　　　　] of timing.

"All right, Dewey," I told him. "You go first."

Dewey's game was [4] hide-and-seek, so as soon as I gave the word he would take off around the corner. I often found the back half of a [5] long-haired orange cat right away. To Dewey, hiding meant pushing your head into a bookshelf, he seemed to forget he had a ③(　　　).

"I wonder where Dewey is," I said out loud as I [6] sneaked up on him. "Boo!" I shouted when I got within a few feet, sending Dewey running.

Other times he was better hidden. I would walk around a few shelves with no luck, then turn the corner to see him [7] prancing toward me with that big Dewey smile.

You couldn't find me! You couldn't find me!

"④<u>That's not fair, Dewey.</u> You only gave me twenty seconds."

Sometimes he stayed in a very small spot quietly. I'd look for five minutes, then start calling his name. "Dewey! Dewey!" That dark library could get a little frightening, but I always imagined Dewey hiding just a few feet away, laughing at me.

"All right, Dewey, that's enough. 【　A　】"

Nothing. Where could that cat be? Just when I was giving up, I'd turn around and there he was. He was standing in the middle of the [8] aisle, looking at me.

"Oh, Dewey, you clever boy. 【　B　】"

I'd run and hide behind a bookshelf, and one of two things always happened. I'd get to my hiding place, turn around, and Dewey would be standing right there. He had followed me.

Found you. That was easy.

His other favorite thing to do was to run around the other side of the shelf and get to my hiding spot before I did.

Oh, is this where you're thinking about hiding? Because, well, I knew it.

I'd laugh and [9] pet him behind the ears. "Fine, Dewey. Let's just run for a while."

We'd run between the shelves, meeting at the end of the aisles. After fifteen minutes I would completely forget my troubles. Anything that had been troubling me was gone. ⑤The weight, as they say, was lifted.

"Okay, Dewey. 【　C　】"

Dewey never complained. I'd climb back into my chair, and he'd climb back on top of the computer and start moving his tail in front of the screen. The next time I needed him, he'd be there.

Those games of hide-and-seek with Dewey got me through a lot of hard nights. Maybe I should tell you Dewey put his head on my [10]lap and [11]whimpered while I cried, or that he [12]licked the tears from my face. You could understand that, right? And it is almost true, because sometimes when ⑥the ceiling started falling in on me and I found myself looking down at my lap, tears in my eyes, Dewey was there, right where I needed him to be.

Dewey was a loving cat. But he was still a cat, so he liked his personal space. However, he always knew when I needed a warm body, and he knew when the best thing for me was a silly, mindless game of hide-and-seek.

He'd give me anything I needed, without thought, without wanting something in return, and without me asking. It wasn't just love. It was more than that. It was respect. It was [13]empathy. And it went both ways. That connection Dewey and I had felt when we met? Those nights alone together in the library turned it into an unbreakable bond.

【出典】 From Dewey by Vicki Myron, copyright © 2008. Reprinted by permission of Grand Central Publishing, an imprint of Hachette Book Group, Inc.

注：1 rows of shelves　何列もの書棚　　2 stubborn　頑固な　　3 would　～したものだ
4 hide-and-seek　かくれんぼ　　5 long-haired　長い毛の　　6 sneak up on　～に忍び寄る
7 prance　意気揚々と歩く　　8 aisle　通路　　9 pet　～を優しくなでる　　10 lap　ひざ
11 whimper　かぼそい声で鳴く　　12 lick　～をなめる　　13 empathy　共感

1．下線部①を日本語に直しなさい。

2．下線部②の空所にあてはまる最も適切なものを次の中から1つ選び，記号で答えなさい。

ア　an amazing sense　　イ　a terrible sense
ウ　an ordinary sense　　エ　a narrow sense

3．下線部③の空所に入る適切な1語を，下線部③以前の本文中より抜き出して答えなさい。

4．下線部④について，このような発言をした理由を具体的な場面に触れながら25～35字の日本語で説明しなさい。

5．本文中の空所【A】～【C】にあてはまる最も適切なものを次の中から1つずつ選び，それぞれ記号で答えなさい。ただし，同じ記号を2回以上用いないこと。

ア　Now it's my turn.　　イ　Let's get back to work.　　ウ　You win!

6．下線部⑤が表している心情に最も近いものを次の中から1つ選び，記号で答えなさい。

ア　excited　　イ　interested　　ウ　relaxed　　エ　impressed

7．下線部⑥の意味していることとして最も適切なものを次の中から1つ選び，記号で答えなさい。

ア　デューイがどこかに行ってしまったと思い，気持ちが沈んでいる。
イ　突然目の前に建物が崩れてきて，身の危険を感じている。
ウ　かくれんぼのせいで仕事が終わらず，焦り始めている。
エ　不安がのしかかってきて，心が押し潰されそうになっている。

8．本文の内容に合うものを次の中から2つ選び，記号で答えなさい。

ア　デューイは狭い場所は平気だが，「私」と同じく暗い図書館を少し怖がっていた。
イ　デューイが隠れる時に，「私」はその後をこっそりついていくことがあった。
ウ　デューイは「私」の隠れようとする場所に先回りをすることがあった。
エ　デューイは一匹でいる時間が必要で，「私」が望んでもそばにいないことがあった。
オ　デューイは「私」が必要なものをくれたが，それは全て愛情からだった。
カ　デューイと「私」は夜を何度も一緒に過ごし，互いのきずなを深めていった。

2　次の英文を読み，あとの設問に答えなさい。

〔編集部注…課題文は著作権上の問題により掲載しておりません。作品の該当箇所につきましては次の内容を参考にしてください〕

Kylie Ora Lobell「Do Dogs Really Know Their Names ?」

Do Dogs Really Know Their Names ? | Cuteness

https://www.cuteness.com/13727246/do-dogs-really-know-their-names

１行目～最終行(一部改変あり)

注：1　respond to　～に反応する　　2　leash　(散歩用の)ひも　　3　treat bag　えさが入った袋
4　reinforcement　強化　　5　as we covered above　上記のように　　6　breed　品種
7　pitch　音の高さ

1．下線部①の空所にあてはまる最も適切な語を次の中から１つ選び，記号で答えなさい。
ア　regular　　イ　happy　　ウ　proud　　エ　common

2．下線部②を日本語に直しなさい。

3．下線部③の空所にあてはまる最も適切なものを次の中から１つ選び，記号で答えなさい。
ア　it can be his name　　イ　he should come to you
ウ　you may like how it sounds　　エ　it is a part of training

4．下線部④について，本文の内容に合うものを次の中から１つ選び，記号で答えなさい。
ア　間違った反応をしても叱らず，正しい反応をしたら褒める。
イ　褒美を与える前に，名前を毎回立て続けに３～５回連続で呼ぶ。
ウ　どんな振る舞いをしても，褒美を与えることは忘れない。
エ　名前だけを呼ぶことはせずに，具体的な指示と共に呼ぶ。

5．下線部⑤が表している内容として最も適切なものを次の中から１つ選び，記号で答えなさい。
ア　always talking in a loud voice　　イ　always thinking differently
ウ　always behaving kindly　　エ　always acting in the same way

6．下線部⑥の空所に入る適切な１語を英語で答えなさい。

7．子犬について，本文中で述べられているものを次の中から１つ選び，記号で答えなさい。
ア　小さく高い声で話しかけられると，しっぽと頭を下げ安心することができる。
イ　大きく高い声で話しかけられると，飼い主を誇らしく思い興奮するようになる。
ウ　小さく低い声で話しかけられると，悪いことをしたと思うことがある。
エ　大きく低い声で話しかけられると，緊張がほぐされることがある。

3　宇宙飛行士(astronaut)に関する次の英文を読み，下線部①～④の語(句)を並べ替えて意味の通る英語にしなさい。

〔編集部注…課題文は著作権上の問題により掲載しておりません。作品の該当箇所につきましては次の内容を参考にしてください〕
READING SUCCESS 3（成美堂）2018年１月20日初版発行
UNIT13「Life of an Astronaut」〔一部改変あり〕

4 Reading　P.80の１段落１行目～P.81の４段落最終行

注：1　zero-gravity environment　無重力環境
　　2　exhaled carbon dioxide　(呼吸により)吐き出された二酸化炭素　　3　vacuum cleaner　掃除機

4　次の会話文(1)〜(4)について，下線部がそれぞれ下の日本語の意味になるように，空所に5語の英語を補いなさい。なお，短縮形は1語とみなします。

(1)　A：[　　　　] Tokyo to Kyoto?
　　B：Well, maybe about 300 km?　I'm not sure.　You should look on the Internet.
　　東京から京都までどれくらいだっけ。

(2)　A：[　　　　] tomorrow's homework?　I can't get the answer.
　　B：Sure.　What question?
　　A：Thanks.　Question 2, please.
　　明日の宿題，手伝ってくれないかな。

(3)　A：What's wrong?　You look sick.
　　B：I have a terrible headache today.
　　A：[　　　　] rest?　You've studied so much today.
　　少し休んだらどう。

(4)　A：What's that tall tower over there?
　　B：Don't you know?　It's Tokyo Skytree.　It's 634 meters tall.　It's [　　　　] Tokyo Tower.
　　東京タワーの倍くらいあるんだよ。

5　(リスニング問題)　放送を聞いて，〔問題A〕〜〔問題C〕に答えなさい。

注意　・放送を聞きながらメモを取ってもかまいません。
　　　・放送が終わったあとも，リスニング問題の解答を続けることができます。

〔問題A〕　これから放送される対話(1)(2)を聞き，その後に続く質問に対する答えとして，最も適切なものをそれぞれ下の選択肢の中から1つずつ選び，記号で答えなさい。対話と質問はそれぞれ2回放送されます。

(1)　ア　The woman wants to be nice to Mr. Sato.
　　イ　The woman wants the man to do his best.
　　ウ　The woman doesn't want to keep her friends waiting.
　　エ　The woman doesn't want to take the Shinkansen to Kyoto.

(2)　ア　The man's shirt doesn't look great because he bought it at the shopping mall.
　　イ　The man's shirt will make him look great at the party.
　　ウ　The man should look in the mirror before going to the shopping mall.
　　エ　It is not a good idea for the man to wear the shirt to the party.

〔問題B〕　これから放送される対話を聞き，その後に続く質問に英語で答えなさい。解答は解答欄の空所にあてはまる部分を答えなさい。対話と質問は2回放送されます。

〔問題C〕　これから放送されるのは，間もなくイギリスで実施されるサマースクールに関する説明の一部です。放送を聞き，設問(1)(2)に対する答えとして最も適切なものをそれぞれ下の選択肢の中から1つずつ選び，記号で答えなさい。説明は2回放送されます。

(1) What does the speaker mean by saying, “Everything at museums has a story to tell” ?

ア You should listen to the stories people working at museums can share.

イ Museums will tell you how people and things have developed.

ウ Everyone at museums will show you around to make you smarter.

エ All the things at museums show you how you should live.

(2) According to the speaker, which of the following is true about the knowledge you can learn at museums ?

ア It can be used to learn about new things you don’t usually experience.

イ It gives you useful information when you travel to new places in the world.

ウ It provides you with useful ideas when you do your homework.

エ It makes you feel that there are many more places to explore in the world.

＜リスニング問題放送原稿＞

〔問題A〕

(1)

Woman : We might not be at the meeting place on time.

Man : Don’t worry. Mr. Sato is very kind. It’s not going to be a problem.

Woman : I don’t want to be late. Our friends will have to wait !

Man : I see what you mean. Let’s think about the fastest way to Kyoto Station then.

Woman : How about going to Himeji Station and taking the Shinkansen from there to Kyoto ?

Man : Sounds great !

Q . Why doesn’t the woman want to be late for the meeting time ?

(2)

Man : Well, I’m leaving for Chris’s party.

Woman : Oh, wow ! Where did you get that shirt ? !

Man : I just picked it up at the shopping mall. . . .

Woman : Have you looked in the mirror ?

Man : Well, of course. The pattern looks great.

Woman : Are you really going to wear that shirt ?

Man : Well, I have it on. So yes, I am wearing this shirt. . . . Well, I’m leaving now. See you later.

Q . What do the woman’s questions suggest ?

〔問題B〕

Man : Hi, how are you ?

Woman : I’m doing well, thanks. How are you ?

Man : I’m doing great.

Woman : I just want to ask you a quick question.

Man : Sure.

Woman : My boyfriend used ‘IDK’ and ‘TTYL’ in his message. What does he mean ?

Man : ‘I Don’t Know.’ ‘Talk To You Later.’

Woman : Ok, I will ask you again another time.

Man : Wait ! I just answered your question !

Q . What do 'IDK' and 'TTYL' mean ? Write your answer in English.

〔問題C〕

Hello, boys. You're going to fly over to the UK very soon for the Eton College Summer School. During the three-week course, you are going to visit many museums. Some of you may think visiting museums is very boring, but today let me talk to you a little bit about why you should be excited about going to the museum.

Everything at museums has a story to tell. They show us how things were done and how people lived in the past. Also, the works of great artists and inventions that changed our lives tell us about the great ideas behind them. Museums make you smarter because you can learn how people and things have changed over time.

Museums also introduce new knowledge to you. At museums, you can experience new words, spaces, and objects that you don't see every day. When you see new things, you feel like you are in a world outside of your own lives. Museums like the great ones in the UK will show you how big the world is and how exciting your life can be in that big world.

Well, I hope you're looking forward to visiting some great museums in the UK and having a lot of fun learning more about different things.

【数　学】（60分）〈満点：100点〉

（注意）1．円周率が必要な場合はπを用い，解答に$\sqrt{}$が含まれる場合は$\sqrt{}$のままできるだけ簡単な形にしなさい。

2．(途中経過)の欄には，答えを導くのに必要な式を書きなさい。

3．定規・コンパス・分度器は使用できません。

1　次の各問いに答えなさい。

(1)　$x=\dfrac{2+\sqrt{3}}{2}$，$y=\dfrac{2-\sqrt{3}}{2}$とするとき，x^2-y^2の値を求めなさい。

(2)　正の数xの整数部分を〔x〕で表します。例えば，〔5〕=5，〔7.32〕=7，〔$\sqrt{10}$〕=3です。このとき，〔$\sqrt{1}$〕+〔$\sqrt{2}$〕+〔$\sqrt{3}$〕+〔$\sqrt{4}$〕+〔$\sqrt{5}$〕+………+〔$\sqrt{48}$〕+〔$\sqrt{49}$〕+〔$\sqrt{50}$〕の値を求めなさい。

(3)　中の見えない袋の中に，1，1，2，3，4，5の数字が書かれたカードが6枚入っています。この袋の中からカードを3枚同時に取り出したとき，その3枚のカードに書かれた数字の和が7以下になる確率を求めなさい。

(4)　a，bは定数とします。2つの連立方程式$\begin{cases}3x+2y=14\\ax+by=3\end{cases}$，$\begin{cases}bx-ay=-5\\4x-5y=11\end{cases}$の解が一致するとき，$a$，$b$の値をそれぞれ求めなさい。

(5)　下の図において，4点A，B，C，Dは円周上にある点で，線分ACと線分BDの交点をP，線分ADの延長と線分BCの延長との交点をEとします。AB=3，AD=$\dfrac{9}{7}$，CE=5，DE=$\dfrac{40}{7}$，∠BAC=60°のとき，線分CD，APの長さをそれぞれ求めなさい。

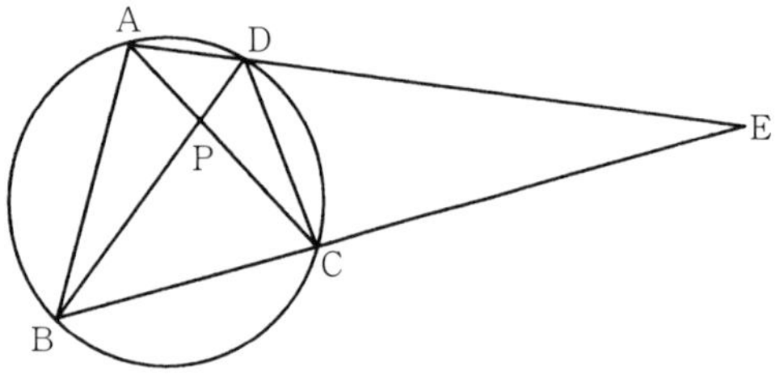

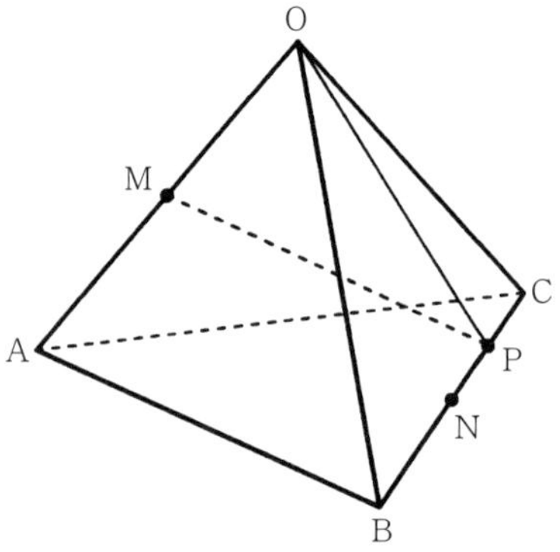

(6)　右の図のような，1辺の長さが4の正四面体OABCがある。OA，BCの中点をそれぞれM，Nとし，辺BC上にBP=3となるように点Pをとります。このとき，OPの長さと△POMの面積をそれぞれ求めなさい。

2　容器に濃度12%の食塩水120gが入っています。まず，容器からxgの食塩水を取り出し，代わりにxgの水を入れ，よくかき混ぜました。さらに，容器から$\dfrac{3}{2}x$gの食塩水を取り出し，代わりに$\dfrac{3}{2}x$gの水を入れ，よくかき混ぜました。その結果，食塩水の濃度は7.5%になりました。このとき，次の各問いに答えなさい。

(1)　1回目に取り出した食塩水xgに含まれる食塩の量をxの式で表しなさい。

(2)　2回目に取り出した食塩水$\dfrac{3}{2}x$gに含まれる食塩の量をxの式で表しなさい。

(3)　1回目に取り出した食塩水は何gですか。

3　図のように，放物線 C：$y=\dfrac{9}{25}x^2$ と直線 $y=\dfrac{3}{5}x+2$ は２点P，Qで交わっています。また，x 軸上に点 $\mathrm{R}\left(\dfrac{7}{3},\ 0\right)$ があります。このとき，次の各問いに答えなさい。

(1)　２点P，Qの座標をそれぞれ求めなさい。

(2)　点O以外の C 上の点で，△OPQ と △SPQ の面積が等しくなるような点Sは３つあります。このうち，x 座標が２番目に大きい点Sの座標を求めなさい。

(3)　３点P，Q，Rを通る円を D とするとき，D 上の点で(2)の点Sから最も遠いところにある点をTとします。このとき、直線ST の方程式を求めなさい。

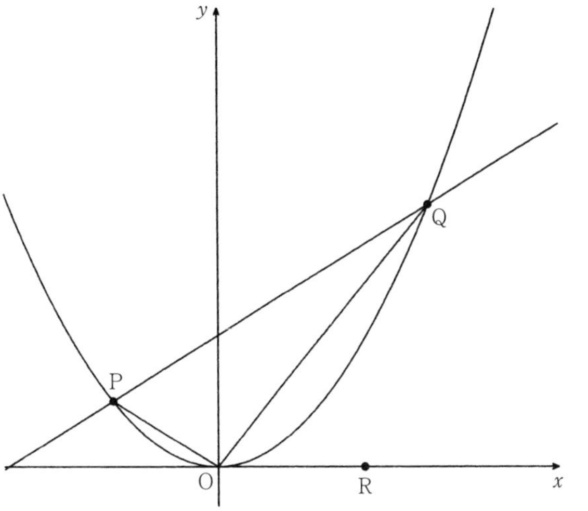

4　AB＝7，AC＝8，BC＝5 の △ABC があります。図のように，△ABC の内部に点Pをとり，正三角形 APQ と正三角形 ACD を作りました。このとき，次の各問いに答えなさい。

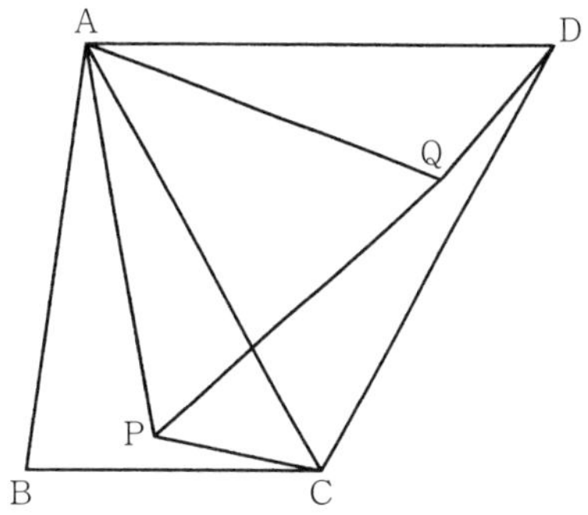

(1)　△APC≡△AQD を証明しなさい。

(2)　△ABC の面積を求めなさい。

(3)　AP＋BP＋CP が最小となるとき，∠APB の大きさを求めなさい。

【社　会】（45分）〈満点：70点〉

（注意）　字数指定のある問題は，句読点やかぎかっこなどの記号も字数に含めます。

1　次の図１のＡ～Ｆは，1980年以降に夏季オリンピック大会が開催されたモスクワ，ロサンゼルス，シドニー，ペキン，ロンドン，リオデジャネイロの位置を示しています。これらの都市について，あとの問いに答えなさい。

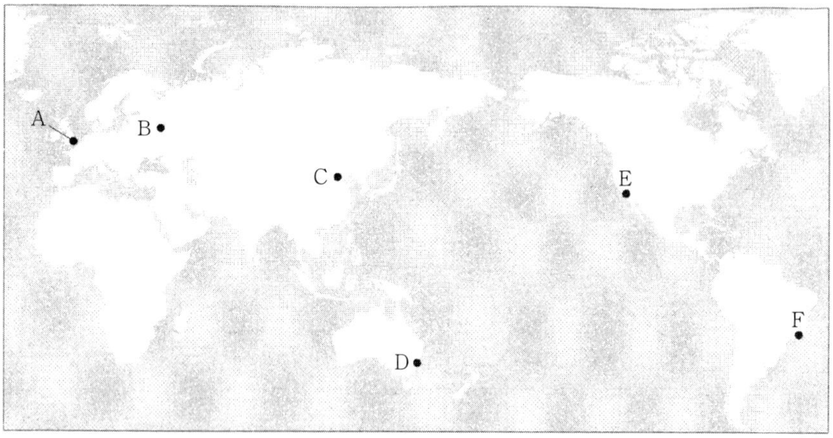

図１

問１　2028年のオリンピック開催地もロサンゼルス（西経120度付近）の予定です。ロサンゼルスで８月１日午後３時に開始される競技の生中継を，東京で視聴するときの試合開始日・時刻を答えなさい。ただし，サマータイム制度は考慮しないこと。

問２　次の図２は，図１のＡ～Ｆの６都市について，月平均気温と月降水量を示しています。図１のＣ・Ｄの都市にあたるグラフを，下のア～カより１つずつ選び，記号で答えなさい。

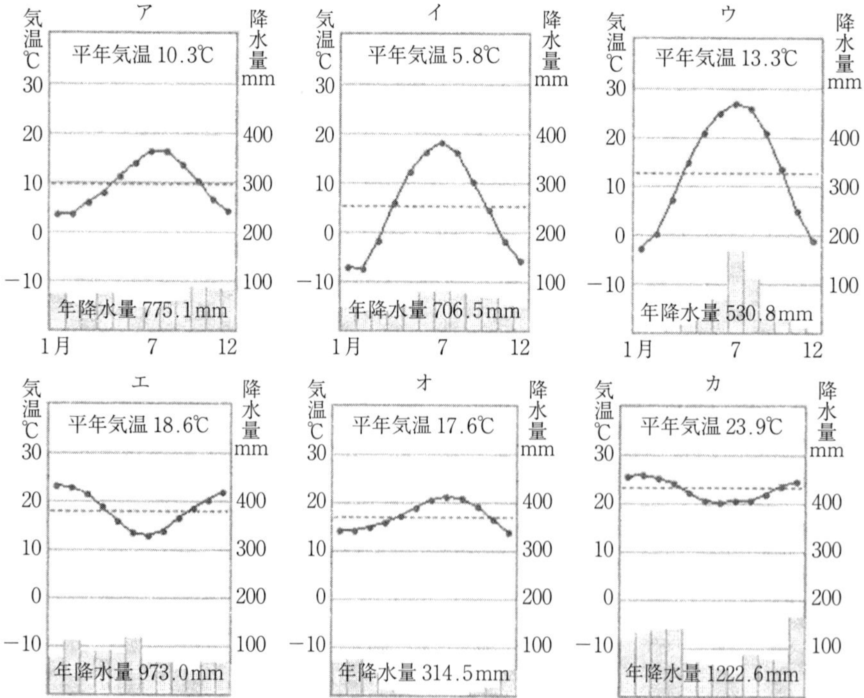

（『データブック オブ・ザ・ワールド 2020』より作成）

図２

問3　1984年のロサンゼルスオリンピックの男子マラソンは，高温・乾燥という厳しい気象条件のもとで行われました。優勝した選手は，冬には湿潤で夏には乾燥する気候が国土の大半をしめる国の代表でした。この国を次のア～エより１つ選び，記号で答えなさい。

ア．ケニア
イ．ポルトガル
ウ．ジャマイカ
エ．ブラジル

問4　次の表１のア～カは，図１のＡ～Ｆが位置する６か国の，2000年と2017年における小麦生産量，石炭産出量，鉄鋼生産量，日本の輸入額の上位３品目を示したものです。下の文Ｘ・ＹはＡ～Ｆが位置する６か国のいずれかの国内事情についてまとめたものです。Ｘ・Ｙの文で述べている国にあてはまるものを，表中のア～カより１つずつ選び，記号で答えなさい。

表１

		小麦生産量（千ｔ）	石炭産出量（万ｔ）	鉄鋼生産量（千ｔ）	日本の輸入額の上位３品目
ア	2000年	99,636	99,800	128,500	衣類，機械類，魚介類
	2017年	134,334	352,356	831,730	機械類，衣類，金属製品
イ	2000年	22,108	23,940	5,707	石炭，液化天然ガス，鉄鉱石
	2017年	31,819	41,572	8,134	石炭，液化天然ガス，鉄鉱石
ウ	2000年	34,500	15,250	59,136	魚介類，アルミニウム，パラジウム
	2017年	86,003	31,281	71,340	原油，液化天然ガス，石炭
エ	2000年	16,704	3,060	15,155	機械類，医薬品，有機化合物
	2017年	14,837	304	7,508	機械類，医薬品，自動車
オ	2000年	60,757	89,520	101,824	機械類，肉類，精密機械
	2017年	47,380	32,023	81,640	機械類，科学光学機器，医薬品
カ	2000年	1,662	670	27,865	鉄鉱石，アルミニウム，パルプ
	2017年	4,343	482	34,365	鉄鉱石，肉類，コーヒー豆

（『日本国勢図会 2020/21』より作成）

Ｘ　2017年１月，この国は，環太平洋経済連携協定（TPP）から「永久に離脱」することを表明した。この協定は，同国の製造業の労働者にとって，競争の激化で雇用が脅かされる懸念があることが，離脱表明の要因の一つであった。旗振り役だったこの国の離脱によって，巨大貿易圏構想に影響が出ている。

Ｙ　2021年２月，この国は，環太平洋経済連携協定（TPP）に正式に加盟を申請した。EU離脱から１年の節目にあたる申請で，TPP発足時の構成国以外からの加盟申請は初めてである。実現すると，構成国の中では日本に次ぐ規模の国内総生産（GDP）を有する加盟国となる。

2　次の図1の地図をみて，あとの問いに答えなさい。

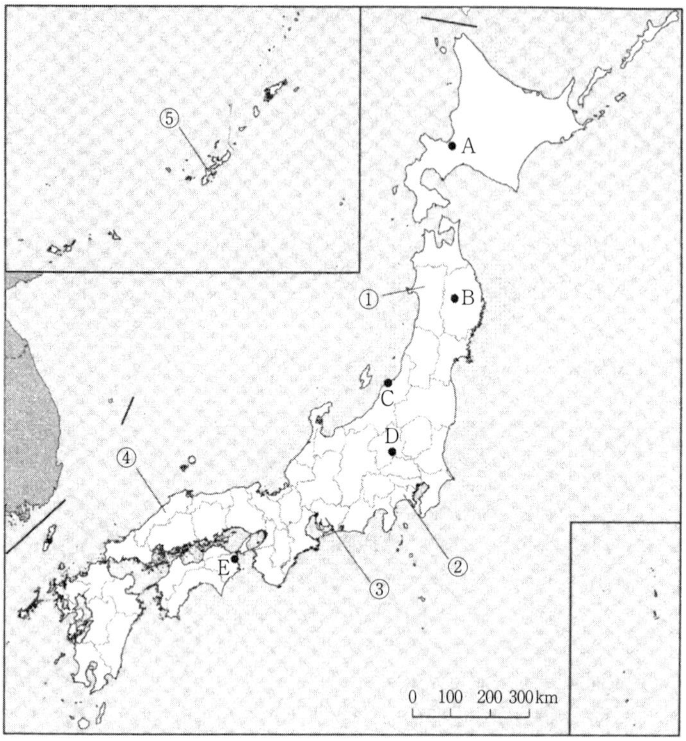

図1

問1　次のア～エの文は，図1のA～Eの都道府県庁所在地のいずれかを流れる河川について述べたものです。ア～エの河川が流れる都市を，図1のA～Eより1つずつ選び，記号で答えなさい。また，その河川の名称を漢字で答えなさい。

ア　この河川は，標高1063mの山にその源を発し，流路東側の高地および西側の山脈からの支流を合わせて盆地，平野を南へ流れる。河川とほぼ並行する高速道路のインターチェンジ周辺には，半導体関連工場が立地する。河口が位置する湾では，のりや牡《か》蠣《き》が養殖されている。

イ　この河川は，標高1831mの山にその源を発し，流域面積は広い。上流部の支流には河岸段丘が発達し，下流部にはかつて海であったところが，海から切り離されてできた湖がみられる。戦後，中・下流部では人口の増加，産業の集中により，用水を大量に供給してきた一方で，広い氾濫区域も抱えている。

ウ　この河川は，標高1967mの山にその源を発し，中・下流部に広がる平野は，かつては広大な泥炭地が続き，そのなかを川が蛇行して氾濫を繰り返してきた。こうして形成された三日月湖は，この河川を象徴する景観となっている。河口付近の湾は，暖流の影響を受ける位置にある。

エ　この河川は，標高2475mの山にその源を発し，流路は水系全体で367kmと長い。上流部の県と中・下流部の県で，それぞれ河川の名称が異なる。下流部の平野は穀倉地帯となっているが，氾濫が多かったため，明治42(1909)年から建設された分水路が昭和6(1931)年に完成し，治水上の安全性が高まった。

問2　次の表1は，図1の①～⑤で示した県の人口増加率，出生率，死亡率，65歳以上人口割合，産業別人口構成を示したもので，表1中のカ～コの県は，図1中の①～⑤のいずれかの県にあたります。このうち，図1の③と⑤の県にあたるものを表1のカ～コより1つずつ選び，記号で答えなさい。

表1

（単位は％。産業別人口構成の合計は必ずしも100％にならない）

	人口増減				産業別人口構成		
県	人口増加率	出生率	死亡率	65歳以上人口割合	第1次産業人口	第2次産業人口	第3次産業人口
カ	−14.8	5.1	15.5	35.9	7.8	25.5	66.6
キ	−9.2	7.2	14.3	33.8	6.2	23.3	70.5
ク	−0.6	8.4	9.4	25.5	2.1	32.7	65.3
ケ	0.5	7.4	9.2	25.3	0.8	21.1	78.1
コ	1.8	10.8	8.4	21.5	4.0	15.4	80.7

（『データブック オブ・ザ・ワールド 2020』より作成）

問3 図1の①～⑤の5つの県のうち，他の都道府県からの流入者が最も多い県にあたるものを，図1中の①～⑤より1つ選び，番号で答えなさい。また，なぜそう考えたのかを表1中の「人口増減」から読み取って，40字以内で説明しなさい。

3 次の巣鴨高等学校の巣太君と，英国のアレックス先生とのビデオ通話を読んで，下の問いに答えなさい。

ア：巣太，前回のオンライン授業ではヨーロッパの絵画を中心にイギリスの歴史について学んだね。今回も画面を共有しながら学びを深めていこう。

巣：はい，アレックス先生。イギリス王室はこれまでの王朝をひとつの王室と捉えると1000年の歴史があることを教わりました。

ア：現存最長，最古の王室が日本の約2000年，それに次いでデンマーク王国が約1000年。1つの王室・王朝がこれだけ長く続いていることは世界的にも類を見ないことなんだ。

巣：先生は，『古事記』などの神話が天皇家の歴史に紐《ひも》づけられていることにも着目されていましたね。

ア：うん。そもそも『古事記』が成立した［ ① ］世紀に存在した王朝は，日本を除いて現存していないんだ。

巣：左の絵葉書を見てください。先日，天照大神を祀る神社を訪れた際に購入したものです。

ア：地名を付して［ ② ］と呼ばれる三重県の神社だね。右の写真は何かな？

巣：これは［ ③ ］と呼ばれるもので，祭祀《さいし》や魔除けのために古墳の上に並べられたりしたものです。

ア：立体的に当時の様子がわかる貴重な考古学の資料だね。

巣：はい，そう思います。他にも家の形をした［　③　］もあったりするので，当時の生活様式を知ることができます。

ア：巣太，これがなんだかわかるかい？　君がイギリスに来た際に見たことがあるはずだよ。

巣：ひょっとしてマグナ・カルタですか？

ア：その通り。800年経った今でもイギリス憲法の基本として有効とされているんだ。

巣：日本では1400年以上前に聖徳太子によって憲法十七条が制定されたのが，成文法の始めと言われています。『日本書紀』にその内容が残っていますが，役人に対する道徳的訓戒が中心になっていることがわかります。資料を送信するのでご覧ください。

ア：聖徳太子は役人にどのようなことを求めていたんだい？

巣：要点をまとめると［　④　］ということだと思います。

ア：資料中に「三宝とは仏・法・僧なり」とあるけど，これは総じて仏教のことだね。この後100年以上経ってから聖武天皇は仏教の力で国を守り，安定させようとしたんだね。

巣：はい。聖武天皇のころの文化を天平文化と呼びます。この⑤4枚の写真をみてください。1つだけ違う時代のものが混ざっているのがわかりますか？

ア：はははは。［　A　］の［　B　］だけは⑥平安時代のものだよ。

巣：さすがですね先生。ではこれは誰だかわかりますか？

ア：これは難しい。百人一首ということは鎌倉時代かな。

巣：「来ぬ人を　まつほの浦の　夕なぎに　焼くや藻塩の　身もこがれつつ」

彼も含めた５人で和歌を選んだとされる『新古今和歌集』には，自ら41首の歌をおさめ，百人一首を選ぶ際にはその中からこの１首を選んだそうです。

ア：謎はすべて解けた。彼の名は［　⑦　］だね。

巣：正解です，先生。

ア：では，私からは室町時代の史料を巣太に送るよ。室町時代に関係のない史料がア～エの中に１つだけ入っているけどわかるかな？

巣：［　⑧　］ですね。ひとつだけ室町時代より後のものです。

ア：室町時代より後といえば，⑨この屏風絵は有名だね。

巣：戦国時代の趨勢《すうせい》を決定づける戦いが描かれたものですね。この後，30年の間に織田信長，羽柴(豊臣)秀吉，徳川家康と政権が移っていきました。

ア：江戸時代は「太平の世」と言われているけど，250年の間には⑩様々な政治改革が行われていたね。

巣：はい。様々な改革を行った江戸幕府も，幕末の動乱を経て大政を奉還して明治政府が誕生しました。新しい１万円札の肖像になる渋沢栄一が活躍したのもこの頃です。

ア：彼の尽力もあり1872年に設立された明治時代の施設は，世界遺産に登録されている。正式な英語名は[⑪]と言うんだ。

巣：明治時代は日本の近代化が一気に進みましたが，渋沢栄一のような幕末から明治にかけて活躍した先人たちの決断力，行動力は本当にすごいと思います。

ア：20世紀になると日本の国際的地位の上昇にともなって，⑫ヨーロッパ情勢の影響を強く受けることになったんだね。

巣：国際連盟の事務局次長となり著書『武士道』でも知られる[⑬]は，世界的にも有名な人ですよね。

ア：『武士道』はもともと英語で書かれたものだから私も読んだことがあるよ。彼が「Benevolence」を高次元の「徳」と捉え，もっとも重要な価値観のひとつと論じていたことには感銘を受けた。

巣：「Benevolence」は日本語では「慈悲・慈愛・博愛」と訳されます。憲法十七条にも見られる日本の根本的な道徳観を象徴する言葉かもしれません。戦後，日本の独立にあたって1951年９月７日に[⑭]で行われた講和会議での吉田茂首相の演説は知っていますか？　これはある意味『武士道』とは逆で，最初は英語での演説を吉田首相は考えていましたが，ある人物の助言を受けて最終的に日本語で行ったと聞いたことがあります。

ア：彼が「世界のどこにも将来の世代の人々を戦争の惨害から救うため全力を尽くそうという決意が日本以上に強いものはないのであります。」「われわれは今後日本のみならず，全人類が協調と進歩の恵沢を享受せんことを祈るものであります。」と演説を結んだのも，連綿と受け継がれてきた日本の道徳観の表れなのかもしれないね。

問１　空欄[①]について，あてはまる数字を答えなさい。

問２　空欄[②]について，あてはまる語を漢字で答えなさい。

問３　空欄[③]について，あてはまる語を漢字で答えなさい。

問４　空欄[④]について，巣太がアレックス先生に送信した以下の資料は，憲法十七条をもとに作成したものです。これを参考に空欄[④]にあてはまる巣太の説明を70字以内で書きなさい(会話に合わせて「です」「ます」調を用いなくてよい)。

一に曰《いわ》く，和を貴《たっと》び，人にさからうことがないよう心掛けなさい。
二に曰く，よく三宝を敬いなさい。三宝とは仏《ほとけ》・法《のり》・僧《ほうし》のことである。
三に曰く，詔を承ったなら，必ず謹んで従いなさい。
四に曰く，役人は礼を重んじ，すべての根本としなさい。
五に曰く，私利私欲を捨て，公平な裁判をしなさい。
六に曰く，悪を懲らしめ，善を勧めなさい。
七に曰く，役人は職務を守り，権力を乱用してはならない。
八に曰く，役人は早く出勤して，遅くに退勤しなさい。
九に曰く，あらゆることを誠実におこないなさい。
十に曰く，自分と異なる考えに対して怒らず，寛容でいなさい。
十一に曰く，功績と過失をよく見極め，賞罰を適切におこないなさい。
十二に曰く，地方の役人は民に重税を課してはならない。
十三に曰く，役人は各自の職務の内容をよく心得なさい。
十四に曰く，役人は他人をうらやんだり，ねたんではならない。
十五に曰く，私《わたくし》を捨て，公の立場に立って行動するのが臣の道である。
十六に曰く，民を使役する時は，適切な時を選んでおこないなさい。
十七に曰く，物事は一人で決断せず，皆とよく議論して決めなさい。

問5　下線部⑤について，次の4枚の写真は巣太がアレックス先生に見せたものです。会話文中の A にあてはまるものを次のア～エより1つ選び，記号で答えなさい。また B にあてはまる名称を漢字で答えなさい。

ア.

イ.

ウ.

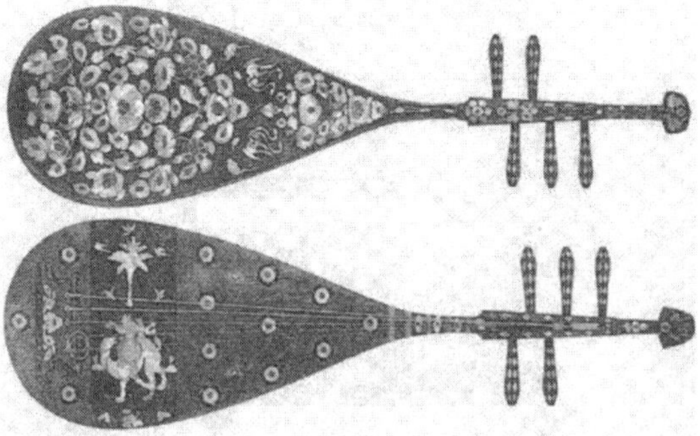

エ.

問6　下線部⑥について，次のア～オのできごとを古いものから年代順にならべたとき，2番目と4番目にくるものを，それぞれ記号で答えなさい。

ア．後三年合戦で源義家が清原(藤原)清衡を助けた。

イ．菅原道真が大宰府に左遷された。

ウ．崇徳上皇と後白河天皇との対立から保元の乱がおこった。

エ．空海が真言宗を，最澄が天台宗をひらいた。

オ．藤原道長が3人の天皇の外祖父となった。

問7　空欄 ⑦ について，あてはまる人物名を漢字で答えなさい。

問8　空欄 ⑧ について，次のア～エの史料はアレックス先生が巣太に送ったものです。空欄 ⑧ にあてはまるものを1つ選び，記号で答えなさい。

ア.

文明六年十一月，加賀国一向宗土民，侍分《さむらいぶん》と確執《かくしつ》す。侍分ことごとく以《もっ》て土民方より国中を払う。守護代侍方に合力《ごうりき》するの間，守護代小杉打たれおわんぬ。一向宗方二千人ばかり打たれおわんぬ，国中焼け失《う》せおわんぬ。
安高《やすたか》ヲ守護トシテヨリ，百姓トリ立富樫《とがし》ニテ候アヒダ，百姓等ノ腕ツヨク成《なり》テ，近年ハ百姓

ノ持タル国ノヨウニナリ行キ候《そうろう》コトニテ候。

イ．

正長元年九月，一天下の土民蜂起す。徳政と号し，酒屋・土倉・寺院等を破却《はきゃく》せしめ，雑物《ぞうもつ》等ほしいままにこれを取り，借銭等ことごとくこれを破る。管領これを成敗す。およそ亡国《ぼうこく》の基《もとい》これに過ぐべからず。日本開白《かいびゃく》以来，土民蜂起これ初めなり。

ウ．

一．其許《そこもと》検地の儀，一昨日仰《おお》せ出され候如く，斗代《とだい》等の儀は御朱印《ごしゅいん》の旨に任せて，何《いずれ》も所々，いかにも念を入れ申し付くべく候。もし粗相《そそう》ニ仕《つかまつ》り候ハバ各《おのおの》越度《おちど》たるべく候事。
一．仰せ出され候趣《おもむき》，国人《こくじん》ならびに百姓共ニ合点《がてん》行き候様ニ能々《よくよく》申《もうし》聞かすべく候。自然相《じねんあい》届かざる覚悟《かくご》の輩《ともがら》これあるに於《おい》ては，城主にて候ハバ，其もの城へ追入れ，各《おのおの》相談《あいだん》じ，一人も残し置かず，なでぎりニ申し付くべく候。百姓以下に至るまで相届かざるニ付ては，一郷も二郷もことごとくなできり仕るべく候。六十余州堅《かた》く仰せ付けられ，出羽，奥州までそさうニハさせられ間敷《まじく》候。たとへ亡所《ぼうしょ》ニ成り候ても苦しからず候間，其意を得べく候。山のおく，海ハろかいのつづき候迄，念を入るべき事専一に候。自然《じねん》各退屈《たいくつ》するにおいては，関白殿御自身御座《ござ》成され候ても，仰せつけらるべく候。急《きっ》と此の返事然《しか》るべく候也。

エ．

応永《おうえい》八年五月，日本准三后《じゅさんごう》某《それがし》，書を大明皇帝陛下に上《たてまつ》る。日本国は開闢《かいびゃく》以来，聘問《へいもん》を上邦《じょうほう》に通ぜざるなし。某，幸《さいわい》に国鈞《こつきん》を秉《と》り海内《かいだい》うれいなし。特に往古《むかし》の規法に遵《したが》いて，肥富《こいつみ》をして祖阿《そあ》に相副《あいそ》へて好《よしみ》を通じ方物《ほうもつ》を献《けん》ぜしむ。金千両，馬十匹，薄様《うすよう》千帖《じょう》，扇《おうぎ》百本，屏風《びょうぶ》三双《さんぞう》，鎧《よろい》一領，筒丸《どうまる》一領，剱《けん》十腰《よう》，刀一柄《へい》，硯筥《すずりばこ》一合，同じく文台《ふだい》一箇。海島に漂寄《ひょうき》せる者幾許《いくばく》人を捜《さぐ》し尋ねて，これを還《かえ》す。

問9　下線部⑨について，下の図はこの屏風絵の左側（図Ａ）と右側（図Ｂ）の拡大図です。図Ａ・図Ｂそれぞれに描かれている人物の組み合わせとして正しいものを次の表中のア～クより１つ選び，記号で答えなさい。

	図Ａ	図Ｂ
ア	武田勝頼	織田信長・羽柴秀吉・徳川家康
イ	武田勝頼・羽柴秀吉	織田信長・徳川家康
ウ	武田勝頼・徳川家康	織田信長・羽柴秀吉
エ	武田勝頼・羽柴秀吉・徳川家康	織田信長
オ	織田信長	武田勝頼・羽柴秀吉・徳川家康
カ	織田信長・羽柴秀吉	武田勝頼・徳川家康
キ	織田信長・徳川家康	武田勝頼・羽柴秀吉
ク	織田信長・羽柴秀吉・徳川家康	武田勝頼

図A

図B

問10　下線部⑩について，次のア～オの元号を古いものから年代順にならべたとき，２番目と４番目にくるものを，それぞれ記号で答えなさい。

ア．寛政　　イ．享保　　ウ．正徳　　エ．天保　　オ．天明

問11　空欄 ⑪ について，あてはまる語句をア～オより１つ選び，記号で答えなさい。

ア．Iwami Ginzan Silver Mine and its Cultural Landscape

イ．Itsukushima Shinto Shrine

ウ．Hiroshima Peace Memorial

エ．Buddhist Monuments in the Horyu-ji Area

オ．Tomioka Silk Mill and Related Sites

問12　下線部⑫について，明治政府の成立から国際連盟の成立までにおこった欧米でのできごととしてあやまっているものを，次のア～オより１つ選び，記号で答えなさい。

ア．アメリカのライト兄弟が，世界ではじめてエンジン飛行機での飛行に成功した。

イ．イギリスの女王がインド皇帝に即位し，イギリスが支配するインド帝国が成立した。

ウ．ボリシェヴィキの指導者レーニンが，十月革命により社会主義政権を樹立した。

エ．ムッソリーニのファシスト党が，イタリアで軍国主義的な独裁体制を築いた。

オ．プロイセン国王が皇帝を兼ね，ビスマルクを宰相とするドイツ帝国が成立した。

問13　空欄 ⑬ について，あてはまる人物名を漢字で答えなさい。

問14　空欄 ⑭ について，あてはまる都市名を答えなさい。

4　次の文章は，世界各地の「壁」について，その概要をカードにまとめたものです。各文を読んで，下の問いに答えなさい。

「Ⓐ万里の長城」

・紀元前３世紀に中国を統一した秦の始皇帝が，おもに［　　P　　］目的で，それまで諸侯たちによって作られていた「壁」をつないで建設した。

・現在みられるものはおもに明の時代に修築されたもので，2017年には年間に7000万人もの観光客が訪れるなど，世界でも有数の観光地となっている。

「鉄のカーテン」

・1946年におこなわれたイギリスの元首相チャーチルによる講演のなかに登場した言葉で，当時，①ソ連が支配する東欧の社会主義圏が西欧を中心とする資本主義圏に対してきびしく門戸をとざしていたことをこの言葉で表した。

・この米ソ間の対立はのちに（　１　）とよばれ，この演説が対立をより深めたとされる。

「Ⓑベルリンの壁」

・1961年，東ドイツがおもに［　　Q　　］目的で西側諸国の管理する西ベルリンとの交通を遮断し，西ベルリンを囲うように建設した。

・約30年にわたって東西ベルリンを分断し続けたこの「壁」は，（　１　）を象徴するものとなった。

「反共の防壁」

・1948年，当時のアメリカ陸軍長官の「日本を極東での共産主義に対する防壁にする」という発言をもとに，日本が（　１　）下に資本主義陣営のなかで求められた役割をこの言葉で示した。

・1950年に始まった朝鮮戦争を契機に，米軍の指導のもと，のちに②自衛隊となる警察予備隊が創設されたほか，米軍の日本駐留を認める（ 2 ）条約を結ぶなど，日本は③アメリカの同盟国として「反共の防壁」の役割を担った。

「Ⓒ国境の壁」
・1990年代中頃から，おもに［ R ］目的で，アメリカとメキシコの国境沿いに壁やフェンスなどの建設が進められている。
・この「壁」の建設費をメキシコ側に求めようと訴えたアメリカ大統領もいる。

「Ⓓ分離壁」
・2000年代初頭から，イスラエル政府がパレスチナ人の居住地とそこに入植したユダヤ人との土地の境界に，おもに［ S ］目的で，「壁」の建設を続けている。
・④国際司法裁判所はイスラエル政府に対し，「この『壁』がパレスチナの自治を阻害し，生活圏を分断するものとなっており，国際法に違反しているため，中止・撤去すべきである」という勧告的意見を出している。

問1　空欄（1）と（2）にあてはまる語句を漢字で答えなさい。

問2　空欄［P］～［S］にあてはまる内容について正しく組み合わせたものを，下のア～エより1つ選び，記号で答えなさい。
あ．不法移民の密入国や密輸を防止する
い．異民族の侵入や武力侵攻を防ぎ，襲撃に備える
う．自国民が隣国に流出しないよう監視し，逃亡を防ぐ
え．特定の宗教を信仰する人々やその文化が入らぬよう遮断する
ア．P―あ　R―え　　イ．P―い　R―あ　　ウ．Q―あ　S―え　　エ．Q―う　S―あ

問3　波線部Ⓐ～Ⓓの場所に含まれないものを，次の地図中のア～オより1つ選び，記号で答えなさい。

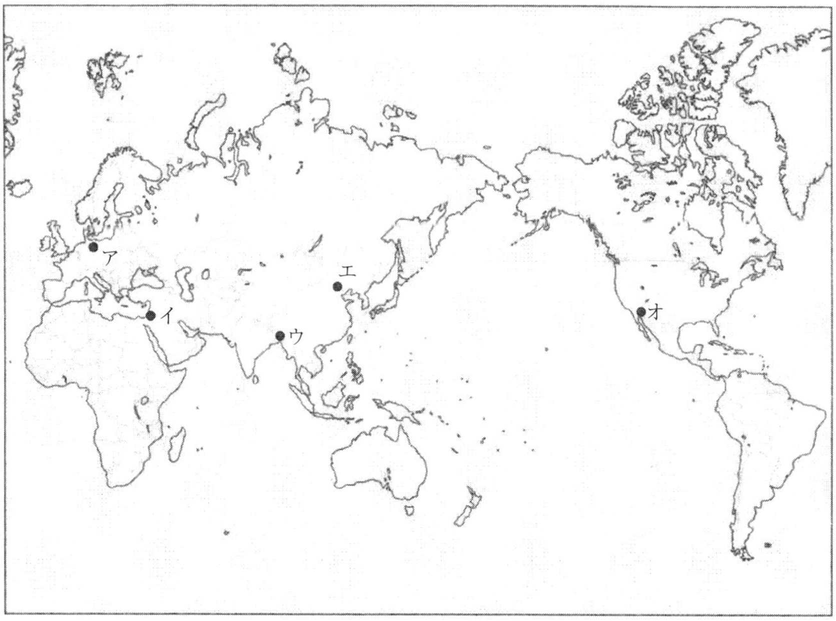

問4　下線部①について，右のグラフで示される価格の自動調節機能について述べた文として正しいものを，次のア～カより１つ選び，記号で答えなさい。

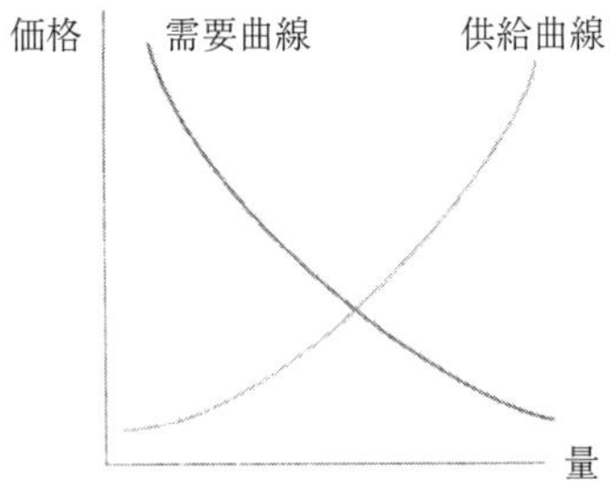

ア．このグラフで示される均衡価格は，資本主義経済においておもに市場で決定され，一般に人気が上がり需要が増えると，均衡価格は上昇する。

イ．このグラフで示される均衡価格は，資本主義経済においておもに政府が決定し，一般に人気が上がり需要が増えると，均衡価格は上昇する。

ウ．このグラフで示される均衡価格は，資本主義経済においておもに市場で決定され，一般に多く生産され供給が増えると，均衡価格は上昇する。

エ．このグラフで示される均衡価格は，社会主義経済においておもに政府が決定し，一般に人気が下がり需要が減ると，均衡価格は下落する。

オ．このグラフで示される均衡価格は，社会主義経済においておもに市場で決定され，一般に人気が下がり需要が減ると，均衡価格は下落する。

カ．このグラフで示される均衡価格は，社会主義経済においておもに政府が決定し，一般にあまり生産されず供給が減ると，均衡価格は下落する。

問5　下線部②について，自衛隊について述べた文としてあやまっているものを，次のア～エより１つ選び，記号で答えなさい。

ア．日本政府の見解として，自衛隊が保持するのは戦力ではなく自衛力であり，またそれは自衛のための必要最小限度でなければならないとしている。

イ．日本政府は，それまで認めていなかった集団的自衛権を限定的に行使できるよう法整備を行い，実際に自衛隊を海外に派遣して集団的自衛権を行使した。

ウ．日本政府は「核兵器を持たず，作らず，持ち込ませず」という非核三原則を掲げており，自衛隊においても核兵器の所持や使用を認めていない。

エ．自衛隊の最高指揮監督権を有する内閣総理大臣や，自衛隊を統括する防衛大臣は文民でなければならず，現役の自衛官はこれらの地位に就くことができない。

問6　下線部③について，次の２つのグラフはそれぞれ「主要国の軍事費・防衛費」および「在外米軍の主要国別兵員数」を示したものです。これらのグラフから読み取れることとして正しいものを，下のア～エより１つ選び，記号で答えなさい。

主要国の軍事費・防衛費（2016年度）

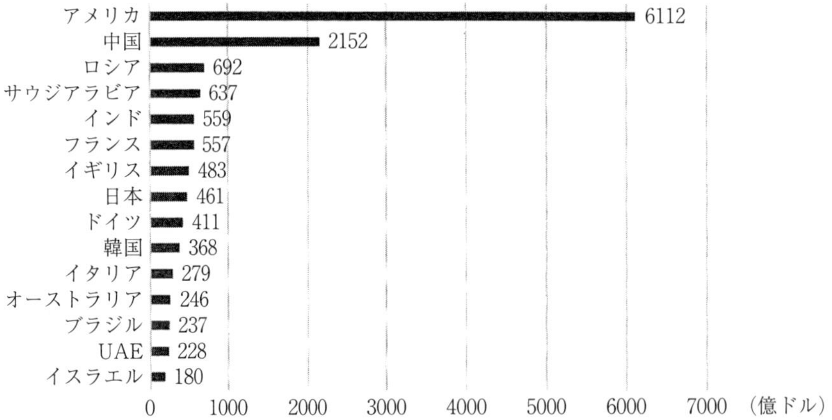

（ストックホルム国際平和研究所（SIPRI）の統計より作成）

在外米軍の主要国別兵員数(上位20カ国，2016年9月時点)

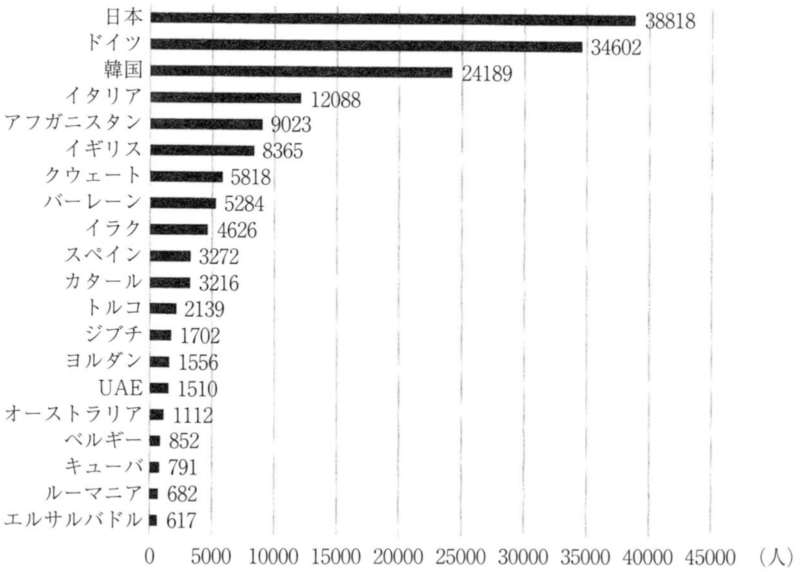

(Pew Research Center AUGUST 22, 2017の記事より作成)

ア．国連の安全保障理事会における5つの常任理事国が軍事費・防衛費の上位5カ国を占めており，「五大国」が世界有数の軍事大国であることを示している。

イ．アメリカの軍事費が突出しており，次に中国が続くなど，国内総生産(GDP)の上位5カ国が軍事費・防衛費においても上位5カ国となっている。

ウ．米軍は，日本やドイツのほかイタリアなど，第二次世界大戦で連合国と敵対した国々に多く駐留している一方，連合国側だった国にも駐留している。

エ．アメリカは原油が産出される中東諸国の防衛を最も重視しており，東アジアに配置された在外米軍の兵員数より中東諸国に配置された兵員数が上回っている。

問7　下線部④について，この裁判所は国際連合の司法機関の一つです。国際連合に関する機関についての文としてあやまっているものを，次のア～エより1つ選び，記号で答えなさい。

ア．新型コロナウィルス感染症などの国際的な感染症に関して，世界保健機関(WHO)は国際的な規範や基準を設定し，周知する業務を行っている。

イ．世界食糧計画(WFP)は飢餓への危機感を示し，国際社会にさらなる食糧支援を呼びかけたことを評価され，近年ノーベル平和賞を受賞した。

ウ．国連教育科学文化機関(UNESCO)に設置された世界遺産委員会により，2021年，奄美大島・徳之島・沖縄島北部及び西表島が世界遺産に登録された。

エ．竹島の帰属をめぐり，日本政府と韓国政府はそれぞれ国際司法裁判所(ICJ)に提訴を行い，現在審理が進められている。

問8　仮に日本の主権下にある場所で，日本の行政機関がⒶ～Ⓓのような「壁」を実際に建設しようとしたとき，日本国憲法の規定に抵触するおそれがある場合には，その建設に丁寧な議論と慎重な判断が求められると思われます。具体的にどのような規定に抵触するおそれがあると考えますか。20字以内で答えなさい。

【理　科】（45分）〈満点：70点〉

（注意）１．字数指定のある問題は，句読点や記号なども字数に含めます。

２．定規・コンパス・分度器・計算機は使用できません。

３．計算問題については，問題文の指示にしたがって答えなさい。

1　次の［Ⅰ］，［Ⅱ］の問いに答えなさい。

［Ⅰ］　次の問いに答えなさい。

問１　脊椎動物のうち地球上に最初に現れたのは魚類であり，そして魚類のあるものが変化して水辺に上がり，さらに多様な生物が陸に生活場所を広げていきました。次のア～エを，出現した順に記号で答えなさい。

ア．哺乳類　　イ．鳥類　　ウ．両生類　　エ．は虫類

問２　植物の細胞を観察したとき，植物の細胞のみにみられるつくりを，次のア～エからすべて選びなさい。

ア．核　　イ．葉緑体　　ウ．細胞膜　　エ．細胞壁

問３　着色した水を入れた三角フラスコに，葉が数枚ついたホウセンカをさして，３時間置きました。その後，そのホウセンカの茎と葉の断面を観察したところ，一部が着色していました。図中のａ～ｄのうち，着色していた部分の組み合わせとして適するものを，次のア～エから１つ選びなさい。

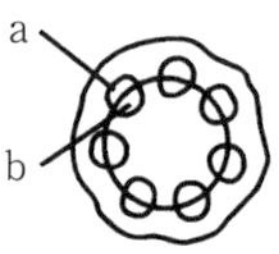

茎の断面

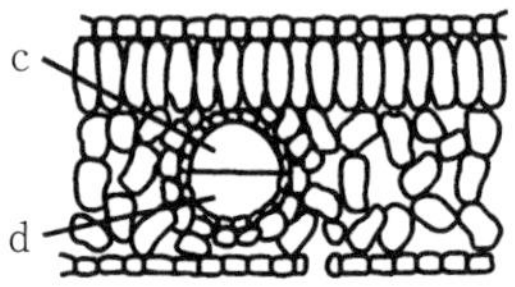

葉の断面

ア．ａとｃ　　イ．ａとｄ　　ウ．ｂとｃ　　エ．ｂとｄ

［Ⅱ］　ヒトの消化と吸収について，次の問いに答えなさい。

問４　唾液のはたらきを調べるために，次の実験を行いました。下の問いに答えなさい。

〔実験〕

１．４本の試験管Ａ～Ｄそれぞれに１％デンプンのりを10cm^{3}入れた。

２．試験管ＡとＢには水でうすめた唾液を２cm^{3}ずつ加え，試験管ＣとＤには水を２cm^{3}ずつ加えて，40℃の湯の中に10分間入れた。

３．その後，試験管ＡとＣそれぞれにヨウ素液を少量加えて色の変化を観察すると，試験管Ａの溶液は変化がなく，試験管Ｃの溶液は変化した。

４．試験管ＢとＤそれぞれに少量のベネジクト液と沸騰石を加え，ａバーナーで加熱して色の変化を観察すると，試験管Ｂの溶液はｂ変化し，試験管Ｄの溶液は変化しなかった。

(1)　下線部ａの操作について，最も適するものを，次のア～エから１つ選びなさい。

ア．試験管の口を自分の方に向け，試験管を軽く振りながら加熱する。

イ．試験管の口を自分の方に向け，試験管を動かさないようにして加熱する。

ウ．試験管の口を誰もいない方に向け，試験管を軽く振りながら加熱する。

エ．試験管の口を誰もいない方に向け，試験管を動かさないようにして加熱する。

(2)　下線部ｂの変化について，最も適するものを，次のア～エから１つ選びなさい。

ア．赤褐色ににごった　　イ．白色ににごった

ウ．うすい青色になった　　エ．青紫色になった

(3)　試験管Ａ～Ｄのどれとどれを比べると，唾液のはたらきによって麦芽糖が生じたことが分かりますか。記号で答えなさい。

(4)　唾液の中に含まれている消化酵素を，次のア～エから１つ選びなさい。

ア．トリプシン　　イ．ペプシン　　ウ．リパーゼ　　エ．アミラーゼ

(5)　この実験の結果から，「体温より低い温度では，デンプンは分解されにくい」という仮説を立てました。この仮説を検証するためには，どのような対照実験を計画して試験管Aと比較すればいいですか。次の文中の{　}から適するものを，１つずつ選びなさい。

　１％デンプンのりを $10\mathrm{cm}^3$ 入れた試験管に①{ア．水　　イ．水でうすめた唾液}を $2\mathrm{cm}^3$ 入れて氷水の中に②{ウ．10分間　　エ．60分間}入れたあと，少量の③{オ．ヨウ素液　　カ．ベネジクト液}を加える。

問５　食物は，口から肛門《こうもん》までをどのような順に通っていきますか。次のア～キから当てはまるものをすべて選び，順に記号で答えなさい。

ア．肝臓　　イ．すい臓　　ウ．胃　　エ．食道

オ．小腸　　カ．大腸　　キ．腎臓

問６　消化酵素の説明として誤っているものを，次のア～オから２つ選びなさい。

ア．いろいろな種類があり，決まった栄養分にだけはたらく。

イ．細胞の中ではたらき，細胞の外でははたらかない。

ウ．栄養分を吸収しやすい小さな物質に分解する。

エ．栄養分を分解するとき，消化酵素自身も分解される。

オ．ほとんどは中性の条件ではたらくが，酸性でないとはたらかないものがある。

問７　次の(1)～(4)の各文について，アとイどちらも正しいときは○，どちらも誤っているときは×，どちらか一方が正しいときはその正しい方の記号を答えなさい。

(1)　ア．アミノ酸はリンパ管に吸収され，最終的には血管に入る。
　　イ．脂肪酸とモノグリセリドは吸収された後，再び脂肪となって毛細血管に入り肝臓を通って全身に運ばれる。

(2)　ア．肝臓でつくられる胆汁は，脂肪の消化に関わっている。
　　イ．肝臓は，アミノ酸をグリコーゲンに合成して蓄える。

(3)　ア．腎臓は，体内でできた有害なアンモニアを尿素に変える。
　　イ．腎臓は，血液中のさまざまな物質をろ過し，再吸収して尿をつくる。

(4)　ア．すい臓でつくられる消化液は，十二指腸に分泌される。
　　イ．すい臓でつくられる消化液には，脂肪を分解する酵素が含まれる。

問８　小腸のつくりとはたらきの特徴を，次の語句をすべて用いて１行で説明しなさい。

「柔毛」，「吸収」，「表面積」

2　次の[Ⅰ]，[Ⅱ]の問いに答えなさい。ただし，計算の答えは小数第２位を四捨五入して書きなさい。

[Ⅰ]　図１のような装置をつくりました。摩擦のない斜面と，質量１kgの小物体Aおよび質量５kgの台Bがあります。台Bは，上面が斜面のある床面と同じ高さで，床面に固定されずに置かれています。小物体Aを床面の点Sから高さ45mの斜面の頂点Tまで静かに押し上げ，台Bに向けて初速度０m/sですべらせました。ただし，小物体Aは斜面から台Bへなめらかにすべるものとします。なお，100gの質量にはたらく重力の大きさを重さ１Nとします。次の問いに答えなさい。

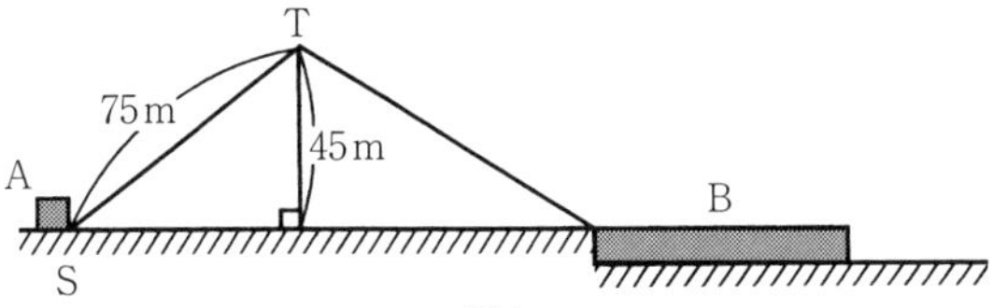

図１

問１　Aを斜面に沿って静かに押し上げるのに必要な力は何Nですか。

問２　Aを斜面に沿ってSからTまで静かに押し上げるのに必要な仕事は何Jですか。

小物体Aが台B上をすべり始めてからの，小物体Aと台Bの床面から見た速度の変化を図2に示します。ただし，小物体Aと台Bの間には摩擦があり，台Bと床面の間には摩擦はないものとします。

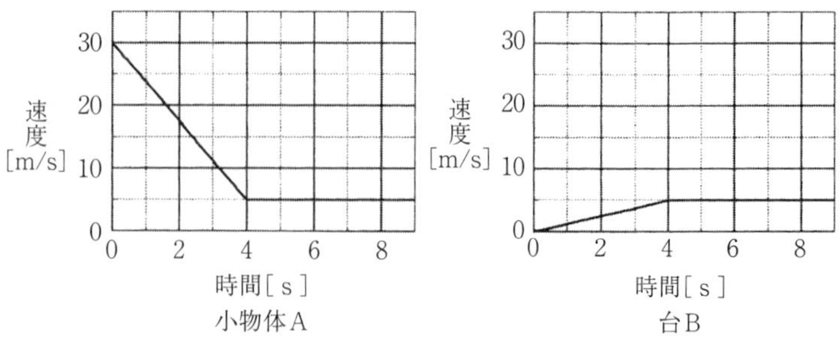

図2

問3　AがBに対して静止するまでの，床面から見たBの速さが変化する割合の大きさは1秒間に何 m/s ですか。

問4　AがBに対して静止するまでに，AがBの上をすべった距離は何mですか。

次に，図1の装置の斜面を変更した図3のような装置をつくりました。図1の装置と同様に，小物体Aを高さ 45m の斜面の頂点Tまで静かに押し上げ，点Uに向けて初速度 0 m/s ですべらせたところ，小物体Aは高さ 25m の点Uで飛び出しました。ただし，空気抵抗は考えないものとします。

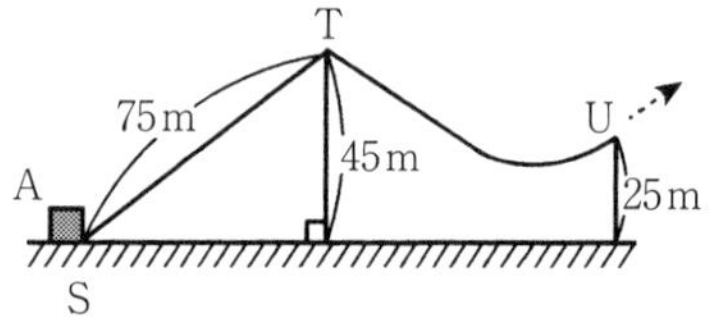

図3

問5　Uから斜め上方向に飛び出したあとの，Aの最高点の高さとして最も適するものを，次のア～ウから1つ選びなさい。ただし，Aの大きさは考えないものとします。

ア．Tより高い　　イ．Tと同じ　　ウ．Tより低い

問6　Uから飛び出した瞬間のAの速さは何 m/s ですか。

［Ⅱ］　端子間の電圧が 1.2V の電池Eと抵抗値がそれぞれ 12Ω，48Ω，60Ω の抵抗 R_1，R_2，R_3 を用いて回路をつくりました。なお，抵抗 R_3 は材質と太さが一様な長さ 90cm の棒状であり，接点Pを自由に変更できます。ただし，導線の抵抗は考えないものとします。次の問いに答えなさい。

問7　図4のように，接点Pは抵抗 R_3 の左端にあります。下の問いに答えなさい。

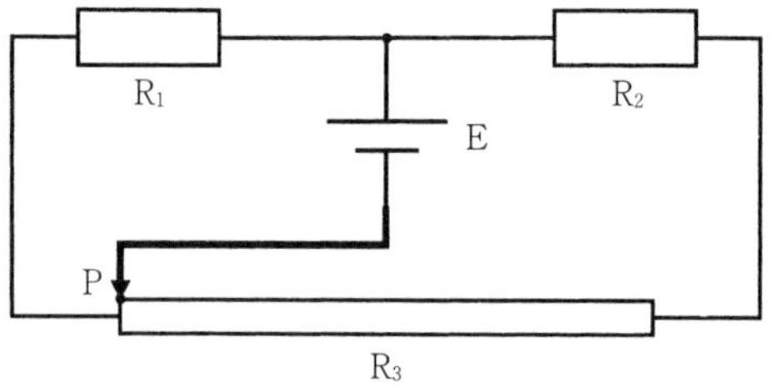

図4

(1)　R_1 に流れる電流は何 mA ですか。

(2)　回路全体の合成抵抗は何Ωですか。

問8　図5のように，接点Pを移動させて抵抗 R_3 の左端から右に x cm の位置で固定したところ，抵抗 R_1 に 50mA の電流が流れました。次の問いに答えなさい。

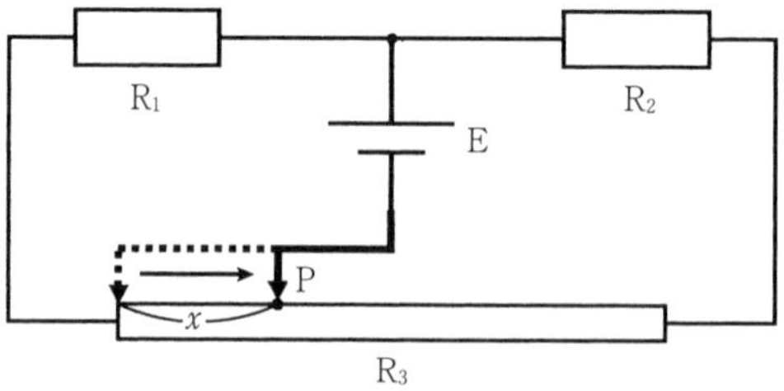

図5

(1)　長さ x は何 cm ですか。

(2)　R_1 の消費電力は何 mW ですか。

問9　接点Pをさらに右に移動させて，抵抗 R_3 の左端から右に x' cm の位置で固定したところ，抵抗 R_1 と抵抗 R_2 で消費される電力が等しくなりました。次の問いに答えなさい。

(1)　このとき，長さ x' は何 cm ですか。

(2)　このとき，この回路に5分間電流を流すと，回路全体が消費する電力量は何 J になりますか。

③ 金星は地球よりも太陽に近いところを公転しているので，金星を夜中に見ることはできません。また，昼間は太陽が明るすぎるので，肉眼では見ることができません。そのため，金星を見ることができるのは，日の出前と日没後の数時間に限られます。

図は，昨年(2021年) 1月1日から今年1月1日までの，東京で見たときの，太陽の周りを金星が動くようすをまとめたものです。金星の位置は，南中した太陽を基準として，高度の差を縦軸に，東西方向のずれを横軸にして表されています。また，1月から10月までは毎月1日の，11月と12月は10日ごとの，位置と360倍に拡大した見かけの大きさが示されています。ただし，みちかけのようすは示されていません。下の問いに答えなさい。なお，金星と地球の公転軌道を真円とみなして考えなさい。

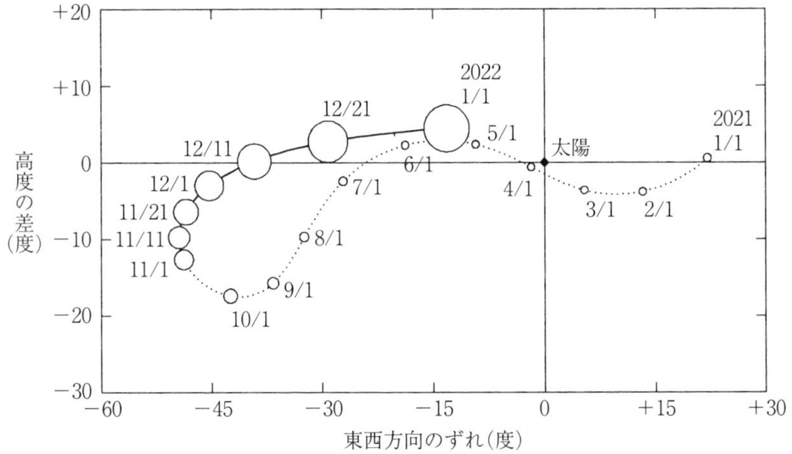

図　太陽の周りを金星が動くようす
(図中の交点が太陽の位置)

問1　次の問いに答えなさい。

(1)　図の左右どちらが東ですか。「左」または「右」で答えなさい。

(2)　金星の位置の東西方向のずれが＋15度のとき，金星の南中する時刻は，太陽の南中よりも何時間くらい早くなりますか。答えは整数で書き，遅くなる場合にはマイナスの記号「−」をつけなさい。

(3)　金星が日没後に明るく輝いて見えるとき，その金星は宵《よい》の明星とよばれます。それは，図で金星が太陽の左右のどちら側にあるときですか。「左」または「右」で答えなさい。

(4)　図で金星の動きは点線と実線で表されています。金星が太陽の手前側にあるのは，点線と実線のどちらですか。「点線」または「実線」で答えなさい。

(5)　金星が地球から最も遠いとき，その距離は金星が地球に最も近いときの距離の何倍ですか。ただし，太陽から金星までの距離は，太陽から地球までの距離の0.7倍です。答えは小数第2位を四捨五入して書きなさい。

問2　次の文は，図に示されている2021年の金星の見え方について述べたものです。文中の(①)～(⑤)について，下の問いに答えなさい。

金星は，年初めから3月23日までは(　①　)に輝き，3月24日を過ぎると(　②　)で輝きました。1月から8月までは小さな(③)のような形をしていました。10月30日には太陽から最も離れて見えて(④)のような形になり，その後は見かけの大きさが急速に増すとともに明るくなっていきました。12月4日に最も明るく−4.7等になり，見かけの大きさも3月の頃

の数倍となり，形は(⑤)のようになりました。

(1) (①)と(②)に適するものを，次のア～エから１つずつ選びなさい。

ア．日の出前の東の空　イ．日の出前の西の空

ウ．日没後の東の空　エ．日没後の西の空

(2) (③)～(⑤)には，そのときの金星の形によく似た月の形が入ります。それぞれに最も適するものを，次のア～オから選びなさい。

ア．新月　イ．満月　ウ．三日月　エ．上弦の月　オ．下弦の月

問３　2021年11月８日には，金星が月にかくされる様子が見えました。次の文は，東京でこの現象を観測したときのことについて述べたものです。文中の(①)と(②)に入る語句の組み合わせとして適するものを，下のア～エから１つ選びなさい。

東京では13時46分頃に，青空にうかぶ白い三日月の下縁付近を金星が，月の(　①　)から月の後ろにかくれ，その約53分後に月の(　②　)の縁から再び姿を現しました。

	(①)	(②)
ア．	太陽の光があたっている東側	太陽の光があたっていない西側
イ．	太陽の光があたっている西側	太陽の光があたっていない東側
ウ．	太陽の光があたっていない東側	太陽の光があたっている西側
エ．	太陽の光があたっていない西側	太陽の光があたっている東側

問４　今年(2022年)１月９日に金星は再び太陽とほぼ同時に南中しました。前回金星が太陽とほぼ同時に南中したのは昨年の３月24日ですので，金星は291日間で太陽の周りを半周しました。したがって，582日間で金星は太陽の周りを１周することになります。しかし，この間に地球も公転するので，582日間で金星は太陽の周りを１周するのではなく，地球よりも１周多く公転するのです。次の問いに答えなさい。ただし，地球の公転周期を365日とし，答えは小数第２位を四捨五入して書きなさい。

(1) 582日間で地球は何度公転しますか。

(2) この間に金星は(1)よりも１周多く公転します。金星は１日に何度公転しますか。

(3) (2)より，金星の公転周期は何日になりますか。

4　次の[Ⅰ]，[Ⅱ]の問いに答えなさい。

[Ⅰ]　６つの水溶液Ａ～Ｆがあり，これらについて次のことがわかっています。下の問いに答えなさい。

１．Ａ～Ｆは次の①～⑧のいずれかである。

①　うすいアンモニア水	②　うすい水酸化ナトリウム水溶液	③　炭酸水
④　うすい硫酸	⑤　塩化ナトリウム水溶液	⑥　うすい塩酸
⑦　塩化バリウム水溶液	⑧　水酸化カルシウム水溶液(石灰水)	

２．Ａ～ＦにBTB液を加えたところ，ＡとＣは緑色に，ＢとＥは黄色に，ＤとＦは青色に変化した。

３．Ａ～Ｆのにおいを調べたところ，Ｅは刺激臭がしたが，他の水溶液は無臭だった。

４．Ａ～Ｆを蒸発させたところ，ＢとＥは蒸発したあとに何も残らなかった。

５．ＢとＦを混合したところ，混合液はにごった。

６．ＢとＥに少量のマグネシウムをそれぞれ加えたところ，Ｅのみ気体をさかんに発生して溶けた。

7．DとEを混合して蒸発させたあとにでてきた物質には，Cを蒸発させたあとにでてきた物質と同じ物質が含まれていた。

問1　AとBは何ですか。①～⑧からそれぞれ選びなさい。

問2　CとDの溶質は何ですか。それぞれ化学式で書きなさい。

問3　Eにマグネシウムを加えたときに起こる変化を化学反応式で表しなさい。

［Ⅱ］ 右図のように，炭素棒(P，Q)，電源装置，および電流計を用いて水溶液の電気分解を行いました。下の問いに答えなさい。

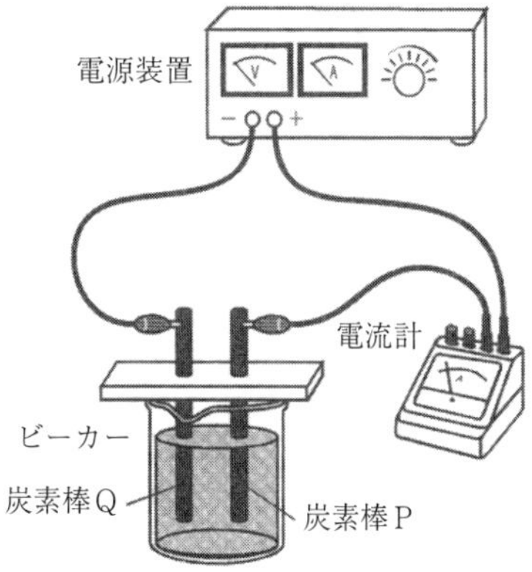

〔実験1〕 うすい塩酸の電気分解を行ったところ，どちらの炭素棒からも気体が発生した。しかし，炭素棒(①)から発生する気体の量は，もう一方の炭素棒から発生する気体の量と比べて少なかった。また，炭素棒(②)付近の水溶液を少量とり，赤色インクと混ぜたところ，インクの色が脱色した。

問4　塩酸は塩化水素が水に溶けたものです。次の問いに答えなさい。

(1) 塩酸が電離している様子を，イオン式を用いて表しなさい。

(2) 次の文の(X)に当てはまる語句をアルファベットを用いて答えなさい。

塩酸の酸性の強さを表すには，(X)が用いられる。(X)の値が7より小さいほど酸性が強く，7より大きいほどアルカリ性が強い。

問5　〔実験1〕の(①)と(②)に当てはまるのは，PとQのどちらですか。それぞれ記号で答えなさい。

〔実験2〕 電源装置の電流の大きさを0.2Aで一定にして塩化銅水溶液に電流を60分間流したところ，炭素棒Pからは気体が発生し，炭素棒Qには0.24gの銅が付着した。

問6　塩化銅水溶液の電気分解に関する説明として適するものを，次のア～エから2つ選びなさい。

ア．電気分解が進むにつれて，水溶液の青色が濃くなる。

イ．電気分解が進むにつれて，水溶液から鼻をさすようなにおいがしてくる。

ウ．電気分解が進むにつれて，電気が流れやすくなる。

エ．付着する銅の質量は，流した電流の大きさと時間の積に比例する。

問7　炭素棒Qで起きた化学変化は，次式で表されます。炭素棒Pで起きた化学変化を化学反応式で表しなさい。なお，電子は「e^-」として表しています。

$Cu^{2+} + 2e^- \rightarrow Cu$

〔実験3〕〔実験2〕に続けて，0.2Aの電流をさらに60分間流した。次に，炭素棒P，Qと電源装置の＋極，−極のつなぎ方を逆にして0.2Aの電流を(③)分間流した。このとき，炭素棒Qには0.12gの銅が付着していた。なお，炭素棒に銅が付着している場合には，まず次式のように銅が溶けだしていきます。

$Cu \rightarrow Cu^{2+} + 2e^-$

問8　次の問いに答えなさい。

(1) 〔実験3〕の(③)に当てはまる数値を整数で答えなさい。

(2) 炭素棒Pに付着している銅の質量は何gですか。なお，付着していない場合は「0g」と答えなさい。

のア～エから一つずつ選び、記号で答えよ。

ア　受身　　イ　可能　　ウ　自発　　エ　尊敬

問3　傍線部②「え腹立たずして」は「怒ることができなくて」の意味である。どうして怒ることができなかったのか。その理由としてふさわしいものを、次のア～エから一つ選び、記号で答えよ。

ア　右中弁は、ただの冗談のつもりで、大将にこんなことを言ったから。

イ　大将と右中弁双方の冗談は、挨拶くらいの軽いやりとりだったから。

ウ　右中弁も大将も、冗談で不愉快になった点で、おあいこだったから。

エ　大将自身の右中弁に対する冗談から、このやりとりは始まったから。

問4　傍線部③「云ふべからず」と述べたのは、右中弁の発言によって、どういうことが起こったと考えられるからか。十五字以内で答えよ。

問5　本文の内容としてふさわしいものを、次のア～エから一つ選び、記号で答えよ。

ア　藤原忠輔は誰と会っても、その人を馬鹿にして空の方ばかりを見ていた。

イ　藤原忠輔の冗談に怒った済時は、腹いせに忠輔を軽んじたあだ名をつけた。

ウ　藤原忠輔を笑う人々の態度は、中納言に出世した後も改められることはなかった。

エ　藤原忠輔の行いは前世の報いによるものだから、後世の人が責めることはできない。

問6　『今昔物語集』は平安時代の作品である。これと同じ時代に成立した作品を、次のア～エから一つ選び、記号で答えよ。

ア　『万葉集』　　イ　『大鏡』

ウ　『平家物語』　　エ　『おくのほそ道』

甘えに対して、それを認めてしまうと本人のためにならないので、あえて突き放した言い方をした、ということ。

エ　淡々と病状を語るおやじを僕は冷静に観察しており、おやじが強がっているのは明らかになったので、おやじを傷つけまいと取り繕った言い方をした、ということ。

問6　傍線部⑤で、女中部屋にいる僕はどういう気持ちになったのか。その説明としてふさわしいものを、次のア～エから一つ選び、記号で答えよ。

ア　日々老いていく父の姿を目にして、その死をおとなしく受け入れる気持ち。

イ　父が死ぬことを無意識のうちに考えている自分に気付き、ぞっとする気持ち。

ウ　父の思いがわかったように感じ、父の死後もそれを受け継ごうとする気持ち。

エ　父の死後は自分が家を守っていかねばならないのだと、決意を新たにする気持ち。

問7　この問題文以前の箇所において、「どうやら、軍人としたって無能な軍人だったらしいのだ。酒ばかりのんで、しょっちゅうヘマをやり、年功のわりにはろくに昇進もしなかったようじゃないか」というおやじのことを僕は、「ぼくのおやじは勇敢な提督ではなかった」といつか書いておこうと思っていた。にもかかわらず、傍線部⑥で「おやじはやっぱり勇敢な提督だったのではないだろうか」と想像するのは、なぜか。本文の言葉を用いて八十字以内で説明せよ。

三　次の文章を読んで、後の問いに答えよ。なお、作問の都合で一部表記を改めたところがある。

今は昔、中納言《ちうなごん》藤原忠輔《ふぢはらのただすけ》と云《い》ふ人ありけり。この人常に仰《あふ》ぎて空を見るやうにてのみありければ、世の人、これを仰ぎ中納言とぞ付けたりける。

しかるに、その人の、(注1)右中弁《うちうべん》にて殿上人《てんじやうびと》にてありける時に、小一条《こいちでう》の左大将《さだいしやう》済時《なりとき》と云ひける人、(注2)内に①まゐりたまへりけるに、この右中弁に会ひぬ。大将、右中弁の仰ぎたるを見て、戯《たはぶ》れて、「ただいま天《そら》には何事か侍る」と云はAれければ、右中弁かく云はBれて、少し(注3)攀縁《へんねん》おこりければ、「ただいま天には大将を犯す星なむ現じたる」と答へければ、大将すこぶる(注4)はしたなく思はれけれども、戯れなれば②え腹立たずして、苦笑ひてやみにけり。そののち、大将いくばくほどを経ずして失せたまひけり。されば、この戯れの言《こと》のするにや、とぞ右中弁思ひ合はせける。

人の命を失ふことは、みな前世《ぜんぜ》の報いとは云ひながら、(注5)由《よし》無からむ戯れごと③云ふべからず。かく思ひ合はすることもあればなり。

右中弁は、そののち久しくありて中納言までなりてありけれども、なほその異名失せずして、世の人、仰ぎ中納言とぞ付けて笑ひける、となむ語り伝へたるとや。

（『今昔物語集《こんじやくものがたりしゅう》』による）

（注1）右中弁…太政官弁官局の第三等官。
（注2）内…宮中。
（注3）攀縁…憤慨。
（注4）はしたなく…きまり悪そうに。
（注5）由無からむ…つまらない。

問1　傍線部①「まゐりたまへり」の読み方を、現代仮名遣いのひらがなで答えよ。

問2　二重傍線部A・B「れ」の用法としてふさわしいものを、次とじゃないのか。⑥おやじはやっぱり勇敢な（注6）提督だったのではないだろうか。

（注1）おまる…室内用の、持ち運びできる便器。
（注2）薪ざっぽう…手頃に割ったり切ったりした薪。
（注3）南京袋…麻糸で粗く織った大きな袋。
（注4）子供部屋…かつては子供用であったが、現在ではおやじとおふくろが使用している部屋。
（注5）女中部屋…「女中」（かつて、一般家庭で家事や家事の手助けをするために雇われ、住み込みで働いた女性）のための部屋。現在では僕の部屋になっている。
（注6）提督…艦隊の司令官。

問1 点線部f～jのカタカナを、それぞれ漢字に改めよ。

問2 傍線部①のように僕が「ひそかに得意」なのはなぜか。その理由としてふさわしいものを、次のア～エから一つ選び、記号で答えよ。
ア　子供時代には怖かったおやじが自分の助けを求めており、もはや恐れの対象ではないと実感したから。
イ　自分の存在感を見せつけることで、自分はもう一家の跡取りになれるとおやじを安心させる自信がついたから。
ウ　力強かったおやじの体を支えるようになっておやじと立場が逆転し、自分が成長したと感じられたから。
エ　かつては威張っていたおやじも憐れむべき存在になっており、長年の不満を解消できて満足したから。

問3 傍線部②「おふくろは子供を突き放すようにする」にもかかわらず、本音のところでは、おふくろはおやじに対してどういう気持ちを持っていたか。その説明としてふさわしいものを、次のア～エから一つ選び、記号で答えよ。
ア　今は落ちぶれて座敷も下宿人に明け渡しているおやじであるが、亡くなるときには、一家の主人としてこの家の中心から送り出してあげたい、という気持ち。
イ　気休めに過ぎないことは自分でもわかってはいるのだが、手に入れた万病に効く漢方薬にわずかな期待をかけておやじを支えていきたい、という気持ち。
ウ　表面的にはおやじに厳しい言葉で接していても、これからは自分が一家を背負っていくのだからしっかりと世話をして看取《みと》ってあげたい、という気持ち。
エ　おやじがこだわる綱が不吉なものに見えて仕方がないので、おやじが闘病を諦めて自ら死を受け入れることなどないように励ましていきたい、という気持ち。

問4 傍線部③で僕が「おかしなこと」と感じているのはなぜか。その説明としてふさわしいものを、次のア～エから一つ選び、記号で答えよ。
ア　おやじが倒れてしまったときにちょうど家の不具合が頻発したので、父は家の象徴だとあらためて感じさせられたから。
イ　家事を任せていたおやじが倒れて家に不具合が出てきたので、今さらながらおやじのありがたさに気づき反省させられたから。
ウ　おやじの介護にばかり追われていたので、家の中のささいな変化も見落とすほど余裕を失っていた自分に苦笑したから。
エ　おやじが自分から事細かに日々の家のことをしていたとは知らなかったので、おやじの意外な一面が明らかとなって驚いたから。

問5 傍線部④における僕の説明としてふさわしいものを、次のア～エから一つ選び、記号で答えよ。
ア　自分の深刻な症状を笑いにまぎらせて話しているおやじの様子に、介護する家族への配慮を感じたので、照れくささを隠すためにぎこちない言い方をした、ということ。
イ　僕はおやじの死期が近いことを受け入れており、回復を信じているおやじに語りかけると感情が揺れ動きそうになってしまうので、あえて素っ気ない言い方をした、ということ。
ウ　薬を飲みたくないため自分に都合のいいことを言うおやじの

すがに屑あつめする気力もなくなって、いまではあの葉巻の函《はこ》を枕もとに置いていた。

「もういちど、お座敷に寝かしてあげたい。……」

おふくろはいまその座敷を占領している小室が憎くてならないみたいに、いうのである。「畳もあたらしくして、その上で死なせてあげたい。それから冬までには障子もガラスのはまった明るいものにして、出来れば雨戸もすっかり新しくして、……」

おやじが死ぬついでにというのではないだろうけど、おふくろはこういう時はとにかく欲ばるのである。

雨戸の話は僕を笑わせた。廊下の長い雨戸をあけたてするのはこないだまでおやじの役目だったのだ。ところが、その雨戸ときたらいたるところ木が反ったり裂けたりで、うまく滑らすにはコツを必要とした。おやじはそのコツもちゃんと呑《の》みこんでいたというわけなのである。

だがおやじは、冬まで、もつだろうか?

応接間からこの部屋にはこびこんだソファに僕が腰かけると、おやじのしぼんだひげだらけの顔がすぐhヒザの下にあった。家具やなにかで狭いのでこんなふうになってしまうのである。

僕はおやじを高い所から見おろすようなへんな位置でいった。

「あの薬、のんでる?」

医者もくすりも一切おことわりというおやじに、おふくろがどこかで聞いて買ってきた万病にきく漢方薬だ。

「いや、あれはいかん。あれはやめだ。」

おやじは断言した。

「あれをのむと、炭みたいな、鳥のキモみたいな妙な色の便が出るんだ。あれはよくない。あれをのんだらよけいに悪くなったようだ。」

そうか、と僕は笑ってみせる。

④僕はわざとぶっきらぼうにいった。

「じき、よくなるさ。ものさえ食べられるようになれば。」

「うむ、そうだ。これであとじょじょに体力がつけばいいのだ。」

おやじは上眼づかいに僕を見上げて、しきりにiノドをならしながら答えた。

僕は嘘をついているのだ。それは奇蹟《きせき》というものではないか。おこりうる奇蹟と、そうでない奇蹟とがあるにしろ。

僕はなおも笑おうとして、自分の顔がくしゃくしゃになりそうな気がした。おやじがなんだかきまり悪そうにゆかたの寝巻を巻きつけようとする二本の脚は、それはもう人間の脚みたいじゃなかった。竿《さお》に旗をまいたようなものだった。

本人の意気ごみとは反対に、おやじはほとんどものがたべられなくなってきているのを僕は知っていた。苦しくないような顔をしているだけなのを知っていた。おやじが夜どおし眠れなくて眼をあいているのを知っているんだ。よわよわしい咳《せき》ばらいをしたり、吐くものもないのに一所懸命枕もとの洗面器に吐こうとしている。その声がいやでも聞《き》えるからなんだ。真夜中に、おやじが食堂のjトダナにぶつかり下宿人たちの部屋の唐紙にぶつかりなどして、それでもなるべく足音をころして、ふらふらと廊下をつたい歩きしてきて便所に入るのを知っているからなんだ。

――ああ、まだ生きている。……ああして生きよう、生きようとしている。……

そのおやじのことを考えると、やっぱり生きることはすばらしいことだと思えてくる。

⑤息子は(注5)女中部屋でふるいたつような気持《きもち》になるのだ。たとえおやじが戦争で一《ひ》とかけらの肉片ものこさずに消えてしまっていても、それは僕に何かを教えたろう。こうして生きたんだ、こうして死んだんだということを。いまだってそれとおなじことだった。それを教えるためにおやじは生きて帰ってきた。そう思うとなぜか僕はおやじが死んでゆくのがそんなに悲しくはなかった。

なんだか僕は間違っていたような気がする。そのほうがラクだとわかっていても、おまるを拒否するというのは、やっぱり勇敢なここれをおやじといっていいかどうか。かつては僕の父親のものだったぬけがらのような肉体。おやじがこんなになってしまった。これがむかし僕を片腕でふりまわし、肩ぐるまして天井まで持ちあげたおやじなのか。

　だがおやじのからだは、おや、とおもうくらい重かった。それはほとんど骨の目方だったのだろう。そして、重さよりも僕をおどろかしたのは、その冷えきった固さだった。それは撓《しな》いにくい板の束のようでもあり、ひょろ長い(注3)南京袋《なんきんぶくろ》かなにかに木ぎれや鉄の屑《くず》をいっぱいに詰めこんで背負ったような感じでもあった。

　くらい廊下づたいに下宿人たちの部屋の前を通って、僕は(注4)子供部屋へおやじをはこんだ。その日は小室も朝から東京へ行っていて、家にいるのは中丸だけだった。中丸もさわぎには気づいていないようだった。

「もういい。もういい。」

　おやじは自分の蒲団《ふとん》のところまでくると、僕の背中で怒ったようにくりかえした。まったく、せんでもいいおせっかいをしやがる、というみたいに。

「そこでいいでしょうよ。」

　おふくろは無感動にfサシズしていた。僕は蒲団のへりにおやじのからだをそっと下ろした。

「倒れなさい、あなた。いつもみたいに。」

　すると、おやじはばったり倒れた。まるで嘘《うそ》みたいに。

　そいつはなんともおかしな手続きだった。病人は直立の姿勢からうまい具合に自分のからだを横にすることが出来ないので、なにはともあれ、まずはバッタリ倒れなければならない。そうしておいて、シーツの上をそろそろと時間をかけて這《は》いあがり、最後にどうやら寝る位置につくというわけだった。

「もう無理だよ、立って便所へ行くのは。」

　僕は子供にさとすみたいにおやじにいった。

「綱があれば、……」

　おやじはまっ白な顔をして、息を切らしながら、まだいっていた。

「……あの窓に一本綱を下げとけば、それにつかまって立てるんだが。」

「おまるになさいよ、おまるに。あたし一人の時だったら、おぶったりなんかとても出来ませんからね。」

　②おふくろは子供を突き放すようにする。

「おまえ、綱をやっておいてくれ。」

　おやじは僕にいった。

「このつぎ、ためしてみるから。」

　いいだろう、と僕はいった。おやじが気のすむようにしてやればいい。その綱におやじがすこしでも希望をつなげるような気がしているんなら。

　便所の鉄格子に、僕は細引きをたらして環《わ》を作った。しゃがんで、ためしてみた。しかし、おやじにはもはや無用のものだということがすぐ分った。綱をたぐるようにして立ち上るにしても、それ相当の力がいる。元気な者でもずいぶん力がいりそうだ。その力が、もうおやじにはないのだから。

　おふくろがしきりにいやがっている、首吊《くびつ》りなわみたいだといって。

　ほんとうだ。この奇妙な綱はきょうからでも下宿人たちの目にふれるだろう。彼等《かれら》はそれを見るにつけ、ここのあの老いぼれた軍人さんも永《なが》くはないぞと思うわけだ。おやじはあんなに吸っていたタバコももうくわえる気力がないらしかった。

　③おかしなことに、おやじが寝こんだのでいくつかの支障がおきていた。めずらしく子供部屋の柱時計がとまってしまった。おやじはずいぶんきちょうめんにそのゼンマイを巻いていたのだと分った。また、風呂の水汲《みずく》みの勘が僕やおふくろではにぶくなっていて、gジャグチをひねりっぱなしにしておくときまって湯ぶね一杯にあふれてしまうのだった。それから、例の屑ものの始末。新聞にはさまってくる広告のビラが散らかってしまうようがないのだ。おやじはさ

覚が他の外国人に比べて未熟であるという事情。

エ　意味の広がりをそのまま捉えて使うという言葉遣いをしてきた日本人には、意味を限定し、話の内容をはっきりと筋道立てて伝えようとする言葉遣いは合わないという事情。

二　次の小説は阿部昭《あべあきら》「未成年」の一節である。大学生である「僕」の「おやじ」は、旧海軍大佐であり、敗戦で公職追放されている。収入を失った一家は、屋敷の一部を下宿にして小室《こむろ》や中《なか》丸《まる》らの下宿人を置き、現金収入を得て暮らしている。旧軍人に批判的な戦後の風潮や、本人の加齢や病気もあって、現在の「おやじ」は家族や下宿人からも軽んじられている。これを読んで、後の問いに答えよ。

ある日、便所でおふくろの悲鳴がした、と思った。僕ははねおきていた。

じっさいにはそれは悲鳴ではなくて、ふつうにおふくろが僕の名前を呼んだだけだったらしい。悲鳴と聞いたのは僕の予感のはたらきだったのだ。

「ちょっと来てちょうだい、ちょっと。」

そういうおふくろの言い方も、全然あわててもいず、へんに居丈高だった。なんか僕の不始末の跡でもみつけた時みたいだった。

行ってみると、ゆかたの寝巻の胸をはだけたおやじが便器に腰を浮かしたまま、やせこけた猿のような両手をさしのべて小窓の閾《しきい》をつかんでいた。

おやじは自分の力で必死に立とうとしているらしい。しゃがんで用を足すところまではどうにか一人で出来たのに、立ちあがる力がないのだ。

「立てん。……」

おやじは精も根もつきたようにそういって、へんにキラキラする眼で、じっと僕のことも見上げた。ひどく小さくなって、ヒゲだらけになった顔だった。おまえか、という顔だった。何しに来たか知っているよ。だが、おれを憐《あわ》れむな、おれを憐れむな。そういっているような眼だった。

「だから、(注1)おまるになさいといっているのに。」

おふくろが舌打ちするみたいにいった。

「ここに、綱を一本、下げてくれれば、自分で立てるんだがな。……」

おやじは窓閾の溝にゆびをかけたまま、眼《め》をむいて上を仰ぎ見ていた。

小窓はすっかりあけはなってあった。鉄格子《てつごうし》のむこうに、おそい午後の北の空が見えていた。ひとはけ、川のように静かに流れている巻きぐも。それはもう光沢をうしなった白と青だった。

「さあ、……」

僕は身をかがめて、おやじに自分の背中をさし出した。そんなふうにじゅうぶん幅広い肩をしているのが、①このさい僕はひそかに得意だった。

「おぶさるんだ。」

だが、そうなると、今度はおやじは窓閾にひっかけた手を自分ではうまく外せないみたいだった。自分の手なのに、まるで釘《くぎ》で打ちつけた二本の棒みたいにとれなくなっているらしい。指のつめもこごえたようにすっかり白くなっている。

僕はおやじの寝巻の腋《わき》の下に腕を入れて抱えおこした。それから向きをかえておんぶしにかかった。

「僕の肩に手をかけて！」

そういうとおやじは僕の首のまわりに(注2)薪《まき》ざっぽうみたいにかたい二本の手をぐったりとたらした。その手はひからびて、こちこちで、黒いしみだらけだった。ミイラの手みたいだった。その手をずり落ちないようにしっかりつかまえて、ぐっと前のめりになって、僕は便所を出、そろそろと廊下をあるきだした。

生れてはじめて、僕は、おやじを背負ったわけだった。だけど、るのではなくて、④今の時代に適《かな》ったかたちで言葉を使っていくことになると思います。とはいえ、むやみに変えればいいわけでもない。よその国はどうなっているのか、世界ではどういう形が求められるのか考えながら、日本語の意義を再認識することが必要になってくる。

（古井《ふるい》由吉《よしきち》『書く、読む、生きる』による）

（注1）　バイリンガル…二つの言語を習得している人。
（注2）　モノリンガル…言語を一つのみ習得している人。

問1　点線部a～eのカタカナを、それぞれ漢字に改めよ。

問2　傍線部①「これは、皆さんが想像している以上に高度な作業なんですよ」とあるが、日本人がこうした高度な作業をこなせた理由はどういう点にあると筆者は考えているか。七十字以内で答えよ。

問3　空欄 A ・ B にふさわしい言葉を、次のア～オから一つ選び、記号で答えよ。

ア　特に　　イ　つまり　　ウ　むしろ
エ　実際　　オ　そもそも

問4　傍線部②「伝統というのはそう簡単には手放してはいけないものだということがわかるでしょう」とあるが、筆者がそのように考えているのはなぜか。その答えとしてふさわしいものを、次のア～エから一つ選び、記号で答えよ。

ア　日本独自の伝統は、行き詰まった文明や技術を発展させ、日本社会の一部ともなっている西洋文明を発展させていけるかもしれないから。
イ　伝統は言葉と切り離せないものであり、伝統をなくした国は文明的な衰退を招いてしまい、外国の模倣に頼ることになるから。
ウ　日本独自の伝統は、年金問題や核の問題等、現代文明の行き詰まりを解消し、社会を新たな方向へと導くことができるから。
エ　伝統は文化的な基盤として国を支えるものであり、日本独自の伝統は日本が現在抱えている問題の解決につながるかもしれないから。

問5　傍線部③「日本語というのは限定しない代わりに、ふわふわと漂うあいまいな事柄も上手にすくいとることができる。ある程度の広がりをもっている言葉を、その広がりのまま捉えることが可能な言語なんです」とあるが、日本語ではなぜこうしたことが可能になるのか。二十字以内で答えよ。

問6　傍線部④「今の時代に適ったかたちで言葉を使っていく」とあるが、これは言葉をどのように使っていくことだと考えられるか。その説明としてふさわしいものを、次のア～エから一つ選び、記号で答えよ。

ア　国際化が進んでいる現代に合わせつつ、自国の言葉の意義を確認できるように使っていくこと。
イ　外国との付き合いが不可欠となっていく中で、合理性という視点も考慮して使っていくこと。
ウ　日本語に固有な言葉の使い方を改め、日本人も外国人も納得するように使っていくこと。
エ　日本と他国との言葉の使い方の違いを認識し、日本語にない要素を発見できるように使っていくこと。

問7　筆者は、日本人が外国の言葉を上手に使えないのは、どういう事情が大きく関係していると考えているか。その答えとしてふさわしいものを、次のア～エから一つ選び、記号で答えよ。

ア　意味を一つだけに限定して単純明快に論旨を組み立てるという技術は、日本が国際化していくなかで学んでいったものなので、日本人が扱うのは元々苦手であるという事情。
イ　日本人は象形文字の流れを受け継ぐ表意文字を使っているため、意味の広がりをそのまま捉えて言葉の中に組み込む癖が身についてしまっているという事情。
ウ　漢字における表音よりも表意にこだわる日本人は、意味の広がりをそのまま捉える能力に優れている一方で、音に対する聴これほど悲惨なことはない。
加えて、西洋の伝統からきた文明や技術の発展は、今や行き詰まりを迎えつつあるんです。年金問題も、核の問題も、すべて西洋で生まれた考え方に由来しています。日本は現代社会を形作るうえで、その文明を借りてきたはいいけれど、今になって行き詰ってしまった。そして残念なことに、西洋の文明の力では、この行き詰まりの是正がなかなかできない。でも、東洋の文明——さらにいえば日本独自の伝統なら、その行き詰まりをやわらげるか、是正する力になるかもしれない。そう考えると、②伝統というのはそう簡単には手放してはいけないものだということがわかるでしょう。
ところが、日本語はどうもはっきりしない、意味をしっかり限定していないと批判される。これは外国人の多くが感じていることであると同時に、外国語のできる日本人も同様に思っていることのようです。
たしかに日本語という言語は、いくつかの難点も持っています。いうなれば、非常に悠長な言語です。表現したい内容を強く限定して投げつけることが上手でない。それに、何か危機が起こったときに発するeケイコクの言葉の力が弱い。他の国の言語に比べて命令形がそれほど発達していない。その命令形が動かす心情自体も強くない。そういう意味では、大変やわらかな言語ともいえます。
それから先にいったように、漢字をかなに、かなを漢字に、頭の中で変換しながら話したり聞いたりしていることの弊害も挙げられるでしょう。もちろん咄嗟《とっさ》のことだから、僕らは意識していない。だけど大変な危機に瀕《ひん》したとき、ひと呼吸、ふた呼吸遅れる恐れはある。
その一方で、限定ばかりしていくと、こぼれ落ちてしまう事柄もたくさんある。③日本語というのは限定しない代わりに、ふわふわと漂うあいまいな事柄も上手にすくいとることができる。ある程度の広がりをもっている言葉を、その広がりのまま捉えることが可能な言語なんです。
一般的に外国の言葉を使うのが下手なのは、日本人と韓国人だと言われています。でも日本人と比べれば、韓国人の方がよほど上手でしょう。そう言われる理由の一つに、日本語には「子音の種類が少ない」という特徴が挙げられるそうです。つまり、子音に対する聴覚が発達していない。だからその土地に送られて二ヵ月から三ヵ月、あるいは半年くらい経ないと、そこで使われている言葉を聞き取るだけの聴覚が身につかないんだそうです。まあ、たしかにそういう面はあるでしょう。でも、問題はもっと根本的な部分に存在しているような気がします。
私たちの使う漢字というのは表意文字です。昔々にさかのぼれば、元は象形文字なんですよ。漢字の持つ意味はたいそう広い。私たち日本人は、その意味の深さをたった一文字の中に含んで使っているわけです。つまり、ある意味の広がりを、そっくりそのまま捉えて言葉の中に組み込む能力が日本人にはある。無論、漢字というのは中国からのものですよね。しかし、現在の中国語は、近代日本語の構造をだいぶ受けて、かなり表音化しているそうです。むしろ日本語のほうがまだ表意にこだわっている。
そもそも日本人には、意味を一つだけに限定して、単純明快に論旨を組み立てるという習慣が薄かったともいえる。そういう技術は異国の人たちと交わるうちに学んで教えられたことで、時代が進むにつれてずいぶん慣れたものの、本来はやっぱり、苦手なのかもしれない。
ある事柄を、ある広がりのままに表現して伝える。聞く方も、ある広がりのままに聞いて答える。あるいは、その広がりを自分の中に留《とど》める。そういうやりとりのほうが、長い歴史の中で培ってきた日本人のもともとの性分なのかな、という気がします。
しかしながら時代が移り変わり、ますます国際化が進むにつれて、言葉のあり方も変わってきている。もともとの性分と、後から流入した使い方との間で、現代の僕らの言葉は分裂しているんですよね。これからは、少し悲しいことではあるけれど、伝統をそのまま続け

二〇二二年度 巣鴨高等学校

【国語】（六〇分）〈満点：一〇〇点〉

（注意）字数指定のある問題は、句読点やかぎかっこなどの記号も字数に含めます。

一 次の文章を読んで、後の問いに答えよ。

ところで、「世界で一番わかりにくいのは、日本語とアラビア語だ」と外国人はこんなふうに文句を言うらしい。まあ、たしかに日本語というのはかなり変わった言語体系ではあります。

じつは、日本以外の世界に住んでいるあらかたの人びとは（注1）バイリンガルだともいえます。ひとつに限らずいろんな言語を話せることが多い。たとえばアメリカだったら、英語だけじゃなく、むしろスペイン語のほうが通用する地域というのもある。同じように、どの国でもたいてい二ヵ国語くらいは通用することが多い。

それに引き換え、日本人は（注2）モノリンガルだといえるでしょう。日本語以外の言語が通用する地域というのは、まずありえない。日本語というのは言葉と国籍が直結した、いわば体質的な言語だということです。だから外国語を話すことが下手なんじゃないかと言われてしまう。

その考えはたしかに成り立つ。ただ私は、逆にこんなふうにも思うんです。「日本語ほどバイリンガルな言葉はないのかもしれないな」と。

日本語には「かな」と「漢字」がありますよね。この二つは、姿も体系もまったく異なっている。「かな」から「漢字」へ、「漢字」から「かな」へ、私たち日本人はそのひとつひとつの切り替えを、読むときばかりでなく話すときもaシュンジにこなしているんです。パソコンだったらこの変換は機械がやってくれるわけだけど、日常的なやりとりではそうはいかない。その膨大な量の変換を常に頭の中で行うことになる。そりゃあ疲れるはずですよね。

そのぶん、翻訳は非常にうまい。それから、外国から入ってきた技術を理解して覚えるのも大層うまいといえます。

明治bイシンのとき、西洋文明の流入と同時に、それまでの日本語の概念になかった言葉も大量に入ってきました。日本人は、それらになんとか漢字をあてて訳して使ったわけです。たとえば「認識」とか「観念」だとかが代表的な例ですね。それを明治の初めのうちに見事にやってのけた。①これは、皆さんが想像している以上に高度な作業なんですよ。

ちなみに今の中国語の中で、政治にかかわるものなど公的に使う言葉の多くは、日本が明治の頃につくった造語を適用しています。それこそ「政治」や「経済」、「民主主義」や「共産主義」といった言葉が良い例です。いうなれば、言葉の逆輸入ですね。もともと中国で生まれた漢字が、日本で進化を遂げ、新しい姿で中国に流入している。これも大変おもしろい現象だといえるでしょう。

こんなふうに、かなと漢字という、まったく異なった姿のものを同時に使いこなしてきたのが日本人の特殊性であり特長ともいえるでしょう。これに対し、合理化が進む現代においては「こんな煩わしいことはやめろ、いっそcヒョウジュン語を英語にしてしまえ」という考え方もあります。［A］、すでに社員全員に英語をしゃべらせている会社もあるくらいです。たしかに、外国人との伝達の際にはメリットがあるでしょう。しかし母国語を失った国というのはじつに惨《みじ》めなものです。

伝統というのは、まさしく「言葉」なんです。その言葉を奪われてしまうということは、足場がない状態とまったく同じ。立つにも歩くにも走るにも、ただ外国の模倣によることになる。［B］日本がこれまでの長い歴史の中でdキズいてきた伝統は、西洋の伝統とはずいぶん異なっています。その基礎を捨て去って、今さらまるごと西洋から借りなければならないなんて、人間の文化にとって

2022年度／巣鴨高等学校

英語解答

1
1 (例)私の知っている司書の大半が，暗くなった後に１人で図書館にはいたがらないだろう。
2 ア　3 tail
4 (例)隠れたデューイを探す時間を，「私」がほとんどもらえなかったから。(32字)
5 A…ウ　B…ア　C…イ
6 ウ　7 エ　8 ウ，カ

2
1 エ
2 (例)飼い犬が自らの名前を知っているかどうかがわかればより良い飼い主となり，もっと自分の犬のことを理解するのに役立つだろう
3 イ　4 ア　5 エ
6 age　7 ウ

3
① from that of the everyday office worker
② get about five hours of sleep a
③ have to get used to sleeping
④ to keep their food from going away

4
(1) (例)How far is it from
(2) (例)Can you help me with
(3) (例)Why don't you take some〔a〕
(4) (例)about twice as tall as

5
〔問題A〕 (1)…ウ　(2)…エ
〔問題B〕 I don't know
Talk to you later
〔問題C〕 (1)…イ　(2)…エ

1〔長文読解総合―エッセー〕

≪全訳≫❶あなたは今までに閉館後の図書館にいたことはあるだろうか。もちろんないだろう！(あるいは，少なくとも私はそうではないことを望む。)　さて，お話ししよう。閉館後の図書館は寂しい場所だ。とても静かで，何列もの書棚があなたを不安にさせる暗い角をたくさんつくり出す。私の知っている司書の大半は，暗くなった後に１人で図書館にはいたがらないだろう。だが私はほぼ毎晩，他の皆が帰宅した後にスペンサー公立図書館で働いていたのだが，怖かったことはなかった。私は強かった。頑固だった。そして何より，私は１人ではなかった。デューイがいたのだ。❷仕事中，デューイは私のコンピュータ画面の上に座って，しっぽをゆっくりと動かしていた。私が仕事をやめると，彼はいつもキーボードの上に飛び降りた。「おしまい」と彼は言ったものだった。「遊ぼうよ」と。デューイはタイミングに関して驚くほどの勘の鋭さを持ち合わせていた。❸「わかったよ，デューイ」と私は彼に言った。「お先にどうぞ」❹デューイのゲームはかくれんぼだったから，私がこの言葉を口にした途端，彼は角を回って急いで走り去ったものだった。私はよく，オレンジ色の長い毛をした猫の後ろ半分をすぐに見つけた。デューイにとって，隠れるとは書棚の中に頭を入れることを意味し，彼は自分にしっぽがあることを忘れているようだった。❺「デューイはどこだろう？」と彼に忍び寄りながら私は声に出して言った。「ワッ！」　私が数フィート以内に近づいて叫ぶと，デューイは走っていった。❻彼はもっと上手に隠れることもあった。私が２，３の書棚を歩き回っても見つからず，それから角を曲がるとデューイが満面の笑みを浮かべながら私の方に向かって意気揚々と歩いていることもあったのだ。❼「僕を見つけられなかった！　僕を見つけられなかった！」❽「不公平だよ，デューイ。20秒しかくれないんだもん」❾彼はとても狭い場所に音を立てずにいたこともあった。私は５分間探した後に彼の名前

を呼び始めたものだ。「デューイ！　デューイ！」　その暗い図書館はちょっと恐ろしくなりもしたが，私はいつもデューイがほんの数フィート先に隠れて，私のことを笑っている姿を想像した。❿「わかったよ，デューイ，もう十分だよ。A お前の勝ちだ！」⓫反応なし。あの猫はどこにいるのか？　私が降参しかけたまさにそのときに，振り返るとそこに彼がいた。彼は通路の真ん中に立って，私を見ていた。⓬「おお，デューイ，お前は賢いね。B じゃあ，僕の番だな」⓭私は走って書棚の陰に隠れると，２つのうち１つのことが毎回起きた。私が隠れようとする場所へ行き，振り向くと，デューイがちょうどそこに立っていたのだ。彼は私についてきていたのだ。⓮「見っけ。楽勝だったよ」⓯彼が好きだったもう１つのことは，書棚の反対側を走って回り，私が隠れる場所に私より先に行き着くことだった。⓰「ああ，ここは君が隠れようと思っている場所なの？　僕はそれがわかっていたからね」⓱私は笑って，彼の耳の後ろを優しくなでたものだった。「すごいね，デューイ。少しだけ走ろうか」⓲私たちは書棚の間を走り，通路の端で落ち合ったものだった。15分後には，私は自分の悩み事などすっかり忘れていた。私を悩ませていたどんなことも消えていた。よく言われるように，心の負担が取り除かれたのだ。⓳「オーケー，デューイ。C 仕事に戻ろう」⓴デューイは決して不満を言わなかった。私がよじ登って椅子に戻ると，彼はよじ登ってコンピュータの上に戻り，画面の前でしっぽを動かし始めたものだった。今度私が彼を必要としたときには，彼はそこにいるだろう。21デューイとかくれんぼで遊ぶことで，私は耐えがたい数々の夜を乗り切れた。あるいは，私が泣いている間，デューイは私のひざの上に頭を置いてかぼそい声で鳴いたり，または私の顔の涙をなめていたりしたと言った方がいいかもしれない。そうすればわかってもらえるだろう。そしてそれはほとんど本当のことだった。なぜなら，ときどき天井が私の上に崩れ落ち始めて，目に涙を浮かべてふと自分のひざに目を落とすと，そこに，まさにいてほしいその場所にデューイはいたからだ。22デューイは愛情深い猫だった。それでも彼は猫だったので，自分だけの空間が好きだった。だが，彼は私がいつ温かい身体を必要としているのかを常に把握していて，いつかくれんぼというたわいのない，頭を使う必要のない遊びが私にとって最も有効であるかを心得ていた。23彼は考えることもなく，何か見返りを求めることもなく，私が頼まなくても，私が必要とするものを与えてくれていたのだ。それは単なる愛情ではなかった。それ以上のものだった。それは敬意だった。共感だった。そして逆もまた然りだった。そのつながりをデューイと私は出会ったときに感じていただろうか。図書館で２人きりで過ごしたそうした夜が壊すことのできない絆へと発展したのだ。

1＜英文和訳＞文の動詞はwon't stayなので，Most of the librarians I knowまでが主語。librariansとIの間には目的格の関係代名詞が省略されていると考えられる。stay aloneは'stay＋形容詞'「～の(状態の)ままでいる」の形で「１人でいる」。 most of ～「～の大半」 after dark「暗くなった後に」

2＜適語句選択＞空所の前で，「私」が仕事をやめるタイミングでいつもデューイが「遊ぼう」と促しに来る様子が描かれている。 terrible「ひどい」 ordinary「普通の，平凡な」 narrow「狭い」

3＜適語補充＞この前の内容から，デューイは隠れる際に多くの場合，頭だけを書棚に入れていたことがわかる。頭だけ隠れているということは，体の後ろ半分は見えていたということ。１語という指定があるので，体の後ろの部分を象徴する言葉を考える。第２段落第１文にtailがある。

4＜文脈把握＞下線部直後にYou only gave me twenty seconds.とあることから，「私」は隠れたデューイを探す時間をほとんどもらえなかったことを不公平だと感じていることがわかる。

5＜適文選択＞A．直前に that's enough「もう十分だ」とあることから，いくら探しても見つけられないデューイに対して降参を示す言葉が入るとわかる。　B．この後，「私」が隠れる番になっている。このturnは「順番，番」という意味。　C．この後では，「私」もデューイもかくれんぼをやめて仕事に戻っている様子が描かれている。　get back to ～「～に戻る」

6＜文脈把握＞下線部のweightは「重荷，負担」，liftは「(苦痛など)を取り除く」という意味を表す動詞。これらの意味がわからなくても，前の2文の内容から，「私」はデューイと遊んでいるうちに悩み事などをすっかり忘れてリラックスしている様子が読み取れる。

7＜文脈把握＞この段落の a lot of hard nights(第1文)，while I cried, the tears from my face(第2文)といった表現から，図書館での仕事の大変さが読み取れる。以上から，下線部の「天井が私の上に崩れ落ち始めた」は「仕事の重圧に押し潰されそうだった」という私の精神状態を表す比喩表現だとわかる。

8＜内容真偽＞ア…×　このような記述はない。　イ…×　第13段落参照。相手の後をこっそりついていくのはデューイ。　ウ…○　第15段落の内容に一致する。　エ…×　第22段落参照。オ…×　第23段落第1～5文参照。愛情だけでなく敬意や共感も込められていた。　カ…○　第23段落最終文の内容に一致する。

2〔長文読解総合―説明文〕

≪全訳≫❶あなたは初めて家に犬を連れて帰ったとき，彼にぴったりの名前を選びたいと思っていた。それはあまりありきたりではなく，独特かつ独創的で，その小さくてかわいらしい個性をまさにとらえていた。❷そのうち，あなたは飼い犬が自らの名前を覚えたと思う。というのも，名前を呼べばその犬はあなたのもとへやってくるのだから。しかし，名前ではなく，あなたの声の調子や散歩用のひもの音，あるいはあなたがえさの入った袋を開けたときに立てる音に反応している可能性はあるだろうか。❸あなたは，犬が自らの名前をわかっているのかどうか，そしてそれはなぜなのか不思議に思っている。あなたは，飼い犬が自らの名前を知っているかどうかがわかればより良い飼い主となり，もっと自分の犬のことを理解するのに役立つだろうと信じている。❹犬は利口な動物で，平均約165語の言葉がわかるが，自分がスパーキーかファイドなのかは実際にはわかっていない。その代わりに，彼らは言葉がどのように聞こえるかを認識している。あなたの飼い犬は自らの名前を聞いて理解したり，「自分の名前はスパーキーだ」と正確に推測したり思ったりはしないが，「スパーキー」という音の聞こえ方に反応するのだろう。彼は命令としてその音を理解するのだ。あなたが「スパーキー」と言うと，③彼はあなたのところへ行った方がいいことがわかるのである。❺あなたの飼い犬はあなたと家に帰ってすぐには自らの名前を理解しないだろう。もしその犬が初めて名前をつける生まれたばかりの子犬か，あなたが新しく別の名前をつける年長の犬であれば，あなたがいつ彼を呼んでいるかを彼が理解するための訓練を用いることができる。❻犬に自らの名前を教えるときは，必ず正の強化だけを使うようにすることだ。犬は負の強化にはあまり反応しない。あなたが何度も怒鳴ったり怒ったりすると，彼らはただあなたを怖がって悪い行動を示すだけかもしれない。❼飼い犬に自らの名前を教えるためには，彼の名前を言って，彼があなたを見たら正の強化として価値の高いご褒美をあげるといい。彼らがそっぽを向いたときは，このプロセスを繰り返す。1日に何度も休むことなくこのプロセスを3～5回行えば，飼い犬は自らの名前を認識し始めるだろう。「スパーキー，こっちにおいで！」と言う代わりに名前だけを単独で言えば，飼い犬もより余裕が持てるだろう。彼の注意を引きたいときは，「スパーキー！」とだけ言うようにするといい。❽前述したように，犬は自らの名前がスパーキーだとはよくわかっておらず，むしろ命令として音に反応している。しかし，2週間にわたって常に同じ方法で犬にその名前を教え続けたら，その訓練期間後2日以内には名前を覚えられるはずだ。もちろん，あなたがどれくらい一貫して訓練に取り組めるかにもよるだろう。うまくやり遂げたければ，必ず正の強化でそのプロセスをずっと繰り返すようにすることだ。❾飼い犬の年齢や品種もそのプロセスがどれくらいかかるかに影響を及ぼしうる。子犬は年長の犬よりも覚えが早いし，より早く訓練に反応する品種もいるだろう。❿子犬はいつも新しいことを学んでいる。例えば，彼らはあなたの声の調子を聞いて学ぶ。もしあなたが大きく高い声で彼に話しかけたら，あなたが犬のことを誇らしく思っていることがわかって，彼は興奮するだろう。もしあなたが小さく低い声で彼に話しかけたら，飼い犬は何か悪いことをしたと気づくかもしれない。彼のしっぽと頭が下がるかもしれない。もしあなたが小さく高い声で彼に話しかけたら，彼の緊張はほぐれるだろう。

1＜適語選択＞空所を含む文の内容から，It wasn't too (　)が，It was unique や It was creative と同じような意味になると考えられる。not too common ≒ unique ≒ creative という関係を読み取る。　common「ありふれた」

2＜英文和訳＞learning will be helpful「学ぶことは役に立つ」が文の骨組み。動名詞 learning の目的語として whether or not ～「～かどうか」が置かれている。　be helpful in ～ing「～するのに役立つ」

3＜適文選択＞直前の文に，犬は名前を呼ばれると，その音を命令として理解するとあるので，命令だと考えた犬がその結果としてとる行動となるものを選ぶ。

4＜要旨把握＞下線部の「訓練」の内容は，続く第6，7段落に書かれている。その内容に合うものを選ぶ。

5＜語句解釈＞この consistent は「首尾一貫した」という意味。同じ段落の最終文にある always repeat the process が consistent の言い換えになっていることを読み取る。　over the course of ～「～の間にわたって」

6＜適語補充＞空所を含む文の内容は，次の文で具体的に説明されている。age → Puppies learn faster than older dogs および breed → some breeds may be faster to respond to training という対応関係を読み取る。

7＜内容真偽＞最終段落参照。　ア…×　最後の3文参照。　イ…×　第3文参照。　ウ…○　第4文の内容に一致する。　エ…×　最終文参照。

3〔長文読解―整序結合―説明文〕

≪全訳≫❶今までに宇宙船から窓の外を見て，眼下に地球を見るのはどのような感じだろうかと思ったことはあるだろうか。無重力環境がどのようなものか想像することはできるだろうか。もしあなたが国際宇宙ステーションの宇宙飛行士なら，これは毎日のスケジュールの一部かもしれない。明らかに，宇宙飛行士の平均的な1日は，①平凡な会社員のそれとは天地の差がある。❷まず第一に，宇宙飛行士の1日の生活には，宇宙ステーションが地球を周回するので，15回もの日の出が含まれるかもしれない。

そんなわけで，宇宙飛行士はよく時間の感覚を失う。しかし彼らはなお通常のスケジュールを続けて，1晩②につき約5時間の睡眠をとろうと努力する。扇風機の隣で眠るのが最善だ。宇宙空間では，人間が吐き出す熱い空気は立ち昇らないため，自分で吐き出した二酸化炭素を吸い込むのではなく，新鮮な酸素を十分に取り込んでいることを確認する必要がある。彼らはまた，騒がしい環境で③眠ることに慣れなければならない。宇宙ステーション内の音は常に作動している掃除機のようだと言う人もいるのだ。目が覚めたら，宇宙飛行士は1日3度の食事のうち1度目を食べる。彼らは④食べ物がどこかへ行ってしまわないように注意しなければならない。なぜなら，そのことが宇宙ステーションの機械を破損させるかもしれないからだ。このようなわけで，宇宙飛行士はストローを使って飲み物を飲む。❸無重力環境により人間は筋肉や骨を失うことがあるので，宇宙飛行士はたくさん運動をする必要がある。彼らは体を鍛えて丈夫な感覚を保てるように自分自身を運動用の自転車に縛りつける。

＜解説＞①語群とその前にある内容から，宇宙飛行士の平均的な1日と普通の会社員の1日を比べた文だと考えられる。differentの後にfromを置き(be light years different from ～はbe different from ～のbeの後に‘差’を強調する語句が入った形)，thatをaverage dayを受ける代名詞として用いればthat of the everyday office workerとまとまる。　②語群と前後の内容から，「1晩につき約5時間の睡眠をとる」といった意味になると推測できる。get ～ hours of sleepで「～時間の睡眠をとる」という意味を表せる。また，a nightで「1晩につき」という意味になる。　③have to「～しなければならない」とget used to ～ing「～することに慣れる」の形を組み合わせる。④‘be careful＋to不定詞’で「～するように注意する」という意味を表せるので，carefulの後にto keepを置く。‘keep … from ～ing’で「…が～しないようにする」という意味を表せるので，their food「食べ物」がgoing away「どこかへ行か」ないようにするという意味にまとまる。

4〔和文英訳―部分記述―対話文〕

(1)A：東京から京都までどれくらいだっけ？／B：ええと，たぶん300キロぐらいかな？　よくわからないや。インターネットで調べた方がいいよ。／／「～から…までどれくらいですか」は，‘How far is it from ～ to …?’で表せる。

(2)A：明日の宿題，手伝ってくれないかな？　答えがわからないんだ。／B：いいよ。どの問題？／A：ありがとう。問2をお願い。／／「～してくれませんか」は，Can you ～?で表せる。「明日の宿題，手伝って」は「私の明日の宿題を手伝って」と考え，‘help＋人＋with＋物事’「〈人〉の〈物事〉を手伝う」の形で表す。

(3)A：どうしたの？　顔色が良くないよ。／B：今日は頭痛がひどいんだ。／A：少し休んだらどう？　今日はずいぶん勉強しているからね。／／「～してはどうですか」は，Why don't you ～?で表せる。「少し休む」はtake some〔a〕rest。

(4)A：あそこのあの高い塔は何？／B：知らないの？　東京スカイツリーだよ。高さが634メートルあるんだ。東京タワーの倍くらいあるんだよ。／／「…の倍～」は‘twice as ～ as …’の形で表せる。本問は「倍くらい」なので，about twiceとする。

5〔放送問題〕解説省略

数学解答

1 (1) $2\sqrt{3}$　(2) 217　(3) $\dfrac{2}{5}$

(4) $a=1$，$b=-1$

(5) $CD=\dfrac{15}{7}$，$AP=\dfrac{9}{8}$

(6) $OP=\sqrt{13}$，$\triangle POM=3$

2 (1) $\dfrac{3}{25}x$g　(2) $-\dfrac{3}{2000}x^2+\dfrac{9}{50}x$g

(3) 20g

3 (1) $P\left(-\dfrac{5}{3},\ 1\right)$，$Q\left(\dfrac{10}{3},\ 4\right)$

(2) $\left(\dfrac{5}{3},\ 1\right)$　(3) $y=-\dfrac{9}{5}x+4$

4 (1) (例)△APC と △AQD において，正三角形より，AP＝AQ……①，AC＝AD……②　また，∠PAC＝∠PAQ－∠CAQ＝60°－∠CAQ……③，∠QAD＝∠CAD－∠CAQ＝60°－∠CAQ……④　③，④より，∠PAC＝∠QAD……⑤　①，②，⑤より，2組の辺とその間の角がそれぞれ等しいので，△APC≡△AQD

(2) $10\sqrt{3}$　(3) 120°

1〔独立小問集合題〕

(1)＜数の計算＞$x^2-y^2=(x+y)(x-y)$と変形できる。$x+y=\dfrac{2+\sqrt{3}}{2}+\dfrac{2-\sqrt{3}}{2}=\dfrac{4}{2}=2$，$x-y=\dfrac{2+\sqrt{3}}{2}-\dfrac{2-\sqrt{3}}{2}=\dfrac{2+\sqrt{3}-2+\sqrt{3}}{2}=\dfrac{2\sqrt{3}}{2}=\sqrt{3}$ だから，与式$=2\times\sqrt{3}=2\sqrt{3}$ となる。

(2)＜数の計算＞$\sqrt{1}=1$，$\sqrt{4}=2$より，$1<\sqrt{2}<\sqrt{3}<2$だから，〔$\sqrt{1}$〕＝〔$\sqrt{2}$〕＝〔$\sqrt{3}$〕＝1となり，$\sqrt{4}=2$，$\sqrt{9}=3$より，$2<\sqrt{5}<\sqrt{6}<\sqrt{7}<\sqrt{8}<3$だから，〔$\sqrt{4}$〕＝〔$\sqrt{5}$〕＝〔$\sqrt{6}$〕＝〔$\sqrt{7}$〕＝〔$\sqrt{8}$〕＝2となる。以下同様にして，$\sqrt{9}=3$，$\sqrt{16}=4$，$\sqrt{25}=5$，$\sqrt{36}=6$，$\sqrt{49}=7$，$\sqrt{64}=8$より，〔$\sqrt{9}$〕＝〔$\sqrt{10}$〕＝……＝〔$\sqrt{14}$〕＝〔$\sqrt{15}$〕＝3，〔$\sqrt{16}$〕＝〔$\sqrt{17}$〕＝……＝〔$\sqrt{23}$〕＝〔$\sqrt{24}$〕＝4，〔$\sqrt{25}$〕＝〔$\sqrt{26}$〕＝……＝〔$\sqrt{34}$〕＝〔$\sqrt{35}$〕＝5，〔$\sqrt{36}$〕＝〔$\sqrt{37}$〕＝……＝〔$\sqrt{47}$〕＝〔$\sqrt{48}$〕＝6，〔$\sqrt{49}$〕＝〔$\sqrt{50}$〕＝7となる。よって，与式$=1\times3+2\times5+3\times7+4\times9+5\times11+6\times13+7\times2=217$である。

(3)＜確率—カード＞2枚の$\boxed{1}$のカードを$\boxed{1_a}$，$\boxed{1_b}$と区別する。6枚のカードから順番に3枚のカードを取り出すとすると，取り出し方は，1枚目は6通り，2枚目は5通り，3枚目は4通りあるから，全部で$6\times5\times4=120$(通り)ある。この場合，例えば$\boxed{2}$，$\boxed{3}$，$\boxed{4}$の3枚のカードの取り出し方を，$\boxed{2}\to\boxed{3}\to\boxed{4}$，$\boxed{2}\to\boxed{4}\to\boxed{3}$，$\boxed{3}\to\boxed{2}\to\boxed{4}$，$\boxed{3}\to\boxed{4}\to\boxed{2}$，$\boxed{4}\to\boxed{2}\to\boxed{3}$，$\boxed{4}\to\boxed{3}\to\boxed{2}$の6通りとかぞえているが，同時に取り出す場合，これらは同じ取り出し方であり，1通りとなる。よって，120通りの中に同じ取り出し方となるものが6通りずつあるから，同時に取り出すときの取り出し方は，$120\div6=20$(通り)ある。このうち，カードに書かれた数字の和が7以下になるのは($\boxed{1_a}$，$\boxed{1_b}$，$\boxed{2}$)，($\boxed{1_a}$，$\boxed{1_b}$，$\boxed{3}$)，($\boxed{1_a}$，$\boxed{1_b}$，$\boxed{4}$)，($\boxed{1_a}$，$\boxed{1_b}$，$\boxed{5}$)，($\boxed{1_a}$，$\boxed{2}$，$\boxed{3}$)，($\boxed{1_a}$，$\boxed{2}$，$\boxed{4}$)，($\boxed{1_b}$，$\boxed{2}$，$\boxed{3}$)，($\boxed{1_b}$，$\boxed{2}$，$\boxed{4}$)の8通りだから，求める確率は$\dfrac{8}{20}=\dfrac{2}{5}$となる。

(4)＜連立方程式—解の利用＞$3x+2y=14$……①，$ax+by=3$……②，$bx-ay=-5$……③，$4x-5y=11$……④とする。①と②，③と④の2つの連立方程式の解が一致するとき，①～④のx，yの値は同じになるので，①と④を連立方程式として解く。①×4－④×3より，$8y-(-15y)=56-33$，$23y=23$　$\therefore y=1$　これを①に代入して，$3x+2\times1=14$，$3x=12$　$\therefore x=4$　よって，②，③の連立方程式の解も$x=4$，$y=1$だから，②に代入して，$a\times4+b\times1=3$より，$4a+b=3$……⑤，③に代入して，$b\times4-a\times1=-5$より，$-a+4b=-5$……⑥となり，⑤，⑥を連立方程式として解く。⑤×4－⑥より，$16a-(-a)=12-(-5)$，$17a=17$　$\therefore a=1$　これを⑤に代入して，$4\times1+b=3$　$\therefore b=-1$

(5)＜平面図形—長さ＞右図1の△CDEと△ABEで，共通な角より∠CED＝∠AEBである。△BCDの外角より∠DCE＝∠BDC＋∠CBDであり，$\overset{\frown}{BC}$に対する円周角より，∠BDC＝∠BAC＝60°，$\overset{\frown}{CD}$に対する円周角より∠CBD＝∠CADだから，∠DCE＝∠BDC＋∠CBD＝60°＋∠CAD＝∠BAEとなる。よって，△CDE∽△ABEだから，CD：AB＝CE：AEより，CD：3＝5：$\left(\frac{9}{7}+\frac{40}{7}\right)$が成り立つ。これを解くと，CD：3＝5：7，CD×7＝3×5より，CD＝$\frac{15}{7}$となる。次に，DE：BE＝CE：AEより，$\frac{40}{7}$：BE＝5：7が成り立つ。これを解くと，BE×5＝$\frac{40}{7}$×7より，BE＝8となるので，BC＝BE－CE＝8－5＝3である。このとき，AB＝BC＝3，∠BAC＝60°より，△ABCは正三角形となるので，AC＝AB＝3である。点Cを通り線分BDに平行な直線と線分DEとの交点をFとする。DB∥FCより，DF：FE＝BC：CE＝3：5となるから，DF＝$\frac{3}{3+5}$DE＝$\frac{3}{8}\times\frac{40}{7}=\frac{15}{7}$である。さらに，DP∥FCより，AP：PC＝AD：DF＝$\frac{9}{7}$：$\frac{15}{7}$＝3：5となるから，AP＝$\frac{3}{3+5}$AC＝$\frac{3}{8}\times 3=\frac{9}{8}$である。

図1

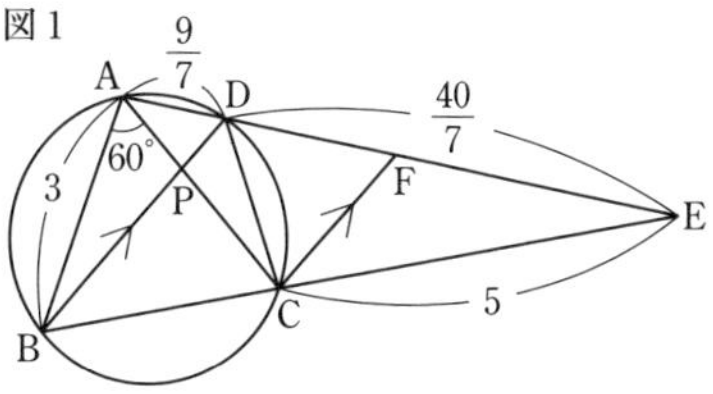

(6)＜空間図形—長さ，面積＞右図2で，2点O，Nを結ぶ。正四面体の各面は正三角形で，点Nは辺BCの中点だから，△OBNは3辺の比が1：2：$\sqrt{3}$の直角三角形となり，ON＝$\frac{\sqrt{3}}{2}$OB＝$\frac{\sqrt{3}}{2}\times 4=2\sqrt{3}$である。また，BN＝$\frac{1}{2}$BC＝$\frac{1}{2}\times 4=2$より，NP＝BP－BN＝3－2＝1となる。よって，△OPNで三平方の定理より，OP＝$\sqrt{ON^2+NP^2}=\sqrt{(2\sqrt{3})^2+1^2}=\sqrt{13}$となる。次に，2点A，Pを結ぶと，AC＝OC，CP＝CP，∠ACP＝∠OCP＝60°より，△ACP≡△OCPとなるから，AP＝OP＝$\sqrt{13}$である。よって，△POAは二等辺三角形であり，点Mは底辺OAの中点だから，PM⊥OAとなる。したがって，OM＝$\frac{1}{2}$OA＝$\frac{1}{2}\times 4=2$より，△POMで三平方の定理を利用して，MP＝$\sqrt{OP^2-OM^2}=\sqrt{(\sqrt{13})^2-2^2}=\sqrt{9}=3$となるから，△POM＝$\frac{1}{2}\times 3\times 2=3$である。

図2

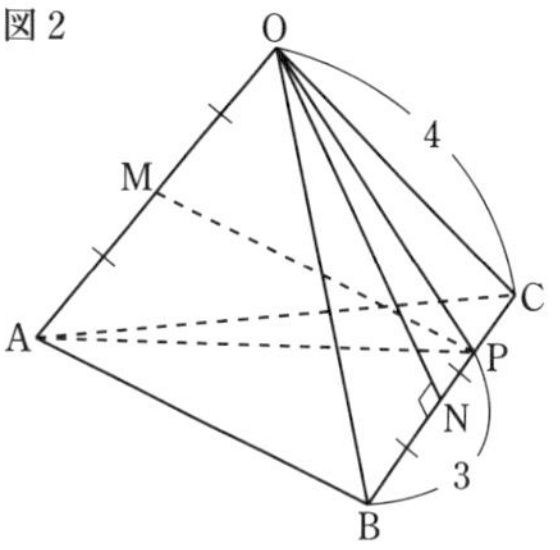

2 〔数と式—二次方程式の応用〕

(1)＜文字式の利用＞1回目に取り出したのは濃度12%の食塩水xgなので，含まれる食塩の量は$x\times\frac{12}{100}=\frac{3}{25}x$(g)である。

(2)＜文字式の利用＞濃度12%の食塩水120gに含まれる食塩の量は$120\times\frac{12}{100}=\frac{72}{5}$(g)である。この食塩水から$x$gの食塩水を取り出すと，残りの食塩水120－$x$gに含まれる食塩の量は，(1)より，$\frac{72}{5}-\frac{3}{25}x$gとなる。これに$x$gの水を入れると，食塩水の量は120gとなり，含まれる食塩の量は変わらないので，濃度は$\left(\frac{72}{5}-\frac{3}{25}x\right)\div 120\times 100=12-\frac{1}{10}x$(%)となる。よって，濃度$12-\frac{1}{10}x$%の食塩水$\frac{3}{2}x$gに含まれる食塩の量は$\frac{3}{2}x\times\left(12-\frac{1}{10}x\right)\div 100=-\frac{3}{2000}x^2+\frac{9}{50}x$(g)である。

(3)＜二次方程式の応用＞濃度7.5%の食塩水の量は120gだから，(1)，(2)より，濃度7.5%の食塩水120gに含まれる食塩の量は$\frac{72}{5}-\frac{3}{25}x-\left(-\frac{3}{2000}x^2+\frac{9}{50}x\right)=\frac{3}{2000}x^2-\frac{3}{10}x+\frac{72}{5}$(g)と表せる。よって，

含まれる食塩の量について，$\frac{3}{2000}x^2-\frac{3}{10}x+\frac{72}{5}=120\times7.5\div100$ が成り立つ。これを解くと，$3x^2-600x+28800=18000$，$3x^2-600x+10800=0$，$x^2-200x+3600=0$，$(x-20)(x-180)=0$　∴ $x=20$，180　$0<x<120$ だから，$x=20$(g)である。

3 〔関数—関数 $y=ax^2$ と一次関数のグラフ〕

≪基本方針の決定≫(2)　等積変形を利用する。　(3)　△PQRの形状に注目する。

(1)<座標>右図1で，2点P，Qは放物線 $y=\frac{9}{25}x^2$ と直線 $y=\frac{3}{5}x+2$ の交点だから，2式から y を消去して，$\frac{9}{25}x^2=\frac{3}{5}x+2$ より，$9x^2=15x+50$，$9x^2-15x-50=0$，$(3x)^2-5\times3x-50=0$，$(3x+5)(3x-10)=0$ となる。よって，$3x+5=0$ より，$x=-\frac{5}{3}$，$3x-10=0$ より，$x=\frac{10}{3}$ となる。これを $y=\frac{3}{5}x+2$ にそれぞれ代入して，$y=\frac{3}{5}\times\left(-\frac{5}{3}\right)+2=1$，$y=\frac{3}{5}\times\frac{10}{3}+2=4$ より，$\mathrm{P}\left(-\frac{5}{3},\ 1\right)$，$\mathrm{Q}\left(\frac{10}{3},\ 4\right)$ である。

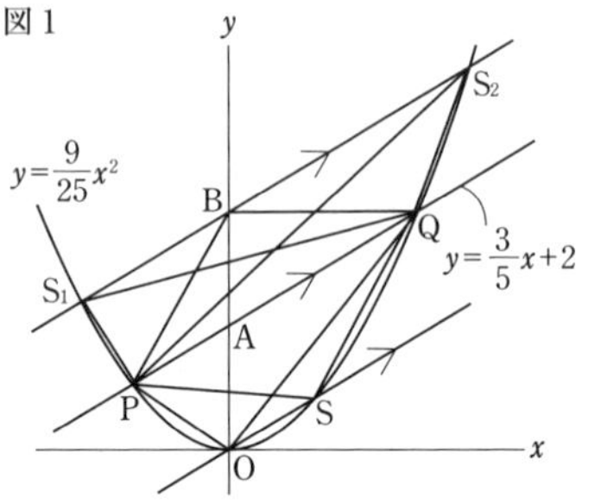

(2)<座標>右上図1で，まず，点Sが直線PQに対して点Oと同じ側にあるときを考える。△OPQ＝△SPQのとき，△OPQと△SPQの底辺をPQと見ると，高さが等しいので，PQ∥OSとなる。よって，点Sは点Oを通り直線PQに平行な直線と放物線 $y=\frac{9}{25}x^2$ との交点である。次に，点Sが直線PQに対して点Oと反対側にあるときを考え，このときの点Sを S_1，S_2 とする。直線PQと y 軸との交点をAとし，y 軸上に△OPQ＝△BPQとなる点Bをとると，AB＝OAとなる。直線PQの式は $y=\frac{3}{5}x+2$ であり，A(0，2)だから，OA＝2となり，AB＝2より，OB＝OA＋AB＝2＋2＝4となるから，B(0，4)である。△BPQ＝△S_1PQ＝△S_2PQのとき，3つの三角形の底辺をPQと見ると，高さが等しいので，3点 S_1，B，S_2 は一直線上にあり，PQ∥S_1S_2 となる。よって，2点 S_1，S_2 は点Bを通り直線PQに平行な直線と放物線 $y=\frac{9}{25}x^2$ との交点である。図1より，△OPQ＝△SPQとなる3つの点Sは x 座標が大きい順に S_2，S，S_1 となるので，x 座標が2番目に大きいのは点Sである。直線PQの傾きは $\frac{3}{5}$ だから，PQ∥OSより，直線OSの式は $y=\frac{3}{5}x$ となる。点Sは放物線 $y=\frac{9}{25}x^2$ と直線OSの交点だから，2式より y を消去して，$\frac{9}{25}x^2=\frac{3}{5}x$ より，$9x^2=15x$，$9x^2-15x=0$，$3x^2-5x=0$，$3x\left(x-\frac{5}{3}\right)=0$　∴ $x=0$，$\frac{5}{3}$　よって，点Sの x 座標は $\frac{5}{3}$ だから，これを $y=\frac{3}{5}x$ に代入すると，$y=\frac{3}{5}\times\frac{5}{3}=1$ となり，$\mathrm{S}\left(\frac{5}{3},\ 1\right)$ である。

(3)<直線の式>右図2で，点Rと2点P，Qをそれぞれ結び，2点P，Qから x 軸にそれぞれ垂線PH，QIを引く。点Sから最も遠いところにある点Tは，点Sと，円 D の中心を通る直線と円 D との交点である。(1)で，$\mathrm{P}\left(-\frac{5}{3},\ 1\right)$，$\mathrm{Q}\left(\frac{10}{3},\ 4\right)$ より，PH＝1，$\mathrm{RH}=\frac{7}{3}-\left(-\frac{5}{3}\right)=4$，$\mathrm{RI}=\frac{10}{3}-\frac{7}{3}=1$，QI＝4となる。よって，PH＝RI，RH＝QI，∠PHR＝∠RIQ＝90°より，2組の辺とその間の角がそれぞれ等し

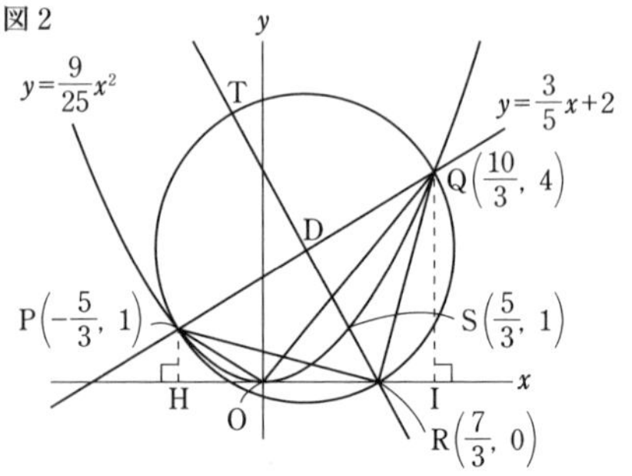

いので，$\triangle \mathrm{PHR} \equiv \triangle \mathrm{RIQ}$ である。これより，$\angle \mathrm{HPR} = \angle \mathrm{IRQ}$ となり，$\triangle \mathrm{PHR}$ で，$\angle \mathrm{HPR} + \angle \mathrm{PRH} = 180^\circ - \angle \mathrm{PHR} = 180^\circ - 90^\circ = 90^\circ$ より，$\angle \mathrm{IRQ} + \angle \mathrm{PRH} = \angle \mathrm{HPR} + \angle \mathrm{PRH} = 90^\circ$ となる。よって，$\angle \mathrm{PRQ} = 180^\circ - (\angle \mathrm{IRQ} + \angle \mathrm{PRH}) = 180^\circ - 90^\circ = 90^\circ$ だから，線分 PQ は円 D の直径である。したがって，円 D の中心を D とすると，点 D は 2 点 P，Q の中点だから，x 座標は $\left(-\frac{5}{3} + \frac{10}{3}\right) \div 2 = \frac{5}{6}$，$y$ 座標は $\frac{1+4}{2} = \frac{5}{2}$ より，$\mathrm{D}\left(\frac{5}{6},\ \frac{5}{2}\right)$ となる。直線 ST は 2 点 S，D を通り，(2)より $\mathrm{S}\left(\frac{5}{3},\ 1\right)$ だから，傾きは $\left(\frac{5}{2} - 1\right) \div \left(\frac{5}{6} - \frac{5}{3}\right) = -\frac{9}{5}$ となり，その式は $y = -\frac{9}{5}x + b$ とおける。これが点 S を通るので，$1 = -\frac{9}{5} \times \frac{5}{3} + b$，$b = 4$ より，直線 ST の式は $y = -\frac{9}{5}x + 4$ である。

4 〔平面図形―三角形〕

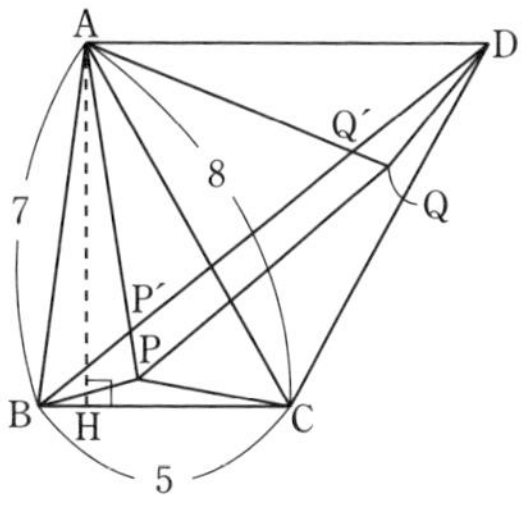

(1)＜証明＞右図で，$\triangle \mathrm{APQ}$ と $\triangle \mathrm{ACD}$ が正三角形であることから，$\mathrm{AP} = \mathrm{AQ}$，$\mathrm{AC} = \mathrm{AD}$，$\angle \mathrm{PAC} = \angle \mathrm{QAD}$ を示す。解答参照。

(2)＜面積＞右図で，点 A から辺 BC に垂線 AH を引き，$\mathrm{BH} = x$ とすると，$\mathrm{CH} = 5 - x$ となる。$\triangle \mathrm{ABH}$ と $\triangle \mathrm{ACH}$ で，それぞれ三平方の定理より，$\mathrm{AH}^2 = \mathrm{AB}^2 - \mathrm{BH}^2 = 7^2 - x^2$，$\mathrm{AH}^2 = \mathrm{AC}^2 - \mathrm{CH}^2 = 8^2 - (5 - x)^2$ と表せるので，$7^2 - x^2 = 8^2 - (5 - x)^2$ が成り立つ。これを解くと，$49 - x^2 = 64 - (25 - 10x + x^2)$ より，$10x = 10$，$x = 1$ となる。よって，$\mathrm{AH} = \sqrt{7^2 - 1^2} = \sqrt{48} = 4\sqrt{3}$ だから，$\triangle \mathrm{ABC} = \frac{1}{2} \times \mathrm{BC} \times \mathrm{AH} = \frac{1}{2} \times 5 \times 4\sqrt{3} = 10\sqrt{3}$ である。

(3)＜角度＞右上図で，2 点 B，P を結ぶ。$\triangle \mathrm{APQ}$ は正三角形だから，$\mathrm{AP} = \mathrm{PQ}$ となる。また，(1)より，$\mathrm{PC} = \mathrm{QD}$ だから，$\mathrm{AP} + \mathrm{BP} + \mathrm{CP} = \mathrm{PQ} + \mathrm{BP} + \mathrm{QD} = \mathrm{BP} + \mathrm{PQ} + \mathrm{QD}$ と表せる。$\mathrm{BP} + \mathrm{PQ} + \mathrm{QD}$ が最小となるのは，4 点 B，P，Q，D が一直線上に並ぶときである。このときの 2 点 P，Q を P′，Q′ とすると，$\triangle \mathrm{AP'Q'}$ は正三角形だから，$\angle \mathrm{AP'Q'} = 60^\circ$ より，$\angle \mathrm{AP'B} = 180^\circ - \angle \mathrm{AP'Q'} = 180^\circ - 60^\circ = 120^\circ$ である。

═読者へのメッセージ═

4(3)の $\mathrm{AP} + \mathrm{BP} + \mathrm{CP}$ が最小となるときの点 P は，数学者ピエール・ド・フェルマーがこの問題を考察したことから，フェルマー点と呼ばれています。

社会解答

1
問1　8月2日午前8時
問2　C…ウ　D…エ　問3　イ
問4　X…オ　Y…エ

2
問1　ア…B　河川名…北上川
イ…D　河川名…利根川
ウ…A　河川名…石狩川
エ…C　河川名…信濃川
問2　③…ク　⑤…コ
問3　記号…②
理由　(例)出生率より死亡率が高く，人口は自然には減少しているが，全体では増加しているから。(40字)

3
問1　8　問2　伊勢神宮
問3　埴輪
問4　(例)和の精神や天皇・役人・民衆の間の上下の秩序など，仏教や儒教の考え方を重んじて，天皇の命令には必ず従うなど，国家の役人としての自覚を持つ(67字)
問5　A…ア　B…平等院鳳凰堂
問6　2番目…イ　4番目…ア
問7　藤原定家　問8　ウ
問9　ク
問10　2番目…イ　4番目…ア
問11　オ　問12　エ
問13　新渡戸稲造
問14　サンフランシスコ

4
問1　1…冷戦　2…日米安全保障
問2　イ　問3　ウ　問4　ア
問5　イ　問6　ウ　問7　エ
問8　(例)居住・移転の自由や信教の自由。

1〔世界地理─総合〕

問1＜時差＞ロサンゼルスの経度は西経120度，日本の標準時子午線の経度は東経135度であり，日付変更線をまたがないように数えると，両都市の経度の差は255度である。経度15度につき1時間の時差が生じるので，両都市の時差は255÷15＝17時間である。また，日付変更線をまたがないかぎりは地球上の2地点間では東の方が時刻が早いので，東京の時刻はロサンゼルスの時刻を17時間早めたものになる。したがって，ロサンゼルスが8月1日午後3時のとき，東京は8月2日午前8時である。

問2＜世界の気候＞Cのペキンは，Bのモスクワと同じく，夏と冬の気温差が大きい冷帯〔亜寒帯〕に属する。しかし，ペキンの方がモスクワよりも緯度が低いので，ペキンの方がより温暖であると考えられる。したがって，同じ冷帯を示すイとウのうち，より平年気温の高いウがペキンに当てはまる。また，Dのシドニーは，Fのリオデジャネイロと同じく，南半球にあるため，北半球と季節が逆になる。シドニーの方がリオデジャネイロよりも緯度が高く，シドニーが温帯に属するのに対し，より赤道に近いリオデジャネイロは熱帯に属する。したがって，同じ南半球を示すエとカのうち，より平年気温の低いエがシドニーに当てはまる。なお，Aのロンドンは西岸海洋性気候を示すア，Bのモスクワは冷帯を示すイ，Eのロサンゼルスは地中海性気候を示すオ，Fのリオデジャネイロは熱帯を示すカである。

問3＜世界の気候＞冬に湿潤で夏には乾燥する気候は温帯の地中海性気候である。地中海性気候は，地中海沿岸地域や北アメリカの太平洋沿岸地域に分布する。したがって，地中海沿岸地域に属するイのポルトガルが当てはまる。なお，アのケニアの国土の多くは乾燥帯，ウのジャマイカ，エのブラジルの国土の多くは熱帯に属する。

問4＜世界の国々の産業と日本との貿易＞Aのロンドンはイギリス，Bのモスクワはロシア，Cのペキンは中国，Ｄのシドニーはオーストラリア，Ｅのロサンゼルスはアメリカ，Ｆのリオデジャネイロはブラジルにそれぞれ位置する。Ｘは，2017年１月に当時のトランプ大統領が環太平洋経済連携協定〔TPP〕から「永久に離脱」することを表明した，アメリカである。小麦は，世界的に見て比較的乾燥した温暖〜やや冷涼な土地で栽培される。この条件に適した地域は世界中に広がっているため，小麦は，生産に不向きな熱帯地域を除いて，国土面積の広い国が生産量の上位国を占める。また，アメリカは近年，日本に機械類や科学光学機器などを多く輸出している。したがって，表１より，小麦生産量が比較的多く，2017年の日本の輸入額の上位３品目に機械類や科学光学機器の含まれるオがＸに当てはまる。Ｙは，2020年１月31日にEUを離脱した国なので，イギリスである。イギリスは，面積が狭いために小麦生産量が面積の広い国に比べて少なく，また，近年，日本に自動車などを多く輸出している。したがって，小麦生産量が少なく，2017年の日本の輸入額の上位３品目に自動車の含まれるエがＹに当てはまる。なお，小麦生産量が世界第１位（2017年）で，工業化が進んだため，2000年から2017年で石炭産出量・鉄鋼生産量がともに大きく増加し，2000年・2017年ともに日本の輸入額の上位３品目に衣類が入っているアは中国，日本の輸入額の上位３品目に鉄鉱石などの鉱産資源が並んでいるイはオーストラリア，小麦生産量が世界第３位（2017年）で，2017年の日本の輸入額の上位３品目に原油などの鉱産資源が並んでいるウはロシア，国土の大部分が熱帯に属するため表１の６か国の中で小麦生産量が最も少なく，2017年の日本の輸入額の上位３品目に鉄鉱石やコーヒー豆が並んでいるカはブラジルである。

2〔日本地理―総合〕

問１＜河川＞Ａは北海道札幌市，Ｂは岩手県盛岡市，Ｃは新潟県新潟市，Ｄは群馬県前橋市，Ｅは徳島県徳島市である。アは，流路東側の北上高地と流路西側の奥羽山脈の間で，Ｂの盛岡市が位置する北上盆地を南に流れ，仙台平野を経て牡蠣の養殖が盛んな仙台湾に注ぐ北上川である。北上川に並行する東北自動車道の沿線地域の工業団地に半導体関連工場などが立地している。イは，流域面積が日本最大で，県北の越後山脈などからＤの前橋市や関東平野を流れ，人口や産業の集中する大都市圏に用水を供給し，下流部に霞ヶ浦が位置する利根川である。ウは，中・下流部に，かつて泥炭地が広がっていた石狩平野にいくつも三日月湖を形成し，Ａの札幌市を通り，石狩湾に注ぐ石狩川である。エは，下流部の越後平野が日本を代表する水田地帯となっており，Ｃの新潟市にある河口付近の水量を制限するために大河津分水路がつくられた信濃川である。この川は上流部の長野県では千曲川と呼ばれる。

問２＜都道府県の人口増減と産業別人口構成＞図１の①は秋田県，②は神奈川県，③は愛知県，④は島根県，⑤は沖縄県である。③の愛知県は，日本最大の工業地帯である中京工業地帯に位置する。したがって，表１より，他県に比べて鉱工業，建設業，製造業などの第２次産業人口の割合が高いクが当てはまる。⑤の沖縄県は，都道府県別の合計特殊出生率が全国で最も高く（2018年），観光業が盛んである。したがって，表１の５県の中で，人口増加率や出生率，商業やサービス業などの第３次産業人口の割合が最も高いコが当てはまる。

問３＜人口増減＞人口増減は，出生数と死亡数の差で示される自然増減と，人口移動による他の都道府県からの流入数と他の都道府県への流出数の差である社会増減の合計で表される。②の神奈川県は，合計特殊出生率が低いため，出生率が死亡率を下回り，人口の自然増減では減少していると考えられる。一方で，東京大都市圏の一部であるため，他の都道府県からの流入数の方が他の都道府県への流出数よりも多く，人口の社会増減では増加していると考えられる。したがって，表１で唯一，死亡率が出生率を上回っているにもかかわらず，人口増加率がプラスとなっているケが神奈川県に当てはまる。

3〔歴史―総合〕

問１＜古事記＞『古事記』は，８世紀(712年)にまとめられた，神話などをもとにして天皇が国を治めてきた歴史を記録した書物である。

問２＜伊勢神宮＞三重県にあり天照大神が祀《まつ》られた伊勢神宮には，江戸時代には「伊勢参り(お蔭参り)」として年間数十万人もの人々が参詣した。

問３＜埴輪＞古墳の上に並べられたのは埴輪であり，武人や家，動物など，さまざまな形のものがある。

問４＜十七条の憲法＞十七条の憲法には，「よく三宝を敬いなさい」などで仏教を，「役人は礼を重んじ」などで儒教を，それぞれ重んじる考え方が見られる。仏教・儒教は，ともに古墳時代に大陸から伝わった新しい思想であった。また，詔(天皇の命令)を受けたら必ず従うように求めるなど，政権を担う豪族たちに対して天皇を中心とする国家の役人としての自覚を求める内容となっている。

問５＜平等院鳳凰堂＞平安時代のものは，アの平等院鳳凰堂であり，浄土信仰が広まった11世紀の代表的な阿弥陀堂である。なお，イは唐招提寺にある鑑真の像，ウは正倉院にある螺鈿紫檀五絃琵琶，エは東大寺にある大仏で，いずれも奈良時代のものである。

問６＜年代整序＞年代の古い順に，エ(９世紀初め－真言宗・天台宗がひらかれる)，イ(901年－菅原道真の左遷)，オ(11世紀前半－藤原道長の活躍)，ア(1083～87年－後三年合戦)，ウ(1156年－保元の乱)となる。

問７＜藤原定家＞鎌倉時代，後鳥羽上皇の命令で編集された『新古今和歌集』の編者で，百人一首を選んだのは，藤原定家である。

問８＜史料の読み取り＞史料ウは「検地」や「関白」という言葉から関白であった豊臣秀吉が全国の田畑の面積や土地のよしあしを調べるように命じた太閤検地に関する史料である。したがって，これは安土桃山時代のもので，室町時代より後のものである。太閤とは，関白の位を譲った者をいい，この場合は秀吉を指す。なお，アは加賀の一向一揆，イは正長の土一揆，エは足利義満が明に使者を派遣して国交を開いたことに関する史料で，いずれも室町時代のものである。

問９＜長篠の戦い＞屏風絵は，1575年，織田信長が鉄砲を有効に使って甲斐(現在の山梨県)の大名である武田勝頼を破った長篠の戦いの様子を描いたものである。図Ａには木で組んだ柵や堀，鉄砲を利用している様子が描かれているので，織田信長や信長の家臣であった羽柴秀吉〔豊臣秀吉〕，信長と同盟していた徳川家康の軍である。これに対し，図Ｂには騎馬部隊が描かれているので，武田勝頼の軍である。

問10＜年代整序＞年代の古い順に，ウ(18世紀初め－正徳の治といわれた新井白石による政治の時代)，イ(18世紀前半－享保の改革を行った徳川吉宗の時代)，オ(18世紀後半－天明のききんで失脚した田沼意次の時代の末期～松平定信の時代の初期)，ア(18世紀末－寛政の改革を行った松平定信の時代)，エ(19世紀中頃－天保の改革を行った水野忠邦の時代)となる。

問11＜富岡製糸場＞1872年，渋沢栄一らの力によって群馬県に建設され，世界遺産に登録されているのは，富岡製糸場である。なお，アは16～17世紀に多くの銀を産出した石見銀山，イは12世紀以降に平氏一門に信仰されて栄えた厳島神社，ウは1945年８月６日の原爆投下の遺構である原爆ドーム，エは７世紀に聖徳太子が建立したと伝わる法隆寺を構成資産とする，世界遺産の英語名である。

問12＜明治・大正時代の世界の出来事＞明治政府が成立したのは1868年であり，国際連盟が成立したのは日本では大正時代にあたる1920年である。イタリアでファシスト党を率いるムッソリーニが首相になったのは，1922年である。なお，アは1903年，イは1877年，ウは1917年，オは1871年のことである。

問13＜新渡戸稲造＞国際連盟の事務局次長となり著書『武士道』でも知られるのは，新渡戸稲造である。新渡戸は，札幌農学校に学び，クラークの影響を受けた教育家・農政学者である。

問14＜サンフランシスコ講和会議＞1951年，アメリカのサンフランシスコで開かれた講和会議において，当時の吉田茂内閣と，アメリカを中心とする資本主義諸国との間でサンフランシスコ平和条約が結ばれ，日本は独立を回復した。

4〔公民―総合〕

問１＜冷戦，日米安全保障条約＞第二次世界大戦後の，アメリカを中心とする資本主義陣営の西側と，ソ連が率いる共産主義陣営の東側との厳しい対立を，直接には戦争に至らない状態をたとえて冷戦〔冷たい戦争〕と呼ぶ。日本は西側陣営の一員となった。また，1951年，GHQによる占領が終わった後もアメリカ軍基地を引き続き日本国内に置くことを日本政府が認めた条約は，日米安全保障条約である。

問２＜万里の長城，ベルリンの壁＞P．万里の長城は，中国の戦国時代に，各国が北方の異民族の侵入に備えてつくっていた長城を，紀元前３世紀に秦の始皇帝がつないだものである(い)。　Q．ベルリンの壁は，1961年，東ドイツが，市民が自由に行き来できないようにするために西ベルリンを取り囲むように築いた壁である。冷戦の象徴であったベルリンの壁は，1989年，東ヨーロッパ諸国で民主化運動が高まる中，市民によって取りこわされた(う)。　R．アメリカは1990年代に不法移民と密輸入対策として，メキシコとの国境に壁やフェンスを建設し始めた。トランプ大統領は2019年に不法移民の取り締まりを目的に国境の壁の建設を強化した(あ)。　S．イスラエル政府は2002年にパレスチナ自治区であるヨルダン川西岸地区の周りにテロ対策として防護用フェンスを建設し始めた。国際司法裁判所は2004年にパレスチナ人の自由を制限しているとして壁の撤去を勧告したが，イスラエルはその後も壁の建設を続けている(え)。

問３＜世界各地の文化財や施設＞万里の長城はエの中国，ベルリンの壁はアのドイツ，国境の壁はオのアメリカ・メキシコ国境，分離壁はイのイスラエルに当てはまる。

問４＜価格の自動調節機能＞均衡価格とは，需要量と供給量が一致したときの価格であり，需要曲線と供給曲線の交点として表される。資本主義経済では，市場における需要量と供給量の関係によって価格が変化する。人気が上がる，つまり買いたいと思う気持ちが大きくなるということは，需要が増えることを意味する。そうすると，需要曲線は右に移動し，交点として表される均衡価格は上昇する。なお，供給が増えると，供給曲線は右に移動し，交点として表される均衡価格は下落する。社会主義経済においては，生産量や価格などは中央政府が計画し，決定する。

問５＜集団的自衛権＞2014年，日本政府は，憲法上，集団的自衛権は行使できないとしてきた見解を変更し，集団的自衛権は限定的に行使できるものとした。2015年にはこの見解の変更に基づいて安全保障関連法が改正されたが，実際に自衛隊が海外に派遣されて集団的自衛権を行使したことはない。

問６＜資料の読み取り＞在外米軍の主要国別兵員数のグラフより，米軍は，日本やドイツなど第二次世界大戦で連合国と敵対した国々に多く駐留している一方，イギリスなど連合国側だった国にも駐留していることがわかる(ウ…○)。なお，主要国の軍事費・防衛費のグラフより，国連の安全保障理事会における常任理事国であるアメリカ・中国・ロシア・イギリス・フランス以外にも，サウジアラビアやインドの軍事費・防衛費が多く，上位５カ国の一角を占めている(ア…×)。国内総生産〔GDP〕の上位５カ国(2018年)であるアメリカ・中国・日本・ドイツ・イギリスのうち，主要国の軍事費・防衛費のグラフより，アメリカ・中国のみが軍事費・防衛費の上位５カ国となっている(イ…×)。在外米軍の主要国別兵員数のグラフより，日本や韓国などの東アジア諸国の方がクウェート・バーレーンなどの中東諸国よりも兵員数が上回っている(エ…×)。

問７＜国際司法裁判所＞国際司法裁判所で裁判を行うには紛争当事国の同意が必要である。竹島問題については，日本政府は過去３回にわたって国際司法裁判所における審理を提案しているが，韓国政府は拒否し続けている(2022年４月現在)。

問８＜自由権＞万里の長城，ベルリンの壁，国境の壁，分離壁はいずれも日本国憲法第22条に定める居住・移転の自由に抵触するおそれがある。また，特定の宗教を信仰する人々に対して不当に差別的な扱いをする分離壁については，第20条の信教の自由にも抵触するおそれがある。

理科解答

1 問1　ウ→エ→ア→イ　　問2　イ，エ

問3　ウ

問4　⑴…ウ　⑵…ア　⑶　BとD

⑷…エ

⑸　①…イ　②…ウ　③…オ

問5　エ，ウ，オ，カ　　問6　イ，エ

問7　⑴…×　⑵…ア　⑶…イ　⑷…○

問8　(例)小腸の壁の表面に柔毛が多数あることにより表面積が大きくなるので養分を効率よく吸収できる。

2 問1　6N　　問2　450J

問3　1.3m/s　　問4　60m

問5　ウ　　問6　20m/s

問7　⑴　100mA　⑵　10.8Ω

問8　⑴　18cm　⑵　30mW

問9　⑴　42cm　⑵　16.2J

3 問1　⑴　左　⑵　1時間　⑶　左

⑷　実線　⑸　5.7倍

問2　⑴　①…ア　②…エ

⑵　③…イ　④…エ　⑤…ウ

問3　ウ

問4　⑴　574.0°　⑵　1.6°

⑶　225.0日

4 問1　A…⑦　B…③

問2　C…NaCl　D…NaOH

問3　$Mg + 2HCl \longrightarrow MgCl_2 + H_2$

問4　⑴　$HCl \longrightarrow H^+ + Cl^-$　⑵　pH

問5　①…P　②…P　　問6　イ，エ

問7　$2Cl^- \longrightarrow Cl_2 + 2e^-$

問8　⑴　90　⑵　0.36g

1〔小問集合〕

問1＜動物の進化＞脊椎動物は，魚類→両生類(ウ)→は虫類(エ)→哺乳類(ア)→鳥類(イ)の順に地球上に現れたと考えられている。

問2＜植物の細胞＞ア～エのうち，植物の細胞のみに見られるつくりは，葉緑体と細胞壁である。なお，液胞も植物の細胞のみに見られるつくりである。

問3＜植物のつくり＞ホウセンカの茎と葉の断面で着色されているのは，水や水に溶けた養分の通り道の道管である。図で，道管は，茎の断面では中心に近いbの部分を，葉の断面では表側に近いcの部分を通っている。

問4＜消化＞⑴溶液にベネジクト液と沸騰石を加えた試験管をバーナーで加熱するときは，試験管の口を誰もいない方に向け，軽く振りながら加熱する。試験管の口を自分や人のいる方に向けると，加熱された液が飛び出し，やけどをするおそれがある。　⑵試験管Bでは，唾液によってデンプンが麦芽糖に分解されている。麦芽糖などが含まれる溶液にベネジクト液を入れて加熱すると，溶液は赤褐色ににごる。　⑶唾液のはたらきによって麦芽糖が生じたことを確かめるためには，試験管Bと，唾液と水以外の条件が同じ試験管を比べればよい。よって，比べる試験管はBとDである。なお，このような実験を対照実験という。　⑷唾液の中にはアミラーゼという消化酵素が含まれている。アミラーゼはデンプンを麦芽糖に分解するはたらきがある。なお，トリプシンとリパーゼはすい液に含まれ，トリプシンにはタンパク質を分解するはたらきが，リパーゼには脂肪を分解するはたらきがある。また，ペプシンは胃液に含まれ，タンパク質を分解するはたらきがある。　⑸体温より低い温度では，デンプンは分解されにくいという仮説を検証するためには，試験管Aと温度以外の条件を同じにして実験を行う。よって，1％デンプンのりを$10cm^3$入れた試験管に水でうすめた唾液①を$2cm^3$入れて氷水の中に10分間②入れた後，少量のヨウ素液③を加える実

験をすればよい。

問５＜消化管＞食物は，口→食道(エ)→胃(ウ)→小腸(オ)→大腸(カ)→肛門の順に通っていく。

問６＜消化酵素＞イ…誤り。消化酵素は細胞の中だけでなく，細胞の外でもはたらく。　エ…誤り。栄養分を分解するとき，消化酵素自身は分解されない。

問７＜消化液＞(1)ア…誤り。アミノ酸は柔毛の表面から吸収されて毛細血管に入り，肝臓を通って全身に運ばれる。　イ…誤り。脂肪酸とモノグリセリドは柔毛の表面から吸収された後，再び脂肪となってリンパ管に入る。リンパ管はやがて首の下で血管と合流するので，脂肪も血液によって全身に運ばれる。　(2)ア…正しい。　イ…誤り。肝臓は，ブドウ糖をグリコーゲンに合成して蓄える。また，アミノ酸の一部を体に必要なタンパク質に合成して血液中に送り出す。　(3)ア…誤り。体内でできた有害なアンモニアを尿素に変えるのは肝臓である。　イ…正しい。　(4)ア…正しい。　イ…正しい。

問８＜栄養分の吸収＞小腸の壁の表面には柔毛が多数あり，小腸の表面積が大きくなっている。小腸の表面積が大きくなることで，栄養分を吸収する面積も広くなり，効率よく栄養分を吸収することができる。

2〔小問集合〕

問１＜力の大きさ＞図１より，小物体Ａを点Ｓから高さ45mの斜面の頂点Ｔまで押し上げるとき，斜面の距離は75mである。また，質量１kgの小物体Ａにはたらく重力の大きさは，$1\times1000\div100=10$(N)である。仕事の原理より，小物体Ａを斜面に沿って押し上げるときの仕事の大きさと，直接持ち上げるときの仕事の大きさは等しい。よって，小物体Ａを斜面に沿って静かに押し上げるときの力の大きさをtNとすると，〔仕事(J)〕=〔力の大きさ(N)〕×〔力の向きに動いた距離(m)〕より，仕事の大きさについて，$t\times75=10\times45$が成り立つ。これを解くと，$t=6$(N)となる。

問２＜仕事＞問１より，図１で，小物体Ａを斜面に沿って点Ｓから頂点Ｔまで静かに押し上げるのに必要な力の大きさは６Ｎである。よって，斜面の距離は75mなので，求める仕事の大きさは，$6\times75=450$(J)である。

問３＜速さ＞小物体Ａが台Ｂに対して静止したとき，床面から見た小物体Ａと台Ｂの速度は同じになる。よって，図２より，小物体Ａが台Ｂに対して静止したときの時間は，それぞれの速度が同じになった４秒後である。このとき，床面から見た台Ｂの速さは，４秒間で０m/sから５m/sに変化している。よって，速さが変化する割合の大きさは，$(5-0)\div4=1.25$(m/s)より，1.3m/sとなる。

問４＜移動距離＞小物体Ａが台Ｂに対して静止したのは４秒後なので，物体の移動距離は，図２の速さと時間のグラフにおける，０秒から４秒までのグラフと時間を表す横軸で囲まれた部分の面積に等しくなる。図２の小物体Ａのグラフからは小物体Ａと台Ｂの移動した距離の合計が求められ，$\frac{1}{2}\times(30+5)\times4=70$(m)となる。また，図２の台Ｂのグラフからは，台Ｂの移動距離が求められ，$\frac{1}{2}\times5\times4=10$(m)となる。よって，小物体Ａが台Ｂに対して静止するまでに，小物体Ａが台Ｂの上をすべった距離は，$70-10=60$(m)となる。

問５＜力学的エネルギーの保存＞図３で，小物体Ａが点Ｕから飛び出した後，小物体Ａは運動を続ける。このとき，小物体Ａは運動エネルギーを持ち続けるため，力学的エネルギーの保存より，小物体Ａが最高点で持つ位置エネルギーは，頂点Ｔで持っていた位置エネルギーより小さくなる。

よって，小物体Aの最高点の高さは，頂点Tより低くなる。

問6＜物体の運動＞位置エネルギーは，〔位置エネルギー(J)〕=〔物体にはたらく重力の大きさ(N)〕×〔基準面からの高さ(m)〕で求められる。よって，頂点Tで小物体Aが持つ位置エネルギーは，$10\times45=450$(J)となり，点Uで小物体Aが持つ位置エネルギーは，$10\times25=250$(J)となる。次に，運動エネルギーは，〔運動エネルギー(J)〕$=\frac{1}{2}\times$〔物体の質量(kg)〕×〔速さ(m/s)〕^{2}で求められる。点Uでの運動エネルギーは，頂点Tでの位置エネルギーと点Uでの位置エネルギーの差となるから，$450-250=200$(J)である。よって，小物体Aの点Uでの速さをv m/sとすると，$200=\frac{1}{2}\times1\times v^2$が成り立ち，これを解くと，$v^2=400$，$v=\pm20$，$v>0$より，$v=20$(m/s)となる。

問7＜オームの法則＞(1)図4は，R_2とR_3が直列につながった部分が，R_1と並列につながっている回路である。よって，R_1には1.2Vの電圧が加わるから，R_1に流れる電流の大きさは，オームの法則〔電流〕=〔電圧〕÷〔抵抗〕より，$1.2\div12=0.1$(A)となり，100mAである。　(2)R_1の抵抗値は12Ωであり，R_2とR_3が直列につながった部分の合成抵抗は，$48+60=108$(Ω)である。よって，図4の回路の合成抵抗をe Ωとすると，$\frac{1}{e}=\frac{1}{12}+\frac{1}{108}$が成り立ち，$\frac{1}{e}=\frac{10}{108}$より，$e=\frac{108}{10}=10.8$(Ω)となる。

問8＜オームの法則＞(1)図5では，12ΩのR_1と，x cmに区切られたR_3が直列につながった部分に0.05Aの電流が流れている。このとき，R_1に加わる電圧は，$12\times0.05=0.6$(V)であるから，x cmに区切られたR_3には，$1.2-0.6=0.6$(V)の電圧が加わっている。これより，x cmに区切られたR_3の抵抗値は，$0.6\div0.05=12$(Ω)である。また，R_3は，抵抗値60Ωの材質と太さが一様な長さ90cmの棒状の形で，抵抗の長さと抵抗値は比例する。よって，x cmに区切られた部分の抵抗値が12Ωより，$12:x=60:90$が成り立ち，$12:x=2:3$だから，これを解くと，$x\times2=12\times3$より，$x=18$(cm)となる。　(2)(1)より，R_1に流れる電流は50mA，加わる電圧は0.6Vである。よって，〔消費電力(mW)〕=〔電流(mA)〕×〔電圧(V)〕より，R_1の消費電力は，$50\times0.6=30$(mW)である。

問9＜電力＞(1)図5で，点Pをさらに右に移動させた回路は，R_1とx'cmに区切られたR_3が直列につながった部分と，R_2と$90-x'$cmに区切られたR_3が直列につながった部分が，並列につながっている。ここで，x'cmに区切られたR_3の抵抗をy Ωとすると，$90-x'$cmに区切られたR_3の抵抗は$60-y$ Ωと表される。これより，R_1とx'cmに区切られたR_3が直列につながった部分の合成抵抗は$12+y$ Ωだから，この部分に流れる電流の大きさは，$1.2\div(12+y)=\frac{12}{10(12+y)}=\frac{6}{5(12+y)}$(A)と表せる。同様に，$R_2$と$90-x'$cmに区切られた$R_3$に流れる電流の大きさは，$1.2\div\{48+(60-y)\}=\frac{12}{10(108-y)}=\frac{6}{5(108-y)}$(A)と表せる。また，〔電力(W)〕=〔電流(A)〕×〔電圧(V)〕=〔電流(A)〕×(〔電流(A)〕×〔抵抗(Ω)〕)=〔電流(A)〕^{2}×〔抵抗(Ω)〕と表せる。よって，R_1とR_2で消費される電力が等しくなることから，$\left\{\frac{6}{5(12+y)}\right\}^2\times12=\left\{\frac{6}{5(108-y)}\right\}^2\times48$が成り立ち，$\left\{\frac{6}{5(12+y)}\right\}^2=4\left\{\frac{6}{5(108-y)}\right\}^2$より，電力はともに正の数なので，$\frac{6}{5(12+y)}=2\times\frac{6}{5(108-y)}$となり，$2(12+y)=108-y$，$3y=84$，$y=28$(Ω)である。したがって，抵抗の長さと抵抗値の関係から，$x':28=90:60$，$x':28=3:2$より，$x'\times2=28\times3$，$x'=42$(cm)となる。　(2)(1)より，R_1と42cmに区切られたR_3が直列につながった部分の合成抵抗は，$12+28=40$(Ω)となり，R_2と$90-42=48$(cm)に区切られたR_3が直列につながった部分の合成抵抗は，$48+(60-28)=80$(Ω)となる。どちらの部分にも1.2Vの電圧が加わるので，R_1と42cmに区切られたR_3が直列につながった部分に流れる電流は，

1.2÷40＝0.03(A)であり，R_2と48cm に区切られたR_3が直列につながった部分に流れる電流は，1.2÷80＝0.015(A)である。以上より，この回路に５分間電流を流したときに消費する電力量は，〔電力量(J)〕＝〔電力(W)〕×〔時間(s)〕より，(1.2×0.03＋1.2×0.015)×5×60＝16.2(J)となる。

3〔地球と宇宙〕

問１＜金星の動き＞(1)図で，2021年４月１日から2022年１月１日にかけて金星の見かけの大きさがしだいに大きくなっているのは，金星と地球の距離が小さくなるためである。金星は，北極側から見て太陽の周りを反時計回りに公転しているから，このとき，金星は地球から見て太陽の東(左)側にある。よって，図の左が東である。　(2)金星の位置の東西方向のずれが＋15°のとき，金星が太陽の西側にあり，太陽より早く南中する。地球の自転により，金星は１時間で15°動いて見えるので，金星の南中する時刻は，太陽の南中よりも１時間早くなる。　(3)宵の明星は，日没後，西の空に見えるから，太陽の左にある。　(4)金星の見かけの大きさは，地球に近づくほど大きくなる。よって，実線部分では，点線部分に比べ，金星の見かけの大きさが大きいので，金星は太陽の手前側にある。　(5)金星が地球から最も遠いとき，一直線上に地球，太陽，金星の順に並んでいる。よって，地球と太陽の距離を１とすると，太陽と金星の距離が地球と太陽の距離の0.7倍なので，地球と金星の距離は，1＋1×0.7＝1.7となる。同様に，金星が地球に最も近いとき，一直線上に地球，金星，太陽の順に並んでいるから，地球と金星の距離は，1－0.7＝0.3となる。したがって，金星が地球から最も遠いとき，その距離は金星が地球に最も近いときの距離の1.7÷0.3＝5.66…より，約5.7倍である。

問２＜金星の見え方＞(1)問１(3)より，図の左側の金星が宵の明星で，日没後に西の空に見え，図の右側の金星が明けの明星で，日の出前に東の空に見える。よって，年初めから３月23日までは明けの明星で，３月24日を過ぎると宵の明星である。　(2)金星は地球から離れるほど，地球から見える太陽の光を反射して輝いている部分の割合が大きくなる。よって，１月から８月までは小さな満月のような形に見え，10月30日には太陽から最も離れて見え，地球から見て金星の右半分が輝いて見える上弦の月のような形になり，12月４日には三日月のような形に見える。

問３＜金星食＞金星は，その他の星と同じように東から西に移動して見える。三日月では，東側に太陽の光が当たっておらず，西側に太陽の光が当たっている。よって，金星は，月の太陽の光が当たっていない東側から月の後ろにかくれ，月の太陽の光が当たっている西側の縁から再び姿を現す。なお，月によって金星がかくされる現象のことを金星食という。

問４＜金星の公転周期＞(1)地球は365日間で太陽の周りを１回公転する。よって，582日間で，地球は，$360° \times \frac{582}{365} = 574.02\cdots$より，約574.0°公転する。　(2)(1)より，地球は582日間で574.0°公転し，さらに，金星は１回多く公転するので，金星は582日間で，574.0°＋360°＝934°公転している。よって，金星は１日に，934°÷582＝1.60…より，約1.6°公転している。　(3)(2)より，金星は１日に1.6°公転しているので，金星の公転周期は，360°÷1.6°＝225.0(日)となる。

4〔小問集合〕

問１＜物質の分類＞①～⑧の水溶液の性質は，⑤塩化ナトリウム水溶液と⑦塩化バリウム水溶液は中性，③炭酸水と④うすい硫酸，⑥うすい塩酸は酸性，①うすいアンモニア水と②うすい水酸化ナトリウム水溶液，⑧水酸化カルシウム水溶液(石灰水)はアルカリ性である。また，BTB 液は中性で緑色，酸性で黄色，アルカリ性で青色を示す。まず２，３より，E は酸性で刺激臭がする⑥うすい塩酸だから，２，４より，B は酸性で気体が溶けた水溶液の③炭酸水である。炭酸水には二酸化炭素が含まれているので，５より，炭酸水と混合して混合液がにごるＦは⑧水酸化カルシウム水溶液（石灰水）である。次に，２，７より，アルカリ性のＤとＥのうすい塩酸を混ぜて，Ｃの溶質と同じ物質ができるのは，うすい水酸化ナトリウム水溶液とうすい塩酸を混ぜて，塩化ナトリウム水溶液の溶質である塩化ナトリウムができる反応である。よって，Ｄが②うすい水酸化ナトリウム水溶液，Ｃが⑤塩化ナトリウム水溶液である。以上と２より，Ａは中性の水溶液の⑦塩化バリウム水溶液である。

問２＜溶質＞問１より，Ｃは塩化ナトリウム水溶液なので，溶質は塩化ナトリウム（$NaCl$），Ｄはうすい水酸化ナトリウム水溶液なので，溶質は水酸化ナトリウム（$NaOH$）である。

問３＜化学反応式＞Ｅのうすい塩酸（HCl）にマグネシウム（Mg）を加えると，水素（H_2）が発生し，塩化マグネシウム（$MgCl_2$）ができる。化学反応式は，矢印の左側に反応前の物質の化学式，右側に反応後の物質の化学式を書き，矢印の左右で原子の種類と数が等しくなるように化学式の前に係数をつける。

問４＜イオン＞⑴塩酸は塩化水素（HCl）の水溶液で，塩化水素は水素イオン（H^+）と塩化物イオン（Cl^-）に電離する。　⑵酸性やアルカリ性の強さを表すには，pHが用いられる。pHは７が中性で，７より小さいほど酸性が強く，７より大きいほどアルカリ性が強くなる。

問５＜電気分解＞図で，電源装置の＋極につながれた炭素棒Ｐは陽極，－極につながれた炭素棒Ｑは陰極である。塩酸を電気分解すると，陽極から塩素，陰極から水素が発生する。陽極から発生した塩素は，水に溶けやすく，漂白作用があるため，炭素棒Ｐから発生する塩素の量は炭素棒Ｑから発生する水に溶けにくい水素の量より少なく，炭素棒Ｐ付近の水溶液にインクを混ぜると脱色される。

問６＜電気分解＞イ…適する。電気分解が進むにつれて，塩素が発生し刺激臭がする。　エ…適する。塩化銅水溶液が十分な量あるとき，付着する銅の質量は，銅イオンが受け取った電子の量に比例する。電子の量は流した電流の大きさと時間の積に比例する。　ア…適さない。塩化銅水溶液の色が青色なのは，水溶液中に銅イオンがあるためである。電気分解が進むにつれて，溶けていた銅イオンが銅となって付着するため，水溶液の色が薄くなる。　ウ…適さない。電気分解が進むにつれて，水溶液中の銅イオンと塩化物イオンが減っていくため，電流が流れにくくなる。

問７＜化学反応式＞炭素棒Ｐでは，塩化物イオン（Cl^-）が電子（e^-）を失い塩素原子となり，塩素原子（Cl）が２つ結びついて塩素分子（Cl_2）となる。

問８＜電気分解＞⑴実験２で，電源装置の電流の大きさを0.2Ａで一定にして塩化銅水溶液に電流を60分間流すと，炭素棒Ｑには0.24ｇの銅が付着した。これより，実験３で，実験２に続けて，0.2Ａの電流をさらに60分間流すと，炭素棒Ｑには合わせて0.24＋0.24＝0.48（ｇ）の銅が付着する。この後，炭素棒Ｐ，Ｑと電源装置の＋極と－極のつなぎ方を逆にして0.2Ａの電流を流すと，炭素棒Ｑに0.12ｇの銅が付着していたから，つなぎ方を逆にして電流を流した時間をy分とすると，y分間で0.48－0.12＝0.36（ｇ）の銅が溶け出したことになる。よって，一定時間に電極に付着する銅の質量と，溶け出す銅の質量が等しいので，y：0.36＝60：0.24より，$y\times0.24=0.36\times60$，$y=90$（分）となる。

⑵⑴より，炭素棒Ｐ，Ｑと電源装置の＋極，－極のつなぎ方を逆にして0.2Ａの電流を90分間流しているので，炭素棒Ｐにzｇの銅が付着したとすると，90：z＝60：0.24より，$z\times60=90\times0.24$，$z=0.36$（ｇ）の銅が付着する。

国語解答

一 問1　a　瞬時　b　維新　c　標準　d　築　e　警告

問2　姿も体系も異なる「かな」と「漢字」の膨大な量の変換を，常に頭の中で行っている分，翻訳や外国の技術を理解して覚えるのにたけている点。(65字)

問3　A…エ　B…オ　　問4　エ

問5　日本語の中の漢字が広い意味を持つから。

問6　イ　　問7　エ

二 問1　f　指図　g　蛇口　h　膝　i　喉　j　戸棚

問2　ウ　　問3　ア　　問4　エ

問5　イ　　問6　ウ

問7　死期が近づき肉体が衰えても，自らの力で強く生き抜こうとするおやじの姿に，生きることのすばらしさを教えられた僕は，そんなおやじのことを誇らしく感じていたから。(78字)

三 問1　まいりたまえり

問2　A…エ　B…ア　　問3　エ

問4　左大将が死んだということ。

問5　ウ　　問6　イ

一〔論説文の読解―芸術・文学・言語学的分野―日本語〕出典；古井由吉『書く，読む，生きる』。

≪本文の概要≫日本には，日本語以外の言語が通用する地域がなく，言葉と国籍が直結しており，日本人はモノリンガルである。しかし，かなと漢字を使うという意味では，日本語はバイリンガルな言葉である。かなと漢字は，姿も体系も全く異なっている。日本人は，かなと漢字の膨大な量の変換を常に頭の中で行っているのである。日本が築いてきた伝統は，西洋の伝統とは異なっている。西洋の伝統からきた文明や技術の発展が行き詰まりを迎えつつある今，日本独自の伝統なら，行き詰まりを是正する力になるかもしれない。ところで，日本語は，非常に悠長な言語であるという難点もある。意味を強く限定したり，警告したりすることに適していない。一方で，限定しない代わりに，日本語は，曖昧な，広がりのある言葉をそのままとらえることができる。それは，漢字の持つ意味が広いことに由来しているとも考えられる。しかしながら，言葉を国際化に合わせる必要もある。そのためには，世界で求められる形を考えながら，日本語の意義を再認識することが必要である。

問1＜漢字＞a.「瞬時」は，ほんのわずかの時間のこと。　b.「維新」は，全てが改まって新しくなること。　c.「標準語」は，国の公用文や教育などで基準となる言語のこと。　d. 音読みは「築城」などの「チク」。　e.「警告」は，よくない事態が生じる可能性があると注意すること。

問2＜文章内容＞日本人は，姿も体系も全く異なる「かな」と「漢字」の膨大な量の変換を常に頭の中で行っているので，翻訳が非常にうまい。だからこそ，西洋文明の流入と同時に，それまでの日本語の概念になかった言葉が大量に入ってきた際に，その言葉に漢字をあてて訳して使う，という高度な作業を成し遂げたのである。

問3．A＜表現＞「標準語を英語にしてしまえ」という考え方もあり，理論上のことではなく，事実として「すでに社員全員に英語をしゃべらせている会社」もある。　B＜接続語＞言葉を奪われてしまうということは，何をするにも「ただ外国の模倣にたよることになる」が，だいたい日本の伝統は，「西洋の伝統とはずいぶん異なって」いるのである。

問４＜文章内容＞言葉を手放すということは，長い歴史の中で築いた伝統，文化を手放すということである。日本は現代社会を形づくるうえで，西洋文明を借りてきたが，西洋の考え方による年金や核などの問題は，行き詰まりを迎えている。西洋文明では是正できないこの行き詰まりを，日本独自の伝統なら，是正する力になるかもしれない。日本の伝統という，しっかりした足場の上に立ってこそ，問題を是正できるかもしれないのであり，伝統を手放してはいけないのである。

問５＜文章内容＞漢字の持つ意味はとても広く，「その意味の深さをたった一文字の中に含」むので，漢字を用いる日本語は，意味の広がりをそっくりそのまま言葉の中に組み込むことができる。

問６＜文章内容＞他の国の言語との交流を通じて，日本人は，「意味を一つだけに限定して，単純明快に論旨を組み立てる」ことが苦手であると認識するようになってきた。これは「やわらかな言語」である日本語の特徴に由来している。国際化が進む中で，外国人との交流をふまえて，伝統を尊重しつつ，「世界ではどういう形が求められるのか」を考え，日本語の使い方を，時代に適した明快で合理的な形に変えていくことも必要だといえる。

問７＜文章内容＞日本人が外国語を使うのが苦手な理由の一つに，日本語の子音の種類が少なく，子音に対する聴覚が発達していないというものがある。しかし，問題はもっと根本的な部分であって，「ある程度の広がりをもっている言葉を，その広がりのまま捉えることが可能な言語」である日本語を使っているので，広がりのままに表現するやりとりが合っており，意味を限定して単純明快に論旨を組み立てることは苦手である，という日本人の性分によるものと思われる。

二〔小説の読解〕出典；阿部昭『未成年』。

問１＜漢字＞ｆ．「指図」は，物事のやり方などを指示，命令すること。　ｇ．「蛇口」は，水道管などの給水口に取りつける金属製の弁のこと。　ｈ．「膝」は，ももとすねを連結する関節の前面のこと。　ｉ．音読みは「咽喉」などのコウ。　ｊ．「戸棚」は，前面に扉をつけ，内部に棚を持つ収納家具のこと。

問２＜心情＞「僕」は，立てなくなったおやじを背負うのに「じゅうぶん幅広い肩をして」いる自分の頼もしさを，得意に思った。

問３＜心情＞おふくろは，おやじに「おまるになさいよ」と言ってつき放す一方で，おやじを「お座敷に寝かしてあげたい」と「僕」に言っていた。さらに，座敷の畳を新しくし，障子はガラス入りの明るいものにして，家主の部屋として立派に整えたいとも思っていた。

問４＜心情＞子ども部屋の柱時計が止まって，「僕」は，おやじが子ども部屋の柱時計のゼンマイを巻いていたことを知った。他にも，風呂の水くみや，くずものの始末など，おやじが寝込んでから，家の中に支障が生じていることに気がついた。おやじが家の細々とした用事を担っていたことを，「僕」は意識していなかったので，おやじが寝込んだということが支障につながったことを「おかしなこと」と感じたのである。

問５＜心情＞「僕」は，おやじが冬まで持たないのではないかと思っていた。しかし，懸命に生きているおやじに，死期が近いと思っていることを悟られたくなくて，「僕」は，わざとぶっきらぼうな言い方をしたのである。

問６＜心情＞ものを食べられず，体力が衰えても，懸命に生きようとしているおやじの姿は，「僕」に「生きることはすばらしいことだ」と思わせるものだった。そして，おやじが，自分がどう生きて死んでいくかを「僕」に教えるために戦争から帰ってきたのだと思うと，「僕」も，懸命に生きよう，と力づけられるように感じたのである。

問７＜文章内容＞おやじは，衰弱して体力がないにもかかわらず，楽なおまるを拒否して，自力で便所に行こうとしている。「僕」は，「無能な軍人だったらしい」ことから，おやじを勇敢な提督ではなかったと感じていたが，自分の力で生きようとしている姿や，「こうして生きたんだ，こうして死んだんだ」ということを「僕」に見せようとしている姿に，おやじは勇敢なのではないかと思い直した。

三〔古文の読解―説話〕出典；『今昔物語集』巻第二十八ノ第二十二。

≪現代語訳≫今となっては昔のことだが，中納言の藤原忠輔という人がいた。この人は常に上を向いて空を見る姿ばかりでいたので，世間の人は，この人のことを仰ぎ中納言とあだ名をつけていた。／さて，その人が，右中弁として殿上人であったときに，小一条殿(に住む)左大将(藤原)済時といった人が，宮中に参内なさったところ，この右中弁(忠輔)に会った。大将が，右中弁が上を向いているのを見て，冗談で，「今このときに天にはどんなことがございますか」とおっしゃったところ，右中弁はこのように言われて，少し憤慨したので，「今このときに天には大将を害する星が現れています」と答えたところ，大将は非常にきまりが悪くお思いになったけれども，冗談なので怒ることができなくて，苦笑いして終わった。その後に，大将は大して日がたたないうちに亡くなられてしまった。それゆえ，この冗談の言葉がしたのだろうか，と右中弁は思い合わせた。／人が命を失うということは，全て前世の報いとはいうけれども，つまらない冗談を言ってはいけない。このように思い合わせることもあるからである。／右中弁は，その後長く存命で中納言までなっていたけれども，やはりそのあだ名はなくならず，世間の人は，仰ぎ中納言と名づけて笑った，と語り伝えているということだ。

問１＜歴史的仮名遣い＞歴史的仮名遣いのワ行の「ゐ」は，現代仮名遣いでは「い」となり，語頭以外のハ行は，原則として現代仮名遣いでは「わいうえお」となるので，「まゐりたまへり」は，現代仮名遣いでは「まいりたまえり」となる。

問２＜古典文法＞Ａ．助動詞「る」の連用形で，ここでは，左大将済時に対する尊敬を表す。　Ｂ．助動詞「る」の連用形で，ここでは，右中弁忠輔が左大将済時に言われた，という受け身を表す。

問３＜古文の内容理解＞副詞の「え」は，下に打ち消しを伴って，～できない，という意味を表す。右中弁忠輔は，左大将済時に対して，天には大将を害する星が現れている，ととても失礼な発言をしたのだが，そもそも左大将済時がふざけて，右中弁忠輔に，空には何があるか，と尋ねたことから始まっているので，左大将済時は，怒ることができなかったのである。

問４＜古文の内容理解＞左大将済時と右中弁忠輔が宮中で会ってから，大して日がたたないうちに，左大将済時が亡くなった。右中弁忠輔は，天には大将を害する星が現れている，と自分が冗談を言ったために，左大将済時が亡くなってしまったと考えたのである。これをふまえ，作者は，つまらない冗談を言うものではない，と戒めている。

問５＜古文の内容理解＞中納言藤原忠輔は，いつも上を向いて空を見るようにしていたので，世間の人に仰ぎ中納言とあだ名をつけられた(ア・イ…×)。人が命を失うのは，全て前世の報いであるとはいうものの，藤原忠輔は，自分が命に関わる冗談を言ったために，左大将済時が亡くなったのだと考えたのであり，つまらない冗談を言うものではない(エ…×)。藤原忠輔は，中納言にまで出世したけれども，人々は仰ぎ中納言とあだ名で呼んで笑った(ウ…○)。

問６＜文学史＞『大鏡』は，平安時代成立の物語。『万葉集』は，奈良時代に成立した，現存する日本最古の歌集。『平家物語』は，鎌倉時代に成立した軍記物語。『おくのほそ道』は，江戸時代中期の松尾芭蕉による俳諧紀行文。

Memo

Memo

2021年度 巣鴨高等学校

【英　語】（60分）〈満点：100点〉

（注意）1．本文中の左上に数字が付いている語(句)には注があります。

2．5 はリスニング問題です。試験開始後約20分経過してから，リスニング問題(約12分間)を実施します。

1　次の英文を読み，設問に答えなさい。

In 1972, when I was in seventh grade, we watched a movie in class and discussed the story. The movie was *Jeremiah Johnson*, [1]starring [2]Robert Redford. Jeremiah Johnson was called "a mountain man" because he [3]left his life in the city behind and he lived with Native Americans in the wild. He built his own home close to the mountains, hunted wild animals, and married a Native American woman. Johnson loved nature so much that he never came back to the city.

We talked about his deep love of nature and his wishes to be part of it. Our teacher, Mr. Robinson, then asked us a strange question. Where did we think Johnson's [4]grave was? We were shocked when he told us that the great mountain man was buried close to the San Diego Freeway in Southern California. This freeway is very busy and runs through big cities like Los Angeles.

Mr. Robinson asked us, "So, do you believe ①this was wrong?"

"Yes!" we all answered.

"Do you feel something should be done to change it?" he asked.

"Yes!" we replied with a young energy.

Mr. Robinson looked at us for a while, and after a few moments, he asked a single question. This question would change how we saw life forever. "Well, do you think you could do it?"

"What?"

②What was he talking about? We were just a group of kids.

"There is a way," he said. "It's a way filled with challenge and probably some difficulties . . . but there is a way." Then he said he would help us if we promised to work hard and never give up.

When we agreed, we didn't know that we were starting the most exciting journey of our lives up to now.

We began by writing letters to everyone that could help us: local, state and national leaders, the [5]cemetery owners, even Robert Redford. Soon, we started getting answers thanking our class for the interest, but also said: "We couldn't do anything at all." Many of us almost gave up then; however, we made a promise to Mr. Robinson. So, we couldn't stop. Instead, we kept writing.

We decided that we needed more people to hear about our dream, so we contacted the newspapers. Finally, a reporter from the *Los Angeles Times* came to our class and interviewed us. We shared what we had been trying to do. ③I told the reporter how sad it was that no one seemed to care. We hoped that our story would raise public interest.

"Did Robert Redford ever contact you?" the reporter asked.

"No," we replied.

Two days later our story was on the front of the paper, telling how our class was trying to fix an [6]injustice to an American hero, and that no one was helping us, not even Robert Redford. That same day, as we were sitting in the classroom, Mr. Robinson was called to the office to take a phone call. He came back with a smile on his face like we had never seen before. "④[　　　　　]"

Robert Redford just called and said he received hundreds of letters every day and that ours had never gotten to him, but he was very interested in helping us reach our goal. Suddenly our team was not only getting bigger, but also it was getting more important and powerful. In the end, it was decided that Johnson's bones would be moved to Wyoming. Wyoming is a very quiet and peaceful place.

Within a few months, after all the necessary forms were sent, our teacher and a few of the students went to the cemetery and watched the cemetery workers moving the bones. Jeremiah Johnson had been buried in an old wooden box [7] rotting in the ground, and only a few bones of the mountain man were left. All were carefully collected by the workers and placed in a new box.

Then a few days later, at a farm in Wyoming, a ceremony was held for Jeremiah Johnson, and his bones were placed to rest in the nature he had loved so much. Robert Redford also joined the ceremony.

From then on, at school, our class was called the "Gravediggers," but we liked to think of ourselves as the "Dream Lifters." We learned that year how to write effective letters, how our government works, and what you have to go through to complete such a simple task as moving a grave site. But the most important lesson was that you should ⑤[　　　　　]. A group of kids at the beginning of our teenage years had made a change.

注：1　star　～を主演とする　　2　Robert Redford　ロバート・レッドフォード(アメリカを代表する俳優)
3　leave ～ behind　～をあとに残す　　4　grave　墓　　5　cemetery　墓地
6　injustice　不当な仕打ち　　7　rot　朽ちる

1．下線部①について，何が間違いだったのか，その理由も含めて日本語で説明しなさい。ただし，解答は「～は間違いだった。」で終わる形で答えなさい。

2．下線部②における生徒の心情として，最も適切なものを次の中から１つ選び，記号で答えなさい。
　a．そんなことはしたくないという気持ち
　b．そんなことはしてはならないという気持ち
　c．そんなことはできるわけがないという気持ち
　d．そんなことはする必要がないという気持ち

3．下線部③を和訳しなさい。

4．下線部④の空所に入る最も適切なものを次の中から１つ選び，記号で答えなさい。
　a．Guess what the *Los Angeles Times* said!
　b．Guess why no one is helping us!
　c．Guess who was on the phone!
　d．Guess where I was called!

5．本文の内容から判断して，下線部⑤の空所に英語を補いなさい。

6．本文の内容に一致するものを次の中から２つ選び，記号で答えなさい。
　a．The students changed their way of thinking because of their teacher.
　b．Many of the students stopped writing letters, but the author didn't.
　c．Robert Redford tried to contact the students, but he couldn't.
　d．Mr. Robinson took many of his students to the cemetery in Wyoming.
　e．The students worked together and dug a grave for Johnson by themselves.
　f．Robert Redford played an important role in the students' project.

2 次の英文を読み，設問に答えなさい。

In Milan, Leonardo da Vinci kept notebooks full of drawings and ideas. He kept writing in notebooks for more than thirty years. His plan was to write a book about everything.

He probably wrote a total of about thirteen thousand pages of notes. In these pages, there were beautiful priceless drawings of everything that had interested Leonardo. However, after his death, many pages [1] were torn out and sold. Some notebooks were cut apart ; some disappeared. Some were rediscovered hundreds of years later. Today, there are ten different collections of Leonardo's notebook pages. Only half the pages—about six thousand pages—are known to [2] exist. They are in different places all over the world. There is always the hope that someday more notebook pages will be found.

Bill Gates, the [3] founder of Microsoft, bought one collection of pages and it is mainly about water. Sometimes the collection is displayed in museums. In it, there are drawings of waves and currents, drawings of [4] ripples, and drawings of a drop of water as it falls into a glass.

However, water was only one of the subjects he planned to cover in his notebooks. He wanted to understand and explain light—what was it made of ? He wanted to understand how people see, how birds can fly, and all the different parts of the human body. He thought of a list of about twenty big subjects. Just one page of his notebook may have small drawings of bird wings and feathers together with thoughts about music, ideas for new [5] weapons, and sketches on building dams. Leonardo never stayed on one subject and he would [6] go back and forth among many. The notebook pages are full of writing and beautiful drawings. It is almost like he put anything he thought of down on the page. His notebooks show the mind of a true genius.

He wanted to invent [7] vehicles for people to use on land, in the air, and even underwater. His design for a bicycle used a chain just like bikes do today. He designed a parachute and something like a submarine. One of his notebook drawings shows a flying machine with a spinning fan at the top. It [8] was meant to spin around and around, like a helicopter.

Leonardo was sure that one day people would fly. He said, "It lies within the power of humans to make this instrument." The story is that Leonardo went to a shop and bought birds in cages. Then he brought them home and set them free. How did they move their wings ? What made them able to fly ? Why were they able to land safely without breaking their legs ? He wanted to discover the answers.

He made lots of drawings of bird wings, and how feathers grew on wings. He studied bats too, and also made drawings of their wings. He tried to make wings for people that worked using simple machines. The wings' "bones" were made of wood, the "muscles" of [9] leather, and the "skin" of cloth.

Did Leonardo actually build any wings ? Did anyone try them out ? Nobody is sure. In the notebooks, he wrote about testing the wings on a hill. If so, he maybe jumped from the top of a hill and [10] glided in the air for a little while. However, he probably didn't fly. The wings only had a small chance of success for more than one reason. First, they were far too heavy. Also, it takes a lot of force to lift a heavy object off the ground and keep it in the air.

Of course, in the end, Leonardo was right. People actually learned to make flying machines, but it didn't happen until December of 1903. That is when the Wright brothers' airplane flew for twelve seconds. That was almost four hundred years after Leonardo died. He was a man far ahead of his time.

注：1　be torn out　引きはがされる　　2　exist　存在する　　3　founder　創設者　　4　ripple　さざ波
5　weapon　兵器　　6　go back and forth　行ったり来たりする　　7　vehicle　乗り物
8　be meant to　～することが意図されている　　9　leather　革　　10　glide　滑空する

1．本文の内容に関する次の(1)～(5)の英語の質問に答える時，空所に入る最も適切なものを以下の中から1つずつ選び，記号で答えなさい。

(1)　What happened to Leonardo's notebook pages after he died?
—Many pages were torn out and sold, [　　　　].
a．and one third of his notebook pages were lost forever
b．but about half of his notebook pages have been found
c．and most of his notebook pages don't exist now
d．but more than half of his notebook pages were collected again

(2)　What do we know about Leonardo's notebooks?
—[　　　　].
a．Sometimes some of his notebooks about water can be seen in museums
b．Most of his drawings in Bill Gates' collection are about a drop of water
c．Explanations about water fill most of his notebooks, and those about light can also be found in his notebooks
d．His drawings of the human body are so important that they are not shown in public

(3)　How did Leonardo write or draw in his notebooks?
—Leonardo wrote on or drew [　　　　].
a．only one subject on each page
b．only a few subjects and didn't change them until he died
c．more than two subjects if they were similar
d．many different subjects even on one page

(4)　What did Leonardo do to invent an instrument for flying?
—Leonardo [　　　　].
a．bought birds at a shop and kept them in cages to study their wings
b．read books on birds and tried to build a model of a bird
c．watched how birds and bats flew and drew their wings in his notebooks
d．collected many kinds of bird feathers and compared them with one another

(5)　What does the passage say about Leonardo's possible test flight?
—He probably [　　　　].
a．had little chance to do a test flight because the wings were too heavy
b．failed in a test flight not for just one reason, but for several reasons
c．continued doing test flights until he was able to fly for even a little while
d．had good results from a test flight even though he faced many difficult problems

2．レオナルド・ダ・ヴィンチについて述べた文として，本文の内容に合うものを次の中から1つ選び，記号で答えなさい。
a．Leonardo showed how smart he was by letting other people see his notebooks.
b．Leonardo liked to imagine the future, but his imagination wasn't very accurate.
c．Leonardo believed that humans were more intelligent than any other animal.
d．Leonardo watched things around him carefully and tried to understand them.

3 火山(volcano)に関する次の英文を読み，下線部①～④の語(句)を並べ替えて意味の通る英語にしなさい。ただし，文頭に来る語も小文字になっています。

Volcanoes are one of the most interesting subjects to read and learn about. They also give people ①[what / an idea / on / going / of / is] inside the earth. Some of the facts about volcanoes often make a person want to learn even more about them.

At any moment on earth, there are 11 to 13 volcanoes [1] erupting [2] on average. Most people don't know about most of them for two reasons. The first is that the world is a huge place. The second is that ②[under / a large / these / of / are / number] the ocean. They aren't normally seen until they break the surface. Sometimes, underwater volcanoes can still cause widespread damage.

One such example was one of the eruptions of [3] Krakatoa. This mountain rose out of the sea in Indonesia, but it is very famous because when the mountain blew itself apart, it moved a huge amount of ocean water. ③[wave / a big / this / a tsunami / created / called]. It [4] swept over islands in the area, carrying whole villages away.

When Krakatoa erupted, it sent out a different wave, too. The other wave was a wave of sound. This wasn't as [5] destructive, but it showed us how powerful a volcano can be. The eruption was heard 3,000 miles away. Some scientists believe that ④[traveled / a dozen / the world / around / the sound wave / over half] times.

注：1 erupt 噴火する　2 on average 平均して　3 Krakatoa クラカタウ(インドネシアにある火山)
4 sweep 押し寄せる　5 destructive 破壊的な

4 次の(1)～(4)の会話文について，下線部がそれぞれ下の日本語の意味になるように，空所に英語を補いなさい。

(1) A : Excuse me, but [　　　　] the nearest subway station from here ?
B : Sorry. I'm a stranger here. Please ask someone else.
ここから最寄りの地下鉄の駅には，どうやったら行けるか教えていただけますか。

(2) A : Hi, Shota. You don't look well. What happened ?
B : Hi, Max. Last night [　　　　], I fell asleep. So I haven't finished it yet.
A : That's too bad.
昨日の夜，宿題をやっていたら寝ちゃったんだ。

(3) A : Hi, Ken, good morning. ①[　　　　] your new apartment ?
B : So far, so good. The best thing is that the station is quite close.
A : How close ?
B : ②It [　　　　].
① 新しいアパートはどう。
② 歩いて5分しかかからないよ。

(4) A : Hi, Hiroshi. [　　　　] next year.
B : Yes, I'm looking forward to it.
A : I'm sure you'll have a great experience, Hiroshi. Good luck !
B : Thank you.
あなたが来年留学するって聞いてびっくりしたわ。

5 （リスニング問題） 放送を聞いて，〔**問題A**〕～〔**問題C**〕に答えなさい。

注意 ・放送を聞きながらメモを取ってもかまいません。

・放送が終わったあとも，リスニング問題の解答を続けることができます。

〔**問題A**〕 これから読み上げられる対話文を聞いて，その最後の文に対する応答として最も適切なものを次の選択肢の中から１つ選び，記号で答えなさい。対話文は２回繰り返して放送されます。

a．All right, I'll buy another watch.

b．All right, I'll try somewhere else.

c．Thanks, I'll look for it in the gym.

d．Thanks, I'll go and see him now.

〔**問題B**〕 これから読み上げられる対話文(1)(2)と，続いて読まれる英語の質問を聞いて，その質問に対する答えとして最も適切なものをそれぞれ以下の選択肢の中から１つずつ選び，記号で答えなさい。対話文と質問はそれぞれ２回ずつ繰り返して放送されます。

(1) a．The food is not so good.

b．It is a long way from the office.

c．They will be kept waiting there.

d．It will be closing soon.

(2) a．32　b．45　c．50　d．64

〔**問題C**〕 これから読み上げられる英文は，マイケル・エドワーズ(Michael Edwards)というスキージャンプ(ski jumping)の選手についての話です。放送を聞いて，設問(1)～(3)に答えなさい。

(1)は空所に入るものとして最も適切なものを，(2)は質問に対する答えとして最も適切なものを，それぞれ以下の選択肢の中から１つずつ選び，記号で答えなさい。(3)は書き取り問題です。放送と一致するように，空所に入る３語の英語を書きなさい。

英文は全体が２回，書き取り問題の１文がさらにもう１回放送されます。

(1) According to the speaker, Michael became England's best ski jumper because he was [　　　　].

a．respected for his great efforts to improve his skills

b．the only person in England to enter the ski jumping contest

c．practicing so hard that everyone became interested in him

d．one of the top ski jumpers in the world at that time

(2) According to the speaker, which of the following is true about Michael?

a．He didn't know how to put on his big ski boots.

b．He failed at the Olympics because he was afraid to fall.

c．He thought it was more important to try than to win.

d．He finally made his dream of winning a medal come true.

(3) He couldn't see very well, so he (　　　)(　　　)(　　　) thick glasses.

＜リスニング問題放送原稿＞

〔**問題A**〕

☆： What are you looking for, Mike?

★： Oh, Emily, did you see a watch around here?

☆： What type of watch?

★： It's a digital one with a blue face and a white band.

☆： Ah, that was yours？ I found it in the gym before the PE class.

★： Really？

☆： Yes, and I took it to Mr. Brown, so he has it now.

〔問題Ｂ〕

対話文(1)

★： Why don't we go out to lunch？

☆： Sounds great. Where should we go？

★： How about the new Italian restaurant in front of the station？ People have been talking about it so much.

☆： Well, I'd like to eat there, but I think it'll be very crowded now.

★： It might be. We might not be able to get back before the lunch break is over.

（２秒の間）

Question： What are the man and woman worried about with the restaurant？

対話文(2)

☆： Look at this list, Jim. It shows how many books each student in our class has borrowed this year.

★： Well, let's see . . . My name is here. I've borrowed fifty books.

☆： Right. You're a great reader.

★： But Ken has borrowed the most books. He has borrowed fourteen more books than me.

☆： Yeah, I often see him in the library. I love reading, but I've borrowed just half as many books as Ken.

（２秒の間）

Question： How many books has the girl borrowed this year？

〔問題Ｃ〕

Michael Edwards was born in a small town in England. He was a good skier, and he had a dream to take part in the Olympic Games. He wasn't chosen as a member of the British team for the 1984 Olympics. For the 1988 games, however, he became England's #1 ski jumper for one simple reason—nobody else from England wanted to try.

Michael had no money and no coach. He saved money to prepare for the games himself. He wore used ski boots, but they were too big for him, so he wore six pairs of socks. He couldn't see very well, so he had to wear thick glasses. Before each jump, he was afraid that he might fall. But he worked hard to learn and to improve.

At the Olympic Games in 1988, Michael took part in the 70m and 90m jumps. He landed without falling, but came in last in both events.

Many people loved Michael for his dream and his courage. But others thought he wasn't good enough to try for the Olympics. To these people, Michael said, "Where is it written that the Olympics are only for winners？"

〔書き取り問題の英文〕

He couldn't see very well, so he had to wear thick glasses.

【数　学】（60分）〈満点：100点〉

（注意）　1．円周率が必要な場合はπを用い，解答に$\sqrt{\quad}$が含まれる場合は$\sqrt{\quad}$のままできるだけ簡単な形にすること。

2．(途中経過)とある欄には，答えを導くのに必要な式を書くこと。

3．定規・コンパス・分度器は使用できません。

1　次の各問いに答えよ。

(1)　$a=\sqrt{41}$，$b=\sqrt{2021}$，$c=2\sqrt{498}$ のとき，$4a^4-4b^4+8b^2c^2-4c^4$ の値を求めよ。

(2)　0でない数x，y，zが次の2つの方程式

$$\begin{cases} x-2y-z=0 \\ 2x+y+z=0 \end{cases}$$

を満たすとき，$\dfrac{x^3+y^3+z^3}{xyz}$ の値を求めよ。

(3)　aを正の整数とする。xについての2次方程式$x^2+6x-a=0$の2つの解をaを用いて表せ。
また，すべての解が整数となるような1000以下の正の整数aの値は何個あるか。

2　右図のように，円周を6等分した点の1つをAとする。点Pは初め点Aの位置にあるものとする。

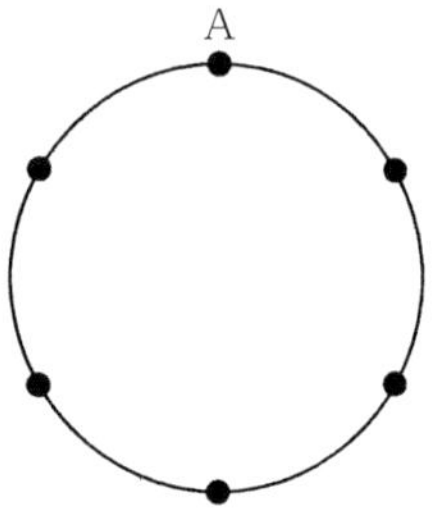

1個のサイコロを1回投げて出た目の数だけ時計回りに点Pを1つずつ隣の点へ移動させる操作を2回行う。

この操作の1回目において，点Pが点Aから移動した点をBとする。さらにこの操作の2回目において，点Pが点Bから移動した点をCとする。ただし，点A，B，Cは互いに同じ位置にあってもよい。

このとき，3点A，B，Cが次のようになる確率を求めよ。

(1)　正三角形の3頂点となる確率。

(2)　直角三角形の3頂点となる確率。

(3)　30°の内角をもつ三角形の3頂点となる確率。

(4)　三角形の3頂点となる確率。

3　右図のように，

放物線 $y=x^2$　　……①

放物線 $y=-\dfrac{1}{5}x^2$……②

直線 $y=-2x+c$ ……③

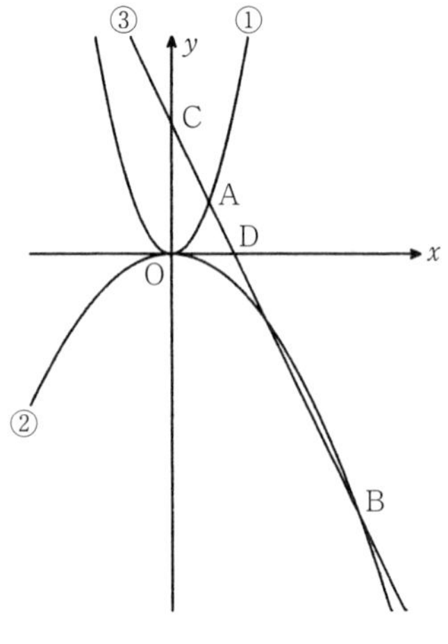

がある。ただし，$0<c<5$とする。

①と③の2つの交点のうちx座標が大きい方をA，②と③の2つの交点のうちx座標が大きい方をB，③とy軸，x軸との交点をそれぞれC，Dとする。

このとき，次の各問いに答えよ。

(1)　$c=\dfrac{24}{5}$ であるとき，点Bのx座標を求めよ。

(2)　AC＝2ADであるとき，点Bのx座標を求めよ。

(3)　点Aのx座標をa，点Bのx座標をbとする。∠AOD＝∠BODであるとき，

(ア)　b を a の式で表せ。

(イ)　面積比 △OCA：△OAD：△ODB を最も簡単な整数の比で表せ。

4　右図のように，１辺の長さが６の正三角形 ABC の辺 BC，CA，AB の中点をそれぞれＬ，Ｍ，Ｎとする。△ABC の周または内部に点Ｐをとり，線分 BP，CP をそれぞれ１辺とする正三角形 BPD，CPE をつくる。

２点Ｄ，Ｅはともに直線 BC 上にはなく，かつ直線 BC に関して点Ａと同じ側にあるものとする。

ただし，点Ｐが点Ｂに一致するときは点Ｄも点Ｂに一致し，点Ｐが点Ｃに一致するときは点Ｅも点Ｃに一致するものとする。

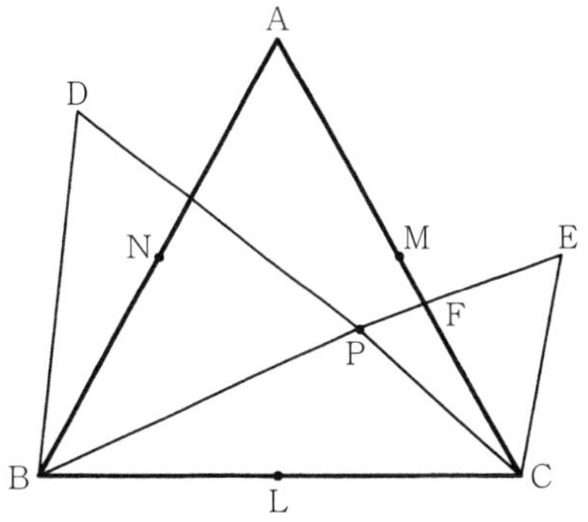

このとき，次の各問いに答えよ。

(1)　点Ｐが線分 LM 上にあるとき，

(ア)　面積比 △CLP：△BND を最も簡単な整数の比で表せ。

(イ)　LP＝2 であるとする。線分 CM と線分 PE の交点をＦとするとき，面積比 △CPF：△CME を最も簡単な整数の比で表せ。

(2)　点Ｐが △LMN の周上を動いて一周するとき，２点Ｄ，Ｅはそれぞれある図形を描く。このとき，

(ア)　２点Ｄ，Ｅが描く図形を解答欄の図に描け。

(イ)　２点Ｄ，Ｅが移動する距離の和を求めよ。

5　次の各問いに答えよ。

(1)　一般に，図１のような ∠L＝90° の直角三角形 LMN において，$ML^2+NL^2=MN^2$ が成り立つ。このことを利用して，図２のような１辺の長さが10の正三角形 BCD の面積を求めよ。

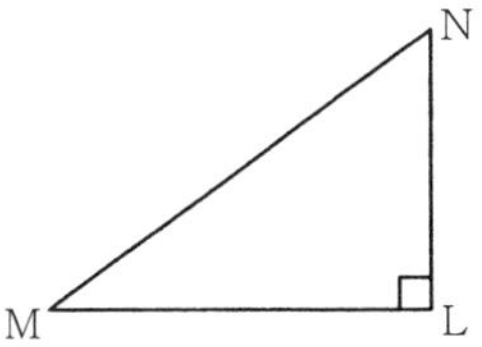

図１

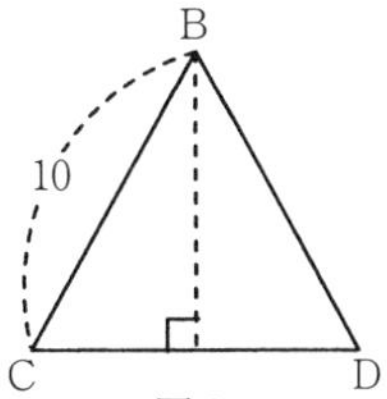

図２

(2)　１辺の長さが10の正四面体 ABCD の体積を求めよ。必要であれば，図３を利用して求めよ。ただし，図３の太線の立体は，各面の対角線が正四面体 ABCD の１辺となるような立方体である。

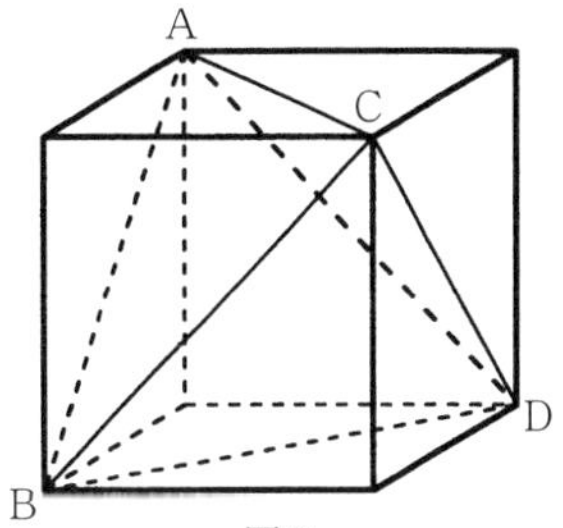

図３

(3)　図４のように，１辺の長さが10の正四面体 ABCD があり，辺 AB を２：３に内分する点をＥ，辺 AC を３：２に内分する点をＦ，辺 AD を２：１に内分する点をＧとする。

さらに，直線 BC と直線 EF との交点をＨ，直線 BD と直線 EG との交点をＩとする。

このとき，

(ア)　四角形 CHID の面積を求めよ。

(イ)　立体 FCHIDG の体積を求めよ。

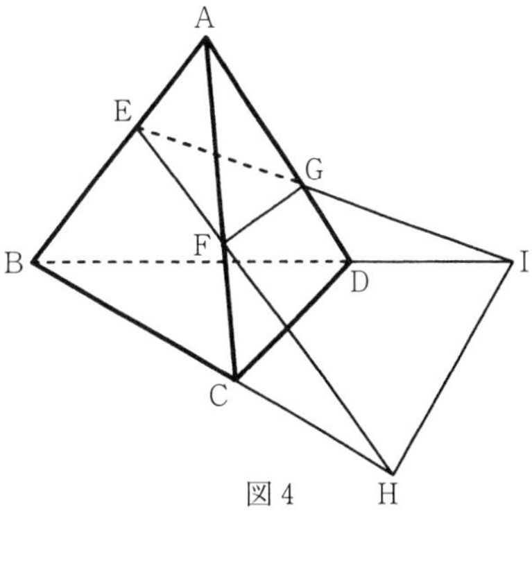

図４

【社　会】（45分）〈満点：70点〉

（注意）　字数指定のある問題は，句読点やかぎかっこなどの記号も字数にふくめます。

1　次のページの地図を見て，世界各地の河川と人間生活に関する次の問いに答えなさい。

問１　降水後にその雨水がある河川に流れ込む範囲をその河川の集水域といい，ほかの河川の集水域との間の境界を分水界といいます。分水界は標高が高くなっていることが多くなっています。図１中の白い破線で表わした分水界ア～エより，新しい造山帯（新期造山帯）に位置しているものを１つ選び，記号で答えなさい。

問２　河川の上流から下流までの流域の気候が場所によって異なることは大きな河川であればよく見られます。次のグラフ１中のア～エは図１中の河川ＣとＧのそれぞれ中流域の都市（C1・G1）と下流域の都市（C2・G2）のいずれかの雨温図です。それぞれの下流域の都市C2・G2のものをア～エより１つずつ選び，記号で答えなさい。

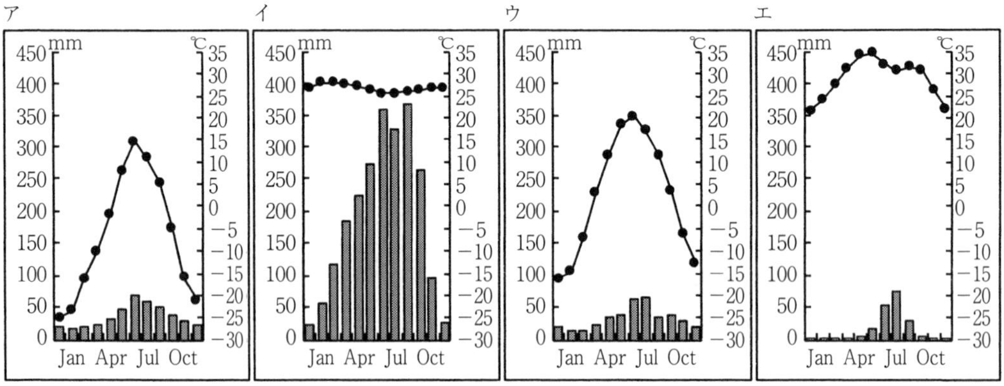

（世界気象機関「World Weather Information Service」データより作成）

グラフ１

問３　河川の中には，流域開発のために途中に巨大ダムが建設されているものもあります。次の各文はそれぞれ図１中の河川Ｄ・Ｉ・Ｋのいずれかに建設されたダムの説明文です。説明文とそのダムの建設された河川の組み合わせとして正しいものを下の表中のア～カより１つ選び，記号で答えなさい。

あ：1936年に完成したダムで，周辺や下流の乾燥地域などへ農業用水や生活用水を供給し，発電などを行っている。ダムから約50km離れたところに位置するある都市は，このダムからの電気と水により，砂漠にあるにもかかわらずカジノで有名な世界的観光都市になった。

い：1970年に完成したダムで，毎年発生していた洪水を防ぎ，乾燥地域の農業用水や，工業化のための電気・工業用水を供給する目的で建設された。この建設により水没予定だった遺跡を移築したことがきっかけとなって，UNESCOで世界遺産条約が採択された。

う：2009年に完成したダムで，工業化や経済発展による電力需要に対応する目的で建設された。これにより北部の乾燥地域に送水したり，水運の活発化なども見られた。しかし，ダム湖は長さが600km以上にもなり，住民100万人以上が移住することになった。

	ア	イ	ウ	エ	オ	カ
あ	D	D	I	I	K	K
い	I	K	D	K	D	I
う	K	I	K	D	I	D

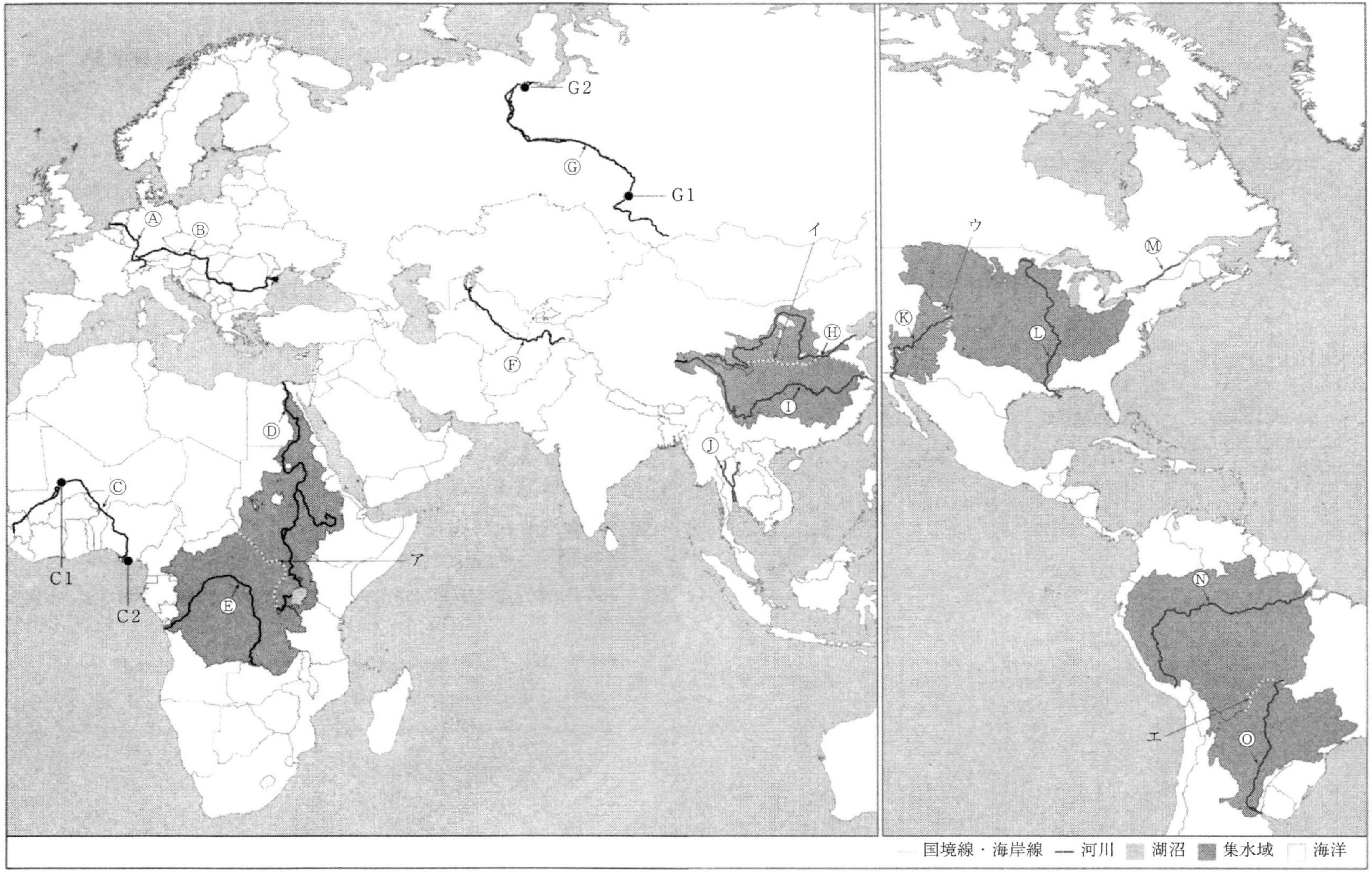

（国境線，海岸線，河川，湖沼：Natural Earth（https://www.naturalearthdata.com/）のデータより作成，
集水域：HydroSHEDS（https://www.hydrosheds.org/）のデータより作成）

図１

問4　河川と周辺の農業には関係があります。次の各文はそれぞれ地図中の河川Ｆ・Ｊ・Ｌのいずれかの流域の農業に関する説明文です。説明文と河川の組み合わせとして正しいものを下の表中のア～カより１つ選び，記号で答えなさい。

え：流域は乾季と雨季の降水量差が大きく，雨季には洪水が発生していた。河川からあふれた水は水田の水位を高め，稲は水位にあわせて伸長する品種が栽培されていた。近年は水位調整が可能になり，伸長しない高収量品種の導入も進んだ。

お：流域には乾燥気候地域が広がっていたが，19世紀以降この河川の水を利用した綿花栽培が進められた。その結果，この河川の流量は下流に行くほど減少し，この河川が流入する面積世界第４位だった湖は水位が低下し縮小した。

か：流域は世界的な穀倉地帯で，とうもろこしや小麦の生産が行われている。かつては綿花地帯（コットンベルト）と呼ばれた地域も本流や支流の流域にあった。しかし，綿花は連作障害などによって生産量が減少し，ほかの作物の栽培などに転換されてきている。

	ア	イ	ウ	エ	オ	カ
え	F	F	J	J	L	L
お	J	L	F	L	F	J
か	L	J	L	F	J	F

問5　河川は内陸輸送に利用される場合も多くなっています。次の各文はそれぞれ図１中の河川Ｂ・Ｌ・Ｍのいずれかの水運に関する説明文です。説明文と河川の組み合わせとして正しいものを下の表中のア～カより１つ選び，記号で答えなさい。

き：流域ではとうもろこしや小麦の企業的な生産が行われ，穀物メジャーの巨大なリバーサイドエレベーターと呼ばれる倉庫が並んでいる。また，穀物メジャーはこの河川を穀物専用貨物船で上下し，河口の港から穀物を輸出している。

く：流域にはかつては社会主義国が多かったが，1990年代以降資本主義化が進んだ。1992年に世界的な工業地域を流域にいくつも抱える河川と運河で結ばれ，部品や製品などを積んだ貨物船が往来するようになり，流域の工業化が進んだ。

け：上流には複数の湖があり，その周辺は世界的な工業地域になっている。それらの湖の間や，この河川の途中の急流に運河や海路と呼ばれる人工水路が建設され，工業製品や工業原料が輸送されている。

	ア	イ	ウ	エ	オ	カ
き	B	B	L	L	M	M
く	L	M	B	M	B	L
け	M	L	M	B	L	B

問6　次の表１中の さ～す は，それぞれ地図中の河川Ａ・Ｍ・Ｎの河口が位置する国の輸出額上位５か国をしめしています。さ～す と河川の組み合わせとして正しいものを，下の表中のア～カより１つ選び，記号で答えなさい。

表1

	さ			し			す		
	輸出相手国	金額	割合	輸出相手国	金額	割合	輸出相手国	金額	割合
		百万ドル	%		百万ドル	%		百万ドル	%
1	ドイツ	173,839	23.9	アメリカ合衆国	337,814	75.5	中国	63,908	26.4
2	ベルギー	80,255	11.0	中国	21,218	4.7	アメリカ合衆国	29,097	12.0
3	フランス	61,502	8.5	イギリス	12,584	2.8	アルゼンチン	14,918	6.2
4	イギリス	59,634	8.2	日本	9,966	2.2	（ さ ）	13,048	5.4
5	アメリカ合衆国	31,152	4.3	メキシコ	6,332	1.4	チリ	6,385	2.6
	合計	726,698	100.0	合計	447,671	100.0	合計	242,363	100.0

（『日本国勢図会 2020/21』より作成）

	ア	イ	ウ	エ	オ	カ
さ	A	A	M	M	N	N
し	M	N	A	N	A	M
す	N	M	N	A	M	A

2　湖沼についての次の地図と文章に関する下の問いに答えなさい。

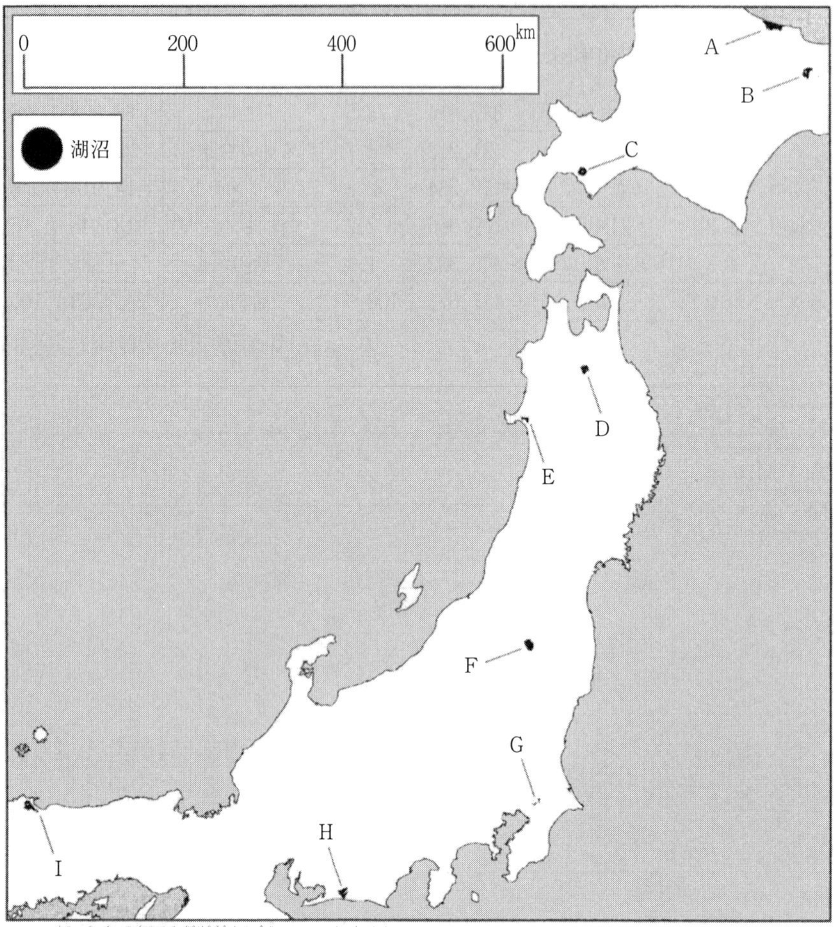

（国土交通省国土数値情報ダウンロードサイト
(https://nlftp.mlit.go.jp/ksj/gml/datalist/KsjTmplt-N03-v2_4.html および
https://nlftp.mlit.go.jp/ksj/gml/datalist/KsjTmplt-W09-v2_2.html）より作成）

図１

湖や沼，池などは一般的には地表の窪地《くぼち》に水が溜《た》まったもので，海とは連続していないもののことであるが，その定義はあいまいで，おおまかに水域の中央部が深いため植生が見られないものが湖，一方中央部が浅いため植生が見られるものが沼となっている。また，人工的なものが池とされる。しかし，名称は古くからの呼称もあるため混ざっており，世界にはカスピ海など①海とつく湖さえある。

湖沼の分類は成因や水質，生物の生息環境などから分けられることが多い。

成因はさまざまであるが，たとえば地殻変動によって，断層のもろくなったところや，断層山地に挟まれた低地の部分に水が溜まってできるものがある。また火山活動に伴って，火口や，②カルデラの全体，または一部に水が溜まったものや，溶岩によって河川がせき止められたものもある。

水質もさまざまで，淡水湖や③海水と淡水の混ざった（ あ ）湖，火山からの成分の混ざった酸性の湖もある。また，植物の肥料になるような窒素分やリン分の流入の少ない貧栄養湖や，逆に多い富栄養湖もある。

問１　文中の空欄（あ）にあてはまる語を漢字で答えなさい。

問２　下線部①について，次のア～エより湖沼を１つ選び，記号で答えなさい。

ア．宇和海　　イ．中海　　ウ．八代海　　エ．有明海問３　次の図２中の湖沼Ｊの成因として正しいものを下のア～エより１つ選び，記号で答えなさい。

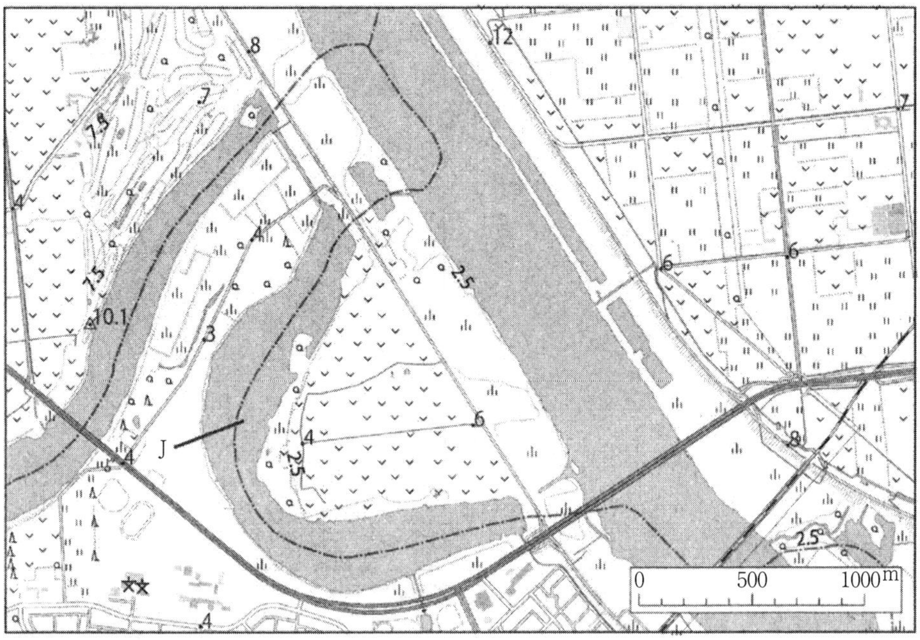

（国土地理院「国土基本情報」より作成）

図２

ア．蛇行していた河川の一部分がもろくなって断層が走り，そこに水が溜まった。

イ．河川の蛇行部分に風が当たりやすくなり，地面が風でえぐられたところに水が溜まった。

ウ．河川の蛇行部分に雪が積もりやすくなり，融雪後に水が溜まった。

エ．蛇行していた河川が洪水や改修などで直線状になり，かつての流路が切り離されてできた。

問４　下線部②について，次の図３は図１中の湖Ｂ・Ｃ・Ｄ・Ｉの湖面の拡大図です。カルデラ湖でないものを湖Ｂ・Ｃ・Ｄ・Ｉより１つ選び，記号で答えなさい。なお作問の都合上，各地図中にある湖Ｂ・Ｃ・Ｄ・Ｉ以外の湖はのぞいてあります。

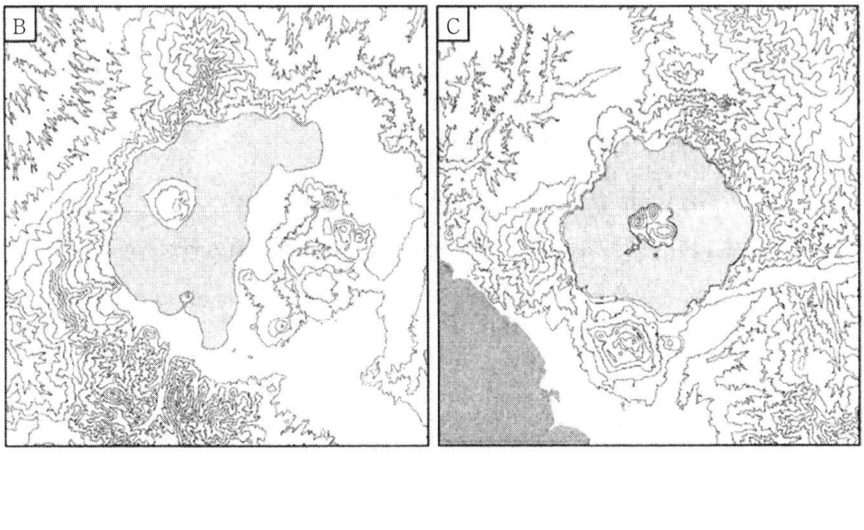

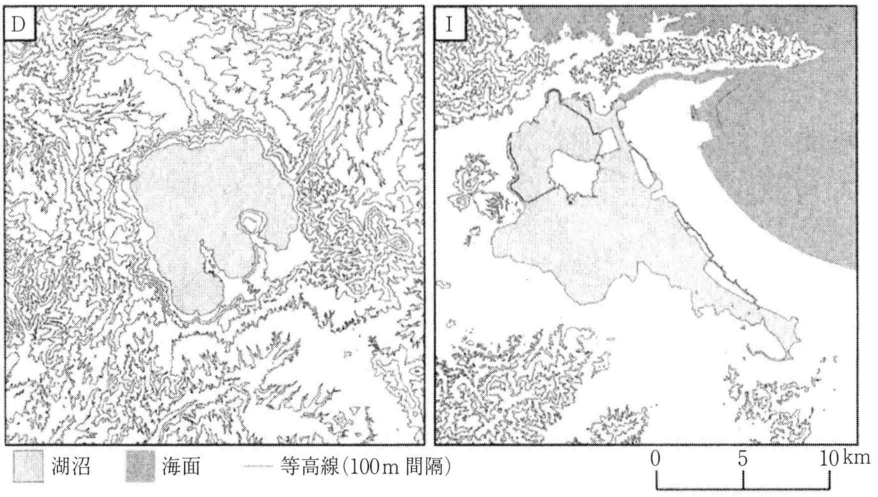

(国土交通省国土数値情報ダウンロードサイト
(https://nlftp.mlit.go.jp/ksj/gml/datalist/KsjTmplt-W09-v2_2.html)および
国土地理院「基盤地図情報」(等高線，海岸線)より作成)

図3

問5　下線部③について，図1中の湖A・H・Iは(あ)湖です。次の各文は3つの湖のいずれかで見られる漁業や養殖業についての説明です。説明文と湖の組み合わせとして正しいものを下の表中のア～カより1つ選び，記号で答えなさい。

か：この湖ではほたて貝の稚貝の養殖が行われており，ここで育てられた稚貝が近くの海に放流され，地域のほたて貝漁の漁獲高向上に役立っている。

き：この湖ではうなぎの養殖が有名であったが，近年，稚魚が減少し，養殖自体が難しくなってきている。最近は車えびの養殖が始められた。

	ア	イ	ウ	エ	オ	カ
か	A	A	H	H	I	I
き	H	I	A	I	A	H

問6　次の各文はそれぞれ図1中の湖E・F・Gのいずれかと関係した農業開発に関する文です。文とその湖の組み合わせとして正しいものを下の表中のア～カより1つ選び，記号で答えなさい。

さ：この湖沼の開発は江戸時代以降たびたび計画されてきた。江戸時代には田沼意次や水野忠邦も関わったが失敗している。1946年以降，国営事業として干拓や土地改良の工事と治水工事が進められ，その後，この湖沼の水を新たに工業用水にも利用できるよう計画を変更した上で1969年に完成した。この工事の結果，この湖沼の周囲には約900haの干拓地と約6600haの整備された農地が造成された。

し：この湖沼の東側にある盆地は年降水量が1200mm未満と少ない上，河川の発達しにくい台地で，大きな河川は台地の下を流れているだけであった。明治時代に入ると，政府は失業武士の救済とこの盆地の開発のために，この湖沼から約130kmの水路を計画し，この水路が1882年に完成すると約9000haの灌漑《かんがい》農業地域を形成することができた。

す：この湖沼はかつて，日本第2位の面積をもつ湖沼であった。この湖沼の干拓は小規模なものは江戸時代から進められていたが，大規模なものは1957年から始められ，1977年に完成し，約17000haの干拓地が造成された。

	ア	イ	ウ	エ	オ	カ
さ	E	E	F	F	G	G
し	F	G	E	G	E	F
す	G	F	G	E	F	E

3　次の巣鴨高等学校の巣太君と，英国イートン校からの留学生マックス君の会話を読んで，下の問いに答えなさい。

マ：巣太，邪馬台国は日本のどのあたりにあったの？

巣：マックス，①邪馬台国の所在地についてはいまだに決着がついていないんだ。北九州か近畿地方が有力とはされているんだけど。

マ：近畿地方といえば，先日，巣太の家族が奈良に連れていってくれたね。世界最古の木造建築の法隆寺には感動したよ。

巣：②法隆寺は7世紀に聖徳太子によって建立されたんだ。

マ：飛鳥時代と言っていたね。

巣：そうだよ。その後，奈良盆地に平城京という大きな都がおかれるまでが飛鳥時代，平城京遷都後が奈良時代と呼ばれているんだ。元明天皇や元正天皇といった女性の天皇のもとで③『古事記』や『日本書紀』などの歴史書が編さんされたのも奈良時代のはじめのことだよ。

マ：④奈良時代は女性の天皇からはじまったんだね。

巣：そうなんだ。794年に京都へ遷都が行われてからは平安時代と呼ばれているんだよ。

マ：京都も歴史を感じる素晴らしい都市だね。平安時代はどのように終わりをむかえたんだろう。

巣：11世紀ごろは藤原氏による摂関政治が行われていたんだ。その後，平氏が台頭しはじめて，⑤武士の時代の到来につながっていく。

マ：武士といえば，Daimyo，Shogun なんて言葉が英語にもあるけど。

巣：大名といっても⑥守護大名や戦国大名など歴史的には色々だけどね。将軍はたいてい征夷大将軍のことを意味しているんだ。

マ：イートン校の設立は1440年だから日本でいえば Shogun は Ashikaga？

巣：そうだよ。室町時代って呼ばれている。その後は戦国時代を経て江戸時代へ続くんだ。

マ：⑦江戸時代の Shogun は Tokugawa だよね。⑧参勤交代や鎖国の時代だ。17世紀から⑨19世紀の欧米では中世から近代にかけて政治や産業に大きな変革がおこった時期だ。

巣：江戸時代末になるとその影響が日本にも及んできたんだ。そういえばイートン校のサマースクールに参加した際に，大英博物館に行ったら，⑩浮世絵のシンポジウムをやっていて，海外の人々の浮世絵に対する注目度の高さに驚いたことを覚えているよ。

マ：明治時代に入るとイギリスをはじめとした西洋の文化も日本に大きく影響したようだね。

巣：ヨーロッパやアメリカの⑪教育制度を参考にしたり，技術を取り入れたりする中で，少なからず文化に影響があったんだ。

マ：⑫第一次世界大戦ではイギリスと日本は同盟国としてともに戦ったし，イギリスの船を日本の船が地中海で護衛してくれたこともあったんだよ。

巣：ちょうどそのころ，明治43年に遠藤隆吉先生が僕の通う巣鴨学園の前身となる「巣園学舎」を創立したんだよ。

マ：⑬第二次世界大戦のときに被害にはあわなかった？

巣：池袋，大塚，板橋一帯は昭和20年4月13日の空襲で焼け野原になってしまったんだ。そのときに相当な被害を受けたけど，日本とともに学校も復興をとげていったと聞いているよ。

マ：戦後日本が国際社会に復帰する中で，イギリスと日本は，イギリスの王室と日本の皇室に象徴されるように良好な関係が築かれているよね。イートン校に行ったことがあるならウィンザー城は見学したかい？

巣：うん。ウィンザー城で菊の御紋を見たときには驚いたよ。

マ：エリザベス女王陛下は最高位の「ガーター勲章」を当時の天皇陛下に授与しているし，女王陛下も叙勲されている。日本の皇室と英国王室との間には密接な交流が続いているよ。

巣：今上陛下もオックスフォード大学に留学されていたし，僕の先輩も通っているんだ。

マ：巣太は日本の歴史に詳しいから，とても勉強になるよ。

巣：イートン校に行った際に，先生たちがイギリスの歴史を熱く語ってくれたことで，僕も⑭日本の歴史をきちんと学ぶことが世界で活躍する第一歩だって実感したんだ。

問1　下線部①について，『魏志倭人伝』には邪馬台国への道のりが詳細に記されているにもかかわらず，その所在地が特定できていません。下の地図(海岸線などは現在のものを使用している)を参考にして，次の『魏志倭人伝』の記載(部分要約)では所在地が特定できない理由を30字以内で説明しなさい。

　倭人《わじん》は帯方《たいほう》の東南大海の中にあり，山島に依《よ》りて国邑《こくゆう》をなす。旧《もと》百余国。漢の時朝見《ちょうけん》する者あり。今，使訳《しやく》通ずる所三十国。……帯方郡《ぐん》より倭に至《いた》るには，海岸に循《したが》ひて水行《すいこう》し，韓《かん》国を歴《へ》て，乍《あるい》は南《みなみ》し乍は東《ひがし》し，その北岸狗邪韓《くやかん》国に到る七千余里。始めて一海を度《わた》る千余里，対馬《つしま》国に至る。……また南一海を渡る千余里，名づけて瀚海《かんかい》といふ。一大国に至る。……また一海を渡る千余里，末盧《まつら》国に至る。四千余戸有り。……東南陸行《りくこう》五百里にして，伊都《いと》国に到る。……世々王あるも，皆女王国に統属す。郡使の往来常に駐《とど》まる所なり。東南奴《な》国に至る百里。……東行不弥《ふみ》国に至る百里。……南《みなみ》，投馬《とうま》国に至る水行二十日。……南，邪馬壱国に至る。女王の都《みやこ》する所，水行十日陸行一月，……七万余戸ばかり。……その南に狗奴《くぬ》国あり，男子を王となす。……女王に属せず。郡より女王国に至る万二千余里。

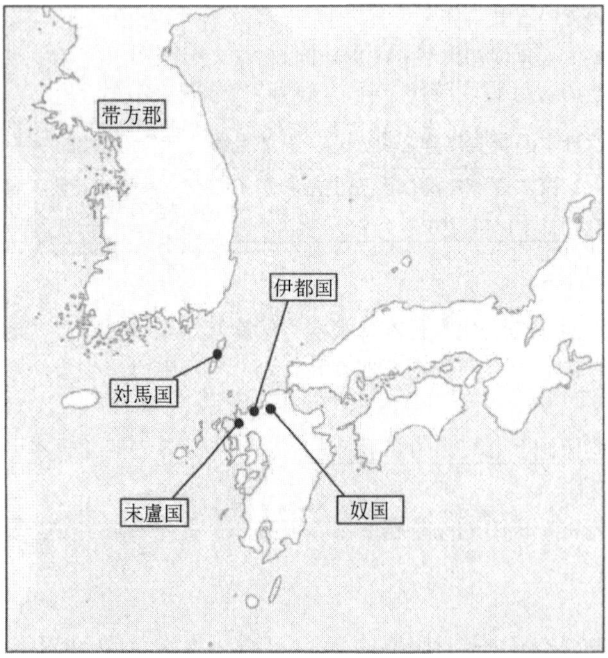

問２　下線部②について，法隆寺が建立された７世紀におきたできごとの説明として正しいものを，次のア～エより１つ選び，記号で答えなさい。

ア．パレスチナに生まれたイエスが，「神を信じる者は誰でも救われる」と説き，布教活動を行った。

イ．メッカで商人の子として生まれたムハンマドが，唯一神アッラーへの信仰を説き，イスラム教を開いた。

ウ．シャカ族の王子ゴータマ＝シッダールタが「心の迷いを取り去ることで，この世の苦しみから逃れられる」と説き，仏教を開いた。

エ．孔子が仁と礼を重んじる徳治政治を説き，儒教のもとを開いた。

問３　下線部③について，日本の成り立ちや天皇家の歴史を記した『古事記』と『日本書紀』は同時期に成立していますが，前者は漢字の音訓を用いて口語の日本語で書かれ，後者は漢文体で書かれています。このことから，書かれた目的にどのような違いがあったと考えられますか。40字以内で説明しなさい。

問４　下線部④について，奈良時代には女性天皇の即位が見られます。右の系図を参考に，元明天皇・元正天皇と「男系の天皇(父方に男性の天皇の血筋を持つ天皇)」に関して述べた文Ａ～Ｄについて，正しいものの組み合わせを，下のア～エより１つ選び，記号で答えなさい。

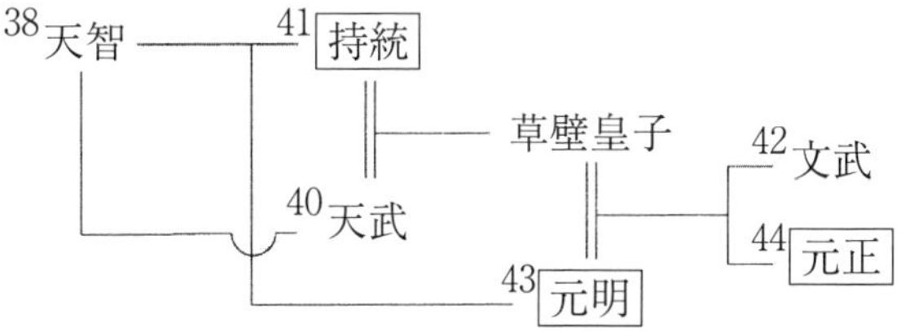

※数字は天皇の即位順
※□は女性の天皇
※＝は婚姻《こんいん》関係

Ａ　元明天皇は父方に男性の天皇の血筋を持たないため男系の天皇ではない。

Ｂ　元明天皇は父方に男性の天皇の血筋を持つ男系の天皇である。

Ｃ　元正天皇は父方に男性の天皇の血筋を持たないため男系の天皇ではない。

Ｄ　元正天皇は父方に男性の天皇の血筋を持つ男系の天皇である。

ア．Ａ・Ｃ　　イ．Ａ・Ｄ　　ウ．Ｂ・Ｃ　　エ．Ｂ・Ｄ

問５　下線部⑤について，平安時代におきた武士に関するできごとの説明として正しいものを，次のア～エより１つ選び，記号で答えなさい。

ア．藤原純友が国府を襲い，「新皇」と称して一時関東を支配したが，一族の藤原秀郷に滅ぼされた。

イ．瀬戸内海で海賊行為をしていた平将門は，伊予の国府や大宰府を襲った。

ウ．東北では安倍氏が国司への反乱をおこしたが，源頼義が子の義家と遠征しこれを鎮圧した。

エ．後白河上皇の近臣の対立からおきた平治の乱に勝利した源頼朝は，征夷大将軍に任じられた。

問６　下線部⑥について，守護大名に関する文として正しいものを，次のア～エより１つ選び，記号で答えなさい。

ア．鎌倉時代に国ごとにおかれていた守護はその権限にも限りがあったが，南北朝の動乱以降力を強め，一国全体を支配するようになった。

イ．室町幕府は将軍の補佐役として管領を任命し，北条氏，赤松氏，山名氏など有力な守護大名がこの任についた。

ウ．応仁の乱以降，守護大名は力を強め，九州地方の長宗我部氏や四国地方の島津氏などは，幕府の衰退とともに戦国大名として支配を拡大した。

エ．山城国では一向一揆が守護大名の富樫氏を追放し，約100年にわたって自治を行った。

問７　下線部⑦について，次のア～オを，年代順にならべたとき，２番目と４番目にくるできごとを，それぞれ記号で答えなさい。

ア．新井白石が登用され元号を正徳に改める。

イ．徳川吉宗が目安箱を設置する。

ウ．天明の飢饉《ききん》がおきるなか，浅間山が大噴火をおこす。

エ．ポルトガル船の来航が禁止される。

オ．生類憐《あわ》れみの令が出される。

問8　下線部⑧について，参勤交代などを定めた武家諸法度は将軍の代替わりごとに発布されました。次の参勤交代に関する武家諸法度の条文の説明として正しいものを，下のア～エより1つ選び，記号で答えなさい。

＜元和の武家諸法度(1615年)＞

一．諸大名参勤作法の事。

多勢を引率すべからず。百万石以下二拾万石以上二十騎に過ぐべからず，十万石以下は其《その》相応《そうおう》たるべし。

＜寛永の武家諸法度(1635年)＞

一．大名小名，在江戸交替相定《あいさだ》むる所なり。毎歳夏四月中参勤致すべし。従者の員数近来《ちかごろ》甚《はなは》だ多し。且《かつ》は国郡の費《ついえ》，且は人民の労なり。向後《きょうこう》其相応を以て，之を減少すべし。

ア．江戸への参勤を義務とし，大名の負担をなるべく抑えようとした。

イ．江戸への参勤を義務とはせず，大名の負担をなるべく抑えようとした。

ウ．江戸への参勤を義務とし，大名にできるだけ負担をかけようとした。

エ．江戸への参勤を義務とはせず，大名にできるだけ負担をかけようとした。

問9　下線部⑨について，19世紀のアメリカ合衆国についての説明としてあやまっているものを，次のア～エより1つ選び，記号で答えなさい。

ア．大陸横断鉄道が建設されるなどして，西部開拓が進められた。

イ．奴隷制度の是非をめぐって南部と北部が対立し，南北戦争がおこった。

ウ．中国の清朝に艦隊を派遣して南京条約を結び，不利な条件で開国させた。

エ．リンカーン大統領が，「人民の，人民による，人民のための政治」をうったえた。

問10　下線部⑩について，ニューヨークにあるメトロポリタン美術館のホームページに，以下のように紹介されている絵画があります。空欄［A］に適切な語をア～エより，この絵画をカ～ケよりそれぞれ1つずつ選び，記号で答えなさい。

Object Details

Title :	Under the Wave off Kanagawa (Kanagawa oki nami ura), also known as The Great Wave, from the series Thirty-six Views of Mount Fuji (Fugaku sanjūrokkei)
Artist :	[A] (Japanese, Tokyo (Edo) 1760-1849 Tokyo (Edo))
Period :	Edo period (1615-1868)
Date :	ca. 1830-32
Culture :	Japan
Medium :	Woodblock print ; ink and color on paper
Dimensions :	10 1/8×14 15/16 in. (25.7×37.9cm)
Classification :	Prints

Credit Line :　　H. O. Havemeyer Collection, Bequest of Mrs. H. O. Havemeyer, 1929
Accession Number :　　JP1847

ア．Toshusai Sharaku　　イ．Hishikawa Moronobu
ウ．Utagawa Hiroshige　　エ．Katsushika Hokusai

カ．

キ．

ク．

ケ．

（「メトロポリタン美術館」ホームページより引用）

問11　下線部⑪について，次の年表は明治時代の教育制度の変遷をまとめたものです。A～Cは年表中のⅠ～Ⅲのどの期間におきたできごとですか。A～CとⅠ～Ⅲの組み合わせとして正しいものを，下の表中のア～カより1つ選び，記号で答えなさい。

時期	おもなできごと
1872年	学制により6歳以上の男女が小学校教育を受けることが定められた。
	＜Ⅰ＞
1886年	義務教育が4年と定められた。
	＜Ⅱ＞
1890年	教育勅語が発布され，教育の基本方針が示された。
	＜Ⅲ＞
1907年	義務教育の年限が6年に改められた。

A．大日本帝国憲法が発布された。
B．中国で義和団事件がおこった。
C．民撰議院設立建白書が出された。

	ア	イ	ウ	エ	オ	カ
A	Ⅰ	Ⅰ	Ⅱ	Ⅱ	Ⅲ	Ⅲ
B	Ⅱ	Ⅲ	Ⅰ	Ⅲ	Ⅰ	Ⅱ
C	Ⅲ	Ⅱ	Ⅲ	Ⅰ	Ⅱ	Ⅰ

問12　下線部⑫について，第一次世界大戦後の国際関係の説明としてあやまっているものを，次のア～オより１つ選び，記号で答えなさい。

ア．パリ講和会議において，日本は人種差別撤廃を唱えた。

イ．国際連盟が設立され，日本は常任理事国となった。

ウ．国際連盟の本部はジュネーブにおかれ，新渡戸稲造が事務局次長となった。

エ．ワシントン会議が開かれ，海軍の軍備の制限などが決められた。

オ．世界恐慌と金解禁の影響による米価の高騰に対し，米騒動がおこった。

問13　下線部⑬について，第二次世界大戦中，ある会議において，ソ連が日ソ中立条約を破って対日参戦することが決められました。その会議が開かれた場所を，次の地図中のア～カより１つ選び，記号で答えなさい。

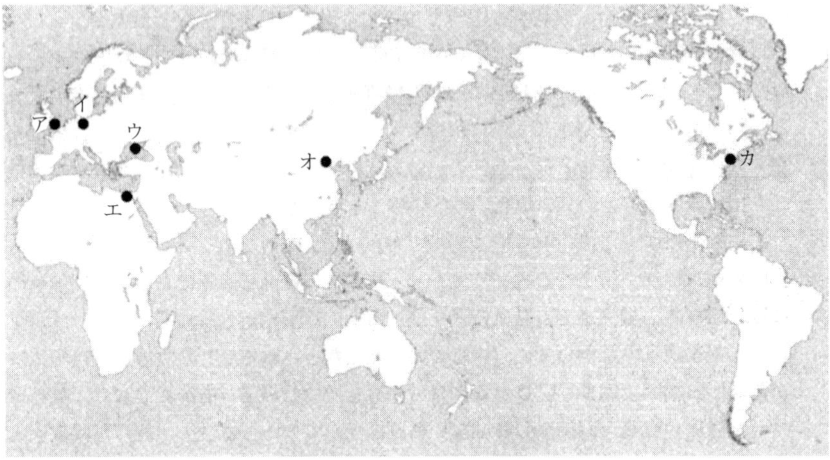

問14　下線部⑭について，次のア～オを，年代順にならべたとき，２番目と４番目にくるできごとを，それぞれ記号で答えなさい。

ア．日ソ共同宣言が出され，ソ連の支持も得て国際連合に加盟した。

イ．日韓基本条約を結んで，韓国との国交を正常化した。

ウ．アメリカなど48か国とサンフランシスコ平和条約を締結した。

エ．朝鮮戦争の勃発にともない，警察予備隊が設置された。

オ．日中共同声明により，中華人民共和国と国交を正常化した。

4　次の文を読み，下の問いに答えなさい。

1789年，①イギリスやアメリカなどでおこった市民革命の影響を受けて②フランス革命がおこった。この革命によって王政が倒れたあと，フランスに攻めこんできた近隣国との戦いを制し，混乱する国内をおさえて政府の指導者となったのが，軍人のナポレオン＝ボナパルトである。彼は1800年にフランス銀行を創設するなど国家財政の立て直しを図ったほか，1804年には③人権宣言で唱えられた理念を実現させるために「ナポレオン法典」を制定して④自由権などの多くの権利を確立させ，ついに⑤国民投票で信任を受けて皇帝となった。この戴冠式の様子は，絵画『ナポレオン一世の戴冠式と皇妃ジョゼフィーヌの戴冠』から知ることができる。

この絵画だが，この指導者によって「つくられた」ものであることが知られている。当時の戴冠は，皇帝となる者が⑥カトリック教会の最高権威者であるローマ教皇の前にひざまずき，教皇がその頭に帝冠を載せるという形式がとられていたが，ナポレオンは帝冠を教皇の手から奪い，自らの頭に載せたとされる。このためか，絵画には彼が戴冠する場面ではなく，彼が妻に皇后の冠を授ける場面が描かれており，見る者にローマ教皇の権威を直接感じさせない構図となっている。さらに，彼の母は戴冠式当日，彼の皇帝就任に反対して式を欠席しているにもかかわらず，この絵画の中央部分に描かれている。母が見守るなかで妻に冠を授けるという構図は，見る者に母や妻に対する慈愛を感じさせ，皇帝が国家の守護者としてだけでなく，家族愛の体現者でもあるという印象を与える。新聞という⑦マスメディアが世論を形成し，市民革命がおこなわれるまでに影響を及ぼすようになった当時，彼はマスメディアの力を評価し，その流れに乗って，自らの印象をつくって発信した最初の人物とも評されている。「肖像画は本人に似る必要はない」とは，彼が述べたとされる言葉である。

このようにナポレオンは，国民投票という手法を用いて皇帝となり，ときにマスメディアを活用して国民の支持を引き出しながら政治を推し進めた。そして彼による帝政のあと，国民を主体とし，選挙でその代表者を選び，⑧議会で話し合って決める政治体制が欧州の国々を中心に整えられ，マスメディアとともに世界中の国々に広まっていった。この意味で，彼は現代につづく政治の扉を開けた人物の一人としてあげられるだろう。

（ダヴィド作『ナポレオン一世の戴冠式と皇妃ジョゼフィーヌの戴冠』）

問１　下線部①について，17世紀から18世紀にかけてのイギリスに関する文としてあやまっているものを，次のア～ウより１つ選び，記号で答えなさい。あやまっているものがなければエを答えなさい。

ア．17世紀中頃，財政難により課税を強行しようとした国王と，クロムウェルを中心とする議会が対立した結果，国王は処刑され，クロムウェルが国王となった。

イ．ロックは，人民の権利を侵害する政府はいつでも廃止や変更することができると唱え，専制的な国王を追放した17世紀末の名誉革命を支持した。

ウ．18世紀には，議会で多数を占める政党が首相を出して内閣をつくる慣習が生まれ，世界ではじめて議会政治を確立し，議院内閣制の基礎が固められた。

問2　下線部②について，次の絵は当時のフランスの社会や体制を表した風刺画であり，革命の背景を表しています。下の平民が支えている上の2人の人物が，それぞれどのような身分を指しているかを答えなさい。

問3　下線部③について，人権宣言の中の下の条文は，『法の精神』を著したフランスの思想家の影響を受けています。この思想家の名を答えなさい。

「権利の保障が確保されず，権力の分立が定められていない社会は，すべて憲法をもつものではない」

問4　下線部④について，現在の日本における自由権について述べた文として正しいものを，次のア～エより1つ選び，記号で答えなさい。

ア．いかなる場合であっても，裁判所の令状なしに逮捕されることはない。

イ．職業選択の自由は，公共の福祉を理由として制限されることはない。

ウ．表現の自由は，議会で自由な議論をおこなうために必要不可欠であるため，いかなる制約も受けない。

エ．思想・良心の自由は，個人の人格や尊厳に密接にかかわるものであるため，いかなる制約も受けない。

問5　下線部⑤について，現在の日本における行政の最高責任者は内閣総理大臣(首相)です。内閣総理大臣の選出方法を，衆議院が解散され総選挙がおこなわれた場合について，35字以内で説明しなさい。

問6　下線部⑥について，カトリック教会に関して述べた次の文A～Dを年代順に正しく並べたものを，下のア～カより１つ選び，記号で答えなさい。

A．イスラム教徒から聖地エルサレムを取り戻すためにローマ教皇が十字軍の結成を呼びかけ，一時期，聖地を取り戻すことに成功した。

B．カトリックを信仰するスペイン女王の支援を受けたコロンブスは，西インド諸島に到達し，この地をスペイン領とした。

C．カトリック教会内部の改革運動をイエズス会が中心となっておこない，フランシスコ＝ザビエルが布教活動のために日本を訪れた。

D．カトリック教会が「免罪符」を売り出して収入を得ようとしたことに対し，ドイツのルターが教会の改革を主張し，宗教改革が開始された。

ア．A→B→C→D　　イ．A→B→D→C　　ウ．A→C→B→D
エ．B→A→C→D　　オ．B→A→D→C　　カ．B→D→C→A

問7　下線部⑦について，現在の日本におけるマスメディアに関する文としてあやまっているものを，次のア～エより１つ選び，記号で答えなさい。

ア．マスメディアは，同じ場面やできごとを伝えても，その取り上げ方によって印象が変わり，異なる世論が形成されることがある。

イ．マスメディアは，政治の動きを国民に伝えることで国家権力を監視する機能をもつほか，世論を政治に反映させる機能をもつ。

ウ．マスメディアは，個人情報保護法の規制を受けずに，国民の知る権利にもとづいて取材をおこない，言論の自由のもと報道をおこなう。

エ．マスメディアは，伝える側の意図が入り込む余地があるため，受け手はそれをふまえて判断する情報リテラシーが必要である。

問8　下線部⑧について，日本の国会に関して述べた文としてあやまっているものを，次のア～エより１つ選び，記号で答えなさい。

ア．国会は国民の意思が反映される機関であるため，憲法で「国権の最高機関」と定められている。

イ．衆議院で可決し，参議院で否決された法律案は，衆議院で出席議員の３分の２以上の多数で再可決されれば法律となる。

ウ．両議院の議員は，院内でおこなった演説，討論または表決について，院外で責任を問われない。

エ．衆参両議院とも内閣に対する不信任を決議することができ，可決されたときは，内閣は総辞職をするか衆議院を解散しなければならない。

【理　科】（45分）〈満点：70点〉

（注意）　1．字数指定のある問題は，句読点や記号なども字数にふくめます。

2．定規・コンパス・分度器・計算機は使用できません。

3．計算問題については，問題文の指示にしたがって答えなさい。

1　次の［A］，［B］について，それぞれの問いに答えなさい。

［A］　生物が自分と同じ種類の新しい個体をつくることを生殖といいます。生殖には，両親を必要としない無性生殖と，両親が関わる有性生殖があります。この生殖によって親から子へ遺伝子が受け継がれていきます。

問１　無性生殖について述べた文として正しいものを，次のア～エから１つ選びなさい。

ア．植物にみられるが，動物にはみられない。

イ．生育環境がよくても，有性生殖と比べると個体数を増やす効率は悪い。

ウ．親と子の遺伝子は同じではなく，いろいろな形質の子ができる。

エ．さし木による増殖は，無性生殖を人為的に利用したものである。

問２　ジャガイモの栽培では，無性生殖が利用されています。その理由は，いもを植えて育てた方が種子をまいて育てるよりも利点が多いからです。次の問いに答えなさい。

(1)　次の文中の{　}から適するものを，１つずつ選びなさい。

ジャガイモは，①{ア．トマト　　イ．タマネギ　　ウ．キュウリ}と同じナス科の植物で，地下にできるいもの部分を食用にしている。このいもは，②{エ．ゴボウ　　オ．サトイモ　　カ．サツマイモ}と同じく地下茎が発達したものである。いもに含まれる成分は，約80％が水で，残りは③{キ．炭水化物　　ク．タンパク質　　ケ．脂肪}がほとんどを占め，ビタミンＣやカリウムも含まれている。

(2)　ジャガイモのように，からだの一部から新しい個体をつくる無性生殖を何といいますか。漢字で答えなさい。

(3)　ジャガイモの栽培で無性生殖を利用することの利点として**誤っているもの**を，次のア～エから１つ選びなさい。

ア．成長がはやい。

イ．味や収量がそろっている。

ウ．環境が変化しても全滅しにくい。

エ．病虫害に対する強さがそろっている。

問３　受精について述べた文として正しいものを，次のア～エから１つ選びなさい。

ア．精子は精巣で，卵は卵巣で体細胞分裂によってつくられる。

イ．受精卵は体細胞分裂を繰り返して細胞の数を増やすとともに，形やはたらきの違うさまざまな細胞になる。

ウ．卵は小さくて動かないが，精子は大きくて活発に運動する。

エ．両生類・は虫類・鳥類は，体内受精を行う。

［B］　遺伝について調べるため，次の実験を行いました。ただし，エンドウの種子の形には丸としわがあり，種子の形を伝える遺伝子のうち，丸の遺伝子をＡ，しわの遺伝子をａとします。

〔実験１〕　丸い種子をつくる純系のエンドウのめしべに，しわの種子をつくる純系のエンドウの花粉をつけたところ，得られた種子はすべて丸い種子であった。

〔実験２〕〔実験１〕でできた丸い種子を育てて自家受精させて得られた種子には，丸い種子としわの種子があった。

問４　〔実験１〕の結果のように，子に現れる形質を何といいますか。また，このような規則性を最初に発見したのは誰ですか。

問5　減数分裂の結果，対になっている遺伝子は分かれて別々の生殖細胞に入ります。この法則を何といいますか。漢字で答えなさい。

問6　〔実験2〕で合計607個の種子が得られました。このうち，しわの種子の数として最も近いものを，次のア～オから1つ選びなさい。

ア．100個　　イ．150個　　ウ．200個

エ．300個　　オ．450個

問7　〔実験1〕と〔実験2〕で得られた種子の遺伝子の組み合わせとして最も適当なものを，次のア～キからそれぞれ1つ選びなさい。

ア．ＡＡのみ　　イ．Ａａのみ

ウ．ａａのみ　　エ．ＡＡとＡａ

オ．ＡＡとａａ　　カ．Ａａとａａ

キ．ＡＡとＡａとａａ

問8　〔実験2〕で得られた丸い種子を育てた個体どうしをかけ合わせたところ，できた種子はすべて丸い種子になりました。どのような遺伝子の組み合わせをもった個体どうしをかけ合わせたときにこのような結果になりますか。考えられる親の遺伝子の組み合わせとして正しいものを，次のア～カからすべて選びなさい。

ア．ＡＡとＡＡ　　イ．ＡａとＡａ

ウ．ａａとａａ　　エ．ＡＡとＡａ

オ．ＡＡとａａ　　カ．Ａａとａａ

問9　〔実験2〕で得られた種子のうち，しわのある種子をすべて取り除き，丸い種子だけをすべて育てて自家受精させました。得られる種子の丸としわの比はどのようになると考えられますか。最も簡単な整数の比で答えなさい。

問10　遺伝子の本体であるDNAについて述べた文として**誤っているもの**を，次のア～エから1つ選びなさい。

ア．DNAの二重らせん構造は，ワトソンとクリックによって解明された。

イ．PCR検査は，ウイルスの微量なDNAを人工的に増やす技術を利用している。

ウ．DNAは3種類の構成要素からなり，その要素の並び順が遺伝情報になっている。

エ．ヒトの細胞1個に含まれるDNAをつなぎ合わせると，その長さは約2mになる。

2　次の[A]，[B]について，それぞれの問いに答えなさい。ただし，計算の答えは小数第2位を四捨五入して書きなさい。

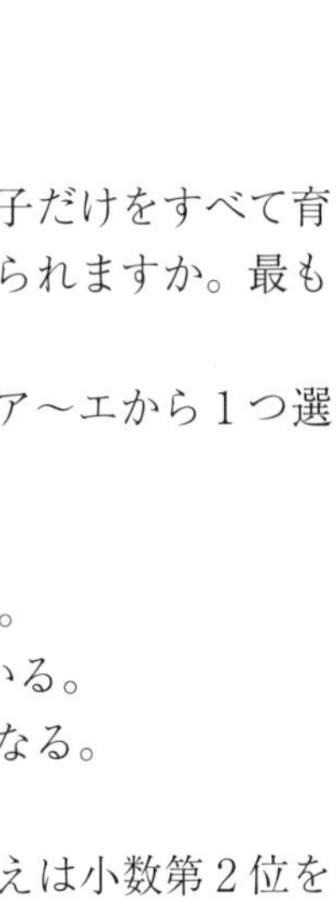

図1

[A]　図1のように，断面積100cm^2(=0.01m^2)の薄い円筒管を，水の入った容器に静かに入れると，円筒管は水中に8cm沈んだ状態で重力と浮力がつり合い静止しました。次の問いに答えなさい。ただし，質量100g(=0.1kg)の物体にはたらく重力の大きさ(重さ)を1Nとします。水の密度は1g/cm^3(=1000kg/m^3)です。

問1　水1m^{3}の重さは何Nですか。

問2　水圧は1cm深くなるごとに何Paずつ増加しますか。

問3　図1で，円筒管にはたらく浮力の大きさは何Nですか。

次に，密度0.8g/cm^{3}の液体Aを，円筒管の底から高さ5cmのところまで静かに入れました。このとき，図2のように，全体がつり合い静止しました。

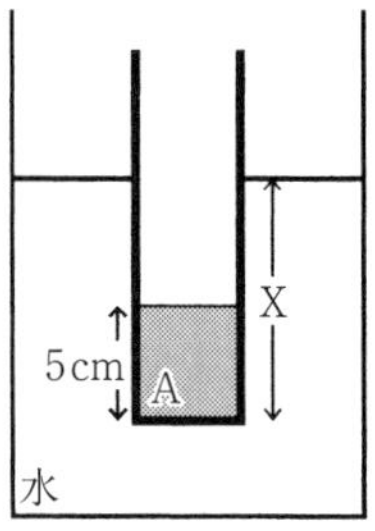

図2

問4　図2で，加えた液体Aの重さは何Nですか。

問5　図2で，円筒管が水中に沈んでいる長さXは何cmですか。

さらに，図3のように，物体Bを糸でつるし，円筒管に触れないように液体Aの中に完全に入れると，円筒管は水中に12.4cm沈んだ状態で全体がつり合い静止しました。ただし，糸の重さと体積は考えないものとします。

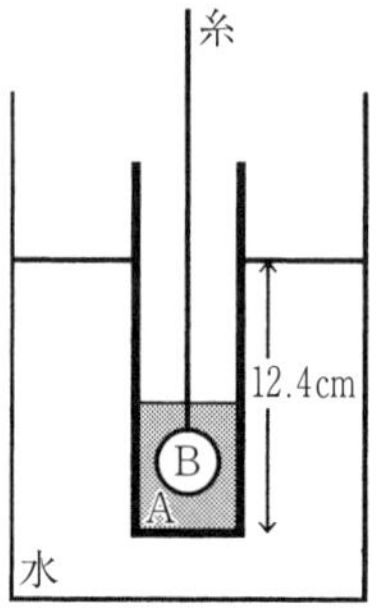

図3

問6　図3で，物体Bが液体Aから受ける浮力の大きさは何Nですか。

［B］　5Ωの抵抗Rを3個と，電圧の大きさを変えられる電源を用いて，図4の回路をつくりました。下の問いに答えなさい。

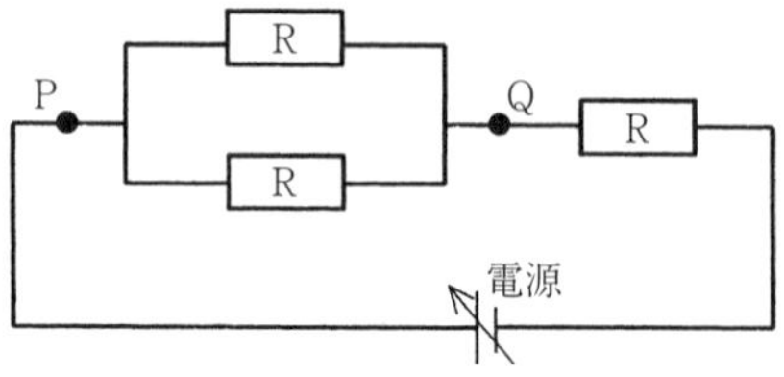

図4

問7　図4で，PQ間の合成抵抗は何Ωですか。

問8　図4で，回路全体の合成抵抗は何Ωですか。

問9　図4で，電源の電圧が3Vのとき，Pを流れている電流は何Aですか。

問10　図4で，電源の電圧が3Vのとき，回路全体の消費電力は何Wですか。

かかる電圧と流れる電流の関係が図5で与えられる電球があります。この電球と図4の回路を用いて，図6の回路をつくりました。ただし，図6において，電球を流れる電流をI[A]，電球にかかる電圧をV[V]で表し，電源の電圧をE[V]とします。

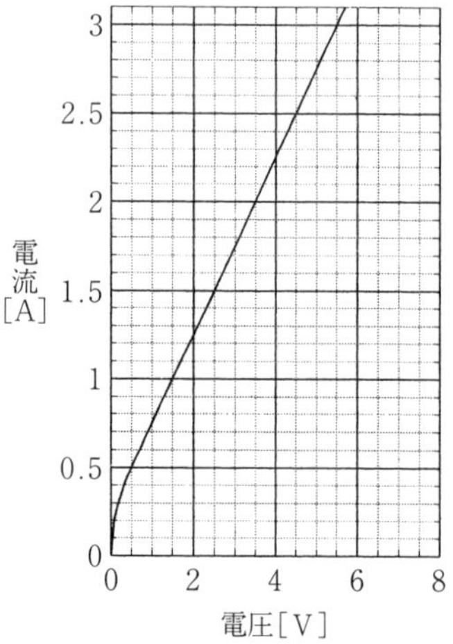

図5

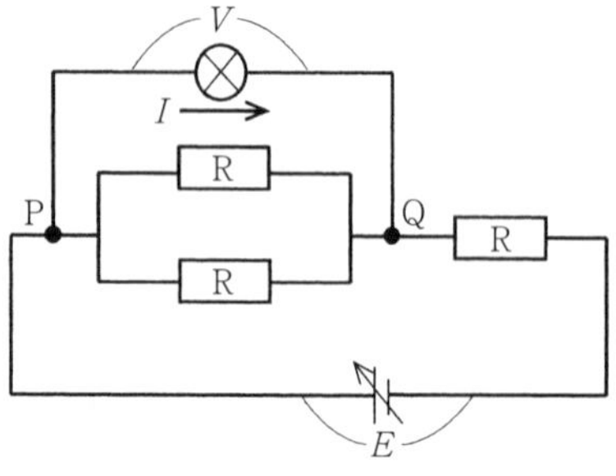

図6

問11　図6で，IとVとEには，どのような関係がありますか。次のア～エから1つ選びなさい。

ア．$V+5\left(I+\dfrac{V}{0.4}\right)=E$　　イ．$V+5\left(I+\dfrac{V}{2.5}\right)=E$

ウ．$V+5\left(I+\dfrac{V}{5}\right)=E$　　エ．$V+5\left(I+\dfrac{V}{10}\right)=E$

問12　図6で，Eが15Vのとき，電球にかかっている電圧は何Vですか。ただし，図5の関係は

$V \geqq 0.5$ では $I=\dfrac{1}{2}V+\dfrac{1}{4}$，$V \leqq 0.5$ では $I^2=\dfrac{1}{2}V$

を表しています。

3　2013年11月に火山島Aで噴火が始まりました。噴火は2015年11月まで継続し，火山島Aの面積は$0.22km^2$から$2.7km^2$に拡大しました。さらに，噴火は断続的に続き，火山島Aは2020年6月には$3.9km^2$まで拡大しました。この火山島Aについて次の問いに答えなさい。

火山島Aの位置(×)

問1　火山島Aは右図の×の位置にあります。この島の名称を，次のア～カから1つ選びなさい。

ア．大島　　イ．沖ノ鳥島　　ウ．三宅島

エ．西表島　　オ．西之島　　カ．八丈島

問2　日本には111の活火山があり，火山島Aもそのひとつです。活火山として最も適するものを，次のア～エから1つ選びなさい。

ア．明治維新以降に噴火した火山　　イ．古文書に噴火の記録のある火山

ウ．過去2000年以内に噴火した火山　　エ．過去1万年以内に噴火した火山

問3　火山の噴出物について，次の問いに漢字で答えなさい。

(1)　気体の状態で噴出するもののうち，最も多く含まれているもの

(2)　固体の状態で噴出するもののうち，風の影響を大きく受けるもの

問4　火山にはプレートの運動が関係しています。火山島Aの付近でのプレートの運動として最も適するものを，次のア～オから1つ選びなさい。

ア．東側のプレートが西に動いており，西側のプレートの下に沈み込んでいる。

イ．西側のプレートが東に動いており，東側のプレートの下に沈み込んでいる。

ウ．東側のプレートが北へ，西側のプレートが南へすれ違うように動いている。

エ．西側のプレートが北へ，東側のプレートが南へすれ違うように動いている。

オ．東側のプレートが東へ，西側のプレートが西へ離れるように動いている。

問5　2013年11月から2015年11月までの2年間に，火山島Aでは1日あたりおよそ何トン(t)の溶岩が噴出しましたか。最も適するものを，次のア～オから1つ選びなさい。ただし，この2年間に噴出した溶岩の量は，2015年11月の島の面積を厚さ30mでおおうものに相当し，溶岩の密度を$3.0 g/cm^3$とします。

ア．33t　　イ．330t　　ウ．3300t　　エ．33000t　　オ．330000t

問6　火山島Aの海岸線の形を正方形とすると，2020年6月時点での1辺の長さは何kmになりますか。小数第2位を四捨五入して書きなさい。

問7　火山島Aの活動は，船舶・航空機・人工衛星などによって定期的に観測されています。2020年7月には［　　　　］によって噴煙が高さ8300mに達したことが確認されました。次の問いに答えなさい。

(1)　上の文中の［　　］に入る日本の気象衛星の名称を答えなさい。

(2)　この噴煙を火口から14km離れた船舶から見上げると，その角度はおよそ何度になりますか。最も近いものを，次のア～オから1つ選びなさい。

ア．15°　　イ．30°　　ウ．45°　　エ．60°　　オ．75°

問8　研究者たちが火山島Ａの溶岩を採取して調べました。次の問いに答えなさい。

(1)　この火山島Ａの溶岩は，大きな結晶とそのまわりの細かい粒の部分からできていました。このようなつくりを何といいますか。

(2)　玄武岩を噴出する火山Ｘと，安山岩を噴出する火山Ｙについて，次の問いに答えなさい。

①　激しい爆発的な噴火をするのは，ＸとＹのどちらですか。

②　火山の形がなだらかなものは，ＸとＹのどちらですか。

③　噴出したときの溶岩の温度が高いのは，ＸとＹのどちらですか。

(3)　下の表は火山島Ａの溶岩の化学成分を分析した結果を，他の火山の分析結果とあわせて示したものです。表の数値は岩石100ｇあたりの重さ(ｇ)を示しています。火山島Ａの溶岩は表の中のどの岩石に分類されますか。最も適するものを，次のア～オから１つ選びなさい。

ア．玄武岩　　　イ．玄武岩質安山岩　　ウ．安山岩

エ．デイサイト　　オ．流紋岩

表　溶岩の分析結果

岩　石		火山島Ａの溶岩	玄武岩	玄武岩質安山岩	安山岩	デイサイト	流紋岩
岩石の化学成分	酸化カリウム	1.2	0.2～1.0	0.3～0.7	0.7～1.5	1.3～1.5	1.5～6.2
	酸化マグネシウム	2.3	6.0～8.0	4.4～7.1	2.0～4.0	0.3～2.1	0～0.9
	酸化ナトリウム	4.2	2.3～3.0	2.1～2.4	2.5～4.2	3.5～4.4	0.3～4.6
	酸化カルシウム	6.1	10～12	8.8～9.9	6.0～10	3.2～5.6	0～2.1
	酸化鉄	10.5	9.0～14	9.1～9.7	9.6～11	4.1～4.8	0.9～2.7
	酸化アルミニウム	15.5	13～18	15～19	15～20	18～20	8.8～14
	二酸化ケイ素	58.9	45～52	52～57	57～63	63～70	70～

4

次の［Ａ］，［Ｂ］について，それぞれの問いに答えなさい。ただし，計算の答えは小数第３位を四捨五入して書きなさい。

［Ａ］　銅の粉末とマグネシウムの粉末を，ガスバーナーで十分に加熱した後，冷ましてからその質量を測定すると，表１，表２のような結果が得られました。

表１　銅の質量の変化

加熱前(ｇ)	0.12	0.24	0.36	0.48
加熱後(ｇ)	0.15	0.30	0.45	0.60

表２　マグネシウムの質量の変化

加熱前(ｇ)	0.12	0.24	0.36	0.48
加熱後(ｇ)	0.20	0.40	0.60	0.80

問１　銅を空気中で加熱したときの化学変化を，化学反応式で書きなさい。

問２　マグネシウムを加熱したとき，どのような現象がおきますか。最も適するものを，次のア～エから１つ選びなさい。

ア．強い光を出しながら，黒色の物質が生じる。

イ．光をあまり出さず，黒色の物質が生じる。

ウ．強い光を出しながら，白色の物質が生じる。

エ．光をあまり出さず，白色の物質が生じる。

問３　0.30ｇの銅を十分に加熱すると，その質量は何ｇになりますか。

問４　0.40ｇのマグネシウムをある程度加熱し，冷ましてからその質量を測定すると，0.60ｇでした。このとき，化学変化しなかったマグネシウムの質量は何ｇですか。

問５　銅とマグネシウムが混合した粉末1.92ｇを十分に加熱した後，冷ましてからその質量を測定

すると3.00gでした。混合した粉末1.92gに含まれていた銅の質量は何gですか。

［B］ 亜鉛，銅，マグネシウムの3種類の金属板から2種類を選び，右図のように，うすい塩酸につけてモーターにつないだところ，次の①～③のようになりました。

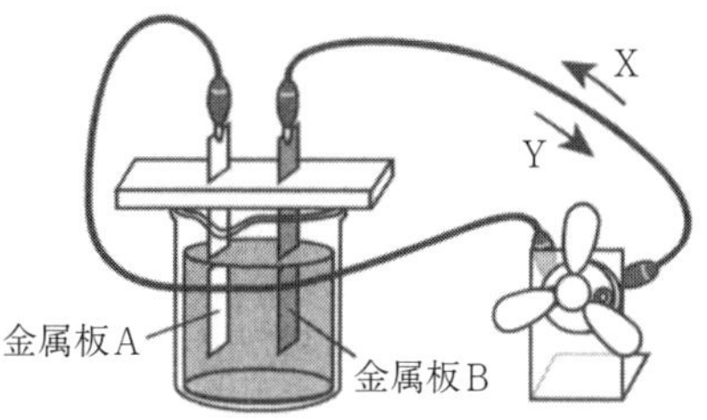

① どの金属板の組み合わせでもモーターが回った。

② 金属板Aとして亜鉛，金属板Bとして銅をつなげたとき，亜鉛は溶け出し，銅から気体Gが発生した。

③ 金属板Aとしてマグネシウム，金属板Bとして亜鉛をつなげたとき，マグネシウムは溶け出し，亜鉛から気体Gが発生した。

問6 気体Gを発生させる方法として正しいものを，次のア～エから1つ選びなさい。

ア．炭酸水素ナトリウムをうすい塩酸に加える。
イ．水酸化ナトリウム水溶液を電気分解する。
ウ．酸化銀を加熱する。
エ．塩化アンモニウムと水酸化カルシウムの混合物を加熱する。

問7 ②の金属板Aでおきた化学変化を次式のように表しました。(1)に適するイオンを，(2)に適する数字を，それぞれ書きなさい。なお，「e^-」は電子を表しています。

Zn→ (1) + (2) e^-

問8 ③において，電池の負極となったのはマグネシウムと亜鉛のどちらですか。また，このとき電子の流れる向きは，図中のXとYのどちらですか。次のア～エから正しい組み合わせを1つ選びなさい。

	負極	電子の流れる向き
ア	マグネシウム	X
イ	マグネシウム	Y
ウ	亜　鉛	X
エ	亜　鉛	Y

問9 金属板Aとして銅，金属板Bとしてマグネシウムをつなげたとき，どのようになりますか。次のア～エから1つ選びなさい。

ア．銅は溶け出し，マグネシウムから気体Gが発生する。電子はXの向きに流れる。
イ．銅は溶け出し，マグネシウムから気体Gが発生する。電子はYの向きに流れる。
ウ．マグネシウムは溶け出し，銅から気体Gが発生する。電子はXの向きに流れる。
エ．マグネシウムは溶け出し，銅から気体Gが発生する。電子はYの向きに流れる。

が腹立ちて海に投げ入れてけるが、しかるべき縁ありて、かく魚に乗りて来たるなめり」とあはれに覚えて、いみじうかなしくて養ふ。遣唐使の行きけるにつけて、この由《よし》を書きやりたりければ、母も今は③はかなきものに思ひけるに、かくと聞きてなん、希有《けう》の事なりと悦《よろこ》び［ Y ］。

さてこの子、大人になるままに手をめでたく書きけり。魚に助けられたりければ、名をば魚養《うをかひ》とぞつけたり［ Z ］。（注5）七大寺の額《がく》どもは、これが書きたるなりけりと。

（『宇《う》治拾遺《じしゅうい》物語《ものがたり》』による）

（注1）消息…手紙。
（注2）それがし…だれそれ。文章で人物の名を伏せる時に使う言葉。
（注3）宿世…宿命・運命。
（注4）難波…今の大阪市およびその周辺の古い呼び名。
（注5）七大寺…奈良の東大寺・興福寺・元興寺・大安寺・薬師寺・西大寺・法隆寺の総称。

問1 空欄X・Y・Zにふさわしい言葉の組み合わせを、次のア〜エから一つ選び、記号で答えよ。

ア X ける Y けり Z けれ
イ X けれ Y ける Z けれ
ウ X ける Y けり Z ける
エ X けれ Y ける Z ける

問2 傍線部①「その子いまだいとけなき程」とは、その子がどういう時か。その答えとしてふさわしいものを、次のア〜エから一つ選び、記号で答えよ。

ア まだ親の情が移っていない時
イ まだ乳母を必要としている時
ウ まだ髪の毛が生えていない時
エ まだ四つになったばかりの時

問3 傍線部②「島の浮びたるやうにて、白き物」について、次の(1)・(2)の問いに答えよ。

(1) 「やうにて」の「やう」を、現代仮名遣いのひらがなに改めよ。

(2) 「島の浮びたるやうにて、白き物」とは、よくよく見定めると何であったのか。本文中の言葉を踏まえて、三十字以内で具体的に答えよ。

問4 傍線部③「はかなきものに思ひける」の解釈としてふさわしいものを、次のア〜エから一つ選び、記号で答えよ。

ア 父親がもはや迎えには来てくれないと思っていた
イ 息子がもはや死んでしまったものだと思っていた
ウ 自分のことなどもはやどうでもいいと思っていた
エ 二人の愛はもはや終わってしまったと思っていた

問5 本文の内容としてふさわしいものを、次のア〜エから一つ選び、記号で答えよ。

ア 母は遣唐使が来るたびに父の安否を尋ねたが、父の心変わりを知っていた者たちはわざと口を閉ざした。
イ 母は我が子が父親とめぐり会うことを心から願って、自らの名を書いた札をその子の首に結びつけた。
ウ 父はそれ相応の縁があってめぐり会えたのだと深く感激して、その子のことをとてもかわいがった。
エ 父はその子がめでたく成人したので、その子の手形を押した大魚の画を額に入れて七大寺に奉納した。

問6 『宇治拾遺物語』と、文学上同じジャンルに属する古典作品を、次のア〜エから一つ選び、記号で答えよ。

ア 『竹取物語』　イ 『平家物語』
ウ 『徒然草』　エ 『今昔物語集』

ことを、はにかみながらも受け入れていたから。

問4 傍線部③「なんだ、君も野球をやるのか」とFに確認したのは、どのような気持ちからか。五十字以内で説明せよ。

問5 傍線部④「私はもはやグローブを手にはめていることが耐えられないほど恥ずかしくなった」とあるが、ここでの「私」の説明としてふさわしいものを、次のア～エから一つ選び、記号で答えよ。

ア 独学でスキーもできるようになって自分に自信を持っていたが、野球は思い通りにできなかったので、深い悲しみに陥っている。

イ 一人で野球の練習を積んで腕前に自信はあったが、それが同級生の上手さを目にして打ち砕《くだ》かれて、無力感にさいなまれている。

ウ 学校で体操の成績も上がって運動には自信を得たが、野球という競技のあまりの難しさに、自分の思い上がりを打ち砕かれている。

エ 自分は野球をするのにふさわしい子供だという自信を持っていたが、それは道具の立派さがもたらした幻想にすぎなかったと痛感している。

問6 傍線部⑤「私は、そんなことはして貰いたくはなかった」と思ったのはなぜか。その説明としてふさわしいものを、次のア～エから一つ選び、記号で答えよ。

ア 「私」がFに貸した本格的なグローブを、Fが見ず知らずの男の子に勝手に譲ったことに抵抗を感じたから。

イ 「私」のグローブをFが他の子に譲る様子は、野球が上手な子に取り入ろうとしているように感じられたから。

ウ 「私」の申し出にさほど関心を示していないらしいFの様子に、大切なグローブが軽んじられたと思ったから。

エ 「私」が貸したグローブをFに拒絶されたことで、Fとの友情が終わる予感に襲われてしまったから。

問7 傍線部⑥「すると、Fやその仲間の私の知らない外の世界の子供たちが、球の行方を追って右往左往している姿が、松の梢ごしに信じられないぐらい小さく遠のいてチラチラと眼にうつった」での、「私」の気持ちの説明としてふさわしいものを、次のア～エから一つ選び、記号で答えよ。

ア どのような言い訳も強がりも通用しない状況に追い込まれ、痛切な疎外感を抱いている。

イ 深い考えもなしにFを野球に誘ったことがそもそもの原因だったと気づき、自分の軽率さを反省している。

ウ 自分の能力や性格にふさわしくないことを試みたのだと、今回の失敗を後悔している。

エ 母や友達からの信頼を取り戻すことはもはやできないと思い、言いようのない絶望感にとらわれている。

三

次の文章を読んで、後の問いに答えよ。

今は昔、遣唐使《けんたうし》の、唐《もろこし》にある間に妻を設けて子を生ませつ。①その子いまだいとけなき程に、日本に帰る。妻に契《ちぎ》りて曰《いは》く、「異《こと》遣唐使行かんにつけて、(注1)消息《せうそこ》やるべし。またこの子、乳母《めのと》離れん程には迎へ取るべし」と契りて帰朝しぬ。母、遣唐使の来るごとに、「消息やある」と尋ぬれど、敢《あ》へて音もなし。母大きに恨みて、この児《ちご》を抱《いだ》きて日本へ向きて、児の首に「遣唐使(注2)それがしが子」といふ札を書きて結ひつけて、「(注3)宿世《すくせ》あらば、親子の中は行きあひなん」といひて、海に投げ入れて帰りぬ。父、ある時(注4)難波《なには》の浦の辺《へん》を行くに、沖《おき》の方に②島の浮《うか》びたるやうにて、白き物見ゆ。近くなるままに見れば、童《わらは》に見なしつ。あやしければ馬を控へて見れば、いと近く寄りくるに、四つばかりなる児の白くをかしげなる、波につきて寄り来たり。馬をうち寄せて見れば、大きなる魚の背中に乗れり。従者《ずさ》をもちて抱き取らせて見ければ、首に札あり。「遣唐使それがしが子」と書けり。「さは我が子にこそあり［ X ］。唐にて言ひ契りし児を問はずとて、母きから知らないよその子が使っている。グローブだって誰が使ったって、そう減るもんじゃないし、かまやしない――。

私は、一人になって草原に腰を下ろすと、かえってホッとした気分で、そうつぶやいた。実際、何のつもりでぼくは野球をやりたいなんて言い出したんだろう。それは叔母さんがくれたグローブとバットのせいに違いなかった。しかし、もともとあんなもの、ぼくは欲しくも何ともなかったんだ。野球なんかするより、ぼくはこうやって一人で日向《ひなた》の草原でぼんやりとあたりを眺めている方が、ずっと気持がよくて好きなんだ――。私は、つぶやきかえしながら、ふとお稲荷《いなり》さんの裏手の家で新しい家具の詰った家で暮らしている叔母が、何から想いたってあんなものを自分におくってくれる気になったのだろう、と考えると、なぜか急に淋《さび》しくてたまらない気がした。と、そのときだった。私は突然、身のすくむような想いで飛び上った。向うから白いパラソルを差した女の姿が、こちらへ近づいてくるのだ。

どうしよう。

私は、母がパラソルのかげからちらりとこちらに投げかけた視線を感じると、その瞬間、グローブもバットも取りあげられたまま一人ぼっちで放り出されている自分自身の姿が、どうしようもないほど見っともなく、恰好《かっこう》のつかない哀れなものに思われた。そして不意に隠れるように、近くにあった松の木に飛びついて、てっぺん目がけて上りはじめた。

――いったい何のつもりで、こんなことをしているんだろう、どうせぼくの情《なさけ》ない姿はもうお母さんの眼にとまっているにきまっているし、松の木になんかに上ったって隠れられるものじゃない。

しかし、そう思うものの私は、自分がいま何もすることがない以上、木にでも上って見せずにはいられなかった。草原なんかにボンヤリ腰を下ろしているよりは、木上りでもしている方が、いくらかでも子供らしく、愉《たの》しそうに見えるだろう……。しかし、もともとそんなに高くもない松の木は、私が上りはじめると、たちまちてっぺんの近くまできてしまった。そして母は、もう私が枝に足をかけている木の直ぐ下まできて、眼を上げてジッと息子のすることを見詰めている。私は、いたたまれず眼をあらぬ方にそらした。⑥すると、Fやその仲間の私の知らない外の世界の子供たちが、球の行方を追って右往左往している姿が、松の梢《こずえ》ごしに信じられないぐらい小さく遠のいてチラチラと眼にうつった。

問1 点線部f～jのカタカナを、それぞれ漢字に改めよ。

問2 傍線部①「私はどんなに得意になり、また母をどんなに面白がらせたことだろう……」とあるが、この時の親子の説明としてふさわしいものを、次のア～エから一つ選び、記号で答えよ。

ア　たまたま方言を話せるようになったことで、地元の人々から認められたのだと親子で勘違いしていたということ。

イ　貧しげな東北の町での買い物で浪費することで、周囲に自分たちの裕福さをひけらかしていただけだということ。

ウ　標準語からかけ離れた方言を真似することで、心の中では町の人々をからかって面白がっていたにすぎなかったということ。

エ　耳慣れない方言を使えるようになったことが何か特別なことかのように思いこんで、親子で優越感に浸っていたということ。

問3 傍線部②のように、「私」が自分を「安もののシャープペンシルに見立てられているような心持」になったのはなぜか。その説明としてふさわしいものを、次のア～エから一つ選び、記号で答えよ。

ア　外見ばかり派手でも実は役に立たない子供と見られていたことを、自分でも何となく感じ取っていたから。

イ　自分が他の子供たちから仲間とはみなされていないことを、彼らの言動から感じ取ってしまっていたから。

ウ　標準語を話せる転校生として注目されても、自分は優れた存在ではないことを、どこかで自覚していたから。

エ　都会的で華やかな転校生として周囲からの憧れの対象である

に野球がうまいとは、いまのいままで知らなかったし、弘前にこんなに大勢野球をやる子がいるとは、もっと意外だった。私の考えでは、野球というのはもっと高級なハイカラな競技であり、弘前などではさっきの旧制高校生のように全国的に学生の集まる学校など特別なところで、英語や標準語の会話をかわしながら娯《たの》しむものかとばかり思っていた。だから私は、ここへくるまでFと二人でキャッチ・ボールでもするか、せいぜいあと一人か二人の子供を仲間に入れて三角ベースでもするつもりでいたのだ……。それが、まったくの見当違いだということは、さっき私が野球をやらないかといったとき、Fが「ンだ、やるべす」と、自信に充ちた声でこたえたのをきいただけで、もう気がついてもよかったはずなのに、私はあくまでも野球を都会的なスポーツで田舎の子のやるものではない、とここへきてみるまで、一人合点に信じこんでいたのだ。そういう私自身、立派なグローブとバットだけは貰ったものの、まだそれを使って飛んでくる球を、どうやって摑まえ、どうやって打っていいのかもわからない……。こんなことになるぐらいなら、母に言われたとおり、家に残って一人で本でも読んでいればよかった。

しかし、いまさらもう何を言っても、引っこみはつかない。Fがこっちに向って、さかんに手を上げて振っているのは、私にも早く仲間に加われということだろう。仕方がない、私は言われたとおりに彼等《かれら》の中へ入って行かなければならない。

しかし私の考えは、まだ甘っちょろかった。Fが私を手招きしたのは何も直《す》ぐに私を仲間に入れてくれようというのではなかった。そのまえに、まず私の実力をどの程度のものかためそうというのであった。

「こつらさ、あべ(こちらへあゆめ)」

と、Fは私を外野の方へ引っぱって行った。私はいくらか、ほっとした。外野なら、めったに球は飛んでこないから、ぼくにだってつとまらないものでもないだろう。もし球が飛んできてこわかったら、グローブの先きで摑まえそこなう振りをして球をよければいい。スキーだって何とか一人でやっているうちに、どうやら滑れるようにはなったのだから、野球だってどうにかならないわけはないだろう……。だが、野球はスキーとちがって、うまくなるまで一人でやるというわけには行かなかった。いくら外野がひろくまわりがあいているといっても、裏庭で一人でスキーをはいて立っては転び、転んでは立つうちに、だんだん滑れるようになるという具合には、ことは運ばなかった。ノックの球が飛んでくるたびに、私はグローブの手を延ばして摑みそこなう振りをするどころか、そのまえに眼をつむって、足許《あしもと》の地べたに自分の体ごと転がってしまうのだ。

せめて球が自分の前に落ちてくるまでは、眼だけはパッチリあけていよう――。

そう思って私は、jミガマえるのだが、いざ球がプスンという音を立ててうなりながら自分の方へ近づいてくると、その瞬間に、もう私は頭を地べタに向けて俯《うつむ》き、両手を高く上げて、あらぬ方へうつ伏している。それは一人でスキーをはいて転んでいることに較べて、ひどく孤独な想いがした。そして三度、四度と、それを繰り返すうちに、④私はもはやグローブを手にはめていることが耐《た》えられないほど恥ずかしくなった。

一人で部屋の中にいるとき、あんなにもシックリ私の手になじみ、何でも摑まえられそうだったグローブが、いま皆のみているところだと、どうしてか私の手を固く縛り上げ、球を摑まえるどころか、私の体を転がすことにしか役立たない。

「おーい、Fくん。このグローブ、貸すから使えよ、ぼくはしばらくここで休んでみているから」

Fは、むっつりした顔で私のグローブを受けとった。手にはめて、二、三度、右手でぽんぽんと叩《たた》くと、小首をかしげて、どういうわけか、そのグローブを私の知らない年上の男の子に渡してしまった。

⑤私は、そんなことはして貰いたくはなかったが、いまさらFのすることに止め立てのしようもなかった。どうせバットの方は、さっ

掌や甲に蒸れた皮のにおいが甘くhタダヨって、それを嗅ぐと私はふと自分が大人になったような心強さを覚えた。

（中略）

いつか学校の帰りに、弘前高校(旧制)のそばを通りかかると、グラウンドで威勢のいい声がきこえ、弘高生が二た手に分れて練習試合をやっていた。

「おーい、三上うじ、ちょっと一ぷくさせてくれ。こう暑くっちゃやり切れない」

頬ヒゲをはやした投手が、何となく気取ってきこえる標準語で、そう呼ばわりながらベンチに戻ると、ひしゃくで新しいバケツの水をごくごく飲んだ。バケツの中には大きな氷のかたまりとレモンの輪切りが無造作にぶちこんであり、それがかえって贅沢《ぜいたく》でハイカラな感じがした。

「ああ、ぼくたちも野球がやりたいな」

私は、明るい日射しを浴びた銀色のブリキのバケツの中で、ぷかぷか浮いているレモンやきらきら光る氷を眺めて、何げなしにつぶやいた。すると隣の子が、

「ンだ、やるべす」

と、重おもしい口調でこたえたのに、私は驚くよりもガッカリしたような心持だった。

「③なんだ、君も野球をやるのか」

「やるべす」

そのFという子は、むっつりした口調で繰り返した。こんどはひどく自信ありげに響いた。

「ほんとにやるんだな。何処でやる?」

「K社のうら」

「よし。それじゃ家へ帰ったら、すぐにK社のうらへ行くから、君も行って待っていてくれ」

私は、家で学校の荷物をほうり出すと、忘れるともなく長い間しまってあったバットとグローブを探して、持ち出した。家を出ようとすると、母に呼びとめられた。

「何処へ行くの」

「K社のうら」

「大丈夫なの、そんなものを持って行って。またいつかのシャープのときのように、先生にみつかると怒られるんじゃないの」

「大丈夫だったら、野球をやるんだから」

私はイライラしながら、母にそれだけ言うと、家を飛び出した。しばらく手にしなかったグローブは、皮が固くなって、表面に白い粉がうすく溜《たま》っていた。私は、それを手で揉《も》んだり、服のうらでこすったりしながら、道を急いだ。……家からK社までは、そんなに遠くはない。しかし私は、少しでも早く行きつかないことには、すぐにも日が暮れてしまいそうで、気が気でなかった。

ところで、目指すK社の裏手の広場まできて、私は一瞬、ドキリとした。ふだんは何もない草原なのに、そこにはすでに年上らしい者も交えて十五、六人もの子供が集っており、ネットを張った二本の棒杙《ぼうくい》まで立てて、さかんにバットを振りまわしたり、球を投げ合ったりしている。

なんだ、ぼくたちのまえに、もう先客がきてるじゃないか――。

つぶやきながら私は、Fがきたらまた何処か他の場所をさがしに出直すつもりで、それまで草原のiカタスミで待つことにした。だが、その必要はなかった。Fは、もうその年上の連中をまじえた仲間に入って、いっしょにスポンジのボールを素手で摑もうと追いかけていた。それを見て私は急に、眼の前のものが白けて遠のくような気がした。

Fの奴《やつ》、最初からここにいる連中と野球の試合をやるつもりでいたんだろうか、それならそうとなぜハッキリと、さっきぼくにそう言わなかったんだ――?

そう思った瞬間、私は生れて初めて裏庭でスキーをはいて転んだときのショックを憶《おも》い出していた。じつのところ私は、Fがこんな

よね。」

エ「でも、筆者は倫理的な人という意味での人間が増えていくかどうかは楽観視していないね。」

二

次の文章は、安岡《やすおか》章太郎《しょうたろう》の小説「球《たま》の行方《ゆくえ》」の一節である。昭和の初め頃（一九三〇年前後）、父親の転勤にともない、朝鮮から青森県弘前市《ひろさき》に引っ越してきた小学生の「私」の経験が描かれている。これを読んで、後の問いに答えよ。

それが、一と月ぐらいたつうちに、ようやく言葉だけは何となく聞きとれるようになり、自分でもいつの間にか弘前弁で話が出来るようになって、母と二人で買い物に出たりすると、私は店の人との間に立って通訳の役をつとめることになった。そのことで、①私はどんなに得意になり、また母をどんなに面白がらせたことだろう……。しかし本当をいえば、私たち親子がこんなことで得意になったり面白がったりしていたのは、何とも馬鹿げた思い上りのせいかも知れなかった。

一と口にいって、東北の町は暗く閉ざされて、人の暮らしは貧しげであった。言葉がつうじないといっても、国語の時間に読本を標準語でよめるのは組で私一人だったから、自分だけがまわりの子供とちがう言葉でしゃべっていても恥ずかしいとか、気おくれするとかいうことはなかった……。恥ずかしいといえば、初めて弘前の学校へ行った日、隣の子供が、こちらの筆箱を覗《のぞ》きこんでセルロイドの軸のシャープペンシルを不思議そうに眺めているので、シンを出して帳面の上に書いてみせてやった。気がつくと前後左右の子供がみんなこちらを振り向いている。先生が教壇《きょうだん》から下りてきた。いきなりシャープペンシルを取り上げると、皆には何もいわず、私の顔を正面から見て、

「こういうものは、もう学校へ持ってこないように」

といった。とたんに私は言いようのない恥ずかしさを覚えた。赤と青の色鉛筆のシンが f リョウタンから出るシャープペンシルは、朝鮮では学校の近所の文房具屋でも売っていて値段もそんなに高くはなかった。そんなものが皆にこれほど珍しがられるとは、私は思ってもいなかったのだが、いま先生に注意されると、いかにも自分がツマラないものを学校へ見せびらかしに持ってきたように受け取られた気がして、くやしさとも恥ずかしさともつかない気持で、顔が真っ赤になってしまった。

②ことによれば私は、そのとき自分自身がその安もののシャープペンシルに見立てられているような心持《こころもち》が何処《どこ》かでしていた。そういうものが、先生の視線からも、まわり中の子供の眼つきからも何となく感じられた。

何はともあれ、弘前の学校では私は大事がられる子供の一人になっていた。これまで私は学芸会にも出たことがなかったのに、ここでは講堂で一人で本の朗読をさせられた。それは、れいの得意の標準語のせいだからまあわかるとして、二学期の終りにわたされた通信簿に、絶対に苦手であるはずの体操までが「甲」（注・当時の日本の学校で使われていた成績評価で、最も高い評価の成績）になっていたのには、私は子供ごころにくすぐったいような不安を覚えた。しばらくたって、東京の叔母から私に、野球のグローブとバットが送られてきた。いっしょに添えた手紙に、

「成績優秀のごほうびに、叔母より」

とあった。母が、私の通信簿のことを g シンセキ中に手紙でしらせたために違いない。私もまた、叔母からほうびを贈られると、いかにも自分が優等生になったという気分が湧いてきた。じつのところ私は、貰《もら》ってみるまで野球の道具など欲しいと思ったことはなかったのだが、叔母がくれたのは子供用のものとしてはずいぶん本格的なもので、とくにグローブは外側に黒、内側に黄色の上等な皮が貼ってあり、手にはめると黒い大きな掌がスッポリと包みこんだようになって、何でも摑《つか》めそうな感じがする。そして脱いだあとでも、

化」と呼ぶ。
「サル化」がこの先どこまで進むのかは、私にはよくわからない。けれども、サル化がさらに亢進《こうしん》（注・ある気持ちや病勢などが高ぶり、進むこと）すると、「朝三暮四」を通り越して、ついには「朝七暮ゼロ」まで進んでしまう。論理的にはそうなる。そのときにはサルたちはみんな夕方になると飢え死にしてしまうので、そのときにポピュリズムも終わるのである。
　哀しい話だ。
「サルはいやだ、人間になりたい」という人々がまた戻ってくる日が来るのだろうか。来るとよいのだが。

（内田《うちだ》　樹《たつる》「サル化する世界
──ポピュリズムと民主主義について」による）

問1　点線部a～eのカタカナを、それぞれ漢字に改めよ。

問2　傍線部①「そうはゆかない」とあるが、筆者は「ポピュリズム」という言葉に対してはどういったことができないと考えているのか。三十字以内で答えよ。

問3　傍線部②「欧米の政治学の論文を読むと、ポピュリズムはほぼ例外なく『これまでの秩序を揺るがす不安定なファクター』という意味で使われている」とあるが、「ポピュリズム」という言葉が使われているのはどういったことの表れであると筆者は考えているのか。「こと」に続くように、本文中から三十五字以内で探し、その初めと終わりの五字を抜き出して答えよ。

問4　傍線部③「時間意識の縮減」とあるが、これにあてはまる態度としてふさわしいものを、次のア～エから一つ選び、記号で答えよ。
ア　未来の自分が抱え込むことになるリスクや損失を、全く想定できない。
イ　将来のリスクを予知していても、リスクの当事者としての意識を持てない。
ウ　未来で手に入れることができる利益と現在の利益とを、冷静に比較できない。
エ　現時点で手に入る利益に惑わされ、未来で手にし得る利益を捨ててしまう。

問5　傍線部④「自分さえよければ、他人のことはどうでもいい」とあるが、この考えについての筆者の意見としてふさわしいものを、次のア～エから一つ選び、記号で答えよ。
ア　人が自分の利益のみを考えていくと、世の中から博愛、平等といった重要な価値観が失われてしまう。
イ　人が他者に対する思いやりを失っていくと、結果として社会を殺伐としたものにしてしまう。
ウ　人が他者の利益より自己の利益を重視していくと、自分の属する集団がばらばらになってしまう。
エ　人が他者を顧みないようになると、結果として自分自身の生存を危うくしてしまう。

問6　傍線部⑤「倫理的な人というのが『サル』の対義語である」とあるが、そのように言えるのはなぜか。次の文の空欄にふさわしい言葉を十五字以内で答えよ。
「倫理的な人」は、「サル」とは逆に自己同一性を［　　　　］にまで感じることができるから。

問7　次に示すのは、この文章を読んだ四人の生徒がその内容について話している場面である。**本文の内容と一致しない発言**を、次のア～エから一つ選び、記号で答えよ。
ア　「最後に『サルはいやだ、人間になりたい』という人々が戻ってくるのを願っているのは、自身を含めた全ての人間が暮らしやすくなるという考えが筆者にあるからだと思うんだ。」
イ　「なるほど。人々の生活が豊かになり、お腹《なか》も満たされていけば、『今さえよければ、自分さえよければ、それでいい』という考え方をする人も減っていくはずだしね。」
ウ　「自分と同じような気持ちの人が増えていくとみんなが幸せになれるかどうかを、僕ら一人一人が考えていくことも大切だごまかしたり、仕様を変えたり、決算をaフンショクしたり、統計をごまかしたり、年金を溶かしたりしている人たちは「朝三暮四」のサルとよく似ている。

「朝三暮四」は自己同一性を未来に延長することに困難を感じる時間意識の未成熟(「今さえよければ、それでいい」)のことであるが、「④自分さえよければ、他人のことはどうでもいい」というのは自己同一性の空間的な縮減のことである。

集団の成員のうちで、自分と宗教が違う、生活習慣が違う、政治的意見が違う人々を「外国人」と称してbハイジョすることに特段の心理的抵抗を感じない人がいる。「同国人」であっても、幼児や老人や病人や障害者を「生産性がない連中」と言って切り捨てることができる人がいる。彼らは、自分がかつて幼児であったことを忘れ、いずれ老人になることに気づかず、高い確率で病を得、障害を負う可能性を想定していないし、自分が何かのはずみで故郷を喪《うしな》い、cイホウをさすらう身になることなど想像したこともない。見知らぬ土地を、飢え、渇《かわ》いて、さすらい、やむにやまれず人の家の扉《とびら》を叩《たた》いたときに、顔をしかめて「外国人にやる飯はないよ」と言われたときにどんな気分になるものかを想像したことがない。

自分と立場や生活のしかたや信教が違っていても、同じ集団を形成している以上、「なかま」としてdグウしてくれて、飢えていればご飯を与えてくれ、渇いていれば水を飲ませてくれ、寝るところがなければ宿を提供することを「当然」だと思っている人たち「ばかり」で形成されている社会で暮らしている方が、そうでない社会に暮らすよりも、「私」が生き延びられる確率は高い。嚙《か》み砕《くだ》いて言えば、それだけの話である。

「倫理」というのは別段それほどややこしいものではない。「倫」の原義は「なかま、ともがら」である。だから「倫理」とは「他者とともに生きるための理法」のことである。他者とともにあるときに、どういうルールに従えばいいのか。別に難しい話ではない。「この世の人間たちがみんな自分のような人間であると自己利益が増大するかどうか」を自らに問えばよいのである。

例えば、渋滞している高速道路で走行禁止の路肩を走るドライバーは他のドライバーたちが遵法的《じゅんぽうてき》にじっと渋滞に耐《た》えているときにのみ利益を得ることができる。全員がわれ先に路肩を走り出したら、彼の利益は失われる。だから、彼は「自分以外のすべての人間が遵法的であり、自分だけがそうでないこと」を、つまり、「自分のようにふるまう人間が他にいない世界」を願うようになる。

これが「非倫理的」ということである。

これはある種の「呪い」として機能する。だって「私のような人間がこの世に存在しませんように」と熱心に祈っているわけなんだから。この「呪い」は弱い酸のようにゆっくり、でも確実に彼の生命力を殺《そ》いでゆくことになる。祈りの力をeアナドってはならない。

もう一度言うが、倫理というのは別に難しいことではない。今ここにはいない未来の自分を、あるいは過去の自分を、あるいは「そうであったかもしれない自分」を、「そうなるかもしれない自分」を、「自分の変容態」として、受け容《い》れることである。そのようなすべての「自分たち」に向かって、「あなたがたは存在する。存在する権利がある。存在し続けることを私は願う」という祝福を贈ることである。

⑤倫理的な人というのが「サル」の対義語である。だから、ポピュリズムの対義語があるとすれば、それは「倫理」である。私はそう思う。たぶん、同意してくれる人はほとんどいないと思うけれど、私はそう思う。

自己同一性が病的に萎縮して、「今さえよければ、自分さえよければ、それでいい」と思い込む人たちが多数派を占め、政治経済や学術メディアでそういう連中が大きな顔をしている歴史的趨勢《すうせい》(注・物事が進み向かう様子。現在から将来への移り変わり)のことを私は「サル

二〇二一年度 巣鴨高等学校

【国　語】（六〇分）〈満点：一〇〇点〉

（注意）字数指定のある問題は、句読点やかぎかっこなどの記号も字数に含めます。

一　次の文章を読んで、後の問いに答えよ。

「ポピュリズム」というのは定義のむずかしい言葉である。政治用語として頻用されているが、それは必ずしもその語の定義についての集団的合意が成立していることを意味しない。

術語（注・専門用語）の定義は、ふつう同一カテゴリーに属する他の語との差異に基づいて理解される。だから、「民主主義」の定義ははっきりしている。democracy は誰が主権者であるかによる分類法であるから、これの対義語は「王政（monarchy）」や「貴族政（aristocracy）」や「寡頭政《かとうせい》（oligarchy）」や「無政府状態（anarchy）」などである。だから、誰かが「民主主義を廃絶せよ」と主張したとすれば、その人は代替するどれかの政体の支持者であることを明らかにしなければならない。

だが、「ポピュリズム（populism）」は①そうはゆかない。というのは、ポピュリズムについては、その対義語が何であるかについての合意がまだ存在しないからである。

②欧米の政治学の論文を読むと、ポピュリズムはほぼ例外なく「これまでの秩序を揺るがす不安定なファクター（注・要因）」という意味で使われている。だが、そのときの「これまでの秩序」が何を指示するかはその語が利用される文脈によって、ひとつひとつ違っている。だから、トランプの統治についても、ドイツの移民政策についても、イギリスの貿易政策についても、ヴァチカンの宗教政策についても、「これまでの秩序」を揺るがす動きには「ポピュリズム」というタグが付けられる。それらのすべてに一貫している定義を取り出すことは難しい。

こういうとき、一意的に定義されていない語でものごとを論ずる愚《ぐ》を冷笑する人がいるけれど、私はそれには与《くみ》さない。「一意的に定義されていない語」が頻用される場合には、間違いなくそこには「これまでの言葉ではうまく説明できない新しい事態」が発生しているからである。そういう場合は、用語の厳密性よりも、「新しい事態」の前景化を優先してよいと私は考えている。

では、ポピュリズムという一意的な定義が定まらない語によって指称されている「新しい事態」とは何なのか？

私見によれば、ポピュリズムとは「今さえよければ、自分さえよければ、それでいい」という考え方をする人たちが主人公になった歴史的過程のことである。

個人的な定義だから「それは違う」と口を尖《とが》らす人がいるかも知れないけれど、別にみなさんにこの意味で使ってくれと言っているわけではない。

「今さえよければいい」というのは③時間意識の縮減のことである。平たく言えば「サル化」のことである。「朝三暮四」のあのサルである。

春秋時代の宋《そう》にサルを飼う人がいた。朝夕四粒ずつのトチの実をサルたちに給餌《きゅうじ》していたが、手元不如意《ふにょい》になって、コストカットを迫られた。そこでサルたちに「朝は三粒、夕に四粒ではどうか」と提案した。するとサルたちは激怒した。「では、朝に四粒、夕に三粒ではどうか」と提案するとサルたちは大喜びした。

このサルたちは、未来の自分が抱え込むことになる損失やリスクは「他人ごと」だと思っている。その点ではわが「当期利益至上主義」者に酷似している。「こんなことを続けていると、いつか大変なことになる」とわかっていながら、「大変なこと」が起きた後の未来の自分に自己同一性を感じることができない人間だけが「こんなこと」をだらだら続けることができる。その意味では、データを

英語解答

1
1　(例)ジョンソンは自然を愛し自然の一部になることを望んでいたので，彼が交通量の多い高速道路の近くに埋葬されたこと
2　c
3　(例)私は，誰も気にかけていないように思えることがどれほど悲しいかを記者に伝えた。
4　c
5　(例)(work hard and) never give up
6　a，f

2
1　(1)… b　(2)… a　(3)… d　(4)… c　(5)… b
2　d

3
①　an idea of what is going on
②　a large number of these are under
③　This created a big wave called a tsunami
④　the sound wave traveled around the world over half a dozen

4
(1)　(例)could you tell me how to get to〔the way to〕
(2)　(例)while I was doing my homework
(3)　①　(例)How do you like〔How is〕
　　②　(例)takes (me) only five minutes to walk〔by walking〕
(4)　(例)I was surprised to hear (that) you will study abroad

5
〔問題A〕　d
〔問題B〕　(1)… c　(2)… a
〔問題C〕　(1)… b　(2)… c
　　(3)　had to wear

1〔長文読解総合―エッセー〕

《全訳》❶1972年，私が7年生だったとき，私たちは授業で映画を見てその話について議論した。映画はロバート・レッドフォード主演の『大いなる勇者(Jeremiah Johnson)』だった。ジェレマイア・ジョンソンは街での生活を捨て，未開の地でアメリカ先住民と暮らしたため，「マウンテンマン」と呼ばれていた。彼は山の近くに自分の家を建て，野生動物を狩り，アメリカ先住民の女性と結婚した。ジョンソンは自然をとても愛していたので街には戻らなかった。❷私たちは彼の自然に対する深い愛情とその一部になりたいという願望について話し合った。私たちの先生であるロビンソン先生は，それから変わった質問をした。ジョンソンの墓はどこにあると思うかと。偉大なマウンテンマンは，南カリフォルニアにあるサンディエゴ高速道路の近くに埋葬されたと先生が教えてくれたとき，私たちはショックを受けた。この高速道路はとても交通量が多く，ロサンゼルスのような大都市を走っているのだ。❸ロビンソン先生は私たちに「では，これは間違いだったと思いますか？」ときいた。❹「思います！」と私たち全員が答えた。❺「それを変えるために，何かされるべきだと思いますか？」と彼は尋ねた。❻「思います！」と私たちは若いエネルギーで答えた。❼ロビンソン先生はしばらく私たちを見ていたが，少ししてから1つの質問をした。この質問は私たちの人生の見方を永遠に変えたかもしれない。「では，自分たちがそれをできると思いますか？」❽「どういうことですか？」❾彼は何を話しているのだろうか。私たちはただの子どもの集団なのに。❿「方法はあります」と彼は言った。「それは挑戦とおそらくいくつかの困難でいっぱいの方法です…。しかし，方法はあります」　それから彼は，私たちが一生懸命取り組み，決して諦めないと約束するなら私たちを助けてくれると言った。⓫私たちが同意したとき，私たちはこれまでで最もわくわくする旅を始めることになるとは知らなかった。⓬私たちはまず，地元や州，国の指導者，墓の所有者，さらにはロバート・レッドフォードまで，私たちを支

援してくれそうな全ての人に手紙を書いた。やがて，関心を寄せてくれたことについてクラスに感謝する返事がくるようになったが，「何もできなかったのです」とも書いてあった。私たちの多くはそのとき諦めかけたが，私たちはロビンソン先生と約束したのだ。だからやめるわけにはいかなかった。やめるのではなく，私たちは手紙を書き続けた。⓭私たちは自分たちの夢をもっと多くの人に聞いてもらう必要があると判断し，新聞社に連絡をとった。ついにロサンゼルス・タイムズの記者が私たちのクラスに来てインタビューをしてくれた。私たちはそれまでに自分たちがやろうとしてきたことについて話した。私は，誰も気にかけていないように思えることがどれほど悲しいかを記者に伝えた。私たちの話が世間の関心を高めることを望んだ。⓮「ロバート・レッドフォードから連絡はきましたか？」と記者がきいた。⓯「いいえ」と私たちは答えた。⓰２日後，私たちの話は新聞の一面に掲載され，クラスがアメリカの英雄に対する不当な仕打ちを正そうとしているが，誰も，ロバート・レッドフォードさえも助けてくれないことを伝えた。その日，私たちが教室で座っていると，ロビンソン先生が電話を取るためにオフィスに呼ばれた。彼は見たこともないような笑顔で戻ってきた。「電話をくれたのが誰だか当ててごらん！」⓱ちょうどロバート・レッドフォードが電話をしてきて，彼は毎日何百通もの手紙を受け取っており，私たちの手紙は届いていなかったのだが，彼は私たちの目標達成を手伝うことにとても興味を持っていると伝えてくれたのだ。私たちのチームは急に大きくなっただけでなく，より重要で影響力の強いものになっていった。最終的に，ジョンソンの骨はワイオミングに移されることになった。ワイオミングはとても静かで平和な場所だ。⓲数か月以内に必要な全ての書類が発送された後，先生と数人の生徒が墓に行き，墓の作業員たちが骨を動かすのを見守った。ジェレマイア・ジョンソンは，土中で朽ちている古い木箱の中に埋められており，マウンテンマンの骨はわずかしか残っていなかった。作業員によってその全ての骨はていねいに集められ，新しい箱に入れられた。⓳そして数日後，ジェレマイア・ジョンソンの式典がワイオミングの農場で行われ，彼がこよなく愛した自然の中に骨は置かれた。ロバート・レッドフォードも式典に参加した。⓴それ以来，学校で私たちのクラスは「墓掘り人」と呼ばれたが，私たちは自分たちを「夢を運ぶ人」と考えるのが好きだった。私たちはその年，効果的な手紙の書き方，政府の仕組み，墓を移動するといった単純な問題を完了するためにしなければならない事柄を学んだ。しかし，最も大切な教訓は，(一生懸命取り組み，)決して諦めてはいけないということだ。10代初めの子どもたちの集団が変化を起こしたのだ。

1 ＜**文脈把握**＞下線部 this の内容は，第２段落最後の２文で述べられている。the great mountain man「偉大なマウンテンマン」とは自然を愛し，その一部になることを望んでいたジョンソンのこと。ここでの busy は「交通量が多い，混雑している」という意味。自然をこよなく愛していたジョンソンが，高速道路のあるような自然とかけ離れた場所に埋葬されたことが間違いだったということ。

2 ＜**文脈把握**＞下線部は，ジョンソンの墓のために自分たちが何かできるかときかれたときの生徒の反応。What was he talking about?「彼(＝先生)は何を言っているのだろうか」と，just a group of kids「ただの子どもの集団」という表現から，子どもである自分たちにそんなことはできないという気持ちが読み取れる。

3 ＜**英文和訳**＞‘tell＋人＋物事’で「〈人〉に〈物事〉を伝える」の形で，how 以下が‘物事’の部分にあたる。how 以下は‘how＋形容詞＋主語＋動詞 ...’の感嘆文と，‘it is ～ that＋主語＋動詞 ...’「…ということは～だ」の形式主語構文が組み合わさった形で「…(ということ)はどれほど～か」という意味になる。　no one「誰も～ない」　seem to ～「～のように思える，見える」　care「～を気にかける，～に関心がある」

4 ＜**適文選択**＞直後の文から，電話がロバート・レッドフォードからだったことがわかるので，誰が電話してきたかを生徒たちに当てさせたのである。　guess「～を言い当てる，推測する」

5 ＜**適語句補充**＞この経験を通して筆者が得たthe most important lesson「最も大切な教訓」は何かを考える。最終的に成功したのは，思うように進まなかったときでも諦めないでみんなで必死に行動し続けたからである。これは，第10段落最終文のロビンソン先生と約束した内容に集約されている。

6 ＜**内容真偽**＞a．「生徒たちは先生のおかげで考え方を変えた」…○　第７段落第２文に一致する。　b．「生徒の多くは手紙を書くのをやめたが，筆者はやめなかった」…×　第12段落最後の３文参照。　c．「ロバート・レッドフォードは生徒たちに連絡を取ろうとしたができなかった」…×　第17段落第１文参照。　d．「ロビンソン先生は多くの生徒をワイオミングの墓に連れていった」…×　第18段落第１文参照。　a few of ～「数人〔個〕の～」　e．「生徒たちは協力し，自分たちでジョンソンのための墓を掘った」…×　このような記述はない。　f．「ロバート・レッドフォードは生徒のプロジェクトにおいて重要な役割を果たした」…○　第17段落に一致する。

2〔**長文読解総合―説明文**〕

≪**全訳**≫❶レオナルド・ダ・ヴィンチはミラノで，絵やアイデアをたくさん書き込んだノートを持っていた。彼は30年以上もの間，ノートに書き続けた。彼の計画はあらゆることについて本を書くことだった。❷彼はおそらく全部で１万3000ページほどのメモを書いた。その中には，レオナルドが興味を持ったもの全てについての美しく貴重な絵が描かれていた。しかし彼の死後，多くのページが引きはがされて売られてしまった。あるノートはバラバラにされ，あるノートは消えてしまった。中には，数百年後に再発見されたものもあった。今日，レオナルドのノートのページには10の異なるコレクションがある。存在することがわかっているのは，そのページの半分(約6000ページ)だけだ。それらは世界中のさまざまな場所にある。いつの日か，もっと多くのノートが見つかってほしいという望みは常にある。❸マイクロソフトの創設者であるビル・ゲイツは，あるページのコレクションを購入したが，それは主に水に関するものである。そのコレクションは美術館で展示されることもある。その中には，波や海流の絵，さざ波の絵，コップに落ちる水滴の絵などがある。❹しかし，水は彼がノートに書こうと計画していたテーマの１つにすぎなかった。彼は，光についてそれが何でできているのか理解し説明したかった。人はどのように見えているか，鳥はどのように飛べるか，そして人体のあらゆる部分について，彼は理解したかった。彼は，約20の大きなテーマのリストを考えた。ノートのたった１ページには，鳥の翼や羽の小さな絵と一緒に，音楽についての考え，新しい武器のアイデア，ダム建設のスケッチなどが描かれている。レオナルドは決して１つのテーマにとどまることなく，多くのテーマの間を行ったり来たりしていたのだ。そのノートは文章と美しい絵でいっぱいである。考えたことを何でもページに書きとめたようなものだ。彼のノートは真の天才の心を表している。❺彼は，人間が陸上や空中，さらには水中で使える乗り物を発明したいと考えていた。彼の自転車のデザインは，今日の自転車とまさに同じようにチェーンを使ったものだった。彼はパラシュートや潜水艦のようなものも設計した。ノートの絵の中には，上部に回転するファンを備えつけた飛行機が描かれている。これはヘリコプターのようにぐるぐる回ることが意図されていた。❻レオナルドは，いつか人は飛ぶだろうと確信していた。彼は「人間の力でこの道具をつくることができる」と言った。その話によると，レオナルドはある店に行き籠に入った鳥を買ってきた。そして鳥を家に持って帰って，放した。鳥はどうやって羽を動かすのか。どうして飛べるのか。どうして脚を折ることなく安全に着地できるのか。彼はその答えを見つけたかった。❼彼は，鳥の翼の絵や，翼に羽が生えている様子をたくさん描いた。彼はまたコウモリを研究し，その羽の絵も描いた。彼は単純な機械を使って動く，人々のための翼をつくろうとした。その翼の「骨」は木で，「筋肉」は革で，「皮膚」は布でできていた。❽レオナルドは実際に翼をつくったのだろうか。誰かがそれを試しただろうか。誰にもわからない。ノートの中で，彼は丘の上で翼をテストすることについて書いていた。もしそうなら，丘の上から飛び降りて，しばらく空中を滑空したかもしれない。しかし，おそらく飛んではいないだろう。その翼はいくつかの理由で成功する可能性が低かったのだ。まず，あまりにも重すぎた。また，地上から重い物体を持ち上げて空中にとどめておくには，大きな力が必要だ。❾もちろん，最終的にレオナルドは正しかった。人々は本当に飛行体をつくれるようになったが，それは1903年12月になるまで実現しなかった。つまり，ライト兄弟の飛行機が12秒間飛行したときだ。それはレオナルドの死後ほぼ400年後のことだった。レオナルドは時代のずっと先を行く男だったのだ。

1 ＜**英問英答**＞(1)「レオナルドが亡くなった後，彼のノートはどうなったか」―「多くのページは引きはがされ売られた（　　）」―b.「が，約半分のページは見つかった」　第2段落第3～7文参照。(2)「レオナルドのノートについて私たちは何がわかるか」―a.「水に関するいくつかのノートは，美術館で見られるときもある」　第3段落第1，2文参照。　(3)「レオナルドはどのようにノートに字を書いたり絵を描いたりしたか」―「レオナルドは（　　）について書いたり描いたりした」―d.「1ページの中でさえも多くの異なるテーマ」　第4段落参照。　(4)「レオナルドは飛行の道具を発明するために何をしたか」―「レオナルドは（　　）」―c.「鳥やコウモリがどのように飛ぶか観察して，翼をノートに描いた」　第6，7段落参照。　(5)「レオナルドのテスト飛行の可能性について，文章は何と述べているか」―「彼はおそらく（　　）」―b.「1つの理由だけではなく，複数の理由でテスト飛行に失敗した」　第8段落後半参照。

2 ＜**内容真偽**＞a.「レオナルドはノートを他人に見せることで，彼がいかに賢いかを示した」…×　このような記述はない。　b.「レオナルドは未来を想像するのが好きだったが，彼の想像力はあまり正確ではなかった」…×　このような記述はない。　c.「レオナルドは，人間は他のどの動物よりも知的だと考えていた」…×　このような記述はない。　d.「レオナルドは周りのものを注意深く観察して，理解しようとした」…○　第4～7段落を通してこのようなレオナルドの姿が読み取れる。

3〔**長文読解―整序結合―説明文**〕

≪**全訳**≫❶火山は，読んだり学んだりするのに最も興味深いテーマの1つである。また火山は，人々に地球の内部で①何が起きているかについて教えてくれる。火山に関するいくつかの事実は，多くの場合人々にそれらについてもっと知りたいと思わせるものだ。❷地球上ではどの瞬間でも，平均して11から13の火山が噴火している。多くの人は2つの理由でそれらのほとんどを知らない。1つ目の理由は，世界は広い場所だということだ。2つ目の理由は，②これらの多くが海の下にあるということだ。通常，それらは地表を突き破るまで見られない。海底火山は，いまだに広範な被害をもたらすことがある。❸その一例がクラカタウの噴火である。この山はインドネシアの海にそびえていたが，山が噴火したとき大量の海水を移動させたためにとても有名である。③これが津波という大きな波をつくり出した。津波は地域の島々に押し寄せ，村全体を流し去った。❹クラカタウが噴火したとき，それは別の波も発生させた。そのもう1つの波とは，音の波だった。これはそれほど破壊的ではなかったが，火山がいかに強力なものであるかを私たちに示した。噴火は3000マイル離れたところでも聞こえた。科学者の中には，④音の波は6回以上世界中を回ったと考える人もいる。

＜**解説**＞①直前にgive peopleがあるので，'give＋人＋物事'「〈人〉に〈物事〉を与える」の形で，give

people an ideaとし，残りの語句でideaを説明するまとまりをつくる。まずideaの後にofを置き「～についての考え〔知識〕」とし，ofの目的語を疑問詞whatが主語となる間接疑問でwhat is going on「何が起きているか」とまとめる。このgo onは「起こる」という意味(＝happen)。　②火山が噴火していることを知らない２つ目の理由を述べる部分。語群とこの後に続く内容から，「火山の多くが海底にある」という内容になると推測できる。a large number of ～で「多くの～」という意味になるのでa large number of these「これら(＝噴火している火山)の多くが」とまとめ，これをthat節中の主語とする。動詞にareを置き，最後はunder the ocean「海の下」とつなげる。　③前文の内容を受けて「このことが～をつくり出した」という意味になると考えられるので，主語をthis，動詞をcreatedとする。a tsunami＝a big waveなので，過去分詞called「～と呼ばれる」をa big waveの後に置いてa big wave called a tsunami「津波と呼ばれる大きな波」とまとめる。
④語群の中で動詞となるのはtraveledのみ。travel around ～「～を移動して回る」の形を用いてtraveled around the worldとまとめる。移動して回ったのはthe sound wave「音の波」だとわかるのでこれがthat節中の主語になる。また文末に‘回数’を表すtimesがあるのでover half a dozen times「６回以上」とまとめる。‘half a/an＋単位’は「〈単位〉の半分」。　(類例)half a mile「半マイル」　dozen「ダース(12の単位)」

4〔和文英訳―部分記述―対話文〕

(1)Ａ：すみませんが，ここから最寄りの地下鉄の駅には，どうやったら行けるか教えていただけますか？／Ｂ：すみません。この辺りはよく知らないんです。他の人にきいてください。//「私に～を教えていただけますか」は，Could you tell me ～？で表せる。「どうやったら行けるか」は「～への行き方」と考えて，how to get to ～で表せる。how to ～は「～の仕方」，get to ～は「～に着く」の意味。また「～への道」と考えてthe way to ～としてもよい。

(2)Ａ：やあ，ショウタ。調子が悪そうだね。どうしたの？／Ｂ：やあ，マックス。昨日の夜，宿題をやっていたら寝ちゃったんだ。だから宿題がまだ終わってないんだ。／Ａ：それはまずいね。//「宿題をやっていたら」とは「宿題をしていた間に」ということなので，「～する間に」という意味の接続詞whileを用いて‘while＋主語＋動詞...’の形にまとめる。「宿題をしていた」は過去進行形(‘was/were＋～ing’)で表す。「宿題をする」はdo ～'s homework。

(3)Ａ：ケン，おはよう。新しいアパートはどう？／Ｂ：今のところいいよ。一番いいのは駅が近いことだよ。／Ａ：どのくらい近いの？／Ｂ：歩いて５分しかかからないよ。//①何かの意見や感想をきく「～はどうですか」はHow do you like ～？で表せる。How is ～？「～はどう」としてもよい。　②「(人が)～するのに〈時間〉がかかる」は‘It takes(＋人)＋時間＋to ～’で表せる。to walkをby walking「徒歩で」としてもよい。

(4)Ａ：やあ，ヒロシ。あなたが来年留学するって聞いてびっくりしたわ。／Ｂ：そうなんだよ。楽しみにしてるんだ。／Ａ：ヒロシ，あなたはきっとすばらしい経験をするわね。がんばってね！／Ｂ：ありがとう。//「聞いてびっくりした」はbe surprised to ～「～して驚く」の形でwas surprised to hear ～と表せる(この‘to ～’は‘感情の理由’を表すto不定詞の副詞的用法)。「留学する」はstudy abroad〔overseas〕。留学するのは未来のことなので‘will＋動詞の原形’や‘be going to＋動詞の原形’で表す。

5〔放送問題〕解説省略

数学解答

1 (1) 3360　(2) $\dfrac{97}{15}$

(3) $x=-3\pm\sqrt{9+a}$，28個

2 (1) $\dfrac{1}{18}$　(2) $\dfrac{1}{3}$　(3) $\dfrac{1}{2}$　(4) $\dfrac{5}{9}$

3 (1) 6　(2) $5+\sqrt{10}$

(3) (ア) $b=5a$　(イ) $3:2:10$

4 (1) (ア) $1:1$　(イ) $7:18$

(2) (ア) 右図　(イ) 18

5 (1) $25\sqrt{3}$　(2) $\dfrac{250\sqrt{2}}{3}$

(3) (ア) $\dfrac{85\sqrt{3}}{2}$　(イ) $65\sqrt{2}$

(例)

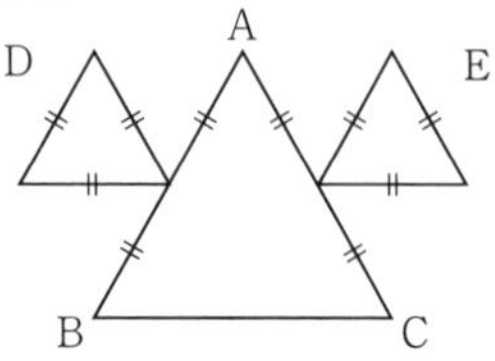

1〔独立小問集合題〕

(1)<**式の値**>与式$=4(a^4-b^4+2b^2c^2-c^4)=4\{a^4-(b^4-2b^2c^2+c^4)\}=4\{a^4-(b^2-c^2)^2\}$と変形して，$b^2-c^2=A$とおくと，与式$=4(a^4-A^2)=4(a^2+A)(a^2-A)$となる。$A$をもとに戻すと，与式$=4\{a^2+(b^2-c^2)\}\{a^2-(b^2-c^2)\}=4(a^2+b^2-c^2)(a^2-b^2+c^2)$となるから，与式$=4\{(\sqrt{41})^2+(\sqrt{2021})^2-(2\sqrt{498})^2\}\{(\sqrt{41})^2-(\sqrt{2021})^2+(2\sqrt{498})^2\}=4(41+2021-1992)(41-2021+1992)=4\times70\times12=3360$である。

(2)<**式の値**>$x-2y-z=0$……①，$2x+y+z=0$……②とする。①+②より，$(x-2y)+(2x+y)=0$，$3x-y=0$，$y=3x$となる。これを②に代入して，$2x+3x+z=0$，$z=-5x$となる。よって，$\dfrac{x^3+y^3+z^3}{xyz}=\dfrac{x^3+(3x)^3+(-5x)^3}{x\times3x\times(-5x)}=\dfrac{x^3+27x^3+(-125x^3)}{-15x^3}=\dfrac{-97x^3}{-15x^3}=\dfrac{97}{15}$となる。

(3)<**二次方程式**>二次方程式の解の公式より，$x=\dfrac{-6\pm\sqrt{6^2-4\times1\times(-a)}}{2\times1}=\dfrac{-6\pm\sqrt{36+4a}}{2}=\dfrac{-6\pm\sqrt{4(9+a)}}{2}=\dfrac{-6\pm2\sqrt{9+a}}{2}=-3\pm\sqrt{9+a}$である。解が整数となるのは，$\sqrt{9+a}$が整数のときである。$a$は1000以下の正の整数だから，$9+a$は10以上1009以下の整数である。$3^2=9$，$4^2=16$，$31^2=961$，$32^2=1024$だから，$\sqrt{9+a}$が整数となる$9+a$の値は，$4^2$，$5^2$，$6^2$，……，$31^2$より，$31-3=28$(個)あり，$a$も28個ある。

2〔確率―サイコロ〕

(1)<**確率**>サイコロを2回投げるとき，目の出方は全部で，$6\times6=36$(通り)ある。このうち，3点A，B，Cが正三角形の3頂点となるのは，右図1のときで，(1回目，2回目)$=(2,\ 2)$，$(4,\ 4)$の2通りだから，求める確率は$\dfrac{2}{36}=\dfrac{1}{18}$である。

図1

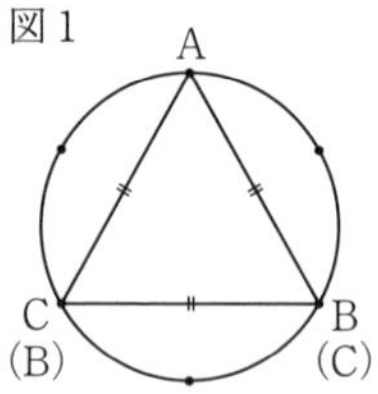

(2)<**確率**>3点A，B，Cが直角三角形の3頂点となるとき，辺AB，辺AC，辺BCのいずれかが円の直径である。辺ABが円の直径となるのは，(1回目，2回目)$=(3,\ 1)$，$(3,\ 2)$，$(3,\ 4)$，$(3,\ 5)$の4通りある。辺ACが円の直径となるのは，$(1,\ 2)$，$(2,\ 1)$，$(4,\ 5)$，$(5,\ 4)$の4通りある。辺BCが円の直径となるのは，$(1,\ 3)$，$(2,\ 3)$，$(4,\ 3)$，$(5,\ 3)$の4通りある。よって，直角三角形の3頂点となる場合は$4+4+4=12$(通り)だから，求める確率は$\dfrac{12}{36}=\dfrac{1}{3}$である。

(3)<**確率**>円周上の6個の点は円周を6等分するから，隣り合う点の間にある弧に対する中心角は$360^\circ\div6=60^\circ$となり，円周角の定理より，その弧に対する円周角は$\dfrac{1}{2}\times60^\circ=30^\circ$となる。よって，

三角形ができる3頂点のうち，隣り合っているものがあれば，この三角形は30°の内角を持つ三角形となる。(2)の12通りの直角三角形は，隣り合っている頂点があるので，30°の内角を持つ。この他で30°の内角を持つのは，右図2の三角形と合同な三角形になるときだから，(1回目，2回目)＝(1，1)，(1，4)，(2，5)，(4，1)，(5，2)，(5，5)の6通りある。よって，30°の内角を持つ三角形の3頂点になる場合は12＋6＝18(通り)だから，求める確率は $\frac{18}{36}=\frac{1}{2}$ となる。

図2

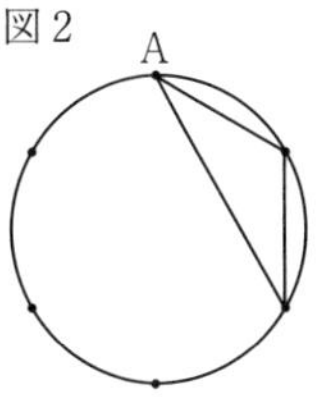

(4)＜確率＞3点A，B，Cが三角形の3頂点となる場合は，点Bが点A以外の5通り，点Cが点A，点B以外の4通りより，5×4＝20(通り)ある。よって，求める確率は $\frac{20}{36}=\frac{5}{9}$ である。

3 〔関数—関数 $y=ax^2$ と直線〕

(1)＜交点の座標＞右図1で，$c=\frac{24}{5}$ のとき，点Bは放物線 $y=-\frac{1}{5}x^2$ と直線 $y=-2x+\frac{24}{5}$ との交点となる。この2式より，$-\frac{1}{5}x^2=-2x+\frac{24}{5}$，$x^2-10x+24=0$，$(x-4)(x-6)=0$　$\therefore x=4,\ 6$　2つの交点のうち x 座標が大きい方が点Bなので，点Bの x 座標は6である。

図1

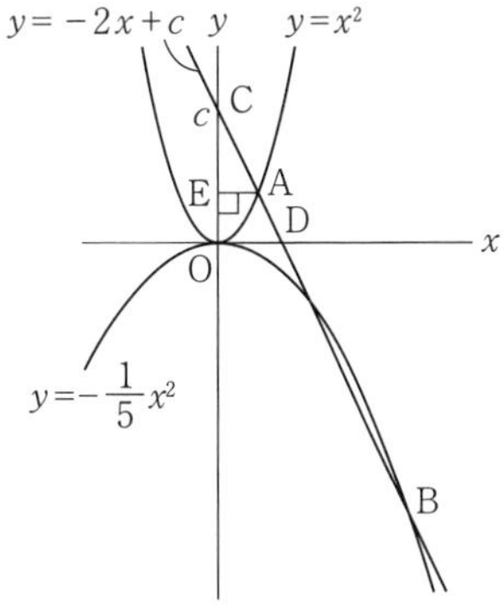

(2)＜交点の座標＞右図1で，直線 $y=-2x+c$ の傾きは -2 だから，$\frac{\mathrm{OC}}{\mathrm{DO}}=2$ より，$\mathrm{DO}=\frac{1}{2}\mathrm{OC}=\frac{1}{2}c$ である。点Aから y 軸に垂線AEを引くと，△AEC∽△DOCとなる。DC＝AC＋AD＝2AD＋AD＝3ADだから，AE：DO＝AC：DC＝2AD：3AD＝2：3となり，$\mathrm{AE}=\frac{2}{3}\mathrm{DO}=\frac{2}{3}\times\frac{1}{2}c=\frac{1}{3}c$ となる。また，EO：OC＝AD：DC＝1：3だから，$\mathrm{EO}=\frac{1}{3}\mathrm{OC}=\frac{1}{3}c$ である。よって，$\mathrm{A}\left(\frac{1}{3}c,\ \frac{1}{3}c\right)$ と表せる。点Aは放物線 $y=x^2$ 上にあるから，$\frac{1}{3}c=\left(\frac{1}{3}c\right)^2$ が成り立ち，$c^2-3c=0$，$c(c-3)=0$　$\therefore c=0,\ 3$　$0<c<5$ だから，$c=3$ である。これより，点Bは放物線 $y=-\frac{1}{5}x^2$ と直線 $y=-2x+3$ の交点となる。この2式より，$-\frac{1}{5}x^2=-2x+3$，$x^2-10x+15=0$ となり，$x=\frac{-(-10)\pm\sqrt{(-10)^2-4\times1\times15}}{2\times1}=\frac{10\pm\sqrt{40}}{2}=\frac{10\pm2\sqrt{10}}{2}=5\pm\sqrt{10}$ となる。点Bは x 座標が大きい方だから，その x 座標は $5+\sqrt{10}$ である。

図2

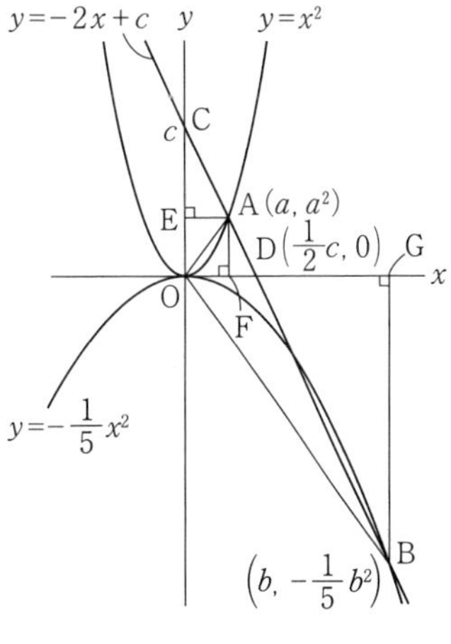

(3)＜座標，面積比—相似＞(ア)右図2で，2点A，Bはそれぞれ放物線 $y=x^2$，$y=-\frac{1}{5}x^2$ 上にあり，x 座標はそれぞれ a，b だから，$\mathrm{A}(a,\ a^2)$，$\mathrm{B}\left(b,\ -\frac{1}{5}b^2\right)$ と表せる。2点A，Bから x 軸に垂線AF，BGを引く。∠AOF＝∠BOGだから，△AOF∽△BOGとなり，AF：BG＝OF：OGである。よって，$a^2:\frac{1}{5}b^2=a:b$ が成り立ち，$\frac{1}{5}ab^2=a^2b$ より，$b=5a$ である。　(イ)図2で，△OCA：△OAD：△ODB＝CA：AD：DBである。△DAF∽△DBGだから，(ア)より，AD：DB＝AF：BG＝OF：OG＝$a:b=a:5a=1:5$ となり，DB＝5ADである。また，点Bの x 座標

は5a，y座標は$-\frac{1}{5}\times(5a)^2=-5a^2$だから，B$(5a,\ -5a^2)$である。A$(a,\ a^2)$だから，直線ABの傾きは$\frac{-5a^2-a^2}{5a-a}=-\frac{3}{2}a$となり，これが$-2$だから，$-\frac{3}{2}a=-2$が成り立つ。これより，$a=\frac{4}{3}$となるので，$a^2=\left(\frac{4}{3}\right)^2=\frac{16}{9}$より，A$\left(\frac{4}{3},\ \frac{16}{9}\right)$である。直線$y=-2x+c$は点Aを通るから，$\frac{16}{9}=-2\times\frac{4}{3}+c$より，$c=\frac{40}{9}$となり，点Cの$y$座標は$\frac{40}{9}$となる。よって，AE∥DOより，CA：AD＝CE：EO＝$\left(\frac{40}{9}-\frac{16}{9}\right):\frac{16}{9}=3:2$だから，CA＝$\frac{3}{2}$ADである。以上より，△OCA：△OAD：△ODB＝$\frac{3}{2}$AD：AD：5AD＝3：2：10となる。

4〔平面図形―三角形〕

≪基本方針の決定≫(2)　2点D，Eは，点Pを回転移動させた点である。

(1)<**面積比―合同，相似**>(ア)右図1の△BNDと△BLPで，BN＝$\frac{1}{2}$AB＝$\frac{1}{2}\times6=3$，BL＝$\frac{1}{2}$BC＝$\frac{1}{2}\times6=3$より，BN＝BLであり，△BPDが正三角形より，BD＝BPである。また，∠DBP＝∠ABC＝60°だから，∠DBN＝60°－∠NBP，∠PBL＝60°－∠NBPとなり，∠DBN＝∠PBLである。よって，△BND≡△BLPであり，△BND＝△BLPとなる。BL＝LCより，△BLP＝△CLPだから，△CLP＝△BNDとなり，△CLP：△BND＝1：1である。

図1

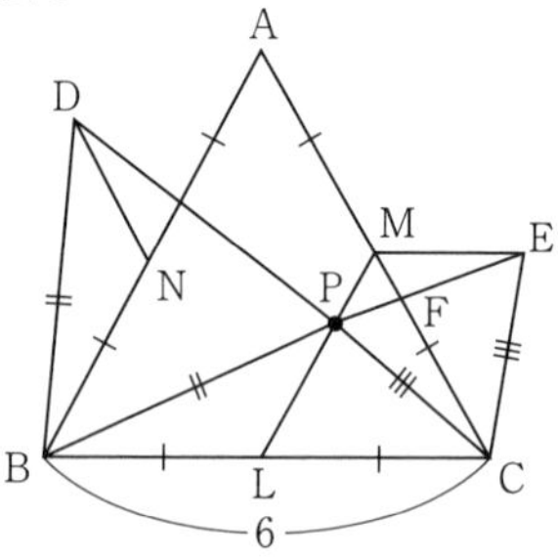

(イ)図1で，(ア)と同様にして，△CME≡△CLPだから，△CME＝△CLPである。次に，CL＝BL＝3，CM＝$\frac{1}{2}\times6=3$より，CL＝CMであり，∠LCM＝60°だから，△CMLは正三角形となる。これより，LM＝CL＝3となり，PM＝LM－LP＝3－2＝1となるから，△CLP：△CPM＝LP：PM＝2：1となり，△CPM＝$\frac{1}{2}$△CLPである。また，∠CLP＝∠PMF＝60°である。△CLPで，∠LCP＝180°－60°－∠CPL＝120°－∠CPLとなり，△CPEが正三角形より∠CPF＝60°だから，∠MPF＝180°－60°－∠CPL＝120°－∠CPLとなる。よって，∠LCP＝∠MPFとなる。したがって，△CLP∽△PMFだから，LP：MF＝CL：PMより，2：MF＝3：1が成り立ち，MF×3＝2×1，MF＝$\frac{2}{3}$となる。CF＝CM－MF＝$3-\frac{2}{3}=\frac{7}{3}$より，△CPF：△CPM＝CF：CM＝$\frac{7}{3}$：3＝7：9となるので，△CPF＝$\frac{7}{9}$△CPM＝$\frac{7}{9}\times\frac{1}{2}$△CLP＝$\frac{7}{18}$△CLPとなり，△CPF：△CME＝$\frac{7}{18}$△CLP：△CLP＝7：18である。

(2)<**点が描く図，長さ**>(ア)右図2で，BD＝BP，∠DBP＝60°より，点Dは，点Bを回転の中心として，点Pを反時計回りに60°回転移動させた点である。よって，点Pが△LMNの周上を動いて1周するとき，点Dは，点Bを回転の中心として，△LMNを反時計回りに60°回転移動させた△NHIの周を描く。LM＝MN＝NL＝3となるので，△LMNは1辺が3の正三角形であり，△NHIも1辺が3の正三角形となる。同様にして，点Eは，点Cを回転の中心として，△LMNを時計回りに60°回転移動した正三角形の周を描く。解答参照。

図2

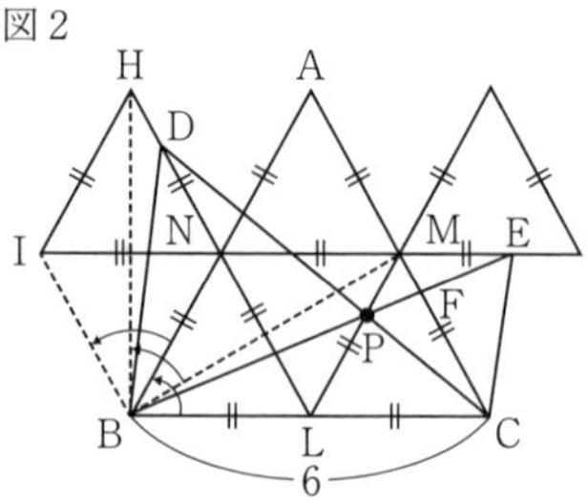

(イ)図2で，(ア)より，

△NHIの周の長さは$3\times3=9$だから，２点D，Eが移動する距離は，それぞれ9となる。よって，２点D，Eが移動する距離の和は$9\times2=18$である。

5〔空間図形―正四面体〕

⑴＜**面積―三平方の定理**＞右図１のように点Ｊを定めると，△BCDが正三角形で，BJ⊥CDだから，点Ｊは辺CDの中点となり，$CJ=\frac{1}{2}CD=\frac{1}{2}\times10=5$となる。よって，△BCJで三平方の定理$CJ^2+BJ^2=BC^2$より，$5^2+BJ^2=10^2$が成り立つ。これより，$BJ^2=75$，$BJ=\pm5\sqrt{3}$となり，$BJ>0$だから，$BJ=5\sqrt{3}$である。したがって，$△BCD=\frac{1}{2}\times10\times5\sqrt{3}=25\sqrt{3}$である。

図１

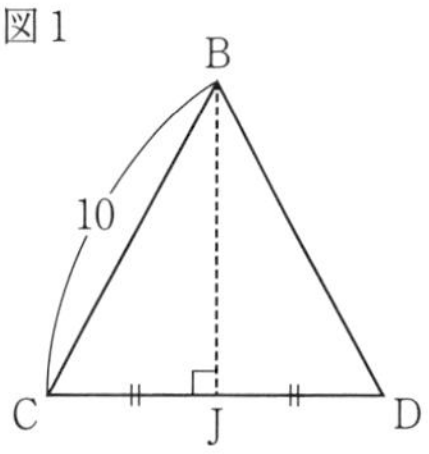

⑵＜**体積―特別な直角三角形**＞右図２のように，立方体の残りの頂点Ｐ～Ｓを定める。△APCは直角二等辺三角形だから，$AP=\frac{1}{\sqrt{2}}AC=\frac{1}{\sqrt{2}}\times10=5\sqrt{2}$である。これより，〔立方体APCQ-SBRD〕$=(5\sqrt{2})^3=250\sqrt{2}$，〔三角錐B-APC〕$=\frac{1}{3}\times△APC\times PB=\frac{1}{3}\times\frac{1}{2}\times5\sqrt{2}\times5\sqrt{2}\times5\sqrt{2}=\frac{125\sqrt{2}}{3}$である。正四面体ABCDは，立方体APCQ-SBRDから，三角錐B-APCと合同な三角錐を４個取り除いた立体だから，〔正四面体ABCD〕$=250\sqrt{2}-\frac{125\sqrt{2}}{3}\times4=\frac{250\sqrt{2}}{3}$となる。

図２

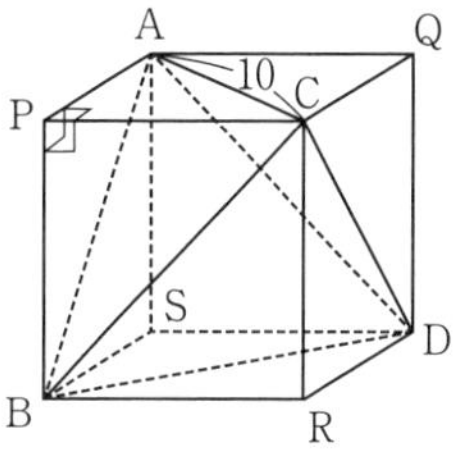

⑶＜**面積，体積―平行線と線分の比**＞㋐右図３のように，点Ｃを通り線分EFに平行な直線と辺ABとの交点をＴ，点Ｄを通り線分EGに平行な直線と辺ABとの交点をＵとする。$AE:EB=2:3$より，$AE=\frac{2}{2+3}AB=\frac{2}{5}\times10=4$，$EB=AB-AE=10-4=6$である。EH∥TCより，$AE:ET=AF:FC=3:2$だから，$ET=\frac{2}{3}AE=\frac{2}{3}\times4=\frac{8}{3}$となり，$TB=EB-ET=6-\frac{8}{3}=\frac{10}{3}$となる。よって，$HB:CB=EB:TB=6:\frac{10}{3}=9:5$となる。同様にして，EI∥UDより，$AE:EU=AG:GD=2:1$だから，$EU=\frac{1}{2}AE=\frac{1}{2}\times4=2$，$UB=EB-EU=6-2=4$となり，$IB:DB=EB:UB=6:4=3:2$となる。２点H，Dを結ぶと，$△BHD:△BCD=HB:CB=9:5$であり，$△BHD=\frac{9}{5}△BCD$となる。同様にして，$△BHI:△BHD=IB:DB=3:2$より，$△BHI=\frac{3}{2}△BHD$だから，$△BHI=\frac{3}{2}\times\frac{9}{5}△BCD=\frac{27}{10}△BCD$である。⑴より$△BCD=25\sqrt{3}$だから，$△BHI=\frac{27}{10}\times25\sqrt{3}=\frac{135\sqrt{3}}{2}$となり，〔四角形CHID〕$=△BHI-△BCD=\frac{135\sqrt{3}}{2}-25\sqrt{3}=\frac{85\sqrt{3}}{2}$となる。　㋑右図４で，〔立体FCHIDG〕＝〔三角錐E-BHI〕－〔立体EFG-BCD〕である。点Aと２点H，Ｉを結ぶと，㋐よ

図３

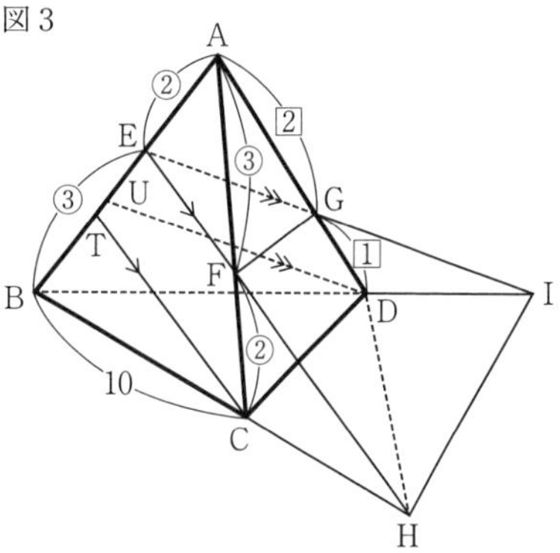

図４

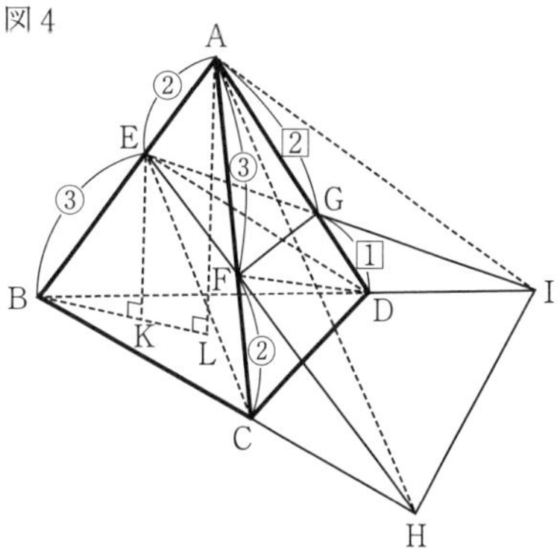

り，△BHI：△BCD＝$\frac{27}{10}$△BCD：△BCD＝27：10だから，〔三角錐A-BHI〕：〔正四面体ABCD〕＝27：10となり，〔三角錐A-BHI〕＝$\frac{27}{10}$〔正四面体ABCD〕である。また，２点E，Aから面BCDに垂線EK，ALを引くと，△EBK∽△ABLより，EK：AL＝EB：AB＝3：(2＋3)＝3：5となる。これより，三角錐E-BHIと三角錐A-BHIの高さの比が3：5だから，〔三角錐E-BHI〕：〔三角錐A-BHI〕＝3：5となり，〔三角錐E-BHI〕＝$\frac{3}{5}$〔三角錐A-BHI〕となる。〔正四面体ABCD〕＝$\frac{250\sqrt{2}}{3}$だから，〔三角錐E-BHI〕＝$\frac{3}{5}\times\frac{27}{10}$〔正四面体ABCD〕＝$\frac{3}{5}\times\frac{27}{10}\times\frac{250\sqrt{2}}{3}=135\sqrt{2}$となる。次に，点Eと２点C，D，点Fと点Dを結ぶ。三角錐A-ECD，正四面体ABCDの底面をそれぞれ△AEC，△ABCと見ると，〔三角錐A-ECD〕：〔正四面体ABCD〕＝△AEC：△ABC＝AE：AB＝2：5だから，〔三角錐A-ECD〕＝$\frac{2}{5}$〔正四面体ABCD〕となる。同様にして，〔三角錐A-EFD〕：〔三角錐A-ECD〕＝△AFD：△ACD＝AF：AC＝3：5，〔三角錐A-EFG〕：〔三角錐A-EFD〕＝△AFG：△AFD＝AG：AD＝2：3となるので，〔三角錐A-EFD〕＝$\frac{3}{5}$〔三角錐A-ECD〕，〔三角錐A-EFG〕＝$\frac{2}{3}$〔三角錐A-EFD〕となる。よって，〔三角錐A-EFG〕＝$\frac{2}{3}\times\frac{3}{5}$〔三角錐A-ECD〕＝$\frac{2}{3}\times\frac{3}{5}\times\frac{2}{5}$〔正四面体ABCD〕＝$\frac{2}{3}\times\frac{3}{5}\times\frac{2}{5}\times\frac{250\sqrt{2}}{3}=\frac{40\sqrt{2}}{3}$となるので，〔立体EFG-BCD〕＝〔正四面体ABCD〕－〔三角錐A-EFG〕＝$\frac{250\sqrt{2}}{3}-\frac{40\sqrt{2}}{3}=70\sqrt{2}$である。以上より，〔立体FCHIDG〕＝$135\sqrt{2}-70\sqrt{2}=65\sqrt{2}$となる。

＝読者へのメッセージ＝

２(2)と５(1)には，30°の内角を持つ直角三角形が登場しました。正三角形を対称の軸で２等分したこの直角三角形を，古代ギリシアの哲学者プラトンは「最も美しい三角形である」としました。

社会解答

1 問1　ウ　　問2　C2…イ　G2…ア
問3　オ　　問4　ウ　　問5　ウ
問6　ア

2 問1　汽水　　問2　イ　　問3　エ
問4　I　　問5　ア　　問6　カ

3 問1　(例)方位や距離が正確でなく，海上が所在地となってしまうため。(28字)
問2　イ
問3　(例)『古事記』は国内に，『日本書紀』は東アジアに向けて日本の歴史を示した。(35字)
問4　エ　　問5　ウ　　問6　ア
問7　2番目…オ　4番目…イ
問8　ア　　問9　ウ
問10　語…エ　絵画…カ　　問11　エ
問12　オ　　問13　ウ
問14　2番目…ウ　4番目…イ

4 問1　ア　　問2　聖職者と貴族
問3　モンテスキュー　　問4　エ
問5　(例)総選挙の日から30日以内に召集される特別会で内閣総理大臣が指名される。(35字)
問6　イ　　問7　ウ　　問8　エ

1〔世界地理―世界の諸地域〕

問1＜**新しい造山帯に属する地域**＞新しい造山帯(新期造山帯)とは，現在も大地の活動が活発で地震の震源や火山が多く集まる場所で，環太平洋造山帯とアルプス・ヒマラヤ造山帯がこれにあたる。ウは，環太平洋造山帯に含まれるロッキー山脈上に位置している。

問2＜**世界の気候**＞C1は，サハラ砂漠の南縁に広がるサヘルと呼ばれる地域にあたり，乾燥帯のステップ気候に属する。したがって，年間の降水量が少なく，少量の雨が降る時期があるエが当てはまる。赤道に近い場所に位置するC2は，熱帯のサバナ気候に属する。したがって，一年中気温が高く，雨季と乾季が見られるイが当てはまる。G1とG2は，どちらも冷帯〔亜寒帯〕の気候に属するが，より北に位置するG2の方が寒冷な気候だと考えられる。したがって，気温がより低いアがG2に，ウがG1に当てはまる。なお，河川Cはニジェール川，河川Gはオビ川である。

問3＜**河川流域の気候や産業**＞あ．下流が乾燥地域で，流域に「カジノで有名な世界的観光都市」であるラスベガスがあるのは，アメリカ合衆国南西部を流れる河川Kのコロラド川である。あ．のダムはフーバーダムで，このダムにある水力発電所でつくられた電気は，ラスベガスにも供給されている。　い．世界最長の河川である河川Dのナイル川はアフリカ大陸東部を北へと流れ，下流で乾燥帯に属するエジプトを通る。ナイル川では，毎年洪水が発生していたことなどから，い．のアスワンハイダムが建設されることになったが，ダムの建設に伴ってエジプト文明の遺跡であるアブシンベル神殿などが水没の危機に陥ったため，これを移設する大規模な工事が行われた。このことがきっかけとなって，1972年にUNESCO〔国連教育科学文化機関〕で世界遺産条約が採択された。　う．中国では，2000年代に急速な「工業化や経済発展」が進み，電力需要が増したことから，河川Iの長江の中流域に，世界最大の発電量を誇る水力発電所を備えたう．の三峡《サンシャ》ダムが建設され，2009年に完成した。

問4＜**河川流域の農業**＞え．流域が雨季と乾季のある熱帯のサバナ気候に属し，稲の栽培が行われていることから，東南アジアに位置する河川Jのチャオプラヤ川が当てはまる。　お．河川Fのアムダリア川は，乾燥帯に属する中央アジアの国々を流れ，「面積世界第4位だった湖」であるアラル海に注いでいる。流域では綿花栽培が盛んに行われていたが，かんがい施設の建設などによって湖に流入する川の水量が減少したため，湖の水位が急速に低下し，縮小した。　か．流域が「世界的な穀倉地帯で，とうもろこしや小麦の生産」が盛んであることから，アメリカ合衆国の中央部を流れる河川Ｌのミシシッピ川が当てはまる。アメリカ合衆国南部は，かつて黒人奴隷を労働力とした綿花の大産地となり，綿花地帯〔コットンベルト〕と呼ばれたが，現在の生産量は減少している。

問５＜**河川の水運と流域の産業**＞き．流域でとうもろこしや小麦の企業的農業が行われ，穀物メジャーと呼ばれる巨大企業が活動していることから，アメリカ合衆国中部を流れる河川Ｌのミシシッピ川が当てはまる。　く．河川Ｂのドナウ川が流れる東ヨーロッパには，かつて社会主義国が多かったが，1990年代以降，資本主義化が進んだ。1992年にはライン・マイン・ドナウ運河が開通し，ルール工業地帯などの「世界的な工業地域を流域にいくつも抱える」河川Ａのライン川とドナウ川が結ばれた。　け．上流に複数の湖があり，その周辺に世界的な工業地域があることから，アメリカ合衆国北部の五大湖から流れ出る河川Ｍのセントローレンス川が当てはまる。五大湖周辺では19世紀から工業が発展し，鉄鋼業や自動車工業の中心地として栄えた。

問６＜**世界の国々の貿易**＞河川Ａのライン川，河川Ｍのセントローレンス川，河川Ｎのアマゾン川の河口が位置する国は，それぞれオランダ，カナダ，ブラジルである。ドイツやベルギーなどのＥＵ〔ヨーロッパ連合〕諸国が主な輸出相手国であるさ．には，オランダが当てはまる。アメリカ合衆国とメキシコが上位に含まれているし．は，これらの国と貿易協定を結んでいるカナダで，南アメリカ州に位置するアルゼンチンやチリが上位に含まれているす．はブラジルである。

２〔日本地理―日本の諸地域，地形図〕

問１＜**汽水湖**＞海水と淡水が混ざった湖を汽水湖という。汽水湖は海の近くに位置し，日本では北海道のサロマ湖や静岡県の浜名湖などが汽水湖として知られる。

問２＜**中海**＞島根県東部と鳥取県西部にまたがるⅠの中海は汽水湖で，西側に位置する島根県の宍道湖と川を通じてつながっている。なお，宇和海は四国の西側に位置する海，八代海は熊本県や鹿児島県に面する海，有明海は九州の筑紫平野に面する海である。

問３＜**三日月湖**＞湖沼Ｊの東側には，直線状の河川が流れている。この河川は，かつては大きく蛇行していたが，洪水によって流路が変わったり改修が行われたりしたことにより直線状になった。Ｊは，かつて蛇行していた部分が切り離されて残ったもので，三日月湖と呼ばれる。このような風景は，北海道の石狩平野を流れる石狩川で多く見られる。

問４＜**カルデラ湖**＞カルデラは，火山の噴火によって火山灰や溶岩が吹き上げられ，火口付近が陥没してできた円形のくぼ地である。４つの湖のうち，湖Ｂの屈斜路湖，湖Ｃの洞爺湖，湖Ｄの十和田湖は円形に近い形をしており，湖を中心として等高線がほぼ同心円状に分布していることから，火山の火口であった場所の付近に位置するカルデラ湖であると考えられる。湖Ⅰの中海は，砂州などの発達によって海から切り離されてできた潟《せき》湖である。

問５＜**汽水湖の漁業**＞か．ほたて貝は，北海道の養殖漁獲量が全国第１位(2018年)で，特に湖Ａのサロマ湖ではほたて貝の養殖が盛んに行われている。　き．湖Ｈの浜名湖では，明治時代からうなぎの養殖が行われ，うなぎの産地として知られている。近年は，養殖に必要なうなぎの稚魚の減少が問題となっている。

問６＜**湖と農業開発**＞さ．湖Ｇは千葉県北部にある印旛沼で，江戸時代には田沼意次や水野忠邦によって干拓事業が行われた。　し．湖Ｆは福島県中部にある猪苗代湖で，年降水量の少ない東側の郡山盆地に水を引くため，明治時代に安積疏水が建設された。　す．秋田県北西部に位置する湖Ｅの八郎潟は，かつて日本第２位の面積を持つ湖沼であったが，昭和時代に湖面の約８割が干拓され，大規模な農地が造成された。

３〔歴史―古代～現代の日本と世界〕

問１＜**『魏志倭人伝』と邪馬台国**＞帯方郡から邪馬台国にいたる道のりに関する『魏志倭人伝』の記述を見ると，「帯方郡」を出発してから「不弥国」までは，距離が「里」で具体的に示されているが，そこから「邪馬台国」までは「水行二十日」のように日数で表され，内容があいまいになっている。また，その日数も多く，記述に従って南に進むと，九州の南方の海上が邪馬台国の所在地となってしまう。このため，『魏志倭人伝』の記述をどのように解釈するかによって，邪馬台国の所在地を近畿地方とする説と九州地方とする説がある。

問２＜**７世紀の出来事**＞アラビア半島のメッカに生まれたムハンマドは，７世紀初めにイスラム教を開いた。なお，イエスが布教活動を行ってキリスト教を開いたのは１世紀頃，シャカが仏教を開いたのは紀元前５世紀頃，孔子が儒教のもとを開いたのは紀元前６世紀頃のことである。

問３＜**『古事記』と『日本書紀』の目的**＞『古事記』は，漢字の音訓を利用して日本語で書かれていることから，国内に向けて天皇による国家支配の正当性などを示す目的があったと考えられる。一方，『日本書紀』は，漢文体を用い，中国の歴史書にならった編年体(出来事を年代順に記述する方法)で書かれていることから，東アジアに向けた公的な歴史書を編さんする目的があったと考えられる。

問４＜**男系の天皇**＞男系の天皇とは，父方に天皇の血筋を持つ天皇である。元明天皇の父は天智天皇なので，元明天皇は男系の天皇である(Ａ…誤，Ｂ…正)。元正天皇の父は草壁皇子で，草壁皇子の父は天武天皇なので，元正天皇は男系の天皇である(Ｃ…誤，Ｄ…正)。歴代の天皇は，全て男系の男性天皇か男系の女性天皇で，母方のみに天皇の血筋を持つ女系天皇が即位したことはない。

問５＜**平安時代の武士**＞11世紀半ばの1051年，東北地方の豪族である安倍氏が国司への反乱を起こすと，源頼義・義家父子は1062年にこれを鎮圧した(前九年合戦)。なお，10世紀，関東地方では平将門が関東地方各地の国府を襲って自ら「新皇」と称し(平将門の乱)，藤原純友は瀬戸内海の海賊を率いて伊予の国府や大宰府を襲った(藤原純友の乱)(ア，イ…×)。1159年に起こった平治の乱で勝利した平清盛は勢力を広げ，1167年に武士として初めて太政大臣となった。一方，敗れた源義朝の子である頼朝は，伊豆に流された(エ…×)。

問６＜**守護大名**＞室町幕府では，将軍家である足利氏の一族で有力守護大名の斯波氏，細川氏，畠山氏が，交代で将軍の補佐役である管領を務めた(イ…×)。長宗我部氏は四国地方，島津氏は九州地方の戦国大名である。また，長宗我部氏は守護大名から成長したのではなく，下剋上によって戦国大名となった(ウ…×)。山城国(京都府南部)では1485年，山城国一揆が起こり，武士や農民がその後８年間にわたって自治を行った。1488年，加賀国(石川県)で大規模な一向一揆が起こり，その後100年にわたって信者らが自治を行った(エ…×)。

問７＜**年代整序**＞年代の古い順に，エ(17世紀前半―第３代将軍徳川家光)，オ(17世紀後半―第５代将軍徳川綱吉)，ア(18世紀初め―新井白石)，イ(18世紀前半―第８代将軍徳川吉宗)，ウ(18世紀後半―田沼意次)となる。

問８＜**史料の読み取り**＞寛永の武家諸法度(1635年)には「毎歳(年)夏四月中参勤致すべし」とあり，江戸への参勤が義務とされていたことがわかる。それに続く文章では，参勤の際の従者の数が多すぎると藩の財政や人民の負担になるため，今後は身分に応じて減らすことを指示している。また，元和の武家諸法度(1615年)でも，参勤の際に大勢の従者を引率しないよう指示し，大名の石高に応じて従者の数を制限している。以上から，大名の負担をなるべく抑えようとしていたことが読み取れる。

問９＜**19世紀のアメリカ合衆国**＞南京条約は，イギリスと清との間で起こったアヘン戦争(1840～42年)の後，イギリスと清の間で結ばれた講和条約である。

問10＜**葛飾北斎**＞作品名(Title)から，この絵画が「富嶽三十六景」の中の「神奈川沖浪裏」であることがわかる。「富嶽三十六景」は，化政文化の頃に活躍した浮世絵師・葛飾北斎の代表作で，さまざまな場所から見える富士山を描いた46枚の浮世絵版画からなる。キも，「富嶽三十六景」の１枚「凱風快晴」である。なお，東洲斎写楽と歌川広重はいずれも北斎と同時期の浮世絵師で，写楽はケの「市川鰕蔵」のような役者絵，広重はクの「東都名所日本橋之白雨」のような風景画を主に描いた。また，菱川師宣は元禄文化の頃に「見返り美人図」などの浮世絵を描いた画家である。

問11**＜明治時代の出来事＞**大日本帝国憲法が制定されたのは1889年(Ⅱ)，中国で義和団事件が起こったのは1900年(Ⅲ)，民撰議院設立建白書が出されたのは1874年(Ⅰ)のことである。

問12**＜第一次世界大戦後の国際関係＞**第一次世界大戦は，1918年に終結した。1930年，世界恐慌と金解禁の影響から米価などが暴落し，昭和恐慌と呼ばれる不景気となった。また，米騒動は，シベリア出兵を見越した米の買い占めなどによって米価が高騰したことが原因となり，第一次世界大戦中の1918年に起こった。

問13**＜ヤルタ会談＞**第二次世界大戦中の1945年２月，連合国のアメリカ，イギリス，ソ連の首脳が黒海沿岸のヤルタで会談し，ソ連が日ソ中立条約を破って対日参戦することなどを密かに取り決めた。これをヤルタ会談という。

問14**＜年代整序＞**年代の古い順に，エ(1950年)，ウ(1951年)，ア(1956年)，イ(1965年)，オ(1972年)となる。

4〔歴史・公民―中世～近代のヨーロッパ，政治総合〕

問１**＜17～18世紀のイギリス＞**アはピューリタン〔清教徒〕革命(1640～60年)に関する内容である。クロムウェルを中心とする議会派によって国王が処刑された後，新たな国王は置かれず共和制がしかれた。

問２**＜フランス革命時の社会＞**1789年に革命が起こる前のフランスでは，国王による絶対王政が行われ，第一身分(聖職者)，第二身分(貴族)，第三身分(平民)からなる身分制がしかれていた。絵の中の３人のうち，鍬を持って２人を背中に乗せている人物が平民，平民の背中に乗った２人のうち左側の人物が聖職者，右側の人物が貴族である。特権階級であった聖職者と貴族は税を免除され，人口の大多数を占める平民のみが税を負担していた。

問３**＜モンテスキュー＞**18世紀のフランスの思想家であるモンテスキューは『法の精神』を著し，国の権力を立法・行政・司法の３つに分立させ，互いに抑制させることで権力の濫用を防ぐ三権分立を唱えた。

問４**＜自由権＞**現行犯(犯罪を行っている人または行った直後の人)の場合には，令状なしに逮捕することができる(ア…×)。無資格で医師や弁護士として営業することを禁止する場合など，公共の福祉を理由に職業選択の自由が制限されることがある(イ…×)。他人の名誉を傷つける行為を禁止する場合など，公共の福祉を理由に表現の自由が制限されることがある(ウ…×)。

問５**＜解散・総選挙後の内閣総理大臣の選出＞**衆議院が解散された場合，解散の日から40日以内に衆議院議員総選挙の投票が行われる。その後，選挙の日から30日以内に特別会〔特別国会〕が召集され，新たな内閣総理大臣の指名が行われる。

問６**＜年代整序＞**年代の古い順に，A(11～13世紀)，B(15世紀末)，D(16世紀前半)，C(16世紀半ば)となる。

問７**＜マスメディア＞**個人情報保護法は，個人情報の適正な取り扱いを国や地方公共団体，企業に義務づけた法律で，企業であるマスメディアもこの法律の適用を受ける。

問８**＜国会＞**内閣不信任を決議することができるのは衆議院のみである。

理科解答

1 問1　エ

問2　(1)　①…ア　②…オ　③…キ

(2)　栄養生殖　(3)…ウ

問3　イ

問4　形質…優性形質〔顕性形質〕

発見者…メンデル

問5　分離の法則　　問6　イ

問7　実験1…イ　実験2…キ

問8　ア，エ　　問9　5：1

問10　ウ

2 問1　10000N　　問2　100Pa

問3　8N　　問4　4N

問5　12cm　　問6　0.4N

問7　2.5Ω　　問8　7.5Ω

問9　0.4A　　問10　1.2W

問11　イ　　問12　2.5V

3 問1　オ　　問2　エ

問3　(1)　水蒸気　(2)　火山灰

問4　ア　　問5　オ　　問6　2.0km

問7　(1)　ひまわり　(2)　イ

問8　(1)　斑状組織

(2)　①…Y　②…X　③…X

(3)　ウ

4 問1　$2Cu+O_2 \longrightarrow 2CuO$　　問2　ウ

問3　0.38g　　問4　0.10g

問5　0.48g　　問6　イ

問7　(1)…Zn^{2+}　(2)…2　　問8　ア

問9　エ

1〔生命の連続性〕

問1＜**無性生殖**＞さし木は，農業や園芸などで広く用いられている無性生殖を人為的に利用した生殖方法である。さし木では，根，茎，葉などの植物の一部から新しい個体をふやすことができる。なお，無性生殖は動物のヒドラやプラナリアにも見られる。また，無性生殖は，1個体で増殖することができるため効率がよく，子は親と全く同じ遺伝子を持つ。

問2＜**無性生殖**＞(1)ジャガイモはトマトと同じナス科の植物に分類され，タマネギはヒガンバナ科，キュウリはウリ科に分類される。また，地下茎を食用としているのはサトイモであり，ゴボウとサツマイモは根を食用としている。さらに，いもに含まれる成分は，水を除くとデンプンなどの炭水化物である。　　(2)植物で，体の一部から新しい個体をつくる無性生殖のことを栄養生殖という。(3)無性生殖は，親と子が全く同じ形質を持つため，環境の変化により全滅するおそれがある。これに対して，有性生殖では両親から遺伝子を半分ずつ受け継ぐため，環境の変化に対応しやすい。

問3＜**受精**＞受精卵は，体細胞分裂で細胞の数を増やして胚になる。胚はさらに分裂して細胞の数を増やすとともに，形やはたらきの違うさまざまな細胞になり，体のつくりができていく。なお，精子や卵は減数分裂によってつくられる。卵の方が大きく精子の方が小さい。は虫類と鳥類は体内受精を行うが，両生類の多くは体外受精を行う。

問4＜**遺伝の規則性**＞実験1のように，対立形質を持つ純系どうしをかけ合わせたとき，子に一方の親の形質だけが現れることを，優性(顕性)の法則といい，子に現れる形質を優性形質(顕性形質)，現れない形質を劣性形質(潜性形質)という。このような遺伝の規則性を最初に発見したのは，オーストリアのメンデルである。

問5＜**分離の法則**＞減数分裂のとき，対になっている遺伝子が分かれて別々の生殖細胞に入ることを，分離の法則という。受精により，遺伝子は再び対になる。

問６，問７＜遺伝の規則性＞実験１では，純系のAAとaaの遺伝子を持つ個体をかけ合わせたので，できた種子の遺伝子の組み合わせは全てAaとなる。また，実験２では，Aaの遺伝子を持つ個体を自家受粉させたので，得られた種子の遺伝子の組み合わせと数の比は，右表のように，AA：Aa：aa＝1：2：1となる。このとき，Aを持つAAとAaは丸い種子になり，Aを持たないaaはしわのある種子になるから，丸い種子としわのある種子の数の比は，(1＋2)：1＝3：1となる。よって，しわのある種子は得られた種子の$\frac{1}{3+1}$＝$\frac{1}{4}$になるから，実験２で得られた種子607個のうち，しわのある種子は，$607\times\frac{1}{4}=151.75$より，約150個である。

＼	A	a
A	AA	Aa
a	Aa	aa

問８＜遺伝の規則性＞実験２で得られた丸い種子の持つ遺伝子はAAとAaである。かけ合わせてできる個体が全て丸い種子になるのは，AAとAAの遺伝子を持つ個体をかけ合わせたときに全てAAになる場合と，AAとAaの遺伝子を持つ個体をかけ合わせたときにAAとAaになる場合の２通りある。

問９＜遺伝の規則性＞問６より，実験２で得られた種子のうち，丸い種子の遺伝子の組み合わせと数の比は，AA：Aa＝1：2である。ここで，AAの個体を自家受粉させてできた種子は全てAAの遺伝子を持つ丸い種子になり，この種子の数の比を４とする。このとき，Aaの個体を自家受粉させてできた種子の丸い種子としわのある種子の数の比は3：1となり，自家受粉させたAaの個体数はAAの個体数の２倍なので，丸い種子の数の比は3×2＝6，しわのある種子の数の比は1×2＝2となる。よって，得られた種子の丸としわの数の比は，(4＋6)：2＝5：1となる。

問10＜DNA＞DNAは４種類の構成要素からなっている。よって，誤っているのはウである。

2〔小問集合〕

問１＜重さ＞水の密度は1000kg/m^3より，水１m^3の質量は1×1000＝1000(kg)である。よって，質量0.1kgの物体にはたらく重力の大きさが１Nなので，水1000kgにはたらく重力の大きさ(重さ)は，1000÷0.1＝10000(N)である。

問２＜水圧＞水圧は水の重さによって生じる圧力で，１m^2当たりの水の重さである。よって，底面が１m^2，高さが１cm，つまり0.01mの水柱を考えると，水の体積は1×0.01＝0.01(m^3)より，この水柱の重さは，0.01×1000÷0.1＝100(N)となる。したがって，〔圧力(Pa)〕＝〔力の大きさ(N)〕÷〔力がはたらく面積(m^2)〕より，高さが１cmの水による圧力は，100÷1＝100(Pa)となるから，水圧は水深が１cm深くなるごとに100Paずつ増加する。

問３＜浮力＞物体にはたらく浮力の大きさは，水中にある物体の体積と同じ体積の水にはたらく重力の大きさに等しい。図１より，円筒管は水中に100×8＝800(cm^3)沈んでいる。よって，水の密度が１g/cm^3で，質量100ｇの物体にはたらく重力の大きさが１Nより，水800cm^3にはたらく重力の大きさは800×1÷100＝8(N)となるから，円筒管にはたらく浮力の大きさは８Nである。

問４＜密度＞図２のように，密度0.8g/cm^3の液体Aを円筒管の底から５cmのところまで入れたとき，液体Aの体積は，100×5＝500(cm^3)である。よって，液体Aの密度が0.8g/cm^3より，液体Aにはたらく重力の大きさは，500×0.8÷100＝4(N)となる。

問５＜浮力＞図２では，円筒管と液体Aにはたらく重力と，浮力がつり合っている。問３，問４より，円筒管と液体Aにはたらく重力の大きさは，8＋4＝12(N)だから，図２で，液体Aの入った円筒管にはたらく浮力の大きさは12Nである。また，問3より，図1で，8cm沈んだ円筒管にはたらく浮力の大きさは8Nである。よって，円筒管が沈んだ深さと，円筒管が受ける浮力の大きさは比例するので，8：8＝12：Xが成り立つ。これを解くと，$8\times X=8\times 12$より，$X=12$(cm)となる。

問6＜**浮力**＞図3で，円筒管は12.4cm沈んだ状態で全体がつり合い静止している。このとき，円筒管と液体A，物体Bにはたらく浮力の大きさは，円筒管の水中部分の体積が，$100\times 12.4=1240$ (cm^3)より，$1240\times 1\div 100=12.4$(N)である。よって，問5より，円筒管と液体Aにはたらく浮力の大きさは12Nだから，物体Bにはたらく浮力の大きさは，$12.4-12=0.4$(N)となる。

問7＜**合成抵抗**＞図4で，PQ間には5Ωの抵抗Rが2個並列につながっているから，PQ間の合成抵抗をRΩとすると，$\frac{1}{R}=\frac{1}{5}+\frac{1}{5}$より，$\frac{1}{R}=\frac{2}{5}$，$R=2.5$(Ω)である。

問8＜**合成抵抗**＞直列回路では，回路全体の合成抵抗はそれぞれの抵抗の和になる。図4で，PQ間の抵抗Rが2個並列につながった部分を1個の抵抗と見ると，この部分の合成抵抗は2.5Ωだから，回路全体の合成抵抗は，$2.5+5=7.5$(Ω)である。

問9＜**オームの法則**＞図4で，Pを流れている電流は，回路全体を流れる電流と等しい。よって，オームの法則〔電流〕＝〔電圧〕÷〔抵抗〕より，Pを流れている電流は，$3\div 7.5=0.4$(A)となる。

問10＜**消費電力**＞電力は，〔電力(W)〕＝〔電圧(V)〕×〔電流(A)〕で求められる。回路全体の電圧は3V，問9より，回路全体に流れる電流は0.4Aだから，回路全体の消費電力は，$3\times 0.4=1.2$(W)である。

問11＜**オームの法則**＞図6で，PQ間の抵抗Rが2個並列につながった部分を抵抗R′とすると，問7より，抵抗R′は2.5Ωである。抵抗R′は，電球と並列につながっているから，電球にかかる電圧と同じVVの電圧がかかっている。このとき，電球にはIAの電流が流れ，抵抗R′には$\frac{V}{2.5}$Aの電流が流れている。よって，5Ωの抵抗Rには，$E-V$Vの電圧がかかり，$I+\frac{V}{2}$.5Aの電流が流れているから，$5\times\left(I+\frac{V}{2.5}\right)=E-V$が成り立つ。これを変形して，$V+5\left(I+\frac{V}{2.5}\right)=E$となる。

問12＜**電圧**＞問11より，$V+5\left(I+\frac{V}{2.5}\right)=E$に$E=15$を代入すると，$V+5\left(I+\frac{V}{2.5}\right)=15$となる。この式を，$I$について解くと，$I=3-\frac{3}{5}V$となる。よって，$V\geqq 0.5$とすると，$I=\frac{1}{2}V+\frac{1}{4}$に$I=3-\frac{3}{5}V$を代入して，$3-\frac{3}{5}V=\frac{1}{2}V+\frac{1}{4}$より，これを解くと，$V=2.5$となる。これは，$V\geqq 0.5$を満たすから，電球にかかっている電圧は2.5Vである。また，$0<V\leqq 0.5$とすると，$I^2=\frac{1}{2}V$に$I-3-\frac{3}{5}V$を代入して，$\left(3-\frac{3}{5}V\right)^2=\frac{1}{2}V$より，これを整理して，$18V^2-205V+450=0$，解の公式より，$V=\frac{-(-205)\pm\sqrt{(-205)^2-4\times 18\times 450}}{2\times 18}=\frac{205\pm 5\sqrt{385}}{36}$となる。これは，$V\leqq 0.5$を満たさないので，適さない。したがって，電球にかかっている電圧は2.5Vである。

3〔**大地のつくりと変化**〕

問1＜**火山**＞火山島Aは，小笠原諸島にある西之島である。

問2＜**火山**＞2003年に火山噴火予知連絡会によって，活火山は，「概ね過去1万年以内に噴火したことがある火山及び現在活発な噴気活動のある火山」と定義された。

問3＜**火山噴出物**＞(1)火山噴出物のうち，気体の状態で噴出する物を火山ガスという。火山ガスの大部分は水蒸気で，他に二酸化炭素や二酸化硫黄，硫化水素なども含まれる。　(2)固体の状態で噴出する火山噴出物のうち，風の影響を大きく受けるのは粒の小さい火山灰である。火山灰は直径2mm以下のものである。

問4＜**プレート**＞図の火山島Aの東側には太平洋プレートがあり，西側にはフィリピン海プレートがある。この2枚のプレートの境界線では，太平洋プレートが西に動き，フィリピン海プレートの下に沈み込んでいる。

問5＜**火山噴出物**＞2015年11月の島の面積は，2.7km^2，つまり，2.7×1000×1000＝2700000(m^2)になったので，噴出した溶岩の量は，島の面積2700000m^2を厚さ30mでおおうものに相当する。これより，その体積は，2700000×30＝81000000(m^3)である。よって，溶岩の密度は，3.0g/cm^3，つまり，3.0×100×100×100÷1000÷1000＝3.0(t/m^3)なので，2年間で噴出した溶岩の量は，81000000×3.0＝243000000(t)となる。したがって，1日当たりでは，243000000÷(365×2)＝332876.7…より，約330000tである。

問6＜**海岸線の長さ**＞火山島Aの海岸線の形を正方形としたとき，2020年6月時点での1辺の長さを$x$kmとする。このときの火山島Aの面積が3.9km^2なので，$x^2=3.9$が成り立つ。これを解くと，$x=\pm\sqrt{3.9}$となり，$x>0$だから，$x=\sqrt{3.9}$である。よって，$1.95^2=3.8025$，$2.0^2=4.0$より，$1.95<\sqrt{3.9}<2.0$だから，1辺の長さは2.0kmになる。

問7＜**火山活動の観測**＞⑴2020年7月に火山島Aの活動を観測した日本の気象衛星は，2015年に運用を開始した気象衛星ひまわり8号である。　⑵右図のように，火口の位置をB，火口から噴煙が達した地点をC，船舶の位置をDとする直角三角形を考える。噴煙の高さは8300m，つまり，8.3km，火口から船舶までの距離が14kmなので，14÷8.3＝1.686…より，BC：BD＝8.3：14＝1：1.69になる。よって，$\sqrt{3}=1.73$…より，この直角三角形は，3辺の比が1：2：$\sqrt{3}$の直角三角形に近い形になるから，船舶から噴煙が達した8300m地点を見上げる角度は約30°である。

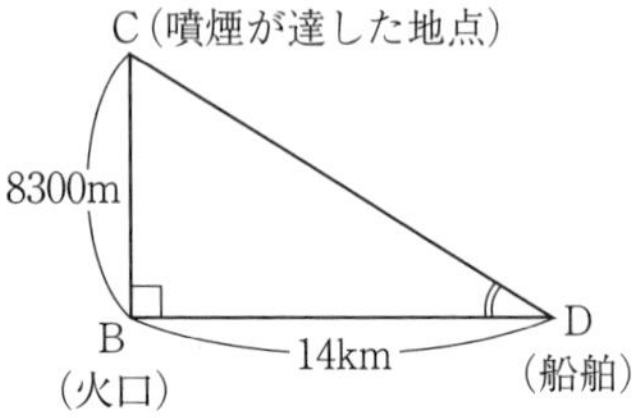

問8＜**火成岩**＞⑴大きな結晶を斑晶，その周りの細かい粒の部分を石基といい，このようなつくりを斑状組織という。　⑵玄武岩と安山岩では，安山岩の方が白っぽい色をしているので，玄武岩より無色鉱物を含む割合が高い。無色鉱物を含む割合が高いほど，マグマのねばりけが強いため，噴火の様子は激しい爆発を伴うことが多く，火山の形は盛り上がった形になる。よって，激しい爆発的な噴火をするのは火山Y，火山の形がなだらかなのは火山Xである。また，溶岩の温度は，一般に，無色鉱物を含む割合が高いほど低くなる。したがって，溶岩の温度が高いのは火山Xである。
⑶表より，火山島Aの溶岩の岩石の化学成分の数値は，全て安山岩の化学成分の数値の範囲にある。よって，火山島Aの溶岩は安山岩に分類される。

4〔**小問集合**〕

問1＜**化学反応式**＞銅(Cu)を空気中で加熱すると，空気中の酸素(O_2)と結びついて，酸化銅(CuO)ができる。化学反応式は，矢印の左側に反応前の物質の化学式，右側に反応後の物質の化学式を書き，矢印の左右で原子の種類と数が等しくなるように化学式の前に係数をつける。

問2＜**燃焼**＞マグネシウムを加熱すると，激しく光や熱を出しながら酸化(燃焼)する。マグネシウムが酸化されると，白色の酸化マグネシウムが生じる。

問3＜**化学変化と物質の質量**＞表1より，銅0.12gを加熱すると，加熱後に生じた酸化銅の質量は

0.15 gになる。銅の質量と生じた酸化銅の質量は比例するから，銅 0.30 gを十分に加熱したときに生じる酸化銅の質量を x gとすると，0.12：0.15＝0.30：x が成り立つ。これを解くと，$0.12\times x=0.15\times 0.30$ より，$x=0.375$(g)となるから，加熱後の質量は約0.38 gである。

問4＜化学変化と物質の質量＞表2より，マグネシウム0.12 gを加熱すると，加熱後に生じた酸化マグネシウムの質量は0.20 gになる。このとき，結びついた酸素の質量は，0.20－0.12＝0.08(g)である。これより，マグネシウムと，マグネシウムと結びつく酸素の質量の比は，0.12：0.08＝3：2となる。マグネシウム0.40 gをある程度加熱して，加熱後の質量が0.60 gになったとき，結びついた酸素の質量は，0.60－0.40＝0.20(g)となる。ここで，酸素0.20 gが結びつくマグネシウムの質量を y gとすると，y：0.20＝3：2が成り立つ。これを解くと，$y\times 2=0.20\times 3$ より，$y=0.30$(g)となる。よって，化学変化しなかったマグネシウムは，0.40－0.30＝0.10(g)となる。

問5＜酸化と質量比＞銅とマグネシウムを混合した粉末に，銅が a g，マグネシウムが b g含まれているとすると，加熱前の物質の質量について，$a+b=1.92$……①が成り立つ。また，表1より，銅と酸化銅の質量の比は 0.12：0.15＝4：5，表2より，マグネシウムと酸化マグネシウムの質量の比は 0.12：0.20＝3：5 である。これより，銅 a gが全て酸化銅になると質量は $\frac{5}{4}a$ g，マグネシウム b gが全て酸化マグネシウムになると質量は $\frac{5}{3}b$ gになる。よって，加熱後の物質の質量について，$\frac{5}{4}a+\frac{5}{3}b=3.00$……②が成り立つ。①と②を連立方程式として解くと，$a=0.48$，$b=1.44$ となるから，混合した粉末1.92 gに含まれていた銅の質量は0.48 gである。

問6＜電池＞②では，亜鉛が電子を2個放出して，亜鉛イオンになって水溶液中に溶け出す。放出された電子は，導線を通って銅板へ流れる。このとき，銅板では，電子が水素イオンと結びつき，水素原子となる。そして，水素原子が2個結びついて水素分子となり，気体として発生する。よって，気体Gは水素だから，ア～エのうち，水素が発生するのは，水が電気分解されるイである。なお，アでは二酸化炭素が，ウでは酸素，エではアンモニアが発生する。

問7＜電池＞②では，亜鉛(Zn)が電子を2個放出して，亜鉛イオン(Zn^{2+})になる。よって，(1)には Zn^{2+}，(2)には2が当てはまる。

問8＜電池＞③で，マグネシウムが溶け出したことから，マグネシウムが電子を2個放出してマグネシウムイオンになったことがわかる。よって，マグネシウムが放出した電子は，マグネシウム(金属板A)から亜鉛(金属板B)へ流れる。したがって，電子は負極(－極)から正極(＋極)へ流れるから，この電池で，負極はマグネシウムで，正極は亜鉛である。また，図で，電子が流れる向きはXであり，電流が流れる向きは逆のYである。

問9＜電池＞電池では，イオンになりやすい金属が負極(－極)になる。②，③より，亜鉛(Zn)，銅(Cu)，マグネシウム(Mg)をイオンになりやすい順に並べると，Mg＞Zn＞Cuとなる。よって，マグネシウムと銅を用いると，マグネシウムが負極になるため，マグネシウムが溶け出し，銅板から気体G(水素)が発生する。このとき，電子が流れる向きは，マグネシウム(金属板B)→銅(金属板A)だから，図のYの向きである。

国語解答

一　問1　a　粉飾　b　排除　c　異邦　d　遇　e　侮

問2　対義語との意味の差異に基づいて語の意味を定義すること。(27字)

問3　「これまで～生している[こと]

問4　イ　問5　エ

問6　未来や過去の自分，および他者

問7　イ

二　問1　f　両端　g　親戚　h　漂　i　片隅　j　身構

問2　エ　問3　ウ

問4　野球は選ばれた人たちがやる都会的なスポーツで，田舎の子どもにはふさわしくないと，Fを軽んじる気持ち。(50字)

問5　エ　問6　ア　問7　ア

三　問1　エ　問2　イ

問3　(1)　よう

(2)　大きな魚の上に乗った，白くてかわいらしい四歳くらいの我が子。(30字)

問4　イ　問5　ウ　問6　エ

一〔**論説文の読解―社会学的分野―現代社会**〕出典；内田樹『サル化する世界』「ポピュリズムと民主主義について」。

《**本文の概要**》ポピュリズムは，これまでの秩序を揺るがす不安定なファクター，という意味で使われるが，「これまでの秩序」が何を指示するかは文脈によって異なるので，一意的に定義するのは難しい。私は，ポピュリズムを，今さえよければ，自分さえよければ，それでいいと考える人たちが主人公になった歴史的過程と定義する。今さえよければいいというのは，朝三暮四のサルのように，未来の自分が抱え込むリスクを考えない，自己同一性の時間意識の縮減のことである。また，自分さえよければ，他人のことはどうでもいいというのは，自分が弱者になることなどを想定できないといった自己同一性の空間的な縮減のことである。自分が生き延びるためには，過去や未来の自分，そうであったかもしれない自分，そうなるかもしれない自分を，自分の変容態として受けいれる「倫理」が求められる。私は，今さえよければ，自分さえよければ，それでいいと思い込む人が多数派を占めることを「サル化」と呼ぶが，倫理的な人というのが「サル」の対義語である。

問1＜**漢字**＞a．うわべを飾りたてること。　b．取り除くこと。　c．よその国のこと。　d．もてなす，という意味。　e．音読みは「侮辱」などの「ブ」。

問2＜**文章内容**＞「ポピュリズム」という語は，「対義語が何であるかについての合意がまだ存在しない」ため，他の術語のように，対義語など「同一カテゴリーに属する他の語との差異に基づいて」定義することができないのである。

問3＜**文章内容**＞具体的な内容は異なるが，「トランプの統治」「ドイツの移民政策」「イギリスの貿易政策」「ヴァチカンの宗教政策」などは，「これまでの秩序」を揺るがす動きという点で，共通して「ポピュリズム」というタグがつけられる。「これまでの言葉ではうまく説明できない新しい事態」が発生していることの表れとして「ポピュリズム」という語が使われるのである。

問4＜**文章内容**＞「朝三暮四」の話に出てくるサルたちは，「未来の自分が抱え込むことになる損失やリスク」を「他人ごと」だと思っている。「時間意識の縮減」である「今さえよければいい」という態度は，「自己同一性を未来に延長することに困難を感じる時間意識の未成熟」な状態である。

問5＜**文章内容**＞「自分さえよければ，他人のことはどうでもいい」という人は，自分と宗教や生活習慣や政治的意見が違う人や，幼児や老人や病人などと，自分が同じ立場になる可能性を「想像」できない人である。そういう人たちとは反対の，「自分と立場や生活のしかたや信教が違って」いる人も「なかま」と考える人たちばかりで形成されている社会の方が，自分自身が「生き延びられる確率は高い」と「私」は考えている。つまり，「自分さえよければ，他人のことはどうでもいい」という人の社会では，未来で「生き延びられる確率」が低いといえる。

問６＜文章内容＞「サル化」とは，自己同一性の「時間意識の縮減」や「空間的な縮減」によって，「今さえよければ，自分さえよければ，それでいい」という考え方をすることである。一方「倫理」とは，「未来の自分」や「過去の自分」，あるいは「そうであったかもしれない自分」や「そうなるかもしれない自分」を「『自分の変容態』として，受け容れる」ことである。「倫理的な人」は，未来や過去の自分，さらに他者にも「自己同一性」を感じられるのである。

問７＜要旨＞「私」は，「今さえよければいい」や「自分さえよければ，他人のことはどうでもいい」と考え，過去や未来の自分や，他者に自己同一性を感じることができない人を「サル」であるとし，この状態が「亢進」することに危機感を覚えている（イ…×）。

二〔小説の読解〕出典；安岡章太郎『球の行方』（『走れトマホーク』所収）。

問１＜漢字＞ｆ．両方のはし。　ｇ．血縁などによって結びつきのある人のこと。　ｈ．音読みは「漂流」などの「ヒョウ」。　ｉ．中心から離れた所。　ｊ．「身構える」は，迫ってくるものに対していつでも対応できる姿勢を取る，という意味。

問２＜文章内容＞「私」は，「自分だけがまわりの子供とちがう言葉」で話していても「恥ずかしいとか，気おくれするとか」思わなかった。その「私」が「弘前弁」で話せるようになって，店の人との「通訳」をするのだから，「私」は優越感を覚え，母はそんな自分の子どもを誇りに感じていたのである。

問３＜文章内容＞「私」は，標準語を話したり，セルロイドの軸のシャープペンシルを持っていたりすることで注目されていたが，シャープペンシルは実際には「安もの」だった。「私」は，自分が目立つ存在なのは，特別なものとしてではなく，「安もののシャープペンシル」のように，ただ珍しいからなのではないかと，心のどこかで感じていて，それゆえシャープペンシルを取り上げられた後の「先生の視線」や「子供の眼つき」からも，そのことが感じられたのである。

問４＜心情＞「私」は，野球は「高級なハイカラな競技」で，「全国的に学生の集まる学校など特別なところ」でするものだと考えており，「都会的なスポーツで田舎の子のやるものではない」と「一人合点に信じこんで」いた。そのため，Ｆが「ンだ，やるべす」と言ったとき，「私」は「ガッカリしたような心持」になり，Ｆを見下したような気持ちから，「なんだ，君も野球をやるのか」と言ったのである。

問５＜文章内容＞標準語を話せ，「立派なグローブとバット」を持っている自分は「都会的なスポーツ」である野球をするのにふさわしいと錯覚し，最初は「田舎の子」であるＦを見下し，軽い気持ちから野球をやりたいと言い出したが，「私」は野球ができなかった。グローブは自分の手に「シックリ」なじみ，「何でも摑まえられそうだった」のに，Ｆやその仲間たちにみじめな姿をさらしてからは，「私」は，「本格的な」グローブをはめているのが耐えられないほど恥ずかしくなった。

問６＜文章内容＞「私」は，「立派なグローブ」をＦには貸したが，「本格的な」ものだという自負は持っていた。だから，Ｆが一度手にはめた後，自分に断りもなく，全く知らない人に貸したので抵抗を覚えたのである。

問７＜心情＞「私」は，「グローブもバットも取りあげられたまま一人ぼっちで放り出されて」いる「見っともなく，恰好のつかない哀れ」な姿を母に見せることができず，木に登ったが，母は木の下まですぐに来てしまい，言い訳のできない状況になってしまった。Ｆたちは自分に無関心で野球に熱中しており，「私」は，言いようのない孤独感を覚えたのである。

三 〔古文の読解―説話〕出典；『宇治拾遺物語』巻第十四ノ四。

≪現代語訳≫今となっては昔のことだが，(ある)遣唐使が，唐にいる間に妻を持って子どもを生ませた。その子どもがまだ幼い時分に，日本へ帰る(ことになった)。(遣唐使が)妻に約束をして言うには，「他の遣唐使が(日本から唐へ)行くような折ごとに，手紙をやろう。そしてこの子が，乳母から離れるような頃には引き取ろう」と約束して日本に帰った。母は，遣唐使が来るたびに，「手紙はありますか」と尋ねるが，全く音沙汰がない。母はひどく恨んで，この子どもを抱いて日本に向き，子どもの首に「遣唐使の誰それの子」という札を書いて結びつけ，「宿命があれば，親子は巡り会うでしょう」と言って，(子どもを)海に投げ入れて帰ってしまった。／父が，あるとき難波の浦の辺りを行くと，沖の方に島が浮かぶようにして，白い物が見える。近づいてくるのにつれて(それを)見ると，子どもだと見てとれた。不思議に思ったので馬を止めて見ていると，とても近くに寄ってきて，四歳くらいの子どもで白くかわいらしい子どもが，波に浮かんで寄ってきた。馬を近づけて見てみると，大きな魚の背に乗っている。従者に命じて抱き取らせて見てみると，首に札がついている。「遣唐使の誰それの子」と書いてあった。「それは我が子であることよ。唐で(引き取ると)約束した子ども(の様子)を(私が一度も)尋ねなかったということで，母が腹を立て海に投げ入れたのが，(巡り会う)相応の縁があって，このように魚に乗ってきたのであるようだ」としみじみと思われて，とてもかわいがって育てた。(他の)遣唐使が行ったときに，(父が)このことを書いて送ったところ，母も今は(子どもが)もはや死んでしまったものだと思っていたので，そうだと聞いて，めったにないことだと喜んだ。／それからこの子どもは，大人になるにつれて字を立派に書いた。魚に助けられたので，名を魚養とつけた。七大寺の額などは，この人が書いたものであるということだ。

問1＜古典文法＞係り結びの法則により，文中に係助詞「ぞ」「なむ(なん)」「や」「か」があるときは，文末を連体形で結び，「こそ」があるときは，文末を已然形で結ぶ。助動詞「けり」の連体形は「ける」，已然形は「けれ」となる。

問2＜古文の内容理解＞「いとけなし」は，幼い，という意味。遣唐使は，子どもが「乳母」から離れる頃には引き取りに来ると，妻に約束しているので，日本に帰るときは，子どもはまだ乳母を必要としていたときだと考えられる。

問3⑴＜歴史的仮名遣い＞歴史的仮名遣いの「au」は，現代仮名遣いでは「ou」と読む。　⑵＜古文の内容理解＞「父」が難波の浦で見たのは，「大きなる魚の背中」に乗った，色の白くかわいらしい「四つばかりの児」であった。

問4＜現代語訳＞ここでの「はかなし」は，頼りない，むなしい，という意味。また，「はかなくなる」で，死ぬ，という意味になる。母は，海に投げ入れた自分の子どもを，頼りないものになった，つまり，死んだものだと思っていた。

問5＜古文の内容理解＞父は，他の遣唐使が行くたびに手紙を送ると母に約束したが，一度も送らなかったので，母は恨んで，父の名を書いた札を子どもにつけて，子どもを海に投げ入れた(ア・イ…×)。その後，父は，難波の浦で，大きな魚の背中に乗った自分の子どもを見つけ，「しかるべき縁」があって巡り会うことができたとしみじみと思い，子どもを大切に育てた(ウ…○)。魚養と名づけられた子どもは，大人になるにつれて立派な字を書くようになり，七大寺の額を書いた(エ…×)。

問6＜文学史＞『宇治拾遺物語』は，鎌倉時代に成立した説話集。『今昔物語集』は，平安時代末期に成立した説話集。『竹取物語』は，平安時代に成立した物語。『平家物語』は，鎌倉時代に成立した軍記物語。『徒然草』は，鎌倉時代末期に成立した随筆で，作者は兼好法師。

Memo

Memo

2020年度 巣鴨高等学校

【英　語】（50分）〈満点：100点〉

※本文中の左上に数字が付いている語(句)には注があります。

1　次の英文を読み，設問に答えなさい。

"Miss Abbott said that we had to learn a speech for the contest on Friday. She wants to choose the best speaker from our class to [1] represent us in the Grade Four's Speech Contest."

① Clare Brown's grandmother nodded her head. Her granddaughter did not usually do very well at school, but she spoke clearly and her voice was [2] pleasant and she liked explaining things. This was a rare chance for Clare to shine in something.

"Oh, that sounds interesting. What are you going to talk about ?"

"Traffic. Honestly [3] nanny, it's taking longer and longer to get to school in the morning because the roads are getting busier every day. I've been thinking about it and I've got some good ideas about how to solve the problem, so I think I could make a good speech." Old Mrs Brown smiled.

"That sounds like a good idea ! So now all you have to do is to make a plan of the speech and practice speaking."

Clare practiced every evening after school until ② [　　　　　]. It was important for Clare to do well at this and show her classmates that she had a talent for something.

Friday morning arrived. Clare sat at the table with her parents, but could not eat any breakfast. Her face was pale, so her mother asked her.

"What is the matter, Clare ? Are you ill ?"

She shook her head.

"Maybe, but it's the speech. I don't think I can do it. I can't remember a word of it and I will look so silly if I stand on the stage and say nothing."

A tear rolled down her cheek. Clare's grandmother, who had been quietly sitting by the fire, got up and left the room, but returned holding something and showed it to Clare.

"It's a special lucky stone. I found it when I was a little girl like you. Just keep your fingers on this stone when you are speaking and it will bring you luck. You will speak beautifully, so forget your ③ silly fears and go to school."

Clare looked at the smooth black stone. Her parents looked at one another.

That afternoon she was the tenth person to go on stage. She held the stone as she spoke. [　　　　④　　　　]

She ran home that afternoon. She was so excited and had to tell nanny that the stone was magic just as she had said.

Mum was out at work, but nanny was sitting in her usual seat and looking into the fire when she arrived home.

"Nanny ! I won. The stone, it's magic just like you said."

The old woman clapped her hands.

"Well done. I knew you could do it !"

"It was the stone!　⑤It did it for me!"

Nanny laughed, got out of her chair and began to walk out of the room.　She returned minutes later holding a metal box.

"Sit down, Clare, and open this."

She did as she was told and felt inside the box.

"Do you feel all those smooth stones?　I collected those seventy years ago from a beach."

Clare ⑥[　　　　　].

"But it's a special . . . magic stone?"

"No, child!　These old rocks are not magic.　They work like magic because you believe they help you, but it was you who won the contest.　The stone only made you feel confident so you could forget your worries.　What you must learn is that if you believe in yourself you can do anything."

"So you mean ⑦[　　　　　]."

"No, child."

注：1　represent　～を代表する　　2　pleasant　感じの良い　　3　nanny　おばあちゃん

1．下線部①におけるクレアの祖母の心情の説明として最も適切なものを次の中から１つ選び，記号で答えなさい。

a．クレアがスピーチコンテストの代表に選ばれたので誇りに思っている。

b．クレアは成績はあまり良くないが，学校のことを明るく話すので安心している。

c．クレアがスピーチコンテストについて分かりやすく説明したので感心している。

d．クレアが学校で活躍できるまたとない機会が到来したので喜んでいる。

2．下線部②の空所に入る最も適切なものを次の中から１つ選び，記号で答えなさい。

a．she became interested in the contest

b．she found the best subject for the speech

c．she could speak without notes

d．she got used to making mistakes

3．下線部③の具体的な内容を日本語で説明しなさい。ただし，解答は「～と思われてしまうのではないかという不安」で終わる形で答えなさい。

4．空所④には次の４つの英文が入ります。その最も自然な順番を以下のａ～ｄの中から１つ選び，記号で答えなさい。

ア　At the end, the class was impressed and clapped very hard.

イ　It meant she was chosen as the speaker for her class in the Grade Four's Speech Contest.

ウ　She held the lucky stone as a thank you.

エ　So she was not very surprised to learn that she won the class contest.

　a．ア→イ→エ→ウ　　b．ア→エ→イ→ウ

　c．イ→ウ→エ→ア　　d．イ→エ→ウ→ア

5．下線部⑤の具体的な内容を25字～35字の日本語で説明しなさい。

6．下線部⑥の空所に入る最も適切なものを次の中から１つ選び，記号で答えなさい。

a．looked confused　　b．seemed bored

c．got excited　　d．felt satisfied

7．下線部⑦の空所に入る最も適切なものを次の中から１つ選び，記号で答えなさい。

a．I need to find a new magic stone as you did

b．I need to forget my worries when I speak

c．I don’t need the stone for the next contest

d．I don’t need magic if I hold the stone

8．この物語の主題として最も適切なものを次の中から1つ選び，記号で答えなさい。

a．To prepare is the most important.

b．After all, a stone is a stone.

c．Self-belief is the key to success.

d．There is no magic in the world.

2　仕事の満足度（job satisfaction）について述べた次の英文を読み，設問に答えなさい。

Pat Mahoney loves her job. The 23-year-old university [1]graduate is a hairstylist in London and does not want to do anything else. While she was a university student, Pat needed money. She saw an [2]ad for a part-time hairstylist and [3]applied, even though she had no experience other than setting her own hair. The owner of the hair salon [4]hired Pat and she took a four-week training program.

[A] “I loved it from the start,” Pat said. “It’s so much fun to meet new, young people who want to be cool. And, they thank me when I do their hair.”

[B] When Pat finished her university degree in Asian history, she didn’t even look for a job. She just changed from part-time to full-time at the hair salon. At first, her parents were worried because they did not think it was the right job for a person who graduated from university. However, they ①[　　　　] when they saw how happy their daughter was.

[C] According to a survey, hairdressers are very happy with their work. That survey interviewed 1,200 London workers about their job satisfaction. People who reported the most satisfaction were hairdressers ; 40 percent said they were very happy. [5]Religious workers were next, with 24 percent reporting high job satisfaction. Chefs and cooks were in third place, with 23 percent saying they were very happy. [6]Beauticians and [7]plumbers, at 22 percent and 20 percent job satisfaction, were close behind in fourth and fifth place.

[D] Four of the five jobs on the survey are blue-collar jobs. Usually, blue-collar jobs do not need a university degree as white-collar jobs do. Blue-collar jobs include [8]manual labor such as moving furniture, cleaning houses, or driving taxis. Some blue-collar workers are not paid very well, [9]in contrast to most white-collar workers.

Researchers who study job satisfaction think that some blue-collar jobs, such as hairstylists and plumbers, have high happiness ratings because they ②[　　　　]. People are usually very pleased when they have their hair washed, cut, and styled. Similarly, homeowners whose broken [10]sinks have [11]flooded their kitchens are very happy when a plumber comes and fixes the broken pipes. By the way, plumbers are a special case. Though blue-collar workers are usually low paid, they can make a great deal of money if they are good and [12]reliable.

Another reason why some blue-collar jobs bring happiness is that the workers use their hands. Hairstylists, chefs, beauticians, and plumbers all work with their hands. The report found that people are changing desk jobs for jobs that include working with their hands. ③<u>People may be ready to trade high paying jobs with low happiness for low paying jobs that may bring high job satisfaction.</u>

The same survey found that none of the top ten happiest jobs are desk workers or office jobs. Some of the unhappiest workers are [13]civil servants, [14]real estate salespeople, and [15]secretaries. Researchers think that ④<u>these workers have little control over what they do</u>. They always have to obey their bosses. Actually, other surveys have found that having a bad boss is one of the major causes of job dissatisfaction.

Pat Mahoney plans to open her own hair salon in about three years, when she has saved enough money. Pat says that she doesn't make a great deal of money, but she says that's not the most important thing in life. "We are only here on Earth once," Pat says, "so we should choose to be happy."

注：1 graduate 卒業生　2 ad 広告　3 apply 応募する　4 hire ～を雇う
5 religious 宗教に関わる　6 beautician 美容に関わる人　7 plumber 配管工
8 manual labor 肉体労働　9 in contrast to ～とは対照的に　10 sink 台所の流し
11 flood ～を水浸しにする　12 reliable 信頼できる　13 civil servant 公務員
14 real estate salespeople 不動産販売員　15 secretary 秘書

1．次の英文の空所に入る最も適切なものを以下の中から1つ選び，記号で答えなさい。

Pat Mahoney started to work as a part-time hairstylist because [　　　　].

a．there was nothing else she wanted to do
b．she wanted to work to make money
c．she had experience in setting her own hair
d．the owner of the hair salon liked her during the program

2．下線部①の空所に入る最も適切なものを次の中から1つ選び，記号で答えなさい。

a．accepted her advice　b．changed their minds
c．complained about her job　d．explained their feelings

3．次の英文は本文中の空所［A］～［D］のいずれかに入ります。最も適切な場所を1つ選び，記号で答えなさい。

Pat's love for her job as a hairstylist is not unique.

4．下線部②の空所に入る最も適切なものを次の中から1つ選び，記号で答えなさい。

a．feel happy to do the jobs they always wanted to do
b．receive a lot of money thanks to their skills
c．have fun meeting various types of customers
d．see that their customers are satisfied

5．下線部③の内容を言い換えるとき，次の空所（ア）～（エ）には high か low のいずれかが入ります。その組み合わせとして最も適切なものを以下の a～d の中から1つ選び，記号で答えなさい。

In order to do a job with (ア) satisfaction, people may give up a (イ) paying job that gives (ウ) happiness, even if the new job is a (エ) paying one.

a．（ア） high （イ） high （ウ） low （エ） low
b．（ア） high （イ） low （ウ） low （エ） high
c．（ア） low （イ） low （ウ） high （エ） high
d．（ア） low （イ） high （ウ） high （エ） low

6．下線部④の内容を説明したものとして最も適切なものを次の中から1つ選び，記号で答えなさい。

a．These workers cannot control most of the things their bosses do.
b．These workers don't know most of the things their bosses do.
c．Their bosses understand most of the things these workers do.
d．Their bosses manage most of the things these workers do.

7．本文の内容と一致するものを次の中から1つ選び，記号で答えなさい。

a．When she was a university student, Pat Mahoney studied about a subject which would be helpful for her future job.

b．About 500 hairstylists in the survey said they were very happy with their work.

c．Using their hands while they're working is one reason which brings more happiness to blue-collar workers than to white-collar ones.

d．Pat Mahoney has already saved a lot of money in three years, so she has her own hair salon now.

8．次の英文はパット・マホーニーが現在の心境を述べたものです。空所（ア）（イ）に入る適切な語をそれぞれ答えなさい。

"To be rich is not the only way to be happy.　We have only（　ア　）life, so we should try to（　イ　）it."

3　次の英文を読み，下線部①～⑤の語（句）を並べ替えて意味の通る英語にしなさい。

The Apollo 11 [1] spacecraft landed on the Moon in July 1969.　In the next three years, people walked on the Moon's surface six times.　But no one has walked on the Moon since 1972.　Now, ①[landing / the first / 50 years / Moon / after], humans are going back there.

In recent years, private companies have been working on space projects.　Jeff Bezos, the [2] founder of Amazon, started a space [3] exploration company called Blue Origin.　One of his goals is to reduce the cost of sending people to space.　In May 2019, his company [4] announced the development of the Blue Moon spacecraft.　Bezos said that he thinks it will be possible to take people to the Moon in the 2020s.　And he ②[to stay / wants / able / to be / people] there for a few days.

Another reason why people are interested in the Moon is its resources.　Many scientists believe that there is water on the Moon, but we do not know ③[found / can / other resources / be / what] there.　If we can [5] explore the Moon, we may be able to find valuable resources for humans. Developing Moon resources is also the goal of a Japanese company called ispace.　It wants to do business in ④[make / to / better / space / people's lives] on Earth.

Recently NASA announced it wants to build Gateway, a station that goes around the Moon.　It will be ⑤[a base / going / used / for spacecraft / as] to the Moon.　It will also be a place for people to train to live on other planets for a year or more.　If we develop the Moon in the future, people will need to live there for a long time.　The plan is for the U.S. to work together with other countries, such as Japan and Russia.　And the U.S. wants to put people back on the Moon in the 2020s.

注：1　spacecraft　宇宙船　　2　founder　創業者　　3　exploration　探査
　　4　announce　～を公表する　　5　explore　～を探索する

4　次の会話文について，下線部が下の日本語に合うように①～⑤の空所に適切な英語を補いなさい。ただし，それぞれ5～9語で表し，②③⑤は（　）内の語を必ず用いなさい。

Yuki：Hi, Mark, how did your morning exams go?

Mark：①[　　　　] on the first exam.　I noticed it when I was checking through my answers.　I guess I was really nervous.

Yuki：Me, too.　I'm worried I made too many mistakes.

Mark：You'll be fine.　②[　　　　] in our class.　Now, let's have some lunch.

Yuki：③Well, [　　　　] now.

Mark：You have to eat something, Yuki.　Here, have some of my sandwiches.

Yuki：④Mark, this is [　　　　].

Mark :　My mother made it.　She is a great cook.

Yuki :　I'm starting to feel better!　⑤Now, [　　　　　], too.

Mark :　You can do it!

① 最初の試験で名前を書き忘れたよ。

② 君はクラスのどの生徒よりも一生懸命勉強したんだから。(any)

③ うーん，今は食べる気がしないの。(like)

④ マーク，こんなにおいしいサンドイッチ，食べたことないわ。

⑤ これで，午後も頑張れるわ。(best)

【数　学】（50分）〈満点：100点〉

（注意）　1．円周率が必要な場合はπを用い，解答に$\sqrt{\ }$が含まれる場合は$\sqrt{\ }$のままできるだけ簡単な形にすること。

2．(途中経過)とある欄には，答えを導くのに必要な式を書くこと。

3．定規・コンパス・分度器は使用できません。

1　次の各問いに答えよ。

(1)　$(x+y)^2-4(x+y)-5$ を因数分解せよ。

(2)　$x=1+\sqrt{2}+\sqrt{3}$，$y=1+\sqrt{2}-\sqrt{3}$ のとき，x^2-xy+y^2 の値を求めよ。

(3)　2020の正の約数は全部で12個ある。2020の正の約数すべての和を求めよ。

2　3つの袋A，B，Cがあり，どの袋にも1から10までの数が1つずつ書かれた10個の球が入っている。袋A，B，Cから球を1個ずつ取り出し，取り出した球に書かれた数をそれぞれa，b，cとするとき，次の確率を求めよ。

(1)　a，b，cがすべて異なる確率

(2)　$a+b+c=10$ かつ $a\leqq b\leqq c$ である確率

(3)　a，b，cの最大値が7である確率

3　下図のように，放物線 $y=x^2$…①と直線 $y=x+2$…②があり，①と②の交点をA，Bとし，点C$(-3,\ 9)$，点D$(0,\ 12)$とする。

さらに，直線 $y=-2x+k$…③が四角形ABCDの辺AB，CDと交わる点をそれぞれS，Tとおくと，四角形BCTSの面積は四角形ABCDの面積の半分になった。

また，線分BCの中点をEとし，線分BS上に点Uをとると，△STUの面積は四角形BETSの面積の半分になった。このとき，次の各問いに答えよ。

(1)　2点A，Bの座標をそれぞれ求めよ。

(2)　kの値を求めよ。

(3)　2点S，Uのx座標をそれぞれ求めよ。

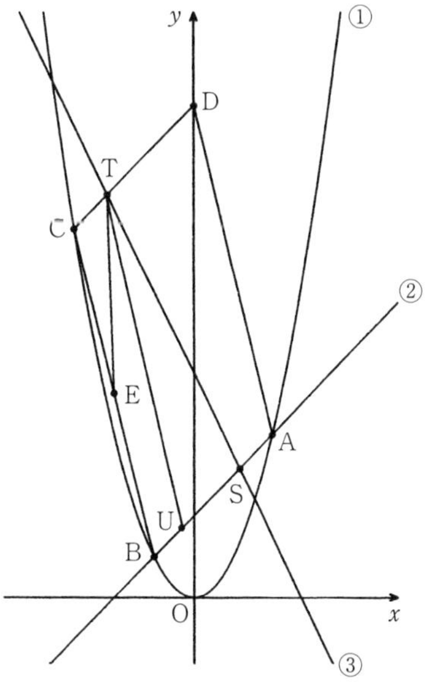

4　右図のように，1辺の長さが $\sqrt{6}$ の正三角形ABCがあり，その外接円Oの周上に点Dを $\angle ABD=15^\circ$ となるようにとる。ただし，点DはBを含まない弧AC上にとる。

2直線BAとCDの交点をEとし，線分CEの中点をFとする。

点Fを通り線分CEに垂直な直線とCを含まない弧ABとの交点をGとする。

このとき，次の各問いに答えよ。

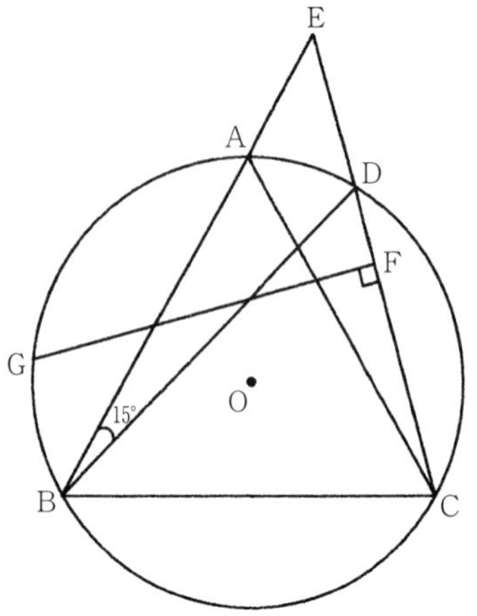

(1)　外接円Oの半径 r を求めよ。

(2)　$\angle BEC$ の大きさと線分CEの長さをそれぞれ求めよ。

(3)　線分FGの長さを求めよ。

5　次の各問いに答えよ。

(1)　図1のような，1辺の長さが3の正八面体の体積を求めよ。

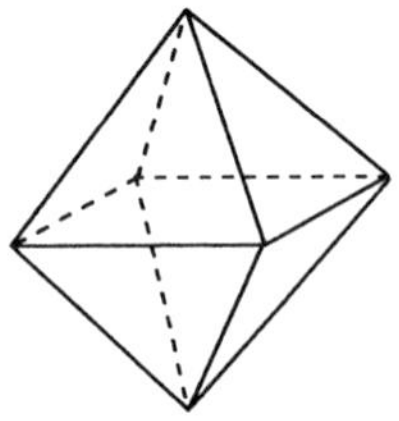

図1

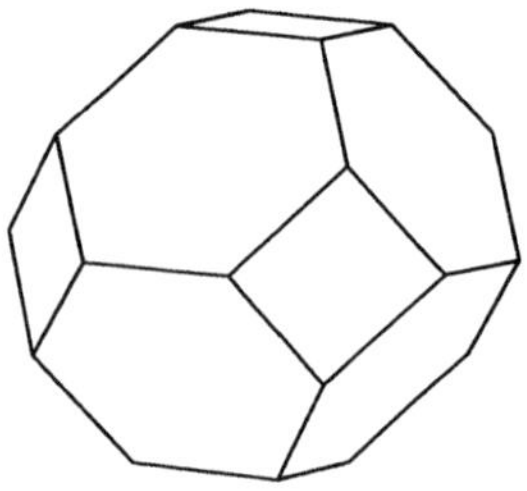

図2

次に，図2のような，1辺の長さが1の正六角形8枚と正方形6枚とで囲まれた立体Aを考える。

(2)　立体Aの辺の本数，および，頂点の個数を求めよ。

(3)　立体Aの体積を求めよ。

イ　民衆が少なからず不満を持っているという嘘《うそ》を、まことしやかに伝えた。

ウ　酒が足りなくて困っていることを、多少遠慮がちでもあるが力説した。

エ　自分としてはそこまでではないと思いつつも、できるだけのことはした。

問5　傍線部⑤「をはりて」の読み方を、現代仮名遣いのひらがなに改めて答えよ。

問6　傍線部⑥「あさましく候ひけるかな」は、誰が、誰のことを、思慮が足りなかったと評しているのか。その答えとしてふさわしいものを、次のア～エから一つ選び、記号で答えよ。

ア　能説房が、尼のことを

イ　尼が、能説房のことを

ウ　尼が、人々のことを

エ　尼が、自分のことを

問7　空欄[ア]～[カ]には、漢字が一字ずつ入る。その中で「水」が入る空欄をすべて選び、記号で答えよ。

問8　『沙石集』は鎌倉時代の作品である。これと同じ時代のものを、次のア～エから一つ選び、記号で答えよ。

ア　今昔物語集　　イ　万葉集

ウ　新古今和歌集　　エ　若菜集

三　次の文章を読んで、後の問いに答えよ。

嵯峨《さが》に、能説房《のうせつばう》と云《い》ふ説経師有りけり。随分弁説の僧なりけり。①能説房、きはめたる愛隣りに（注1）沽酒家《こしゅか》の徳人の尼ありけり。ある時は酒にて、布施物《ふせもつ》を以て、一向に酒を買ひて飲みけり。（注2）おきのりて、布施出《いで》くればやりけり。

この尼公《にこう》、仏事する事有りけるに、能説房を（注3）導師《だうし》に請《しやう》じければ、近き辺りの者、是《これ》を聞きて、能説房に申しけるは、「この尼公の、酒を売り候《さうら》ふ一の難には、水を入れて候ふ程に、②思ふほどもなし。今日の御説法のついでに、酒に水入れて売るが、罪なる事、こまやかに仰《おほ》せられ候へ。我々がためも然《しか》るべく候ふ」と云ふ。

能説房申しけるは、「各々《おのおの》仰せられぬ先に、③法師も打ち存じて候ふぞ。今日、日ごろの本意開くべし」とて、仏経の釈はただ大方《おほかた》ばかりにて、酒に水入るる罪障を（注4）勧進《かんしん》して、④少々は無き事までこまやかに云ひけり。

さて説法⑤をはりて、尼公、その辺りの聴衆を皆呼びて、大《おほき》なる桶《をけ》に、（注5）たぶらかに酒を入れて、とり出て勧めけり。能説房、上座して、盃《さかづき》とりあげて呑《の》みけり。この尼公、「⑥あさましく候ひけるかな。酒に水入るるは罪にて候ひけるも知らで」と云ひければ、「水の少し入りたるだにもよし、今日はいかにめでたからん」と思ふ程に、能説房、「あつ」と云ひければ、「いかによかるらん」と、感ずる音《こゑ》かと聞くほどに、「日ごろはちと水くさき酒にてこそ候ひしに、是は、ちと酒くさき水にて候ふは、いかに」と云ひければ、「さも候ふらん。ア に イ 入るるは罪と仰せられ候ひつる間、是は ウ に エ を入れて候ふ」とて、大なる桶に オ を入れて、 カ を一（注6）ひさげばかり、入れたりける。この尼公、（注7）興懐《けうくわい》にしたりけるにや、また、実《まこと》に心得たりけるにや。

（『沙石集《しゃせきしゅう》』による）

（注1）　沽酒家の徳人の尼…酒屋の金持ちの尼

（注2）　おきのりて…付けで買って

（注3）　導師に請じければ…講師として招いたところ

（注4）　勧進して…考えまとめ上げて

（注5）　たぶらかに…なみなみと

（注6）　ひさげ…水や酒などを入れるなべのような小さな容器

（注7）　興懐に…面白さを感じる心持ちで

問1　傍線部①「能説房、きはめたる愛酒にて、布施物を以て、一向に酒を買ひて飲みけり」の解釈としてふさわしいものを、次のア～エから一つ選び、記号で答えよ。

ア　能説房は愛情あふれる人で、お布施はもらわずに人々に酒をふるまっていた。

イ　能説房は大変な酒のみで、もらったお布施は全て酒代に使ってしまっていた。

ウ　能説房は利《き》き酒の名人で、酒の良し悪しを判定してはお布施をもらっていた。

エ　能説房は酒が大好きだったので、修行もそこそこに酒を飲んで暮らしていた。

問2　傍線部②「思ふほどもなし」とは、思ったほどでもなく、酒がどうだと言っているのか。六字以内で答えよ。

問3　傍線部③「法師も打ち存じて候ふぞ」とは、「私もそう気がついておりました」という意味だが、気がついていたこととは、どういうことか。その答えとしてふさわしいものを、次のア～エから一つ選び、記号で答えよ。

ア　金持ちの尼が酒屋を営んでいるということ。

イ　尼が酒と称して水を売っているということ。

ウ　皆が法師に頼みたいことがあるということ。

エ　尼が酒の中身をごまかしているということ。

問4　傍線部④「少々は無き事までこまやかに云ひけり」とは、能説房がどうしたというのか。その答えとしてふさわしいものを、次のア～エから一つ選び、記号で答えよ。

ア　果ては根拠の無いことまで持ち出して、以後は止めるように説得した。

りにロマンティックに、自分を遊星のようなさすらい人として、サハラ砂漠の旅人として、ｊムソウしながら。

読者である私も、ときどきこの言葉を舌の上に転がすことがある。⑤誰でも犬の吠え声は気になる。しかし、⑥キャラヴァンは進むのだ。いや、進まなくてはならないのだ。恐ろしいのは、犬の吠え声ばかり気にしていると、前に進めなくなってしまうことだ。

犬は吠える、がキャラヴァンは進む……。

たぶん、私は、その言葉の励ましを受けるために、すでに何度も読んでいるにもかかわらず、書棚の真ん中に『犬は吠える』を置いてあるのだろう。大事なのは読んだ本だ、などと特に意識もしないまま。

（沢《さわ》木《き》耕《こう》太《た》郎《ろう》「キャラヴァンは進む」による）

問1　点線部ｆ～ｊのカタカナを、それぞれ漢字に改めよ。

問2　傍線部①「当然、まだ読んだことのない本だと思いますけど」と「私」が言う理由として**ふさわしくない**と考えられるものを、次のア～エから一つ選び、記号で答えよ。

ア　まだ読んだことのない本には、自分が知るべきことが含まれていると思われるから。

イ　まだ読んだことのない本に意味があるかどうかは、読まないとわからないから。

ウ　まだ読んだことのない本の存在など、考えるに値しないと思っているから。

エ　まだ読んだことのない本をすぐに処分してしまうのは、もったいないから。

問3　空欄②にふさわしい表現を、次のア～エから一つ選び、記号で答えよ。

ア　読んだことのない本には親しみを感じないんだ

イ　読んだことのない本は必要なくなってくるんだ

ウ　読んでしまった本はすぐにしまってしまうんだ

エ　読んでしまった本に意味など認められないんだ

問4　傍線部③「食後の会話のように味わうべきものである」とは、この本をどのように読むことだというのか。その説明としてふさわしいものを、次のア～エから一つ選び、記号で答えよ。

ア　ゆったりとくつろいだ気分で、楽しみながら読むこと。

イ　時間をかけて向き合い、内容を振り返りつつ読むこと。

ウ　自分でも使ってみたい表現を求めて、細心の注意で読むこと。

エ　しなくてはいけない用事を済ませてから、まとめて読むこと。

問5　傍線部④「おめでたいばかりに」の、ここでの言葉の意味としてふさわしいものを、次のア～エから一つ選び、記号で答えよ。

ア　我ながら珍しいことにも　　イ　この上もなく素晴らしく

ウ　あまりにものんきなほど　　エ　夢中になって我を忘れて

問6　傍線部⑤「誰でも犬の吠え声は気になる」とあるが、「犬の吠え声」とは、何の比喩か。本文中の言葉を使って、二十字以内で答えよ。

問7　傍線部⑥「キャラヴァンは進むのだ。いや、進まなくてはならないのだ」とあるが、キャラヴァンが進まなくてはならないとはどういうことの比喩か。三十字以内で答えよ。

問8　二重傍線部「大事なのは読んだことのない本ではなく、読んだ本なのだ」とあるが、ここに言う大事な本とはどういう本か。その説明としてふさわしいものを、次のア～エから一つ選び、記号で答えよ。

ア　かつて親しみを感じて何度も読み、内容を全て把握しているため、身近になくても大事なことを教えてくれる本。

イ　少しずつ楽しんで読むことで、その内容の深さに触れることができ、長年かけて自分の人生をつくってくれる本。

ウ　力強い言葉で書かれていて、読む者に強く訴える力のある本であり、自分が生きていく気力をもらえるような本。

エ　既に何度も読んでいて、目に触れる身近なところに置いておくだけでも、知らぬ間に自分を支えてくれている本。

私はそう応じながら、内心、自分は読んでもいない本を処分することなど絶対にできないと思っていた。

だが、齢《とし》をとるに従って、あの年長の作家の言っていたことがよくわかるようになってきた。そうなのだ、大事なのは読んだことのない本ではなく、読んだ本なのだ、と。

文章を書いていて、あの一節をここに引用してみたらどうだろうと思いついたりするのは、当然ながらかつて読んだものの中にしかないということもある。読んだことのない本から引用することはできない。しかし、そうした実際的な理由ばかりでなく、暇な時間に、ふと読みたくなるのが、新しい本より、かつて親しんだ作家の何度も読んだことのある本だということが多くなってくるのだ。

先日も、書棚の前に立って本の背表紙を眺めているうちに、なんとなく抜き出して手に取っていたのは、fホウヤクが出て四十年にもなろうかというトルーマン・カポーティ（注・一九二四〜一九八四年。アメリカの小説家）の『犬は吠《ほ》える』だった。

トルーマン・カポーティと言えば、ノンフィクション・ノヴェル（注・歴史的な出来事やある人物の生涯に、小説家の想像力を加えて書かれた小説）という言葉を広く伝播《でんぱ》させることになった『冷血』であり、オードリー・ヘップバーン（注・一九二九〜一九九三年。イギリス人の女優）が主演した映画の原作として有名な『ティファニーで朝食を』ということになるのだろうが、私にとってはこの『犬は吠える』というエッセイ集の方が馴染《なじ》み深い。訳者が家の近くに住んでいる知り合いの小田島雄志《おだしまゆうし》（注・一九三〇年〜。英文学者・演劇評論家）さんだということもあるが、まさにアメリカ版の宣伝文句にあるように、「本書は一気に読むべきものではなく、ときどき手にしては、ブランデー（注・果実から蒸留した酒）を飲みシガー（注・葉巻たばこ）をくゆらせながら③食後の会話のように味わうべきものである」というところがあり、私もときどき書棚から抜き出しては一、二編の文章を読むということを何十年も繰り返しているのだ。

しかし、この『犬は吠える』において、私が一番気に入っているのは、中身より、そのタイトルかもしれない。

犬は吠える

変わったタイトルだが、力強いタイトルでもある。

そのときも、私が書棚から『犬は吠える』を抜き出して手に取ったのは、タイトルの由来が記されている箇所が曖昧になってしまったからだった。あれはエピグラフ（注・書物の巻頭に、内容とは独立して記される句や引用文）にあったのだろうか、それとも訳者の「あとがき」の中に書かれていたのだろうか。

ページを繰ってみると、確かにエピグラフにこうあった。

犬は吠える、がキャラヴァン（注・隊商。隊を組んで砂漠を移動する商人の一団）は進む——アラブの諺《ことわざ》

ところが、エピグラフだけでなく、カポーティ自身の「序文」にもさらに詳しい由来が記されていた。

カポーティがまだ二十代の半ばだった頃、イタリアのシチリア島に滞在していたことがあり、同じシチリア島に滞在していたフランスの老作家アンドレ・ジッド（注・一八六九〜一九五一年。小説家）と親しくなった。

ある日、二人でgゴガンに腰を下ろし、海を見ていると、hユウビン配達夫がカポーティにアメリカからの手紙を渡してくれる。そこには悪意に満ちた批評文が同封されている。思わず、カポーティがiグチをこぼすと、老ジッドはこう言ったという。

「ま、いいじゃないか。アラブにはこういう諺がある、覚えておくんだな。《犬は吠える、がキャラヴァンは進む》」

それを受けて、カポーティはこう書いている。

私はよくこの言葉を思い出した——ときには④おめでたいばか

ア　自分で新たな問いを考え、哲学の世界で認められる人。
イ　偶然読んだ哲学書中の問いを、一読して把握できる人。
ウ　実生活からかけ離れた問いを自問して、悩んでいる人。
エ　日常の中で浮かぶ疑問をそのつど処理し、生活する人。

問3　傍線部②「『他者なるもの』」とは、どのようなものか。その説明としてふさわしいものを、次のア～エから一つ選び、記号で答えよ。
ア　親交のある人などとは違って、既に世を去り、特定の空間と時間を共有していない有名な歴史的人物。
イ　芸能人のような、特定の空間と時間にテレビで見たことがある程度の、ただ顔を知っているだけの人。
ウ　生活している中ではほぼ接点がないが、特定の空間と時間を共有している、不特定多数の赤の他人。
エ　特定の空間と時間を超えて、自分以外の人間全般に共通する、自分ではないという属性を持った存在。

問4　傍線部③「哲学的な次元へ入っていく」とは、どうすることか。その具体例として**ふさわしくないもの**を、次のア～エから一つ選び、記号で答えよ。
ア　おいしいものを食べたいのは当たり前だと感じることに疑問をもち、なぜ食べるだけで満足しないのかと問うこと。
イ　当たり前のように受けている授業が、いつから国内で実施されているのか知らないことに気づき、調べてみること。
ウ　家族と食卓を囲むことは当たり前なのかを省みて、日々経験しながら自覚せずにいる食事の意味を探ってみること。
エ　テレビで見ることと直接目で見ることは違うのではと思いつき、映像が現実と感じられることの意味を考えること。

問5　傍線部④「自分にとって身近な問い、自分が直面した問いから出発しても、哲学的な問いへと進んでいくことができる」について、次の(1)～(3)の問いに答えよ。
(1)「自分にとって身近な問い、自分が直面した問い」とあるが、我々は、実生活ではどのような問いに直面していると筆者は述べているか。その問いについて具体的に述べた段落（形式段落）を本文中から探し、初めの五字を抜き出して答えよ。
(2)「自分にとって身近な問い、自分が直面した問い」を「哲学的な問い」へと進める上で困難となる点があるとすれば、「自分にとって身近な問い、自分が直面した問い」がどういった問いであるという点か。その説明となる箇所を、「点。」に続ける形で、本文中から五十字以内で探し、その初めと終わりの五字ずつを抜き出して答えよ。
(3)「自分にとって身近な問い、自分が直面した問い」から「哲学的な問い」へと出発することには、どのような意義があるか。「『自分にとって身近な問い、自分が直面した問い』から出発すると、」を書き出しとし、「という意義。」に続ける形で、本文中の言葉を使って、四十字以内で説明せよ。

二

次の文章を読んで、後の問いに答えよ。

あるとき、年長の作家にこんなことを訊《たず》ねられた。
「もし家に本があふれて困ってしまい処分せざるを得ないことになったとしたら、すでに読んでしまった本と、いつか読もうと思って買ったままになっている本と、どちらを残す?」
当時、まだかなり若かった私は、質問の意味がよくわからないまま、考えるまでもないという調子で答えた。
「①当然、まだ読んだことのない本だと思いますけど」
するとその作家は言った。
「それはまだ君が若いからだと思う。僕くらいになってくると、［　②　］」
そして、こう付け加えた。
「でも、君たちにとっても、実は大事なのは読んだ本なんだと思うよ」
「そういうもんでしょうか」

今日は何を食べるのか？　食事の材料をどこで買うか？　テレビは何を見るか？　どの授業が退屈か？　誰にメールを送るか？　等々。

だが、そこで立ち止まらずに、③哲学的な次元へ入っていくこともできる――なぜ私たちは何かを食べるのか？　なぜただ食べるだけではなく、おいしいものを食べるのか？　食事は人間の生活の中でどのような意味をもつのか？　テレビで見ることと直接目で見るのは何が違うのか？　映像はどのような意味で現実か？　なぜ授業を受けるのか？　授業を受けることと学ぶことはどのように関係しているのか？　等々。

これらの問いは、通常「哲学の問題」と言われるものではないが、じゅうぶん哲学的であろう。逆に、哲学の問いだから、それを考えることがつねに哲学的というわけではない。哲学の問題といえども、たとえば誰がどんなことを言ったのかというeジテン的・哲学史的な事柄や、どこにどんなことが書いてあるかというような文献学的なことは、かならずしも哲学的とは言えない。哲学全体がそうであるように、内容的に哲学だったら、問いや議論が哲学的なわけではないのだ。

思うに、元来は〝哲学の問題〟があるというよりも、物事の〝哲学的な問い方〟があるだけなのだ。私たちはそれぞれ、自分の現実生活の中でさまざまな問いと出会う。自分から疑問に思うこともあれば、他の人から問いかけられることもある。どんな問いであれ、④自分にとって身近な問い、自分が直面した問いから出発しても、哲学的な問いへと進んでいくことができる。

哲学の問題が、現実の文脈から切り離され、個別のテーマに分かれていることは、学問として純粋で専門的に高度であるためには必要だろう。けれども、他方でそのことは、個々のテーマに関して、仮に何か重要な結論や洞察が歴史上の哲学者によって提示されていたとしても、個々人の現実生活には大きく影響しない、ということにもつながる。

もちろん、哲学研究の目的はそんなことではなく、思想上のさまざまな問題を明らかにすることであり、現実の生活に生かせるかどうかなど、どうでもいいという考え方もある。私自身、そういう考え方にも共感する。

だが、哲学の問題にせよ、それ以外の哲学的な問いにせよ、現実の生活に関する疑問から出発すれば、そこで問い、考えたこと、そこで得られた洞察は、ふたたび現実のコンテクスト（注・状況や文脈）に戻しやすく、その人の生活にとって、大きな意味をもちうる。だから、いわゆる哲学の問題を考えることよりも、自分自身の問いをもつことのほうが重要なのである。

（梶谷真司《かじたにしんじ》『考えるとはどういうことか　0歳から100歳までの哲学入門』による）

問1　点線部a～eのカタカナを、それぞれ漢字に改めよ。

問2　傍線部①「哲学の問いを自分の問いにできる人」について、次の(1)・(2)の問いに答えよ。

(1)　「哲学の問い」とは本文によればどういった問いか。その説明としてふさわしいものを、次のア～エから一つ選び、記号で答えよ。

ア　普通の人であれば、物事を突き詰めたり悩み傷ついたりしないと気がつかないほど深い、思考と洞察を必要とする問い。

イ　普通の人が現実生活で物事を突き詰めても考えつかないほど、哲学の中で伝統的に論じられてきた専門的に高度な問い。

ウ　普通の人の生活には必要ないが、悩み傷ついて冷静な判断ができない時に、正しく生きるための指針となる道徳的な問い。

エ　普通の人もつねにうっすらとは考えているくらい広く知られているため、大学において深く論じられるようになった問い。

(2)　「哲学の問いを自分の問いにできる人」とあるが、哲学を自分の問いにする人とは、どのような人か。その説明としてふさわしいものを、次のア～エから一つ選び、記号で答えよ。

二〇二〇年度 巣鴨高等学校

【国語】（五〇分）〈満点：一〇〇点〉

（注意）字数指定のある問題は、句読点やかぎかっこなどの記号も字数に含めます。

一 次の文章を読んで、後の問いに答えよ。

哲学には哲学の問いというのがある。伝統的に哲学の中で論じられてきた問いである――真理、存在、認識、善悪、正義、美、他者、空間、時間、等々。一般的に言って、哲学の問いは、自分の問いにはなりにくい。

もっとも世の中には、①哲学の問いを自分の問いにできる人がいる。何かのきっかけで哲学書を読んで、その種の問いに目覚める人もいれば、もともとそういう疑問をもっていて、あれこれ悩んでいるうちに、どうやらこれは哲学というものらしいと気づくパターンもあるようだ。その種の人は、いわゆる哲学好きになり、場合によっては大学で哲学の研究を志すに至る。

けれども、普通の人が、いきなりこういう疑問を抱くことはまれである。専門家ですら、こうした問いを明けても暮れてもずっと考えているわけではない。誰しも、物事を突き詰めていったり、深く悩んだり傷ついたりすると、いわゆる哲学の問いにぶつかることはあるが、私たちは普段、そんなに深く考えたり悩んだりしない。どこかでそんなことをうっすら考えていても、面倒くさいか、恐ろしいかで、問わないままにしている。それが私たちの日常だ。

いわゆる専門的な哲学の問題は、結局のところ、誰にとってもほとんどの場合、実生活には関係がないのである。哲学じたいが浮世離れしているからというより、哲学の問題が現実の具体的な文脈から隔たっているのである。

これは哲学の特徴ではなく、専門化された知識によくあることだ。医学がaサイブン化したために、患者の体や生活の全体を見られなくなるのと似ている。体や生活と同様、現実には哲学の問いのような区分はない。

実生活の問いは、もっと具体的で複合的で錯綜《さくそう》しており、いくつもの問いが絡《から》み合っている。哲学であれば、他者、空間、時間、認識、善悪、美は、時に相互に関連づけられることはあっても、たいていは別々の問題として論じられる。哲学者自身も、一般には何か特定の問題の専門家である。

ところが実生活の中では、たとえば「他者」とは友だちであり、親であり、夫であり妻であり、会社の同僚であり上司であり、得意先の人であり、あるいは、たまたま道で行き合って言葉をbカわした人、ただすれ違うだけの人、目の前にさえいない赤の他人、不特定多数の人である。

②「他者なるもの」という一般的で抽象的な存在と出会うわけではない。そのつど具体的な何者かと特定の空間と時間を共有する。週末に自宅で家族とのんびり過ごす。一人暮らしの部屋でテレビの中の他人を見ながらお菓子をほおばる。学校の教室で、隣のクラスメートが内職をしているのを横目に見て、cスイマと闘いながら退屈な授業を受ける。会社で同僚と打ち合わせをして、得意先にメールを送り、資料の整理など、いろんな仕事にdボウサツされ、夜遅く満員電車に揺られて疲れ果てて帰宅する。

そうやって私たちは家族や友人のことを気づかい、目の前のことに一喜一憂し、過去のことを振り返って後悔し、将来のことを心配する。今やるべきことは何か、時間をどう使うか、どこに行くべきか、何が正しく、何が間違っているか、といったことを考える。

こうした問題を突き詰めていくと、部分的には他者のみならず、知覚、空間、時間、善悪や正義といったいわゆる哲学の問題につながっていく。だが、全体としては、いろんな問題が複雑に絡み合い、哲学の問題として考えられることをはるかに超えている。

その中にはもちろん哲学的でない問題も含まれている。たとえば、

2020年度／巣鴨高等学校

英語解答

1
1 d　2 c
3 スピーチコンテストで，一言も思い出せなくて，ステージ上で何も言わずに立っていたらとても愚かだ
4 b
5 石のおかげでクレアがスピーチコンテストで優勝できたこと。(28字)
6 a　7 c　8 c

2
1 b　2 b　3 C　4 d
5 a　6 d　7 c
8 ア one　イ enjoy

3
① 50 years after the first Moon landing
② wants people to be able to stay
③ what other resources can be found
④ space to make people's lives better
⑤ used as a base for spacecraft going

4
① I forgot to write my name
② You studied harder than any other student
③ I don't〔do not〕 feel like eating
④ the most delicious sandwich (that) I have ever eaten
⑤ I can do my best in the afternoon

1〔長文読解総合―物語〕

≪全訳≫❶「アボット先生が，金曜日のコンテストに向けてスピーチを勉強しなければと言ったの。先生は，４年生のスピーチコンテストで代表になる一番話が上手な人をクラスから選びたいのよ」❷クレア・ブラウンの祖母はうなずいた。彼女の孫娘は学校での成績はいつもあまり良くなかったが，はっきりと話すし，声も感じが良く，それに物事を説明するのが好きだった。これはクレアが何かで輝くまれな機会だった。❸「へえ，おもしろそうだね。何について話すつもりだい？」❹「交通のことよ。正直に言うとね，おばあちゃん，毎日どんどん道が混んでいて，朝学校に着くまでますます時間がかかっているの。そのことについてずっと考えてたんだけど，どうやって問題を解決するかいいアイデアを思いついたから，いいスピーチができると思うの」　ブラウン老婦人はほほ笑んだ。❺「それはいい考えだね！　じゃあ後は，スピーチの計画を立てて，話す練習をするだけだね」❻クレアは放課後，②メモなしでも話せるまで毎晩練習した。クレアにとってここで成功し，自分に何かの才能があることをクラスメートに見せることは重要だったのだ。❼金曜日の朝がきた。クレアは両親と一緒にテーブルについたが，朝食を少しも食べられなかった。クレアの顔は青白かったので，母親が彼女にきいた。❽「どうしたの，クレア？　具合が悪いの？」❾彼女は首を横に振った。❿「そうかもしれないけど，スピーチが原因よ。自分にできると思えないの。一言も思い出せないし，もし何も言わずにステージ上に立っていたら，ばかみたいだわ」⓫涙が彼女の頬を伝った。クレアの祖母は，暖炉のそばで静かに座っていたが，立ち上がって部屋を出て，何かを持って戻ると，それをクレアに見せた。⓬「特別な幸運の石だよ。私がお前のように小さな少女だった頃，見つけたんだよ。お前が話す間，指をこの石の上に置いておきなさい，そうすれば幸運を持ってきてくれるよ。お前はきっと上手に話すよ，だからばかな心配は忘れて学校にお行き」⓭クレアは滑らかな黒い石を見た。彼女の両親は互いに顔を見合わせた。⓮その日の午後，彼女は10番目にステージに上がった。彼女は話しながら石を握った。／→ア．終わると，クラスの皆は感動して盛大な拍手を送った。／→エ．だからクレアは，クラスのコンテストで自分が優勝したと知ってもあまり驚かなかった。／→イ．それは，彼女が４年生のスピーチコンテストでクラスの代

表に選ばれたということだった。／→ウ．彼女は感謝の気持ちで幸運の石を握りしめた。⓯その日の午後，彼女は走って家に帰った。彼女はとても興奮していて，おばあちゃんが言ったとおりその石は魔法だったと伝えなければならなかった。⓰家に着いたとき，母親は仕事で外出していたが，おばあちゃんはいつもの椅子に座って暖炉を見ていた。⓱「おばあちゃん！　私，優勝したよ。あの石はおばあちゃんが言ったとおり魔法だわ」⓲老婦人は手をたたいた。⓳「よくやったね。お前ならできると思っていたよ！」⓴「石よ！　石が私のためにしてくれたのよ」㉑祖母は笑って椅子から立ち上がり，部屋から歩いて出ていった。数分後，彼女は金属の箱を持って戻ってきた。㉒「座って，クレア，これを開けてごらん」㉓彼女は言われたとおりにし，箱の中を探った。㉔「その滑らかな石が全部わかるかい？　それは私が70年前に浜辺で集めたんだよ」㉕クレアは困惑しているようだった。㉖「だけど，これは特別な…魔法の石よね？」㉗「違うんだよ，かわい子ちゃん！　この古い石は魔法じゃないさ。これは自分を助けてくれると信じるから魔法のように効くんだけど，コンテストで優勝したのはお前自身だよ。石はただ心配事を忘れられるように，お前に自信を持たせてくれただけなのさ。お前が学ばなければいけないのは，自分を信じれば何でもできるということだよ」㉘「つまり，⑦次のコンテストで石は必要ないということね」㉙「そうだよ，かわい子ちゃん」

1＜文脈把握＞nod ～'s head で「うなずく」。この後に続く描写から，クレアは学校の成績はあまり良くないが，スピーチには向いており，クレアが輝くいい機会であると祖母がとらえていることが読み取れる。

2＜適文選択＞クレアにとってスピーチをうまくやることは重要だったのだから(次の文)，毎晩必死に練習したのだと考えられる。必死に練習したことを示すc．「メモなしでも話せる」が適切。get used to ～ing「～することに慣れる」

3＜語句解釈＞silly fears「ばかな心配」とはクレアの心配事を指しており，具体的には第10段落のクレアの言葉にあるので，この内容をまとめればよい。

4＜文整序＞選択肢から，最初にくるのはアかイだが，イの主語Itが受ける内容を考えれば，イは先頭にはこないと判断できる。アの次は，エのSo「だから」に着目すると，「スピーチが好評だった」→「だから自分が優勝したと知ってもあまり驚かなかった」という流れになるエが続く。後は，主語のItがエの「優勝したこと」を受けると考えられるイ，最後に石への感謝を示すウの順に続く。

5＜英文解釈＞主語のItはthe stoneを受けている。「石が私のために(それを)してくれた」とは，石のおかげでクレアがどうなったということか，ここまでの内容を踏まえてまとめればよい。

6＜適語句選択＞魔法の石だと思っていた石が，実は昔海岸で集められたものにすぎないとわかったクレアの気持ちを考える。confusedは「困惑した」という意味の形容詞で，look confusedは'look＋形容詞'「～(の状態)に見える」の形。

7＜適文選択＞この前の祖母の言葉を言い換えた内容が入ると考えられる。祖母がクレアに伝えたのは，クレアがコンテストで優勝したのは石の魔法によってではなく，自分を信じたからだということ。これを言い換えていると考えられるのは，c．「次のコンテストで石は必要ない」。なお，次の祖母の言葉のNoは，このクレアの言葉I don't need the stone for the next contest.を受けたもので，No, you don't need the stone for the next contest.ということ。言葉はNoだが，クレアの言葉を肯定しているのである。このように英語では，前の否定文や否定疑問文，否定命令文に対して「はい」という肯定の返答をする場合はNoで，「いいえ」という否定の返答をする場合はYesで答える。Yes, Noが日本語とは逆になるので注意が必要。

8＜主題＞第27段落最終文参照。この祖母の言葉がこの物語の主題だと考えられる。この内容を表しているのは，c．「自分を信じることが成功の鍵」。

2〔長文読解総合―説明文〕

≪全訳≫❶パット・マホーニーは，彼女の仕事が大好きだ。大学を卒業している23歳のパットは，ロンドンの美容師で，他には何もしたくないと思っている。パットは大学生のとき，お金が必要だった。彼女は自分の髪をセットする以外の経験がなかったが，美容師のアルバイトの広告を見て応募した。美容院のオーナーはパットを雇い，彼女は4週間の研修プログラムを受けたのだった。❷「最初からとても気に入ったの」とパットは語った。「格好良くなりたい若者と出会うのはとても楽しいわ。それに私が髪を整えると，彼らは感謝してくれるし」❸大学でアジア史の学位を終えたとき，パットは仕事を探すことさえしなかった。その美容院でアルバイトからフルタイムに変わっただけだったのだ。最初，彼女の両親は心配した。大学を卒業した人間にとってその仕事がふさわしいとは考えていなかったからだ。しかし，娘がとても幸せそうなのを見て考えを変えた。❹美容師という仕事に対するパットの愛情は，珍しいことではない。ある調査によると，美容師は自分の仕事にとても幸せを感じている。その調査では，ロンドンの労働者1200人に対し，仕事満足度についてインタビューした。最も満足していると答えたのは美容師で，40％がとても満足していると答えた。次は宗教に関わる労働者で，24％が仕事に対する満足度が高いと答えた。3位はシェフと料理人で，23％がとても満足していると答えた。これにわずかの差で続くのが美容に関わる人と配管工で，それぞれ22％と20％が仕事に満足しており，4位と5位だった。❺その調査では，上記5つの仕事のうち4つがブルーカラーの仕事だ。ブルーカラーの仕事は，ホワイトカラーの仕事のように大学の学位を必要としないことが多い。ブルーカラーの仕事には，家具の移動，家の掃除，タクシーの運転といった肉体労働が含まれる。ほとんどのホワイトカラー労働者とは対照的に，ブルーカラー労働者の中にはあまり給料が良くない人もいる。❻仕事の満足度を研究している研究者は，美容師や配管工などのブルーカラーの仕事は，顧客が満足している姿を見ることで，幸福度が高くなると考えている。髪を洗い，カットしてスタイリングしてもらうと，人々はたいていとても喜ぶ。同じように，壊れた流しのせいで台所が水浸しになっている家の持ち主は，配管工が来て壊れたパイプを直してくれるととても喜ぶ。ちなみに配管工は特殊なケースだ。通常，ブルーカラーの労働者は低賃金であるが，配管工は腕が良く信頼されれば，かなりの収入を稼ぐことができる。❼ブルーカラーの仕事が幸福をもたらすもう1つの理由は，労働者が手を使うということだ。美容師やシェフ，美容に関わる人，配管工は皆，手を使って仕事をする。報告書によると人々は，デスクワークの仕事を，手を使うことを含む仕事に変えているということだ。高賃金だが幸福度が低い仕事を，低賃金だが高い満足度をもたらしてくれる仕事と交換する心づもりが人々にはあるのかもしれない。❽同じ調査によると，幸福度の高い上位10の仕事には，デスクワークやオフィスワークが1つも入っていなかった。最も幸福度が低い労働者には，公務員，不動産販売員，秘書がいる。研究者たちは，こうした労働者は自分たちがすることについて，ほとんどコントロールできないと考えている。彼らはいつも上司に従わなければならない。実際，他の調査でも，悪い上司を持つことが仕事に不満を持つ主な原因の1つであることがわかっている。❾パット・マホーニーは約3年後，十分なお金が貯まったら自分の美容院を開く計画を立てている。パットは，自分がものすごくお金を稼いでいるわけではないと話すが，それが人生で一番大切なことではないと言う。「私たちがこの地球上にいるのはたった1回」とパットは言う。「だから幸せになることを選ばないと」

1＜内容一致＞「パット・マホーニーは(　　)ので，アルバイトの美容師として働き始めた」―「お金を稼ぐために働きたかった」　第1段落第3，4文参照。

2＜適語句選択＞前に‘逆接’を示すHoweverがあるので，空所を含む文は直前の文とは相反する内容になると考えられる。最初は心配していたが，考えを変えたという文脈。change ～'s mindで「考えを変える，心変わりする」。

3＜適所選択＞挿入文のuniqueは「珍しい」という意味。つまり，パットが美容師という仕事を愛しているのは，パットに限ったことではないということ。第4段落ではこのことを裏づける調査が紹介されている。

4＜適語句選択＞直後の2文が下線部②に入る内容の具体的な説明になっていると考えられる。

5＜英文解釈―適語選択＞「人々は満足度のア高い仕事をするために，たとえ新しい仕事がエ低賃金であっても，幸福度のウ低いイ高賃金の仕事をやめてしまうかもしれない」　下線部③は‘trade *A* for *B*’「*A*を*B*と交換する」の形。‘*A*’にあたるhigh paying jobs with low happinessと，‘*B*’にあたるlow paying jobs that may bring high job satisfactionは「賃金」と「仕事満足度(幸福度)」の高低が対比の関係になっている。　in order to ～「～するために」　even if「たとえ～でも」

6＜英文解釈＞下線部④にあるlittleは「ほとんど～ない」，overは「～全体に対して」という意味。what they doは「彼ら(＝こうした労働者たち)がすること」という意味。また，次の文に「いつも上司に従わなければならない」とあることから，d.「彼らの上司が，労働者のすることをほとんど管理している」が適切。

7＜内容真偽＞a.「パット・マホーニーは大学生のとき，将来の仕事に役立つと思われる教科について勉強した」…×　第3段落第1文参照。大学で学んだのはアジア史で，美容師の仕事とは関係ない。　b.「調査に参加した約500人の美容師が，自分の仕事にとても幸せを感じていると答えた」…×　第4段落参照。調査に参加した美容師の人数については書かれていない。　c.「仕事中に手を使うことは，ホワイトカラーよりブルーカラーの労働者に多くの幸せをもたらす理由の1つである」…○　第7段落第1文に一致する。　d.「パット・マホーニーは3年間ですでにかなりのお金をためたので，今は自分の美容院を持っている」…×　第9段落第1文参照。お金をためて，3年後に店を開く予定である。

8＜内容一致＞「金持ちになることが幸せになる唯一の方法ではない。私たちはア一度の人生しかないので，それをイ楽しむ努力をすべきだ」　アにはlifeを修飾する形容詞，イにはtry toに続く動詞が入ると考えられる。本文最終文のパットの言葉を参照。We are only here on Earth onceをWe have only one lifeに，we should choose to be happyをwe should try to enjoy it「楽しむ」と言い換える。

3〔長文読解―整序結合―説明文〕

≪全訳≫❶アポロ11号の宇宙船は1969年7月に月に着陸し，その後の3年間で人は6回月面を歩いた。しかし，1972年以降，月を歩いた人はいない。①最初の月面着陸から50年後の今，人類は再び月面に戻ろうとしている。❷近年，民間企業が宇宙プロジェクトに取り組んでいる。アマゾンの創業者ジェフ・ベゾスは，ブルーオリジンという宇宙探査会社を設立した。彼の目標の1つは，宇宙に人を送る費用を削減することだ。2019年5月，彼の会社は宇宙船「ブルームーン」の開発を発表した。ベゾスは，2020年代には人々を月に連れていくことが可能になると考えていると述べた。そして彼は，②人々が数日間そこに滞在できるようになってほしいと考えている。❸人々が月に興味を抱くもう1つの理由は，その資源である。多くの科学者は月には水があると信じているが，そこで③他にどんな資源が見つかる可能性があるかはわかっていない。もし月を探索できれば，人類にとって貴重な資源を発見できるかもしれない。月の資源を開発することは，ispaceという日本企業の目標でもある。その企業は，地球上の④人々の生活をより良くするために，宇宙での事業を行いたいと考えている。❹NASAは最近，月を周回するステーションである「ゲートウェイ」の建設を進めたいと発表した。それは月に⑤向かう宇宙船の基地として使われる予定だ。またそれは，１年以上他の惑星で暮らすために人々が訓練するための場所になる予定だ。将来，もし私たちが月を開発するのであれば，人々はそこに長く住む必要があるだろう。アメリカは，日本やロシアなど他の国々と協力していく計画だ。そしてアメリカは，2020年代のうちに人々を月に送り返したいと考えている。

①‘時間・期間を表す語句＋after〔before〕～’で「～の…後〔前〕」という意味を表せるので，50 years afterとまとめ，残りはthe first Moon landing「最初の月面着陸」と名詞句としてまとめる。　②‘want＋人＋to ～’「〈人〉に～してほしい」の形にする。 be able to ～「～できる」　③we do not knowに続く間接疑問をつくる。まず疑問詞whatを置き，この後はcan be foundと助動詞を用いた受け身の形にまとまる。残ったother resourcesはwhatの後に置きwhat other resources「どんな他の資源」というまとまりにする。　④文の主語Itはispaceのこと。ispaceのビジネスは「宇宙で」と考えられるのでin spaceとつなげる。残りは‘目的’を表すto不定詞の副詞的用法と‘make＋目的語＋形容詞’「～を…(の状態)にする」の形を合わせて，to make people's lives better「人々の生活をより良くするために」とまとめる。　⑤文の主語ItはGateway，つまりa stationのこと。a stationはspacecraft「宇宙船」のa base「基地」であると考えれば，It will be used as a base for spacecraftとまとめられる。このasは「～として」の意味。going to the Moonで「月に向かう」となり，これが後ろからspacecraftを修飾する形になる。

4〔和文英訳―部分記述―対話文〕

≪全訳≫❶ユキ(Y)：こんにちは，マーク，午前中の試験はどうだった？❷マーク(M)：最初の試験で名前を書き忘れたよ。答えを見直しているときそのことに気づいたんだ。とても緊張していたんだと思う。❸Y：私もよ。間違えすぎたんじゃないかと心配よ。❹M：君は大丈夫だよ。君はクラスのどの生徒よりも一生懸命勉強したんだから。さあ，昼食を食べよう。❺Y：うーん，今は食べる気がしないの。❻M：何か食べなきゃだめだよ，ユキ。ほら，僕のサンドイッチを少し食べて。❼Y：マーク，こんなにおいしいサンドイッチ，食べたことないわ。❽M：母さんの手づくりさ。料理が上手なんだ。❾Y：気分が良くなってきたわ。これで，午後も頑張れるわ。❿M：君ならできるよ！

①「～し忘れる」はforget to ～で表せる。なお，forget ～ingでは「～したことを忘れる」の意味になるので注意。　②「～よりも一生懸命」なので，hardを比較級にしてharderとする。「他のどの～より…」は‘比較級＋than any other＋単数名詞’で表せる。　③「～したい気分である」はfeel like ～ingで表せる。これを否定形にする。　④英文がthis isで始まっていることから，「こんなにおいしいサンドイッチ，食べたことない」→「これは今までに食べた一番おいしいサンドイッチだ」と読み換える。最上級を使うので，This is the most delicious sandwichとまとめる。「今まで食べた」は‘経験’を表す現在完了でI have ever eatenと表し，関係代名詞thatを用いてsandwichを後ろから修飾する。関係代名詞thatは省略できる。the most deliciousの代わりにthe bestを，eatenの代わりにhadを用いてもよい。　⑤bestが指定されているので，「頑張れる」は「ベストを尽くせる」と考え，do ～'s bestを用いて表す。

数学解答

1 (1) $(x+y-5)(x+y+1)$
(2) $12+2\sqrt{2}$ (3) 4284

2 (1) $\frac{18}{25}$ (2) $\frac{1}{125}$ (3) $\frac{127}{1000}$

3 (1) A(2, 4), B(−1, 1)
(2) $\frac{11}{2}$ (3) 点S…$\frac{7}{6}$ 点U…$-\frac{1}{8}$

4 (1) $\sqrt{2}$ (2) $\angle BEC=45°$, $CE=3$
(3) $\frac{\sqrt{7}}{2}+1$

5 (1) $9\sqrt{2}$
(2) 辺の本数…36本 頂点の個数…24個
(3) $8\sqrt{2}$

1 〔独立小問集合題〕

(1)<因数分解>$x+y=A$ とおくと，与式$=A^2-4A-5=(A-5)(A+1)$となる。A をもとに戻して，与式$=(x+y-5)(x+y+1)$となる。

(2)<式の値>$1+\sqrt{2}=A$ とおくと，$x=A+\sqrt{3}$，$y=A-\sqrt{3}$となるから，与式$=(A+\sqrt{3})^2-(A+\sqrt{3})(A-\sqrt{3})+(A-\sqrt{3})^2=A^2+2\sqrt{3}A+3-(A^2-3)+A^2-2\sqrt{3}A+3=A^2+2\sqrt{3}A+3-A^2+3+A^2-2\sqrt{3}A+3=A^2+9=(1+\sqrt{2})^2+9=1+2\sqrt{2}+2+9=12+2\sqrt{2}$となる。

(3)<整数の性質>$2020=2^2\times5\times101$ より，2020の約数は，2^2 の約数$(1,\ 2,\ 2^2)$，5の約数(1, 5)，101の約数(1, 101)の中からそれぞれ1個ずつ選びその積で全てを表すことができる。これは，$(1+2+2^2)\times(1+5)\times(1+101)$を展開したときに現れる全ての項であり，この式はその和となっているから，2020の正の約数の全ての和は，$(1+2+2^2)\times(1+5)\times(1+101)=7\times6\times102=4284$である。

2 〔確率―数が書かれた球〕

≪基本方針の決定≫(3) a，b，c は全て7以下であるが，a，b，c が全て6以下のとき，最大値は7にならない。

(1)<確率>3つの袋A，B，Cには，どの袋にも10個の球が入っているから，3つの袋から球を1個ずつ取り出すときの取り出し方は全部で$10\times10\times10=1000$(通り)あり，a，b，c の組は1000通りある。このうち，a，b，c が全て異なるのは，a が1から10の10通りあり，b が a 以外の数の9通り，c が a，b 以外の数の8通りだから，$10\times9\times8=720$(通り)ある。よって，求める確率は$\frac{720}{1000}=\frac{18}{25}$となる。

(2)<確率>1000通りの a，b，c の組のうち，$a+b+c=10$，$a\leqq b\leqq c$ をともに満たすのは，$(a,\ b,\ c)=(1,\ 1,\ 8)$，(1, 2, 7)，(1, 3, 6)，(1, 4, 5)，(2, 2, 6)，(2, 3, 5)，(2, 4, 4)，(3, 3, 4)の8通りある。よって，求める確率は$\frac{8}{1000}=\frac{1}{125}$となる。

(3)<確率>a，b，c の最大値が7になる場合は，a，b，c が全て7以下となる場合から，a，b，c が全て6以下となる場合を除いた場合である。a，b，c が全て7以下となる場合は$7\times7\times7=343$(通り)，a，b，c が全て6以下となる場合は$6\times6\times6=216$(通り)だから，a，b，c の最大値が7になる場合は，$343-216=127$(通り)ある。a，b，c の組は1000通りあるから，求める確率は$\frac{127}{1000}$である。

3 〔関数―関数 $y=ax^2$ と直線〕

(1)<交点の座標>次ページの図で，2点A，Bは放物線 $y=x^2$ と直線 $y=x+2$ の交点だから，$x^2=x+2$ より，$x^2-x-2=0$，$(x-2)(x+1)=0$ $\therefore x=2,\ -1$ よって，点Aの x 座標は2，点Bの x 座標は−1であり，$y=2^2=4$，$y=(-1)^2=1$ より，A(2, 4)，B(−1, 1)である。

(2)＜切片＞右図で，A(2, 4)，B(−1, 1)より，2点A，Bのx座標の差，y座標の差はそれぞれ，$2-(-1)=3$，$4-1=3$である。また，C(−3, 9)，D(0, 12)より，2点D，Cのx座標の差，y座標の差はそれぞれ，$0-(-3)=3$，$12-9=3$である。よって，x座標の差，y座標の差がそれぞれ等しいので，DC∥AB，DC＝ABとなり，四角形ABCDは平行四辺形である。四角形BCTSの面積が四角形ABCDの面積の半分であることより，直線$y=-2x+k$は▱ABCDの面積を2等分しているから，▱ABCDの対角線AC，BDの交点をMとすると，直線$y=-2x+k$は点Mを通る。点Mは対角線BDの中点だから，x座標は$\frac{-1+0}{2}=-\frac{1}{2}$，$y$座標は$\frac{1+12}{2}=\frac{13}{2}$であり，$M\left(-\frac{1}{2}, \frac{13}{2}\right)$である。したがって，$\frac{13}{2}=-2\times\left(-\frac{1}{2}\right)+k$より，$k=\frac{11}{2}$となる。

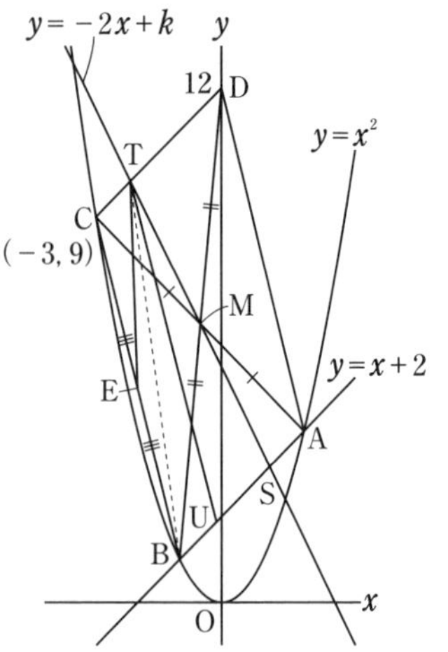

(3)＜x座標＞右上図で，点Sは，直線$y=x+2$と直線$y=-2x+\frac{11}{2}$の交点だから，$x+2=-2x+\frac{11}{2}$より，$3x=\frac{7}{2}$，$x=\frac{7}{6}$となり，点Sのx座標は$\frac{7}{6}$である。次に，▱ABCDの面積をZとし，点Tと点Bを結ぶ。▱ABCDは点Mを対称の中心とする点対称な図形であり，直線$y=-2x+\frac{11}{2}$は点Mを通っているから，CT＝ASである。よって，3点A，S，Bのx座標より，CT：SB＝AS：SB$=\left(2-\frac{7}{6}\right):\left\{\frac{7}{6}-(-1)\right\}=5:13$となる。DC∥ABだから，△BCT：△STB＝5：13である。〔四角形BCTS〕$=\frac{1}{2}$▱ABCD$=\frac{1}{2}Z$だから，△BCT$=\frac{5}{5+13}$〔四角形BCTS〕$=\frac{5}{18}\times\frac{1}{2}Z=\frac{5}{36}Z$，△STB$=\frac{13}{18}$〔四角形BCTS〕$=\frac{13}{18}\times\frac{1}{2}Z=\frac{13}{36}Z$となる。また，点Eは線分BCの中点だから，△BET＝△ECT$=\frac{1}{2}$△BCT$=\frac{1}{2}\times\frac{5}{36}Z=\frac{5}{72}Z$となり，〔四角形BETS〕＝△BET＋△STB$=\frac{5}{72}Z+\frac{13}{36}Z=\frac{31}{72}Z$，△STU$=\frac{1}{2}$〔四角形BETS〕$=\frac{1}{2}\times\frac{31}{72}Z=\frac{31}{144}Z$となる。したがって，△STU：△STB$=\frac{31}{144}Z:\frac{13}{36}Z=31:52$となるから，SU：SB＝31：52である。点Uの$x$座標を$u$とすると，3点S，U，Bの$x$座標より，$\left(\frac{7}{6}-u\right):\left\{\frac{7}{6}-(-1)\right\}=31:52$が成り立ち，$\left(\frac{7}{6}-u\right)\times52=\frac{13}{6}\times31$，$\frac{7}{6}-u=\frac{31}{24}$，$u=-\frac{1}{8}$となる。

4〔平面図形―円〕

≪基本方針の決定≫(1)，(2)　特別な直角三角形の辺の比を利用する。

(1)＜長さ―特別な直角三角形＞右図1のように，点Oと2点A，Bを結び，点Oから辺ABに垂線OHを引く。円周角の定理より，∠AOB＝2∠ACB＝2×60°＝120°であり，△OABがOA＝OBの二等辺三角形より，∠AOH＝∠BOH$=\frac{1}{2}$∠AOB$=\frac{1}{2}\times120°=60°$だから，△AOHは3辺の比が$1:2:\sqrt{3}$の直角三角形である。点Hは辺ABの中点だから，AH$=\frac{1}{2}$AB$=\frac{1}{2}\times\sqrt{6}=\frac{\sqrt{6}}{2}$であり，$r=\frac{2}{\sqrt{3}}AH=\frac{2}{\sqrt{3}}\times\frac{\sqrt{6}}{2}=\sqrt{2}$となる。

図1

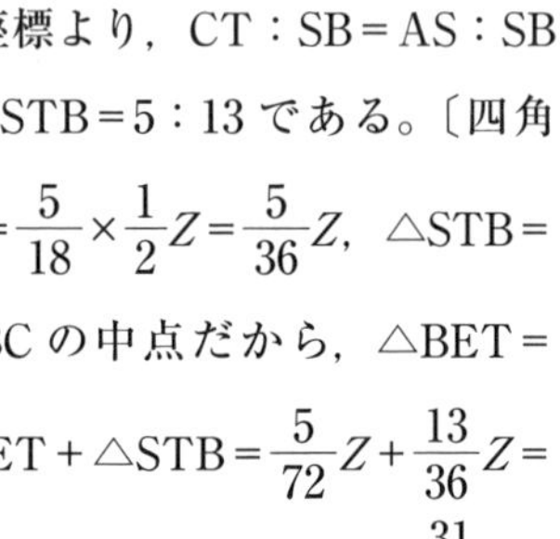

(2)＜角度，長さ―特別な直角三角形＞前ページの図1で，$\overset{\frown}{\mathrm{BC}}$に対する円周角だから，$\angle\mathrm{BDC}=\angle\mathrm{BAC}=60^\circ$である。よって，△EBDで内角と外角の関係より，$\angle\mathrm{BEC}=\angle\mathrm{BDC}-\angle\mathrm{EBD}=60^\circ-15^\circ=45^\circ$となる。また，△ABCは正三角形であり，線分OHは辺ABの垂直二等分線だから，直線OHは点Cを通る。したがって，△EHCは直角二等辺三角形，△HBCは3辺の比が$1:2:\sqrt{3}$の直角三角形だから，$\mathrm{CH}=\frac{\sqrt{3}}{2}\mathrm{BC}=\frac{\sqrt{3}}{2}\times\sqrt{6}=\frac{3\sqrt{2}}{2}$であり，$\mathrm{CE}=\sqrt{2}\mathrm{CH}=\sqrt{2}\times\frac{3\sqrt{2}}{2}=3$となる。

(3)＜長さ―三平方の定理＞右図2で，点Oと3点C，D，Gを結び，点Oから線分CD，線分FGに垂線OI，垂線OJを引く。$\angle\mathrm{DBC}=\angle\mathrm{ABC}-\angle\mathrm{ABD}=60^\circ-15^\circ=45^\circ$だから，円周角の定理より，$\angle\mathrm{DOC}=2\angle\mathrm{DBC}=2\times45^\circ=90^\circ$であり，△OCDは直角二等辺三角形である。これより，$\mathrm{CD}=\sqrt{2}\mathrm{OC}=\sqrt{2}\times\sqrt{2}=2$である。2点I，Fはそれぞれ線分CD，線分CEの中点だから，$\mathrm{CI}=\frac{1}{2}\mathrm{CD}=\frac{1}{2}\times2=1$，$\mathrm{CF}=\frac{1}{2}\mathrm{CE}=\frac{1}{2}\times3=\frac{3}{2}$となり，$\mathrm{IF}=\mathrm{CF}-\mathrm{CI}=\frac{3}{2}-1=\frac{1}{2}$である。

図2

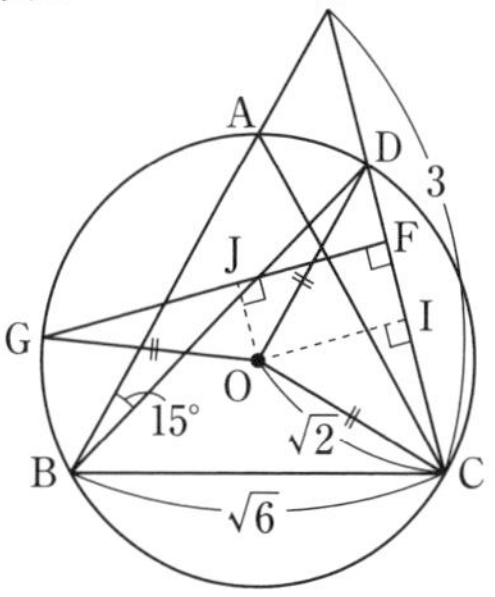

四角形OIFJは長方形だから，$\mathrm{OJ}=\mathrm{IF}=\frac{1}{2}$である。よって，△OJGで三平方の定理より，$\mathrm{JG}=\sqrt{\mathrm{OG}^2-\mathrm{OJ}^2}=\sqrt{(\sqrt{2})^2-\left(\frac{1}{2}\right)^2}=\sqrt{\frac{7}{4}}=\frac{\sqrt{7}}{2}$となる。また，$\angle\mathrm{OCI}=45^\circ$より，△OCIは直角二等辺三角形だから，$\mathrm{OI}=\mathrm{CI}=1$であり，$\mathrm{JF}=\mathrm{OI}=1$である。したがって，$\mathrm{FG}=\mathrm{JG}+\mathrm{JF}=\frac{\sqrt{7}}{2}+1$である。

5〔空間図形―正八面体〕

≪基本方針の決定≫(3)　立体Aと正八面体との関係に着目する。

(1)＜体積―特別な直角三角形＞右図1のように，点B～点Gを定め，線分BGと面CDEFの交点をHとする。立体BCDEFGは正八面体だから，図形の対称性より，BG⊥〔面CDEF〕，BH＝GHである。四角形BCGE，四角形CDEFは正方形だから，$\mathrm{BG}=\sqrt{2}\mathrm{BC}=\sqrt{2}\times3=3\sqrt{2}$より，$\mathrm{BH}=\mathrm{GH}=\frac{1}{2}\mathrm{BG}=\frac{1}{2}\times3\sqrt{2}=\frac{3\sqrt{2}}{2}$となり，〔正四角錐B-CDEF〕$=\frac{1}{3}\times$〔正方形CDEF〕$\times\mathrm{BH}=\frac{1}{3}\times3^2\times\frac{3\sqrt{2}}{2}=\frac{9\sqrt{2}}{2}$となる。よって，正八面体BCDEFGの体積は，2〔正四角錐B-CDEF〕$=2\times\frac{9\sqrt{2}}{2}=9\sqrt{2}$となる。

図1

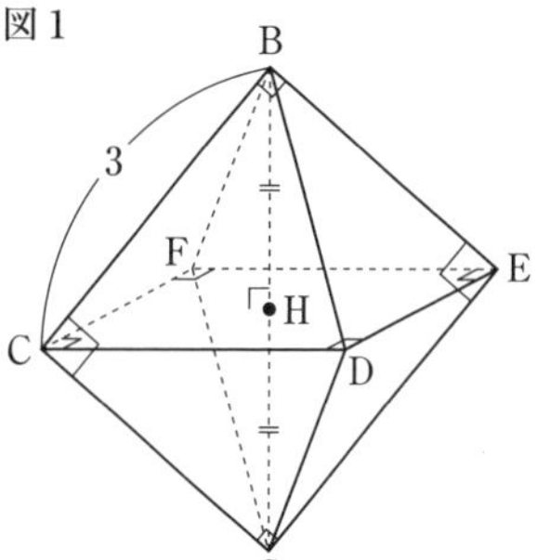

(2)＜辺と頂点の数＞立体の辺は，どの辺も2つの面の辺が重なって1本の辺となる。立体Aは，正六角形8枚と正方形6枚で囲まれているので，辺の総数は$6\times8+4\times6=72$(本)となり，立体Aの辺の本数は$72\div2=36$(本)となる。また，立体Aの頂点は，どの頂点も3つの面が集まってできているから，立体Aの頂点の個数は，$(6\times8+4\times6)\div3=24$(個)となる。

(3)＜体積―相似＞立体Aは，右図2のように，正八面体BCDEFGの6つの角から，全ての辺の長さが1の正四角錐を取り除いた立体である。取り除いた正四角錐は正四角錐B-CDEFと相似であり，相似比は1：3だから，体積比は$1^3:3^3=1:27$である。よって，取り除いた正四角錐1個の体積は$\frac{1}{27}$〔正四角錐B-CDEF〕$=\frac{1}{27}\times\frac{9\sqrt{2}}{2}=\frac{\sqrt{2}}{6}$だから，立体Aの体積は，$9\sqrt{2}-\frac{\sqrt{2}}{6}\times6=8\sqrt{2}$となる。

図2

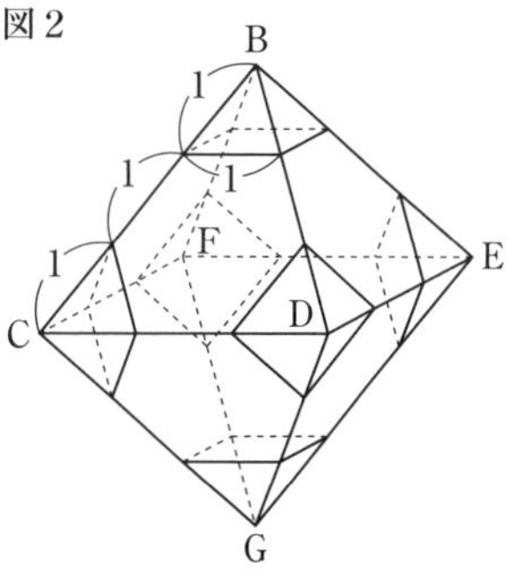

国語解答

一 問1 a 細分 b 交 c 睡魔
d 忙殺 e 事典

問2 ⑴…ア ⑵…ウ 問3 エ

問4 イ

問5 ⑴ そうやって

⑵ 全体として～超えている[点。]

⑶ [「自分にとって身近な問い，自分が直面した問い」から出発すると，]突き詰めて考えたことや洞察を現実の状況に戻しやすく，その人の生活を豊かにする(38字)[という意義。]

二 問1 f 邦訳 g 護岸 h 郵便
i 愚痴 j 夢想

問2 ウ 問3 イ 問4 ア

問5 ウ

問6 他人から自分に向けられた悪意ある言葉。

問7 自分の人生を生き続けていかなければならないということ。(27字)

問8 エ

三 問1 イ 問2 おいしくない

問3 エ 問4 ア

問5 おわりて 問6 エ

問7 イ，ウ，オ 問8 ウ

一〔論説文の読解―哲学的分野―哲学〕出典；梶谷真司『考えるとはどういうことか 0歳から100歳までの哲学入門』。

≪本文の概要≫哲学には，真理や存在といった専門的で難しい問いがある。しかし，これらの問いは，なかなか実生活には結びつかないため，普通の人にとっては縁遠い。それに実生活における問題は，専門的というよりも，さまざまな要素が絡み合った複雑さを持っている。私たちは，身の回りの他者と関わり，学業や仕事の時間に追われながら日常生活を送る。その中で悩み，考える問題は，専門的に細かく切り分けられるものではないため，学問としての哲学ではとらえきれない。しかし，日常生活における問題について突き詰めて考えようとする姿勢には，少なくとも「哲学的な問い方」がある。自分の生き方や行動に疑問を持ち，考えることをするならば，日常生活や人生を深めることができるだろう。元来は，「哲学の問題」があるというよりも，物事の「哲学的な問い方」があるだけなのである。哲学の問題を考えることよりも，実生活を送る中で何を考え，何を問うのかという哲学的な問いを持つことの方が，重要である。

問1＜漢字＞a．細かく分けること。 b．音読みは「交流」などの「コウ」。 c．こらえきれない眠気のこと。 d．非常に忙しいこと。 e．物事の内容を説明した書物。

問2＜文章内容＞⑴哲学には，真理や存在といった，抽象的な問いが存在する。そういう哲学の問いは，実生活には結びつきにくく，深く悩み傷ついたり，物事を深く突き詰めて考えたりしなくては，普通の人ではたどり着けないほど深く難しいものである。 ⑵哲学の問いは，実生活には関係しないものである。しかし，何かのきっかけで哲学に興味を持ったり，もともと抽象的な問いに疑問を持っていたりすることにより，哲学の問いを自分の問いにできる人もいる。

問3＜文章内容＞「他者なるもの」とは，身近に接する友人や家族といった具体的な他人のことだけを指すのではない。時間や空間に関係なく，自分以外に存在する他人を一般的に表現した概念のことである。

問4＜文章内容＞食事や授業，仕事など，実生活の中で何気なく行動していることや身近な事柄などに対し，なぜその行動をとるのか，どうしてその事柄があるのかなど，理由や意味について自分なりに考え始めることが，哲学的な思考の第一歩なのである。

問５＜文章内容＞⑴私たちは，家族や友人など周囲の人と関わりながら，授業や仕事などの忙しい時間を過ごしている。そうした実生活を送る中で，私たちは，「今やるべきことは何か，時間をどう使うか，どこに行くべきか，何が正しく，何が間違っているか」などを考える。　⑵実生活における問題は，「全体としては，いろんな問題が複雑に絡み合」っており，総合的に考えるべきものであるため，専門的な「哲学の問題として考えられることをはるかに超えて」いてとらえきれない。　⑶実生活を送る中で自ら疑問に思った問いは，そこで考え，得られた発見や洞察などを現実の問題に再び当てはめやすいため，自分の生活を深めてくれる有意義なものである。

二〔随筆の読解―芸術・文学・言語学的分野―読書〕出典；沢木耕太郎「キャラヴァンは進む」（『銀河を渡る　全エッセイ』所収）。

≪本文の概要≫すでに読んでしまった本と，まだ読んでいない本のどちらを残すか。年長の作家に尋ねられた「私」は，まだ読んでいない本を残すと答えた。しかし年長の作家は，すでに読んだ本が必要だと言ったので，それが「私」の心の中でずっと引っかかっていた。年月を経て，「私」は年長の作家の言葉の意味がわかるようになってきた。読書とは，一つの本を何度も読み，親しみを深めることである。「私」はカポーティのエッセイ集『犬は吠える』を何十年も読み，親しんできた。『犬は吠える』のタイトルは，周りの人が邪魔をしてきても，自らの人生を歩み続けなくてはいけないという，アラブのことわざ「犬は吠える，がキャラヴァンは進む」に由来する。このエッセイに「私」は何度も励まされながら，人生を送ってきたのである。

問１＜漢字＞ｆ．外国語を日本語に訳したもの。　ｇ．水害を防ぐために，河岸や海岸につくられた構造物のこと。　ｈ．書状，手紙などの配達をする通信制度。　ｉ．言っても仕方のないことを嘆くこと。　ｊ．夢のようなことを想像すること。

問２＜文章内容＞「私」は，年長の作家からの質問に対し，まだ読んだことのない本を残すと答えた。まだ読んだことのない本は，これからの人生で何らかの意味や価値をもたらしてくれるかもしれず，読んでもいないうちに処分してしまうのは想像できないと思ったからだと考えられる。

問３＜文章内容＞「私」とは違い，年長の作家は，すでに読んだ本を残す立場であった。「私」は，年齢を重ねるごとに，文中の一節を引用するときだけでなく，人生を送る中で親しみを抱くという点でも，必要なのは読んでいない本でなく，読んだ本だと理解できるようになった。

問４＜表現＞アメリカ版の宣伝文句によると，『犬は吠える』は，一気に読まれるのに適しているというよりは，ときどき手にして，食後の時間を楽しむように，ゆったりとした時間に少しずつ読まれるのがふさわしいと評されている。「私」も，ときに書棚から抜き出しては一，二編ずつ読むことを何十年も繰り返している。

問５＜語句＞「おめでたい」は，考え方が楽観的すぎる，という意味。カポーティは，ときに現実離れした楽観的な気分で，自分がまるでサハラ砂漠をさすらう旅人であるかのように空想しながら「犬は吠える，がキャラヴァンは進む」ということわざを思い出した。

問６＜文章内容＞「悪意に満ちた批評文」が同封された手紙を受け取ったカポーティに対し，ジッドは，「犬は吠える，がキャラヴァンは進む」というアラブのことわざを教え，他人からの悪評を気にしすぎてはいけないと励ました。

問７＜文章内容＞たとえ犬の吠える声が耳に入ってくるとしても，キャラヴァンは砂漠を進んでいかなければならない。このように，他人からの悪評が気になったとしても気にしすぎることなく，人は，前向きに人生を生きていかなければならないのである。

問８＜文章内容＞「私」は，『犬は吠える』を何十年も繰り返し読み，親しみを抱きながら励まされてもきた。本当に大事な本は，長い間常に身近なところにあり続け，自分の人生を陰ながら支えてくれる存在なのである。

三 〔古文の読解―説話〕出典；無住法師『沙石集』巻第六ノ十一。

≪現代語訳≫嵯峨に，能説房という説経師がいた。ずいぶん弁舌巧みな僧であった。隣には酒屋の金持ちの尼がいた。能説房は，大変な酒のみで，もらったお布施は，全て酒代に使ってしまっていた。あるときはつけで買って，布施が手に入ると支払うこともあった。／この尼さんが，法事を行うことがあって，能説房を講師として招いたところ，近所の者が，これを聞いて，能説房に言った。「あそこの尼さんの，酒を売る一番の困りごとは，水を入れているから，思ったほどおいしくない(ことです)。今日の御説法のときに，酒に水を入れて売ることが，罪であることを，こと細かにおっしゃってください。我々としてもそれがありがたいのです」とのことだった。／能説房が「皆さんおのおのがおっしゃる以前から，私もそう気がついておりました。今日は，日頃から思っていたことをはっきりと言いましょう」と言って，お経の解釈はほどほどにして，酒に水を入れる罪を考えまとめあげて，少々根拠のないことまでこまごまと言った。／さて説法が終わり，尼さんは，その周りの聴衆を皆呼んで，大きな桶に，なみなみと酒を入れて，(盃に)取り出して(酒を飲むよう)勧めた。能説房は，上座に座り，盃を取りあげて酒を飲んだ。この尼さんは，「驚きましたよ。酒に水を入れるのが罪だったとは知りませんでした」と言ったので，(その辺りの聴衆は)「水が少し入ってもよい味の酒というのなら，今日の(薄めない酒)はどれほどおいしいのか」と思っていると，能説房が，「あっ」と言ったので，(聴衆は)「どれほどにおいしい酒なのだろうか」と，(能説房が)感動する声なのかと思ったが，(能説房が)「いつもは少し水っぽい酒でしたのに，これは，少し酒っぽい水だというのはどういうことなのでしょう」と言ったところ，(尼さんは)「そうでしょう。〈酒〉に〈水〉を入れるのは罪だとおっしゃったので，これは〈水〉に〈酒〉を入れております」と言い，大きな桶に〈水〉を入れて，〈酒〉を一ひさげほど，注いだのであった。この尼さんは，これをおもしろ半分でしたのだろうか，それとも，本当にわかっていてやったのだろうか。

問１＜古文の内容理解＞能説房は，非常に酒好きで，もらったお布施で，専ら酒を買って飲んでいた。「一向に」は，ひたすら，専ら，という意味。

問２＜古文の内容理解＞「近き辺りの者」は，酒好きの能説房に，「尼公」の売る酒は水が混ぜられていておいしくないので，酒に水を入れて売るのは罪だと言って何とかしてほしいと頼んだ。

問３＜古文の内容理解＞「尼公」の酒に水が混ぜられていることを「近き辺りの者」から聞いた能説房は，自分も以前からそのことに気がついていたので，「尼公」にその罪深さを告げると答えた。

問４＜古文の内容理解＞能説房は，酒に水を入れて薄めることの罪について説明してみせたが，その説教には事実ではないことまでも少々織り交ぜてあった。

問５＜歴史的仮名遣い＞歴史的仮名遣いの「を」は，現代仮名遣いでは「お」に，語頭以外のハ行は，原則として「わいうえお」になるので，「をはりて」は「おわりて」となる。

問６＜古文の内容理解＞「尼公」は，酒に水を入れることが罪であるなどとはすっかり知らなかったと驚いてみせた。

問７＜古文の内容理解＞酒に水を入れることが罪だと指摘された「尼公」は，能説房に対し，酒に水を入れることが罪だとおっしゃるので，これは水に酒を入れたものなのですと言い，大きな桶に水を入れ，酒をほんの少しだけその中に入れてみせた。

問８＜文学史＞『新古今和歌集』は，鎌倉時代に成立した勅撰和歌集で，撰者は藤原定家ら。『今昔物語集』は，平安時代に成立した説話集。『万葉集』は，奈良時代に成立した現存する我が国最古の和歌集。『若菜集』は，明治30(1897)年に発表された島崎藤村の詩集。

Memo

Memo

2019年度 巣鴨高等学校

【英　語】（50分）〈満点：100点〉

※本文中の左上に数字が付いている語(句)には注があります。

1　次の英文を読み，あとの設問に答えなさい。

Many years ago, we lived in a part of the country that had a dry season every year. One year, we had not seen rain in almost a month. The crops were dying. The cows had stopped giving milk. The rivers and [1] streams had all dried up. Seven local farmers would soon lose their farms before that dry season was over.

One day, when I was making lunch in the kitchen, I saw my six-year-old son, Billy, walking toward the woods. He wasn't walking with the ①[　　　　　] steps of a small child but with a serious purpose. I could only see his back. He was walking with great effort and trying to be as quiet as possible.

Minutes after he disappeared into the woods, he came running back toward the house. I thought that [2] whatever he had been doing was done, and I went back to making lunch. But soon, he was again walking in that slow, careful way toward the woods. ②This went on for a while: walking carefully to the woods, running back to the house.

I walked out of the house quietly and ③(　　　) him. I was very careful not to be seen. He had both hands cupped in front of him as he walked and was very careful not to drop ④what he held in his hands. Tree branches hit his little face but (ア)he did not try to avoid them. Then I saw several large deer standing in front of (イ)him. Billy walked up to them. A huge male was very close. But the deer did not [3] threaten (ウ)him; (エ)he didn't even move as Billy sat down. And I saw a baby deer lying on the ground, clearly thirsty and tired from the heat. It lifted its head to drink the water cupped in Billy's hands. When the water was gone, Billy jumped up and ran back to the house, to a water [4] faucet that we thought we had turned off. Billy opened it and a small amount of water began to come out. He waited until the water filled up his 'cup.' And then I ⑤(　　　). He had gotten in trouble the week before for playing with water. We had taught him about the importance of not wasting water.

After filling up his 'cup,' he turned off the faucet by using his [5] elbow. When he stood up and began the journey back, I was there in front of him. His little eyes filled with tears. "⑥[　　　　　]," was all he said. I joined him with a pot of water from the kitchen. I let him take care of the baby deer. I stood at the [6] edge of the woods and watched him working so hard to save another life.

As the tears that rolled down my face began to hit the ground, ⑦they were suddenly joined by other drops . . . and more drops . . . and more. Some people will probably say that this didn't mean anything, that miracles don't really happen, that it would certainly rain [7] sometime. And I can't [8] argue with that—I'm not going to try. All I can say is that the rain that came that day saved our farm . . . just like the actions of one little boy saved another living creature.

注：1　stream　小川　　2　whatever he had been doing　何であれ彼がしていたこと
　　3　threaten　～を威嚇(いかく)する　　4　faucet　蛇口　　5　elbow　ひじ
　　6　edge　端(はし)　　7　sometime　いつかは
　　8　argue with　～に反論する

1．下線部①の空所に入る最も適切なものを次の中から１つ選び，記号で答えなさい。

a．usual easy　　b．unusual easy

c．usual heavy　　d．unusual heavy

2．下線部②の具体的な内容を25字以内の日本語で答えなさい。

3．下線部③⑤の空所に入る最も適切なものを次の中からそれぞれ１つずつ選び，記号で答えなさい。

③　a．caught　　b．followed　　c．helped　　d．missed

⑤　a．understood　　b．wished　　c．wondered　　d．worried

4．下線部④が表している具体的なものを本文中の１語の英語で答えなさい。

5．下線部(ア)～(エ)の中で指しているものが他と異なるものを１つ選び，記号で答えなさい。

6．下線部⑥の空所に入るせりふとして最も自然なものを次の中から１つ選び，記号で答えなさい。

a．I'm not lying　　b．I'm thirsty

c．I'm just playing　　d．I'm not wasting

7．下線部⑦の状況を日本語でわかりやすく説明しなさい。ただし，they と other drops がそれぞれ具体的に何を表しているかを明らかにすること。

8．本文から読み取れるものとして最も適切なものを次の中から１つ選び，記号で答えなさい。

a．「私」はビリーとの関係を修復したいと思っていた。

b．「私」はビリーの考えにどうしても賛成できないでいる。

c．「私」はビリーの行動が奇跡を呼んだと思っている。

d．「私」はビリーに自然の厳しさを教えたかった。

2　次の英文を読み，下の設問に答えなさい。本文中の1～6は段落番号を表します。

1　Everybody knows that tea is the national drink of Britain. Of course, tea is popular all over the world, but no other country drinks so much. The British use almost two kilograms of tea per person every year. That's about four cups per person per day, or more than 160 million cups every day throughout the nation (about 40 million liters). No other drink in Britain comes close to tea in popularity, not even coffee (about 70 million cups per day) or [1] beer (about 125 liters per person per year). On the other hand, Japan, another famous tea-drinking nation, only manages to use about one kilogram of tea per person per year. However, tea is native to China. How did an Asian drink become the national drink of Britain?

2　Surprisingly, the British started drinking tea quite late. Tea was first brought to Europe in the early 17th century by Dutch and Portuguese traders who bought tea leaves along with spices and silks when they did business in China. Tea was not very successful in Britain at first. The most popular [2] non-alcoholic drink at the time was coffee, and although tea was offered for sale in some coffee shops from the early 1650s, it didn't sell very well. All that changed in 1662, when King Charles Ⅱ married Catherine of Braganza. The King's new wife came from Portugal, and she loved drinking tea. Soon the King also started to drink tea, and [3] from that point on, tea was the fashionable drink in Britain.

3　The brewers (the people who made beer) however, didn't like tea. In the 17th century, most people didn't have safe drinking water. This meant that they either had to boil their water, or drink something else. [　イ　] because the alcohol killed many of the [4] bacteria in the water. When tea became fashionable, people began to drink less beer. So [　ロ　] to reduce the amount of tea on sale. The government did this by raising the tax on tea and by 1706 it had risen to 119 percent.

4　Since tea was so expensive, drinking it at home was often a special event. In many houses, the tea leaves were kept in a locked [5] caddy with only one key, and it was held by the lady of the house. [6] When tea was to be drunk, she would unlock the caddy, and [7] scoop the tea leaves into the pot. Because of this, when British people serve tea to someone, they often say, "Shall I be mother ?" As tea became popular with women, some coffee shops opened tea gardens to offer a nice place for them to drink tea. The most famous tea gardens were the Vauxhall Gardens, where Handel regularly performed his music, and the Ranleigh Gardens, where Mozart performed in 1765.

5 One common fake material sold as tea was dried sheep [8] dung. Finally, in 1784, [9] the Commutation Act was passed. This reduced the tax on tea so that nearly everyone was able to drink it. There was just one problem : China was the only source of tea, and British tea drinkers could not buy as much as they wanted. In the early 19th century, some workers of the East India Company stole some tea seeds and took them to India to try and grow tea there. These seeds later became Darjeeling tea. In 1820, tea plants were found growing in the wild in Assam in India, and the necessary amount of tea was finally [10] assured.

6 Today, 70 percent of British people drink tea every day, and 98 percent of them drink their tea with milk, although only 30 percent add sugar. Scientific studies have shown that drinking tea keeps you more awake, can help keep your teeth and [11] gums healthy, decrease your risk of heart disease, and perhaps reduce your risk of developing certain cancers. It's no surprise that the British will never give up their favorite drink.

注：1　beer　ビール　　2　non-alcoholic　アルコールを含まない
3　from that point on　その時以来　　4　bacteria　細菌　　5　caddy　茶葉を入れる缶
6　when tea was to be drunk　紅茶を飲もうとする時に　　7　scoop　～をすくい取る
8　dung　動物のふん　　9　the Commutation Act　減税法　　10　assure　～を保証する
11　gum　歯ぐき

1．第1段落について正しく述べている文を次の中から1つ選び，記号で答えなさい。

a．About 40 million liters of tea is drunk every year in Britain.
b．The British drink more than twice as much tea as coffee per person.
c．The Japanese, on average, drink as much tea as the British.
d．Britain produces the most tea in the world.

2．次の英文が第2段落の内容を示すように，空所（A）～（D）に入る最も適切な語を第2段落の中からそれぞれ抜き出して答えなさい。

Tea drinking was not widely accepted in Britain until the 17th century. European traders brought tea from China. The non-alcoholic drink which British people loved most at the time was not (A) but (B). However, things began to change in 1662. The (C) became a tea drinker because his (D) liked tea very much. As a result, tea became popular in Britain.

3．第3段落の空所［イ］［ロ］に入る最も適切なものを次の中からそれぞれ1つずつ選び，記号で答えなさい。ただし，文頭に来る語も小文字になっています。

a．the brewers put pressure on the government
b．people usually drank boiled water
c．most people drank beer
d．tea shops fought against the brewers

4．第4段落について，次の質問に対する答えとして空所に入る最も適切なものを以下の選択肢から1つ選び，記号で答えなさい。

Question : Why do British people often say "Shall I be mother ?" when they serve tea to guests ?
Answer : Because the lady of the house [ ] in the past.

a . held a special tea party at home
b . had one of the keys to a small box used for tea
c . kept tea leaves and made tea
d . chose tea leaves and tasted tea

5 . 第5段落について述べた次の英文の空所に入るものとして，最も適切なものを以下の選択肢から１つ選び，記号で答えなさい。

After the tea tax was reduced, the only problem was about the [ ].

a . supply of tea　　b . quality of tea
c . spread of fake tea　　d . way of growing tea plants

6 . 第6段落の内容に一致しないものを次の中から１つ選び，記号で答えなさい。

a . About 70 percent of the British people drink tea with milk every day.
b . More people in Britain drink tea without sugar than with sugar.
c . The brain can become more active by drinking tea.
d . Drinking tea can decrease the risk of certain mental diseases.

7 . 次の英文は，第2～5段落のいずれかの段落の冒頭に入ります。その段落の番号を答えなさい。

Another effect of the high price of tea was that people were often sold something that looked like tea, but wasn't.

3

次の英文を読み，下線部①～⑤の語(句)を並べ替えて意味の通る英語にしなさい。ただし，文頭に来る語も小文字になっています。

When three men in California were taken to a hospital with strange [1] symptoms, the hospital doctors thought the men had been poisoned. They couldn't speak, and they [2] had trouble breathing. The doctors finally found out the men had just shared a dish of *fugu*.

Fugu, the Japanese name for the puffer fish, ①[the / fish / of / is / one / strangest] in the ocean. The puffer fish gets its name from the way the fish protects itself from enemies. Whenever it is attacked, the fish [3] puffs up its body to over twice its normal size !

The reason the three men were taken to the hospital is because the puffer fish is also very poisonous. [4] As a rule, you ②[a whole / if / will / eat / die / you] puffer fish. The three men were also dying. (Luckily they all survived.)

[5] Despite the danger of fugu poisoning, the fish is actually a very expensive, and very popular, kind of food in Japan. Because of the danger, fugu can only be prepared ③[cooks / a special license / from / by / with / the local government]. These cooks can [6] identify and remove the poisonous parts of the fish. ④[eating / people / die / most / from / who] fugu these days have tried to prepare the fish [7] on their own.

Fugu is ⑤[be / delicious / that / so / said / to] it has even started to be imported into Hong Kong and the United States. Several tons of fugu are now exported from Japan every year.

注：1　symptom　症状　　2　have trouble breathing　呼吸困難である
3　puff up　～をふくらませる　　4　as a rule　原則として　　5　despite　～にもかかわらず
6　identify　～を特定する　　7　on their own　自分自身で

4　次の会話文について，下線部の日本語を(　)内の語を用いてそれぞれ4～8語の英語に直しなさい。ただし，(　)内の語は必要ならば形を変えること。ピリオドは不要です。

Mary : You look pale, John. Did you sleep well ?

John : Not really. I had a [1] nightmare about the accident I experienced.

Mary : You are safe now. You don't need to worry.

John : I know but ①どうしてもそのことについて考えてしまうんだ (stop).

Mary : Maybe it's good to think about something else.

John : Well . . . [2] I wish I could, but it's difficult for me. ②何をしたらいいのか分からないよ (should).

Mary : OK. I'll help you. Look outside !

John : Oh ! It's snowing ! I like snow. ③それは故郷を思い出させてくれるんだ (of).

Mary : Great ! Could you tell me about it ?

John : I had a great childhood there. There were many kind people. Thinking about my hometown is fun. ④そうすると僕は幸せな気持ちになるんだ (make).

Mary : Are you feeling better now ?

John : Yes. I'll be able to sleep well tonight.

Mary : ⑤それを聞いて嬉しいわ (hear).

John : Thank you.

注：1　nightmare　悪夢　　2　I wish I could　できればいいんだけれど

【数　学】（50分）〈満点：100点〉

（注意）　1．円周率が必要な場合はπを用い，解答に$\sqrt{\ }$が含まれる場合は$\sqrt{\ }$のままできるだけ簡単な形にすること。

2．(途中経過)とある欄には，答えを導くのに必要な式を書くこと。

3．定規・コンパス・分度器の使用はできません。

1　次の各問いに答えよ。

(1)　$a^2b-ab^2+abc-a+b-c$ を因数分解せよ。

(2)　$a=\dfrac{3+\sqrt{3}}{\sqrt{2}}$，$b=\dfrac{2-\sqrt{2}}{\sqrt{3}}$，$c=2\sqrt{2}$ のとき，$a^2+b^2-c^2$ の値を求めよ。

(3)　x，y，z を0以上の整数とするとき，$x+2y+3z=20$ を満たす整数の組$(x,\ y,\ z)$は何組あるか。

2　中身が見えない箱の中に1から10までの数字が1つずつ書かれた10枚のカードがある。箱の中から1枚のカードを引き，カードの数字を確認してもとに戻す操作を1回または2回行い，最後に出たカードの数字を得点とするゲームを行う。

ただし，1回目が5以下の数字ならば2回目を引き，

1回目が6以上の数字ならば2回目を引くのをやめるものとする。

このとき，次の各問いに答えよ。

(1)　得点が1点である確率を求めよ。

(2)　得点が10点である確率を求めよ。

(3)　このゲームにおいて，カードを最大3回まで引けるとするとき，次のルールに従ってゲームを行う。

「1回目が6以下の数字ならば2回目を引き，

1回目が7以上の数字ならば2回目を引くのをやめる。

さらに，2回目が5以下の数字ならば3回目を引き，

2回目が6以上の数字ならば3回目を引くのをやめる。」

このとき，得点が10点である確率を求めよ。

3　右図のように，放物線 $y=ax^2$…①と直線 $y=2x+b$…②があり，①と②は2点A，Bで交わっている。ただし，a と b は正の定数とする。2点A，Bから x 軸に下ろした垂線の足をそれぞれC，Dとする。また，直線②と y 軸との交点をEとするとき，AE：EB＝1：3である。

このとき，次の各問いに答えよ。

(1)　点Aの x 座標を a，b を用いて表せ。ただし，点Aの x 座標は負であるとする。

(2)　積 ab の値を求めよ。

(3)　四角形ACDBの面積が80であるとき，a と b の値をそれぞれ求めよ。

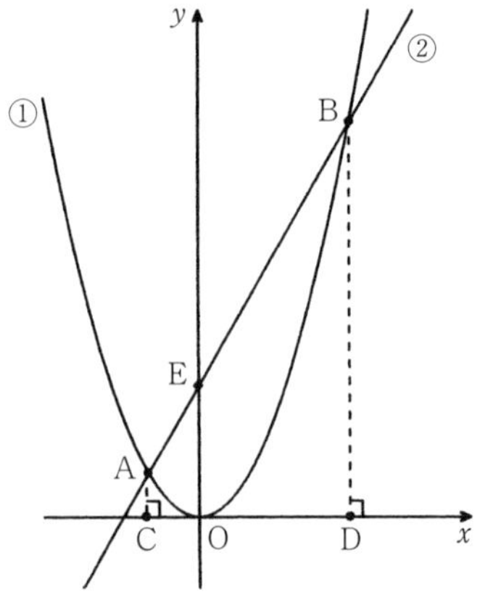

4 　次の図のように，AB＝6，AC＝4，∠BAC＝60° の △ABC がある。辺 BC を直径とする円と辺 AB，AC との交点をそれぞれ D，E とし，BE と CD との交点を F とする。このとき，下の各問いに答えよ。

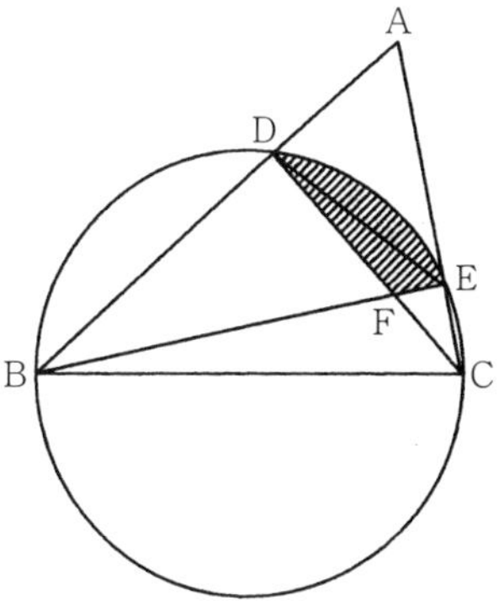

(1)　線分 AD，BC の長さをそれぞれ求めよ。
(2)　線分 DE の長さを求めよ。
(3)　図の斜線部の面積を求めよ。

5 　図 1 のような，1 辺の長さが 2 である 2 つの正方形 ABCD，EFGH を底面とし，8 つの二等辺三角形を側面とする立体がある。

ただし，AE＝EB＝BF＝FC＝CG＝GD＝DH＝HA とする。

図 2 はこの立体の平面図（立体を真上から見た図）であり，図 3 はこの立体の立面図（立体を正面から見た図）である。

また，この立体の高さ（図 3 の線分 AI の長さ）は $\sqrt{2}+1$ である。このとき，下の各問いに答えよ。

図 1
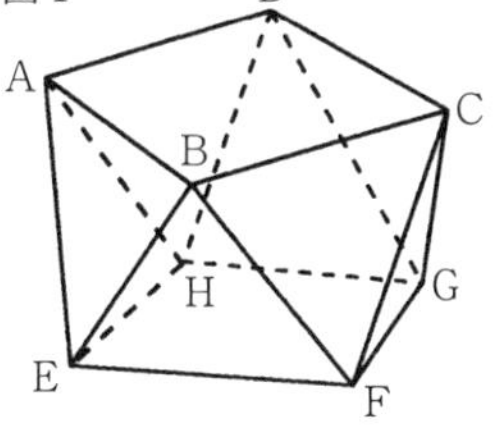

図 2
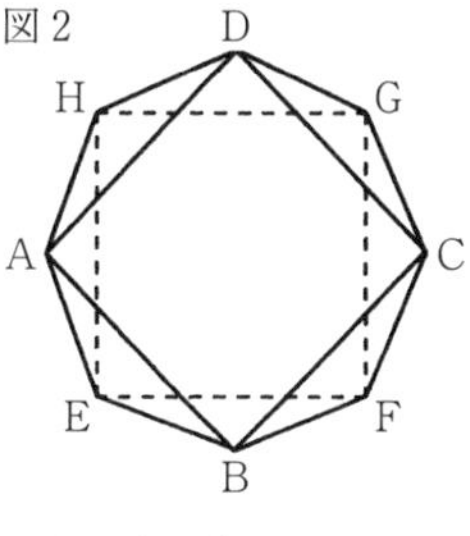

図 3
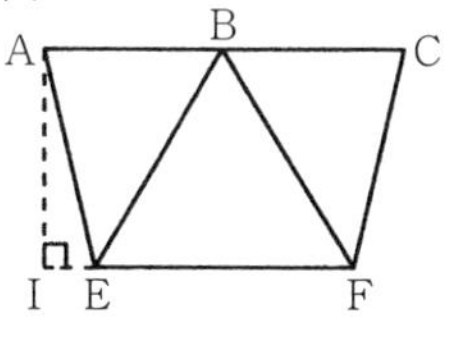

(1)　図 2 の平面図において，正八角形 AEBFCGDH の面積を求めよ。
(2)　この立体の表面積を求めよ。
(3)　この立体の体積を求めよ。

（注）1　堀河院の御時…堀河帝が位にあった平安時代後期、十一世紀末から十二世紀初めにかけての時代。
2　帝…「院」と同一人物。
3　坪…中庭。
4　安楽塩…笛の楽曲の名。

問1　波線部a「吹かせけり」・b「おぼしめさず」・c「臆して」の主語としてふさわしい人物を、次のア～ウから一つずつ選び、記号で答えよ。

ア　帝(院)　　イ　明宗　　ウ　女房

問2　傍線部①「いみじき」の意味を、現代語で答えよ。

問3　傍線部②「え吹かざりけり」の意味としてふさわしいものを、次のア～エから一つ選び、記号で答えよ。

ア　一向に吹こうとしなかった　　イ　吹くことができなかった
ウ　全く吹く気が起きなかった　　エ　吹くのをやめてしまった

問4　傍線部③「本意なし」とは「願いがかなわない」という意味だが、この願いとは、誰の、どのような願いか。二十五字以内で答えよ。

問5　二重線部X「たへさせたまはず」の読み方を、現代仮名遣いのひらがなで答えよ。

問6　空欄Yにふさわしい言葉を、次のア～エから一つ選び、記号で答えよ。

ア　めでたく　　イ　めでたし
ウ　めでたき　　エ　めでたけれ

問7　傍線部④「『安楽塩』といふ異名」がついた理由は、「楽塩」を、同じ音のどのような言葉に掛けたからか。本文中の漢字を組み合わせて、二字で答えよ。

問8　本文の内容としてふさわしいものを、次のア～エから一つ選び、記号で答えよ。

ア　帝は、知り合いの女房に言われるままに明宗を呼びよせた。
イ　帝は、自分にも笛を吹かせてもらいたいと明宗に懇願した。
ウ　隠れていた帝は、感動したあまりつい声をあげてしまった。
エ　隠れていた帝は、見つかったとたんに庭に落ちてしまった。

問9　この文章に述べられている出来事があった平安時代に成立した文学作品を、次のア～エから一つ選び、記号で答えよ。

ア　平家物語　　イ　源氏物語　　ウ　徒然草　　エ　万葉集

エ　文学作品がその舞台として描いた現実の場所を、地図を用いて正確に確認できるから。

問3　傍線部②「でもなあ、なんか違うんだよ」とあるが、筆者は「ポケゴー」について、どういう点に違和感を感じているのか。本文中の言葉を使って、四十五字以内で答えよ。

問4　傍線部③「繁華街で道行く人々のファッションを見る方がまだしもトポス感がある」と筆者が言うのは、なぜか。その答えとしてふさわしいものを、次のア～エから一つ選び、記号で答えよ。

ア　繁華街は人工的な空間であるが、様々なファッションで歩く人が多くいて人間を感じさせる空間となっているから。

イ　繁華街という人工的空間においては、人々はあたかも獲物を狙うように流行のファッションを追い求めているから。

ウ　繁華街の人工的空間では、ファッションを追求することで自分がそこに存在することを確認することができるから。

エ　繁華街という人工的な空間であっても、そこを歩く人のファッションはその空間を意識したものとなっているから。

問5　傍線部④「今の『マップ』」とは、どのようなものだと筆者は結論づけているか。その答えとなる言葉を、「もの。」に続くように、本文中から二十五字以内で探し、その初めと終わりの五字ずつを抜き出して答えよ。

問6　空欄⑤にふさわしい言葉を、次のア～エから一つ選び、記号で答えよ。

ア　移動手段が何であるか　　イ　目的地を目指す理由

ウ　途中に何があるか　　エ　使用者の人格や個性

問7　傍線部⑥「反省もするのだ」とあるが、ここで筆者が「反省」しているのは、なぜか。その答えとしてふさわしいものを、次のア～エから一つ選び、記号で答えよ。

ア　人間の生活がもともと現実を仮想化することで成立してきたことを忘れ、仮想に生きることに今さら批判的な態度をとっていたから。

イ　現実世界の代用となる仮想というツールの便利さに慣らされて知らないうちに依存している自分に気づき、茫然《ぼうぜん》としてしまったから。

ウ　仮想現実の急速な発展を目にして、テクノロジーの進化の前では人間はあまりにも無力だということを思い知らされてしまったから。

エ　自分にとっての現実であったはずの文学や地図も所詮は仮想の産物であると気づかされて、考えるよりどころを失ってしまったから。

問8　傍線部⑦「ヒトはどこまで耐えられるのだろう？」とあるが、筆者が心配しているのは、どういうことか。「に耐えられないだろうということ。」に続くように、本文中の言葉を使って、四十五字以内で答えよ。

三　次の文章を読んで、後の問いに答えよ。

（注1）堀河院《ほりかはゐん》の御時、勘解由次官明宗《かげゆのすけあきむね》とて、①いみじき笛吹きありけり。ゆゆしき心おくれの人なり。院、笛聞こしめされむとて、召したりける時、（注2）帝《みかど》の御前と思ふに、臆して、わななきて、②え吹かざりけり。

③本意《ほい》なしとて、あひ知れりける女房に仰《おほ》せられて、「私《わたくし》に（注3）坪《つほ》の辺《ほと》りに呼びて、吹かせよ。我、立ち聞かむ」と仰せありければ、月の夜、語らひ契りて、ａ吹かせけり。「女房の聞く」と思ふに、はばかるかたなくて思ふさまに吹きける。世にたぐひなく、めでたかりけり。

帝、感にＸたへさせたまはず、「日ごろ、上手とは聞こしめしつれども、かくほどまではｂおぼしめさず。いとどこそ［Ｙ］」と仰せ出《い》だされたるに、「さは、帝の聞こしめしけるよ」と、たちまちにｃ臆して、騒ぎけるほどに、縁より落ちにけり。④「（注4）安楽塩」といふ異名を付きにけり。

（『十訓抄《じっきんしょう》』による）

ら五十字以内で探し、その初めと終わりの五字ずつを抜き出して答えよ。

問4　傍線部③「何もしない自由などというものも本来存在しない」と、筆者が考えているのは、なぜか。本文中の言葉を使って、「何もしないことは」に続けて、四十字以内で答えよ。

問5　傍線部④「腕の良い職人であれば、確かな技術を持っていることが、自由に仕事を続けることにつながる」のは、なぜか。その答えとしてふさわしいものを、次のア〜エから一つ選び、記号で答えよ。

ア　確かな技術があれば、客が作ってほしいと望んだものを、自由に作れるようになるから。

イ　確かな技術があれば、同業の職人を蹴散らし踏みつぶして、仕事を独り占めできるから。

ウ　確かな技術があれば、好きな時を選んで好きなように、やりたい仕事に取り組めるから。

エ　確かな技術があれば、自分が作りたいものが、客が作ってほしいと望むものになるから。

問6　傍線部⑤「年寄りにはない可能性を秘めていることが、自分の価値だ」とあるが、若者がこのように考えることが誤解であるのは、なぜか。「可能性とは」という書き出しに続けて、本文中の言葉を使って、七十字以内（書き出しを含む）で答えよ。

問7　空欄⑥にふさわしい言葉を、次のア〜エから一つ選び、記号で答えよ。

ア　仕事を決める自由　　イ　仕事を辞める自由

ウ　仕事を頑張る自由　　エ　仕事をしない自由

問8　傍線部⑦「きれいな虹は遠くから見るからこそ美しく輝く」とあるが、この中の「遠くから見る」とは、どういうことを比喩したものか。その答えとしてふさわしいものを、次のア〜エから一つ選び、記号で答えよ。

ア　絶対のものとして近寄らないということ。

イ　憧れの対象にしかならないということ。

ウ　最終的な価値を置かないということ。

エ　虚構と割り切って見るということ。

問9　本文の内容としてふさわしいものを、次のア〜エから一つ選び、記号で答えよ。

ア　「自由」と「平等」とは絶対に両立しないので、その片方を常に毀損しなければならない。

イ　完全平等が実現された世界においては、ロックンローラーやパンクが生まれることはない。

ウ　どんな人生でも選べる可能性を留保することはやめて、ひとつの人生だけを選択すべきだ。

エ　人は常に自由なのだから、就職や結婚についても難しく考えず、気楽に構えていればよい。

二

次の文章を読んで、後の問いに答えよ。

〈編集部注：課題文は著作権上の問題により掲載しておりません。作品の該当箇所につきましては次の書籍を参考にしてください〉

・池澤夏樹著「場所とモノの出会い」〈朝日新聞　二〇一六年九月七日付夕刊〉文芸・批評欄「終わりと始まり」全文

問1　点線部f〜jのカタカナを、それぞれ漢字に改めよ。

問2　傍線部①「これは文学散歩である」とあるが、筆者がこれを「文学散歩」ととらえているのは、なぜか。その答えとしてふさわしいものを、次のア〜エから一つ選び、記号で答えよ。

ア　文学作品の舞台となった場所だけは、周辺が近代化の波を受けても変わらないのだと信じられるから。

イ　文学作品とその舞台となった場所とのつながりを、時代を超えて想像し実感できるから。

ウ　文学作品が舞台とした場所を実際に訪れることで、その作品の世界をより深く味わえるから。

まじめな勤め人もいるから成立する。多様性があって、成り立っている。多様性が確保された社会は、平等性にいくらか欠けるかもしれない。しかし、個人生活のすべてが法律で定められた、完全平等の世界よりはよほどましに思える。

（中略）

自由は自己を実現するために必ず必要となる道具だ。自由は言葉だけの抽象的な概念ではなく、何らかの具体的な方法である。④腕の良い職人であれば、確かな技術を持っていることが、自由に仕事を続けることにつながる。その意味で言えば、自由とは「技術」ということになる。企業の経営トップは自らの考えに従って、自由に経営判断を行うことができる。ここでは自由とはそれが許される「地位」のことである。

何かを実現するために自由は必要なのであり、自由は手段ということにほかならない。それ以上のものではないが、自己実現のためにはどうしても必要なものだ。だから、何も背負わない状態を自由とは呼べない。そこには達成感がないからである。何も背負うことができない人間は、周囲から見れば、いてもいなくてもよい人間ということだ。それは自由ではない。

誰かに必要とされる生き方と、好き勝手に生きる生き方というのは、それほどまでに違うものだ。若い人は特に、このあたりでつまづく。⑤年寄りにはない可能性を秘めていることが、自分の価値だと誤解している。どんな人生でも自由に選べるという可能性が自分の価値だと思うから、いつまでも可能性だけを留保したいと願う。

もちろん若いうちはどんな人生でも選べるだろうが、選んだ後はその人生を歩むしかない。可能性をいつまでも留保するということは、いつまでも選択しないということであり、それは可能性がないということだ。可能性を担保し続けることは、可能性を殺すことなのである。そして可能性とはすべてを選択できることではなく、たったひとつを選択できるということである。結局は若者と老人はどちらもたったひとつの人生しか送ることができない。若者に価値があるわけではなく、若者と老人はまるで同価値の中にいる。

ひとつの仕事を選べば、当然のようにどんな仕事でも選べるという可能性を放棄することになる。それが怖いからと言って職業を選択しなければ、いつまでたっても職業人にはなれない。逆説的だが、仕事に就かなければ、「　⑥　」もあらかじめ奪われていることになる。こうなってくると、もはや言葉遊びだ。

つまり、「可能性」という概念にも絶対の価値がない。「自由」と同じことだ。

「可能性」は選択して初めて「可能性」となる。「自由」は何かを背負って初めて「自由」となる。それぞれの言葉の持つ逆の行動が、その言葉に初めて価値を与える。⑦きれいな虹は遠くから見るからこそ美しく輝くのであって、近づいて見ようとすると見えなくなる。それと同じで、「可能性」や「自由」を価値のあるものにするためには、それらを追い求めてはいけないのである。

仕事に就き、結婚もすべきだ。仕事が嫌なら辞めればよい。結婚が耐えられないなら離婚すればよい。そうして再就職しても、再婚してもよい。精神的には大きな痛手となるかもしれないが、それでも何もない人生よりはまっとうな人生である。

（押井《おしい》　守《まもる》『ひとまず、信じない』による）

問1　点線部a～eのカタカナを、それぞれ漢字に改めよ。

問2　傍線部①「このふたつは両立しない。必ず矛盾を生じさせる」について、次の(1)・(2)の問いに答えよ。

(1)　絶対的な「自由」が「平等」とは両立しないことの理由について、具体的に述べた段落(形式段落)を、本文中から一つ探し、その初めの五字を抜き出して答えよ。

(2)　絶対的な「平等」が「自由」と両立しないのは、それが実際にはどのような姿勢をとろうとするものだからか。その答えとなる言葉を、本文中から二十字以内で探し、抜き出して答えよ。

問3　傍線部②「他者に害をなさない範囲で、あらゆることを行うことができること」を、より詳しく言い換えた言葉を、本文中か

二〇一九年度 巣鴨高等学校

【国 語】（五〇分）〈満点：一〇〇点〉

（注意） 字数指定のある問題は、句読点やかぎかっこなどの記号も字数に含めます。

一 次の文章を読んで、後の問いに答えよ。

何も持たないことが自由だと勘違いしている人たちがいる。結婚したり、子どもを持ったり、会社で役職に就いたりすると、面倒を抱えることになる。だから、そんなものはない方が自由だという理屈である。

しかし、その考えが正しいとはとうてい思えない。

「自由」は人間が勝ち得た最大のaビトクという言われ方がよくなされるが、「自由」そのものに絶対の価値があるわけではない。自由とは抽象的な概念ではなく、何かをなすための方法論的な価値でしかない。自由そのものに、最終的な価値があるわけではないのである。

こういう言葉が誤解されて拡散し、大量に消費されるのが現代社会の特徴だ。「自由」「平等」「平和」といった概念が、それ自体の価値によって何物にも代えられないという誤解である。それが意味することを十分に吟味することもなく、ただ、抽象的な言葉の概念だけで、それ自体の価値を犯すべきではないという思いこみ。これらが、本質的な問題を見えなくしているだけだ。

「自由」と「平等」に絶対の価値があるなら、それらはいずれも「絶対的に」守られるべきであるが、①このふたつは両立しない。必ず矛盾を生じさせる。そうなると、どちらかの価値を毀損させてでも、片方の価値を守らなければならなくなる。その時点で、価値は絶対でなく相対的なものとなる。

今は自由という言葉が、bキョウゴウする相手を蹴散らし、踏みつぶすための便利な言葉として使われる。新自由主義と呼ばれるものは、すべてそのようなものだ。好きなだけ自由にふるまって成功し、好きなだけ稼ぐべし、というのが自由の定義だ。

そんな考えと平等が並び立つわけがないのである。

わがまま勝手に生きたいから、自由でいたいと思うのであれば、おそらく他人の自由を毀損することになる。自由に家庭を捨て、自由に他人の財産を奪い取り、自由に仕事を辞めれば、その分、誰かの権利を侵害することになる。

革命で自由を手にしたフランスの市民は「人間と市民の権利の宣言」で、自由とは「②他者に害をなさない範囲で、あらゆることを行うことができること」と定義している。cヨクアツされてきた市民が王政を打倒し、政治的な自由を手に入れたときは、自由にも制限があることが認知されていた。それが「自由」そのものに絶対の価値があるように思われていく中で、制限がなくなった。

「人間と市民の権利の宣言」にもある通り、自由とは他人を傷付けない範囲で何かをなすための方法である。何とか現実と折り合いをつけ、責任をきちんと取りながら、それでも自分のやり方を貫くことができる裁量が自由ということだ。

自分勝手に生きて、他人を蹴落とすことが自由ではないはずだ。同時に③何もしない自由などというものも本来存在しない。誰もいないdコトウで、「おれは自由だ」とつぶやいてみたところで、その自由には何の意味もないし、何の価値もない。

スイスでは家庭で使う洗剤からeマドワクの色まで、すべて決められている。この状態は、ある種の自由人たちにはとても息苦しく感じられるだろう。「永世中立」という、これも言葉の響きだけで憧れる人は大勢いるが、スイスという社会はそういう独特のバランスの上に成り立っているのである。

つまり、はみ出るものを許さないという態度だ。

そういう社会ではロックンローラーはいらない。パンクなど、もってのほかだ。しかし、社会というのはロックンローラーもいれば、

英語解答

1
1 a
2 慎重に森まで歩いていき，走って家まで戻ること。(23字)
3 ③…b ⑤…a 4 water
5 (エ) 6 d
7 (地面に落ちた「私」の)涙に突然雨のしずくが加わった(という状況)。
8 c

2
1 b
2 A tea B coffee C King D wife
3 イ…c ロ…a 4 c
5 a 6 d 7 5

3
① is one of the strangest fish
② will die if you eat a whole
③ by cooks with a special license from the local government
④ Most people who die from eating
⑤ said to be so delicious that

4
① (例) I cannot stop thinking about it
② (例) I don't know what I should do
③ (例) It reminds me of my hometown
④ (例) It makes me happy
⑤ (例) I'm glad to hear that

1 〔長文読解総合―物語〕

≪全訳≫**1**何年も前，私たちは毎年乾季のある国の一地域に住んでいた。ある年，私たちは約1か月間雨を見ていなかった。農作物は枯れていた。牛は乳を出すのをやめてしまった。川や小川は全て干上がってしまった。その乾季が終わる前に，その土地の7人の農夫たちはすぐにも農場を失ってしまいそうだった。**2**ある日，私が台所で昼食をつくっていると，6歳の息子ビリーが森の方へ歩いているのが見えた。彼は小さな子どものいつものののんきな足取りではなく深刻な目的を持って歩いていた。私には彼の後ろ姿しか見えなかった。彼は必死に歩いていて，できるだけ静かにしようとしていた。**3**森の中に姿を消してから数分後，彼は家の方に走って戻ってきた。何であれ彼がしていたことが終わったと思い，私はまた昼食づくりに戻った。しかし彼はすぐに，再びあのゆっくりした慎重な様子で森の方に歩いていった。しばらくの間これが続いた。慎重に森へ歩いていき，走って家まで戻ってくることが。**4**私はそっと家から歩いて出ると，彼についていった。私は見られないようにとても注意した。彼は歩くとき体の前で両手をカップ状に丸めていて，手の中に持っているものを落とさないようにとても気をつけていた。木の枝が彼の小さな顔に当たったが，彼はそれらをよけようとはしなかった。それから私は大きな鹿が数頭，彼の前に立っているのを見た。ビリーはそれらに歩いて近づいた。1頭の巨大な雄鹿がすぐそばにいた。しかしその鹿は彼を威嚇しなかったし，ビリーが座ったとき動きさえしなかった。そして私は鹿の赤ちゃんが地面に横たわっているのを見た。明らかにのどが渇いて暑さで疲れていた。その鹿は頭を上げてビリーの両手に包まれた水を飲んだ。水がなくなると，ビリーはぱっと立ち上がって家まで走って戻った。私たちが閉めておいたと思っていた水道の蛇口の所まで。ビリーがそれをひねると，少量の水が出始めた。彼はその水が彼の「カップ」にいっぱいになるまで待った。そしてそのとき，私はわかった。彼はその前の週，水で遊んでいたことで面倒を起こしていたのだ。私たちは彼に水を無駄にしないことの大切さについて教えたのだ。**5**彼の「カップ」がいっぱいになると，彼はひじで蛇口を閉めた。彼が立ち上がり森へ戻っていこうとしたとき，私は彼の目の前に立っていた。彼の小さな目は涙でいっぱいになった。「無駄にしていないよ」とだけ彼は言った。私は台所から鍋に入れた水を持って彼と一緒に行った。彼に鹿の赤ちゃんの面倒をまかせた。私は森の端に立って，息子が一生懸命に別の生命を救おうとしているのを見つめた。❻私の頬を伝った涙が地面に落ち始めたとき，突然，他にもしずくが加わった。だんだんと，さらにだんだんとしずくは増えていった。これには何の意味もない，奇跡なんて実際には起こらない，雨はいつかはきっと降るものだ，と言う人もおそらく中にはいるだろう。そして私はそのことに反論することはできないし，するつもりもない。私が言えることはその日降った雨が私たちの農場を救ったということだけだ。まさに１人の小さな少年の行動が別の生き物を救ったように。

1 **＜適語句選択＞**'not ～ but …'「～ではなく…」の形になっていることに着目。よって，空所を含む with the (　　) steps of a small child は，but 以下の with a serious purpose と相反する言葉になるとわかる。この easy は「のんきな，くつろいだ」という意味。ビリーの，いつもとは違う真剣な様子が描かれているのである。

2 **＜指示語＞**この This は，前で述べているビリーの行動を指しているが，直後のコロン(:)の後にわかりやすくまとめられているので，この部分の内容をまとめればよい。

3 **＜適語選択＞**③直後に I was very careful not to be seen「私は見られないようにとても注意した」とあり，その後ビリーの様子が述べられているので，「後をつけた」のだとわかる。　⑤直後の２文の内容が，空所前で描写されているビリーの行動を説明する理由になっているので，母親は「(事情が)わかった」のである。

4 **＜要旨把握＞**この後，同じ段落の第10文に the water cupped in Billy's hands「ビリーの両手に包まれた水」とある。ビリーは水を家の蛇口から手の中にためて，それを森にいる鹿の赤ちゃんにあげていたのである。

5 **＜指示語＞**(ア)，(イ)，(ウ)はいずれもビリーを指しているが，(エ)が指しているのは大きな雄鹿。

6 **＜適文選択＞**水を手にためて森に戻ろうとしたところで母親に出くわしたときのビリーの言葉。第４段落最終文に，ビリーは水を「無駄にしない」ことの大切さを教えられたとあるので，水を手にしているところを見つかったビリーのセリフとして適切なのは，「(水を)無駄にしていない」という d。

7 **＜英文解釈＞**これより前にある複数名詞で they の代わりに当てはめて意味が通るのは，the tears (that rolled down my face)。be joined by ～ は「(…に)～が加わる」という意味。つまり，涙のしずくに，other drops「他のしずく」が加わったということ。other drops とはこの後の内容から，「雨のしずく」だとわかる。

8 **＜要旨把握＞**最終段落参照。「奇跡は実際には起こらない」ということに反論はできないと言いつつも，ビリーの行動が鹿の赤ちゃんを救ったように，その日の雨が農場を救ったと「私」は考えているとある。この気持ちを表しているものとして適切なのは c。

2 **〔長文読解総合―説明文〕**

≪全訳≫❶誰もが紅茶は英国の代表的な飲み物だと知っている。もちろん，紅茶は世界中で人気があるが，それほど多く飲む国は他にない。英国人は毎年１人当たりほぼ２キロの紅茶を消費している。それは１日につき１人当たり約４杯，もしくは全国で毎日１億6000万杯以上(約4000万リットル)に相当する。人気の点では，英国の飲み物で紅茶に及ぶものはない。コーヒー(１日につき約7000万杯)やビール(１年につき１人当たり約125リットル)でさえも。一方，もう１つの有名な茶を飲む国である日本は，１年につき１人当たり約１キロの茶を消費しているにすぎない。しかし，茶は中国を原産とする。どのようにしてアジアの飲み物が英国の代表的な飲み物になったのだろうか。❷驚くことに，英国人はかなり後になって紅茶を飲み始めた。紅茶は最初，中国で商売をしていたときに香辛料や絹とともに茶葉を買ったオランダ人とポルトガル人の貿易商によって，17世紀初頭にヨーロッパにもたらされた。紅茶は最初英国ではあまり成功しなかった。当時最も人気のあったアルコールを含まない飲み物はコーヒーだった。そして紅茶は1650年代初頭からいくつかのコーヒー店で売りに出されたが，あまりよく売れなかった。その全てが1662年，国王チャールズ２世がキャサリン・オブ・ブラガンザと結婚したときに変わった。国王の新しい妻はポルトガルの出身で，紅茶を飲むことを大変好んだ。すぐに国王もまた紅茶を飲み始め，そのとき以来，紅茶は英国で流行の飲み物になったのだ。❸しかし，ビール醸造者(ビールをつくる人)は紅茶が好きではなかった。17世紀に，ほとんどの人々は安全な飲み水を飲めなかった。つまり，人々は水を煮沸するか何か他のものを飲まなければならなかった。アルコールは水の中の細菌の多くを殺したので，イほとんどの人々がビールを飲んだ。紅茶が流行すると，人々はビールを以前ほど飲まなくなった。そこで紅茶の販売量を減らそうとロビール醸造者は政府に圧力をかけた。政府はそれに応じ，紅茶の税金を引き上げ，1706年までに税金は119パーセントに上がった。❹紅茶はとても高価だったので，家でそれを飲むことは多くの場合特別なことだった。多くの家で，茶葉は鍵が１つしかない錠のかけてある缶に入れられ，一家の主婦によって保管されていた。紅茶を飲むときは，彼女が缶の鍵を開けて，茶葉をすくい取ってポットに入れたものだった。これゆえに，人に紅茶を出すとき，英国人はShall I be mother?「私がおいれしましょうか？」としばしば言う。紅茶が女性に人気が出ると，コーヒー店の中には茶店のある庭園を開き，彼女たちが紅茶を飲むのに適した場所を提供する所もあった。最も有名な茶店のある庭園は，ヘンデルが定期的に自分の音楽を演奏したヴォクソール・ガーデンズと1765年にモーツァルトが演奏したラニラ・ガーデンズだった。❺紅茶の高値がもたらしたまた別の影響は，紅茶のように見えるが，実際にはそうではないものがしばしば売られたことだった。紅茶としてよく売られた偽物は乾燥した羊のふんだった。ついに，1784年に，減税法が可決された。これによって紅茶の税金が下がったので，ほとんど誰もが紅茶を飲むことができるようになった。ただ１つ問題があった。それは，中国が紅茶の唯一の産地で，英国人の紅茶好きは自分たちが欲しいだけ買うことができなかったことだ。19世紀初頭に，東インド会社の何人かの社員が紅茶の種を盗み，それらをインドに持っていき，そこで紅茶を育てようとした。これらの種は後にダージリンティーになった。1820年に，野生のチャノキがインドのアッサムで見つかり，ついに必要な量の紅茶が保証された。❻今日，英国人の70パーセントが毎日紅茶を飲み，その98パーセントがミルクを入れて紅茶を飲む。ただ，砂糖を入れる人は30パーセントだけだ。科学的研究によれば，紅茶を飲むことは，人をより目が覚めた状態に保ち，歯や歯ぐきを健康に保つ助けになり，心臓病の危険性を減らし，おそらくある種のがんが発症する危険性を減らす。英国人が自分たちの大好きな飲み物を決してやめないだろうということに何の驚きもない。

1＜**内容真偽**＞a．「英国では毎年約4000万リットルの紅茶が飲まれている」…×　第４文参照。毎年でなく毎日。　b．「英国人は１人当たりコーヒーの２倍以上多くの紅茶を飲む」…○　第４，５文参照。コーヒーは１日当たり約7000万杯，紅茶は１億6000万杯以上。　c．「平均すると，日本人は英国人と同じくらい多くの茶を飲む」…×　第３，６文参照。　d．「英国は世界で最も多くの紅茶を生産する」…×　そのような記述はない。

2＜**内容一致**＞≪**全訳**≫紅茶を飲むことは17世紀まで英国では広く受け入れられてはいなかった。ヨーロッパの貿易商が中国から紅茶をもたらした。当時英国人に最も好まれていたアルコールを含まない飲み物はA紅茶ではなくBコーヒーだった。しかし，事態は1662年に変わり始めた。D妻が紅茶をとても好きだったので，C国王が紅茶好きになったのだ。その結果，紅茶は英国で人気が出た。

A，B．第3，4文参照。　　C，D．終わりの2文参照。

3＜**適文選択**＞イ．直後の「アルコールは水の中の細菌の多くを殺したので」より，ほとんどの人はビールを飲んだとわかる。　　ロ．直前のSo「だから」に注目。ビールがあまり飲まれなくなったことで，「紅茶の販売量を減らすために」何か行動を起こすと考えられるのはbrewers「ビール醸造者」。それが主語のaを入れると，その後の政府がとった行動にもうまくつながる。

4＜**英問英答―適語句選択**＞「英国人はなぜ，客に紅茶を出すとき，しばしばShall I be mother ?『私がおいれしましょうか？』と言うのか」―「なぜなら，昔，一家の主婦が茶葉を保管して紅茶をいれたから」　第2～4文参照。

5＜**内容一致**＞「紅茶の税金が減らされた後，唯一の問題は(　　)に関することだった」―a．「紅茶の供給」　第5文参照。紅茶の産地が中国だけだったことが問題だった。

6＜**内容真偽**＞a．「英国人の約70パーセントがミルクを入れた紅茶を毎日飲む」…○　第1文参照。　b．「英国のより多くの人々が砂糖を入れるより砂糖を入れないで紅茶を飲む」…○　第1文参照。30パーセントだけが砂糖を入れる。　　c．「紅茶を飲むことによって脳はより活発になりうる」…○　第2文参照。人をより目が覚めた状態に保つ。　　d．「紅茶を飲むことはある精神的な病気の危険性を減らしうる」…×　そのような記述はない。

7＜**適所選択**＞脱落文は「紅茶の高値がもたらす別の影響は，紅茶のように見えるが，実際にはそうではないものがしばしば売られたことだ」。another effect「別の影響」とあるので，1つ目の影響が述べられている段落を探す。第4段落に，家で紅茶を飲むことは特別なことだったとあり，これが1つ目の影響だと考えられるので，第5段落の冒頭に入れると，次の「紅茶としてよく売られた偽物は乾燥した羊のふんだった」にもうまくつながる。

3〔**長文読解―整序結合―説明文**〕

≪**全訳**≫❶カリフォルニアで3人の男たちが奇妙な症状で病院に運ばれたとき，その病院の医師はその男たちは毒を盛られたと思った。彼らは話すことができず，呼吸困難だった。最終的に医師はその男たちがふぐ料理を一緒に食べただけだったとわかった。❷ふぐ――puffer fishの日本語名――は，海で①最も奇妙な魚の中の1つである。puffer fish「ふぐ」はその魚が自分自身を敵から守る様子からその名前がついている。攻撃されるといつでも，その魚は自分の体をふだんの大きさの2倍を超えるほどにまで膨らませる(puff up)のだ！❸その3人の男たちが病院に運ばれた理由は，ふぐはまたとても強い毒を持つからである。原則として，②もしふぐをまる一匹食べると死んでしまうだろう。その3人の男たちもまた死にかけていた(幸運なことに彼らは皆生き延びた)。❹ふぐ中毒の危険性にもかかわらず，その魚は実際に日本ではとても高価だが，とても人気のある種類の食べ物である。その危険性ゆえに，ふぐは③地方自治体からの特別な免許を持った料理人によってのみ調理されることができる。これらの料理人はその魚の有毒な部分を特定して取り除くことができる。④最近ふぐを食べて亡くなる人のほとんどは，自分自身でその魚を調理している。❺⑤ふぐはとてもおいしいといわれているので，香港やアメリカに輸入され始めている。数トンのふぐが現在日本から毎年輸出されている。

①この文の主語はFugu(the Japanese name for the puffer fishはFuguを具体的に説明している部分)なので，まず動詞のisを置く。残りは語群から，‘one of the＋最上級＋複数名詞’「最も～のうちの1つ」の形で，one of the strangest fishとまとめればよい。fishは単複同形の名詞なので複数形もfishであることに注意。　　②主語に続く動詞はeatかdieだが，前後の文脈から「もし～を食べ

ると死んでしまうだろう」という文になると推測できるので，will die if you eat とまとめる。‘条件’や‘時’を表す副詞節の中は未来のことでも現在形で表すことに注意。この whole は「まるごとの」という意味。　③前後の文脈と語群から「免許を持つ料理人によってのみ調理されることができる」という文になると推測できる。語群の with を‘所有’を表す with として用いて，by cooks with a special license とまとめる。残りは from the local government とまとめて license の後に置けば「地方自治体からの特別な免許」となって，うまくつながる。　④文の動詞は have tried と考えられるので，それに対応する主語となる部分を組み立てる。most people とまとめ，who を主格の関係代名詞として用いればよい。die from ～ で「～が原因で死ぬ」という意味。　⑤語群に so と that があり，直後に続く内容が「香港やアメリカに輸入され始めている」なので，‘so ～ that …’「とても～なので…」の形になると判断できる。語群に be，said，to があるので，単に Fugu is so delicious that... とするのではなく，(Fugu is) said to be so delicious that...「(ふぐは)とてもおいしいといわれているので…」とまとめられるかがポイントである。

4〔和文英訳―(部分)記述―対話文〕

≪全訳≫❶メアリー(M)：ジョン，顔色が悪いわよ。よく眠ったの？❷ジョン(J)：あんまり。経験した事故について悪夢を見たんだ。❸M：あなたは今無事なのよ。心配する必要はないわ。❹J：わかっているけど，どうしてもそのことについて考えてしまうんだ。❺M：おそらく何か他のことについて考えるといいわ。❻J：うーん，できればいいんだけど，僕にとって難しいな。何をしたらいいのか分からないよ。❼M：わかった。手伝うわ。外を見て！❽J：おお！　雪が降ってる！　僕は雪が好きなんだ。それは故郷を思い出させてくれるんだ。❾M：いいわね！　そのことについて私に話してくれる？❿J：僕はそこですばらしい子ども時代を過ごしたんだ。たくさんの親切な人たちがいたよ。故郷について考えることは楽しいね。そうすると僕は幸せな気持ちになるんだ。⓫M：今気分がよくなってきた？⓬J：うん。今晩はよく眠ることができるよ。⓭M：それを聞いて嬉しいわ。⓮J：ありがとう。

①「どうしても～してしまう」は stop が指定されているので，「～することをやめることができない」と考え，cannot〔can't〕stop ～ing の形で表す。「～について考える」は think about ～。　②「～が分からない」は I don't know ～。know の目的語となる「何をしたらいいのか」は，should が指定されているので「何をすべきなのか」と読み換えて，‘疑問詞＋主語＋(助)動詞...’の語順の間接疑問で表す。　③「故郷を思い出させてくれる」は‘remind ～ of …’「～に…を思い出させる」を用いて表す。主語の「それ」は，snow を指すので It を用いる。動詞を 3 人称単数現在形の reminds とするのを忘れないこと。　④ make が指定されているので，「それが僕を幸せな気持ちにする」と読み換えて，‘make＋目的語＋形容詞’「～を…(の状態)にする」の形にする。主語は That としてもよい。　⑤「～を聞いて嬉しい」は，‘感情の原因’を表す to不定詞の副詞的用法を用いて I'm glad to hear ～ と表せる。glad の代わりに happy を用いてもよい。このように相手の言ったことを受ける場合の「それ」は，通例 that を用いる。

数学解答

1 (1) $(a-b+c)(ab-1)$

(2) $\dfrac{9\sqrt{3}-4\sqrt{2}}{3}$ (3) 44組

2 (1) $\dfrac{1}{20}$ (2) $\dfrac{3}{20}$ (3) $\dfrac{19}{100}$

3 (1) $\dfrac{1-\sqrt{1+ab}}{a}$ (2) 3

(3) $a=\dfrac{1}{2}$, $b=6$

4 (1) AD$=2$, BC$=2\sqrt{7}$ (2) $\sqrt{7}$

(3) $\dfrac{7}{6}\pi-\dfrac{17\sqrt{3}}{12}$

5 (1) $4\sqrt{2}$ (2) $8+8\sqrt{6}$

(3) $\dfrac{16}{3}+4\sqrt{2}$

1〔独立小問集合題〕

(1)＜**因数分解**＞与式$=ab(a-b+c)-(a-b+c)$と変形できるから，$a-b+c=M$とおいて因数分解すると，与式$=abM-M=M(ab-1)$となる。Mをもとに戻して，与式$=(a-b+c)(ab-1)$である。

(2)＜**式の値**＞与式$=\left(\dfrac{3+\sqrt{3}}{\sqrt{2}}\right)^2+\left(\dfrac{2-\sqrt{2}}{\sqrt{3}}\right)^2-(2\sqrt{2})^2=\dfrac{9+6\sqrt{3}+3}{2}+\dfrac{4-4\sqrt{2}+2}{3}-8=\dfrac{12+6\sqrt{3}}{2}+\dfrac{6-4\sqrt{2}}{3}-8=6+3\sqrt{3}+2-\dfrac{4\sqrt{2}}{3}-8=\dfrac{9\sqrt{3}-4\sqrt{2}}{3}$

(3)＜**一次方程式の応用**＞$x+2y+3z=20$で，x，y，zは0以上の整数だから，zの値で場合分けして，$(x,\ y,\ z)$の組を求める。(i)$z=0$のとき，$x+2y=20$より，$x=20-2y$となる。これを満たす0以上の整数x，yの組は，$(y,\ x)=(0,\ 20)$，$(1,\ 18)$，$(2,\ 16)$，……，$(10,\ 0)$の11組ある。(ii)$z=1$のとき，$x+2y+3=20$より，$x=17-2y$となる。これを満たすx，yの組は，$(y,\ x)=(0,\ 17)$，$(1,\ 15)$，……，$(8,\ 1)$の9組ある。同様にして，(iii)$z=2$のとき，$x=14-2y$より，$(y,\ x)=(0,\ 14)$，$(1,\ 12)$，……，$(7,\ 0)$の8組，(iv)$z=3$のとき，$x=11-2y$より，$(y,\ x)=(0,\ 11)$，$(1,\ 9)$，……，$(5,\ 1)$の6組，(v)$z=4$のとき，$x=8-2y$より，$(y,\ x)=(0,\ 8)$，$(1,\ 6)$，……，$(4,\ 0)$の5組，(vi)$z=5$のとき，$x=5-2y$より，$(y,\ x)=(0,\ 5)$，$(1,\ 3)$，$(2,\ 1)$の3組，(vii)$z=6$のとき，$x=2-2y$より，$(y,\ x)=(0,\ 2)$，$(1,\ 0)$の2組ある。$z\geqq7$のときは，$3z\geqq21$となるから，$x+2y+3z=20$を満たす0以上の整数x，yの組はない。(i)～(vii)より，$(x,\ y,\ z)$は$11+9+8+6+5+3+2=44$(組) ある。

2〔確率―カード〕

≪**基本方針の決定**≫カードを1回引く場合と2回引く場合では，起こることが同様に確からしいといえないことに注意する。

(1)＜**確率**＞起こることが同様に確からしいといえるようにするため，1回目が6以上の数字の場合も，2回目を引くが，2回目にどの数字のカードが出ても得点は変わらないと考える。このときカードの引き方は，全部で$10\times10=100$(通り) となる。そのうち得点が1点である場合は，(1回目，2回目)$=(1,\ 1)$，$(2,\ 1)$，$(3,\ 1)$，$(4,\ 1)$，$(5,\ 1)$の5通りある。よって，求める確率は$\dfrac{5}{100}=\dfrac{1}{20}$となる。

(2)＜**確率**＞得点が10点である場合，1回目が5以下のときは，(1回目，2回目)$=(1,\ 10)$，$(2,\ 10)$，$(3,\ 10)$，$(4,\ 10)$，$(5,\ 10)$の5通りあり，1回目が10のときは，2回目が1～10の10通りと考える。よって，得点が10点である場合は$5+10=15$(通り) あるから，求める確率は$\dfrac{15}{100}=\dfrac{3}{20}$となる。

(3)＜**確率**＞1回目または2回目でカードを引くのをやめる場合も，3回目までカードを引くものと考える。このとき，カードの引き方は，全部で $10\times10\times10=1000$(通り) ある。このうち，得点が10点である場合は，(i)1回目の数字が10のとき，(ii)1回目の数字が6以下で，2回目の数字が10のとき，(iii)1回目の数字が6以下，2回目の数字が5以下で，3回目の数字が10のときである。(i)のとき，2回目，3回目の数字は何でもよいので，カードの引き方は $1\times10\times10=100$(通り) ある。(ii)のとき，3回目の数字は何でもよいので，カードの引き方は $6\times1\times10=60$(通り) ある。(iii)のとき，カードの引き方は $6\times5\times1=30$(通り) ある。(i)，(ii)，(iii)より，得点が10点である場合は $100+60+30=190$(通り) あるから，求める確率は $\frac{190}{1000}=\frac{19}{100}$ となる。

3〔**関数―関数 $y=ax^2$ と直線**〕

《**基本方針の決定**》(2)　平行線と線分の比の定理を利用する。

(1)＜**交点の座標**＞右図で，点Aは放物線 $y=ax^2$ と直線 $y=2x+b$ の交点だから，2式から y を消去して，$ax^2=2x+b$ より，$ax^2-2x-b=0$，解の公式を利用して，$x=\frac{-(-2)\pm\sqrt{(-2)^2-4\times a\times(-b)}}{2\times a}=\frac{2\pm\sqrt{4(1+ab)}}{2a}=\frac{2\pm2\sqrt{1+ab}}{2a}=\frac{1\pm\sqrt{1+ab}}{a}$ となる。よって，$\frac{1-\sqrt{1+ab}}{a}<\frac{1+\sqrt{1+ab}}{a}$ だから，点Aの x 座標は $\frac{1-\sqrt{1+ab}}{a}$ である。

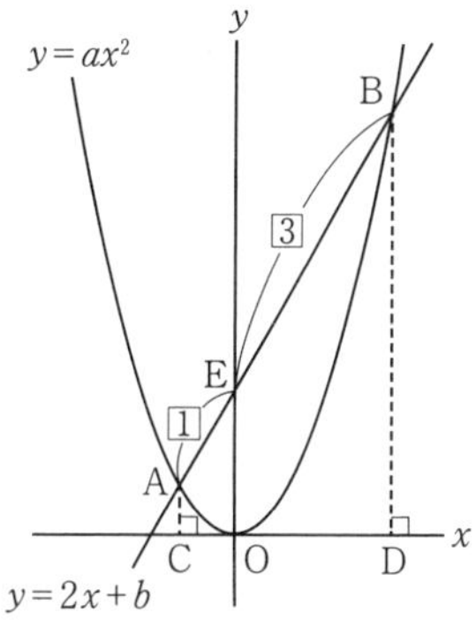

(2)＜**式の値―平行線と線分の比**＞右図で，AC∥EO∥BD だから，CO：OD＝AE：EB＝1：3 である。(1)より，$CO=0-\frac{1-\sqrt{1+ab}}{a}=\frac{-1+\sqrt{1+ab}}{a}$，$OD=\frac{1+\sqrt{1+ab}}{a}$ だから，$\frac{-1+\sqrt{1+ab}}{a}:\frac{1+\sqrt{1+ab}}{a}=1:3$ が成り立つ。これより，$\frac{-1+\sqrt{1+ab}}{a}\times3=\frac{1+\sqrt{1+ab}}{a}\times1$，$a\neq0$ だから，$3(-1+\sqrt{1+ab})=1+\sqrt{1+ab}$，$-3+3\sqrt{1+ab}=1+\sqrt{1+ab}$，$\sqrt{1+ab}=2$ となる。よって，両辺を2乗して，$(\sqrt{1+ab})^2=2^2$ より，$1+ab=4$，$ab=3$ である。

(3)＜**比例定数，切片**＞(2)より，$\sqrt{1+ab}=2$ だから，点Aの x 座標は $\frac{1-\sqrt{1+ab}}{a}=\frac{1-2}{a}=-\frac{1}{a}$，点Bの x 座標は $\frac{1+\sqrt{1+ab}}{a}=\frac{1+2}{a}=\frac{3}{a}$ となる。よって，点Aの y 座標は $y=a\times\left(-\frac{1}{a}\right)^2=\frac{1}{a}$，点Bの y 座標は $y=a\times\left(\frac{3}{a}\right)^2=\frac{9}{a}$ となるから，$AC=\frac{1}{a}$，$BD=\frac{9}{a}$ と表せる。また，$CD=\frac{3}{a}-\left(-\frac{1}{a}\right)=\frac{4}{a}$ だから，四角形ACDBの面積について，$\frac{1}{2}\times\left(\frac{1}{a}+\frac{9}{a}\right)\times\frac{4}{a}=80$ が成り立つ。これを解くと，$\frac{20}{a^2}=80$，$20=80a^2$，$a^2=\frac{1}{4}$　$\therefore a=\pm\frac{1}{2}$　したがって，$a>0$ だから，$a=\frac{1}{2}$ であり，これを $ab=3$ に代入して，$\frac{1}{2}b=3$，$b=6$ となる。

4〔**平面図形―円**〕

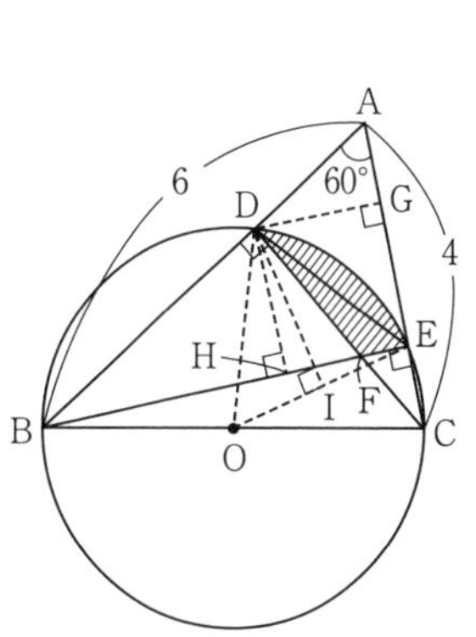

(1)＜**長さ―特別な直角三角形**＞右図で，辺BCは円の直径だから，∠BDC＝90° である。これより，∠ADC＝90° だから，∠DAC＝60° より，△ADCは3辺の比が $1:2:\sqrt{3}$ の直角三角形である。よって，$AD=\frac{1}{2}AC=\frac{1}{2}\times4=2$ となり，$DC=\sqrt{3}AD=\sqrt{3}\times2=2\sqrt{3}$ となる。また，DB＝AB－AD＝6－2＝4 だから，△DBCで三平方の定理より，

$BC=\sqrt{DB^2+DC^2}=\sqrt{4^2+(2\sqrt{3})^2}=\sqrt{28}=2\sqrt{7}$ となる。

(2)＜**長さ―相似，特別な直角三角形**＞前ページの図で，$\overset{\frown}{BD}$に対する円周角より，∠BED＝∠BCD であり，対頂角より，∠DFE＝∠BFC だから，△DFE∽△BFC である。よって，DE：BC＝FE：FCとなる。ここで，∠ACD＝180°－90°－60°＝30°，∠BEC＝90° より，△FCE は 3 辺の比が 1：2：$\sqrt{3}$ の直角三角形だから，FE：FC＝1：2 である。よって，DE：$2\sqrt{7}$＝1：2 だから，DE＝$\sqrt{7}$ となる。

《別解》図で，点Dから辺ACに垂線DGを引く。∠DAG＝60° より，△ADG は 3 辺の比が 1：2：$\sqrt{3}$ の直角三角形だから，$AG=\frac{1}{2}AD=\frac{1}{2}\times2=1$，$DG=\sqrt{3}AG=\sqrt{3}\times1=\sqrt{3}$ である。また，∠BEA＝90°，∠BAE＝60° より，△ABE も 3 辺の比が 1：2：$\sqrt{3}$ の直角三角形だから，$AE=\frac{1}{2}AB=\frac{1}{2}\times6=3$ である。よって，GE＝AE－AG＝3－1＝2 だから，△DEG で三平方の定理より，$DE=\sqrt{DG^2+GE^2}=\sqrt{(\sqrt{3})^2+2^2}=\sqrt{7}$ となる。

(3)＜**面積―特別な直角三角形**＞前ページの図の斜線部分を，△DFE と，$\overset{\frown}{DE}$ と線分 DE で囲まれた図形に分ける。まず，△DFE の底辺を辺 FE と見ると，点 D から線分 BE へ引いた垂線 DH が高さとなる。△ABE は，∠AEB＝90°，∠BAE＝60° より，3 辺の比が 1：2：$\sqrt{3}$ の直角三角形だから，$AE=\frac{1}{2}AB=\frac{1}{2}\times6=3$ となる。これより，CE＝AC－AE＝4－3＝1 となり，(2)より△FCE も 3 辺の比が 1：2：$\sqrt{3}$ の直角三角形だから，$FE=\frac{1}{\sqrt{3}}CE=\frac{1}{\sqrt{3}}\times1=\frac{1}{\sqrt{3}}$ である。また，DH⊥BE，AE⊥BE より，DH∥AE だから，△DBH∽△ABE となり，△DBH も 3 辺の比が 1：2：$\sqrt{3}$ の直角三角形である。(1)で DB＝4 より，$DH=\frac{1}{2}DB=\frac{1}{2}\times4=2$ である。よって，$\triangle DFE=\frac{1}{2}\times FE\times DH=\frac{1}{2}\times\frac{1}{\sqrt{3}}\times2=\frac{1}{\sqrt{3}}=\frac{\sqrt{3}}{3}$ となる。次に，円の中心を O とし，線分 OD，OE を引くと，$\overset{\frown}{DE}$ と線分 DE で囲まれた図形の面積は〔おうぎ形 OED〕－△OED で求められる。(1)，(2)より，$OD=OE=\frac{1}{2}BC=\frac{1}{2}\times2\sqrt{7}=\sqrt{7}$，$DE=\sqrt{7}$ となるから，△OED は正三角形で，∠DOE＝60° だから，〔おうぎ形 OED〕$=\pi\times(\sqrt{7})^2\times\frac{60^\circ}{360^\circ}=\frac{7}{6}\pi$ である。また，点 D から辺 OE に垂線 DI を引くと，△DOI は 3 辺の比が 1：2：$\sqrt{3}$ の直角三角形だから，$DI=\frac{\sqrt{3}}{2}OD=\frac{\sqrt{3}}{2}\times\sqrt{7}=\frac{\sqrt{21}}{2}$ である。したがって，$\triangle OED=\frac{1}{2}\times\sqrt{7}\times\frac{\sqrt{21}}{2}=\frac{7\sqrt{3}}{4}$ より，$\overset{\frown}{DE}$ と線分 DE で囲まれた図形の面積は $\frac{7}{6}\pi-\frac{7\sqrt{3}}{4}$ となる。以上より，求める面積は，$\frac{\sqrt{3}}{3}+\left(\frac{7}{6}\pi-\frac{7\sqrt{3}}{4}\right)=\frac{7}{6}\pi-\frac{17\sqrt{3}}{12}$ である。

5 〔空間図形―十面体〕

《**基本方針の決定**》(3)　与えられた立体を含む八角柱を考えてみよう。

(1)＜**面積―特別な直角三角形**＞右図 1 で，正八角形 AEBFCGDH の対角線の交点を J とし，線分 JE と線分 AB の交点を K とすると，正八角形は△AEJ と合同な 8 つの三角形に分けられる。△HEG は直角二等辺三角形だから，$EG=\sqrt{2}HG=\sqrt{2}\times2=2\sqrt{2}$，$EJ=\frac{1}{2}EG=\frac{1}{2}\times2\sqrt{2}=\sqrt{2}$ となる。また，$AK=\frac{1}{2}AB=\frac{1}{2}\times2=1$ だから，求める面積は，$\triangle AEJ\times8=\frac{1}{2}\times\sqrt{2}\times1\times8=4\sqrt{2}$ である。

図 1

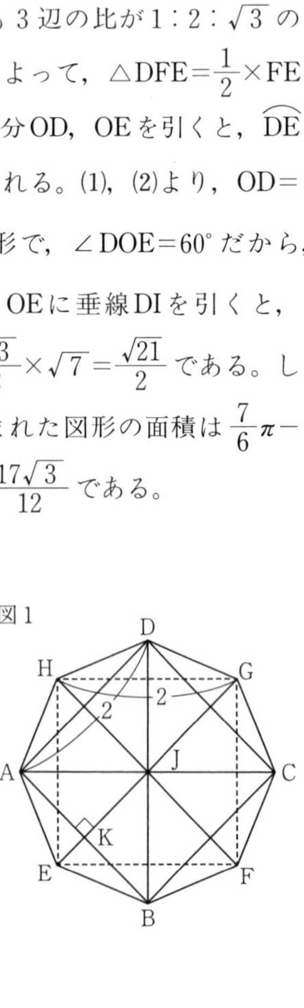

(2)＜**面積―三平方の定理**＞右図2で，側面の8つの二等辺三角形は合同である。よって，この立体の表面積は，〔正方形ABCD〕×2＋△AEH×8で求められる。ここで，図2のように，辺EH，辺FGの中点をそれぞれL，Mとすると，△AEHはAE＝AHの二等辺三角形だから，AL⊥EHである。また，図形の対称性より，点A，Cから面EFGHに垂線AA′，CC′を引くと，点A′，C′は直線LM上の点となり，AA′，CC′はこの立体の高さだから，AA′＝CC′＝$\sqrt{2}+1$である。このとき，A′L＝C′M＝(A′C′−LM)÷2＝(AC−EF)÷2＝$(2\sqrt{2}-2)\div 2=\sqrt{2}-1$となる。よって，△AA′Lで三平方の定理より，AL＝$\sqrt{AA'^2+A'L^2}=\sqrt{(\sqrt{2}+1)^2+(\sqrt{2}-1)^2}=\sqrt{6}$となるから，△AEH＝$\frac{1}{2}\times EH\times AL=\frac{1}{2}\times 2\times\sqrt{6}=\sqrt{6}$である。したがって，求める表面積は$2\times 2\times 2+\sqrt{6}\times 8=8+8\sqrt{6}$となる。

図2

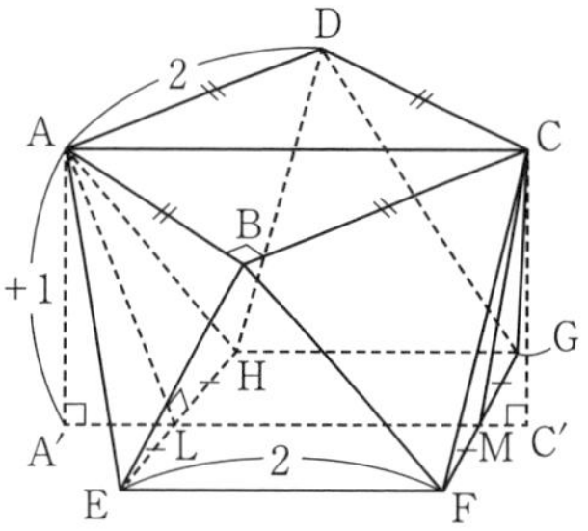

(3) ＜**体積**＞図2の立体は，右図3のような正八角柱AE′BF′CG′DH′-A′EB′FC′GD′Hから三角錐A-A′EHと合同な8つの三角錐を除いた立体と考えることができる。(1)より，〔正八角形AE′BF′CG′DH′〕＝$4\sqrt{2}$，△A′EH＝(〔正八角形A′EB′FC′GD′H〕−〔正方形EFGH〕)÷4＝$(4\sqrt{2}-4)\div 4=\sqrt{2}-1$であり，AA′＝$\sqrt{2}+1$だから，求める体積は，〔正八角柱AE′BF′CG′DH′-A′EB′FC′GD′H〕−〔三角錐A-A′EH〕×8＝$4\sqrt{2}\times(\sqrt{2}+1)-\frac{1}{3}\times(\sqrt{2}-1)\times(\sqrt{2}+1)\times 8=\frac{16}{3}+4\sqrt{2}$となる。

図3

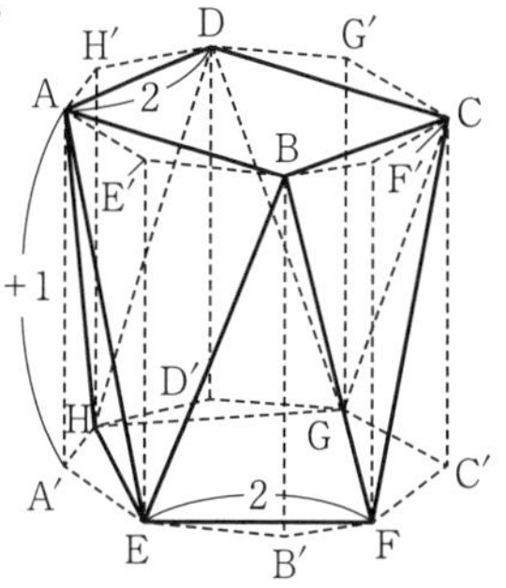

═読者へのメッセージ═

2では引かないはずのカードを引くと考え，5の(3)では与えられた立体をより大きな立体の一部と見ると，見通しがよくなりました。与えられた条件はよりまとまりのある全体の一部かもしれない，と考えてみる習慣をつけるとよいでしょう。

国語解答

一 問1 a 美徳 b 競合 c 抑圧
d 孤島 e 窓枠

問2 (1) わがまま勝
(2) はみ出るものを許さないという態度

問3 何とか現実～できる裁量

問4 [何もしないことは]誰にも必要とされないことであり，そこには自己実現という達成感がないから。(36字)

問5 エ

問6 可能性とはたった一つを選択できるということでしかなく，たった一つの人生しか選択できないという点では，若者と老人は同価値の中にいるから。(67字)

問7 イ 問8 ウ 問9 ウ

二 問1 f 体裁 g 感慨 h 促
i 陳列 j 訴

問2 イ

問3 獲物との出会いとその場所とに関係がない，自然から遊離した人工空間での遊びとなっている点。(44字)

問4 エ

問5 便利で速い～はくれない[もの。]

問6 ウ 問7 ア

問8 本来自然の中の存在であるはずの人間が，自然との関係が絶たれた仮想の中だけで生きていくこと(44字)[に耐えられないだろうということ。]

三 問1 a…ウ b…ア c…イ

問2 すばらしい〔上手な／上手だ〕

問3 イ

問4 帝の，明宗の笛の演奏を聴いてみたいという願い。(23字)

問5 たえさせたまわず 問6 エ

問7 落縁 問8 ウ 問9 イ

一〔**論説文の読解―哲学的分野―人生**〕出典；押井守『ひとまず，信じない』。

《**本文の概要**》何も持たず，自分勝手に生きることを「自由」だと信じる人が多い。しかしそれは，間違いである。「自由」とは，周囲の他人や現実との折り合いをつけながら，責任を持って自分のやりたいことを実現していくための方法だからである。「自由」と同様に，「可能性」という言葉のとらえ方も問題である。「可能性」は，何かを選ぶことができる状態だが，そのままの状態では意味がない。何かを選んでからでなければ，「可能性」という言葉は価値を持たないのである。確かに人には，「自由」や「可能性」が与えられている。しかし「自由」や「可能性」は，それ自体が絶対的な価値を持つわけではない。仕事や結婚など，どう生きるかの選択を行うことが重要である。「自由」や「可能性」を価値あるものにするならば，他人から必要とされ，責任ある人生を選択するべきなのである。

問1＜**漢字**＞a．道にかなった行いのこと。　b．互いに競い合うこと。　c．欲望や行動をおさえつけること。　d．陸地や他の島から一つだけ離れて存在している島のこと。　e．窓の周囲の枠のこと。

問2＜**文章内容**＞(1)自らの自由を好き勝手に行使することは，他人の自由や権利を侵害することにつながる。そのため，自由は，全ての人が同じ状態になるという平等とは相反する概念である。

(2)平等は，全ての人が同じ状態になることであり，絶対的な平等を実現するためには，人それぞれの違いや多様性を認めず，社会からはずれた行為を許さないという態度が必要になる。

問３＜表現＞自由とは，他人の自由や権利を侵害しないように努力し，自分の行動に責任を取るならば，自らの意志を貫くことが許されるという考え方である。

問４＜文章内容＞自由とは本来，自分がやりたいと望むことを実現するための「具体的な方法」である。何も行動を起こさず，責任を負わない状態では，他人から必要とされることはなく，自分のしたいことを実現する達成感や喜びも手に入らない。それは，自由とは呼べないものなのである。

問５＜文章内容＞自由は，自分の希望を実現するための「道具」でもある。職人の場合の自由とは，「技術」である。高い技術があるならば，自らのつくりたい品物が，そのまま他人が必要とする品物になるからである。

問６＜文章内容＞可能性は，何か一つを選択したことで初めて価値を持つものである。したがって，何も選ばない状態は，「可能性がないということ」と同じである。たとえ可能性にあふれる若者であっても，人生においては一つの選択肢を選ぶしかない。その意味では若者は，すでに何か一つの可能性を選んだ老人と，何も変わらない立場にいるのである。

問７＜文章内容＞そもそも仕事についていなければ，辞めることのできる仕事自体がないため，仕事を辞める自由もないのである。

問８＜表現＞「自由」も「可能性」も，概念としては魅力的ではあるが，行動を伴わない状態では何の価値もないものである。「自由」や「可能性」に価値を持たせるには，それらの概念自体に「絶対の価値」を見出すのではなく，自らの行動に責任を背負い，生き方を選択することが必要なのである。

問９＜主題＞「可能性」は，ただ「可能性」として持っているだけでは価値を持たない。「可能性」は，結婚や就職など，どのように人生を送っていくのかという選択によって初めて意味を持つのである。

二〔随筆の読解―社会学的分野―現代文明〕出典；池澤夏樹「場所とモノの出会い」（「朝日新聞」2016年９月７日夕刊掲載）。

問１＜漢字＞ｆ．他人から見える様子のこと。　ｇ．身にしみて感じること。　ｈ．音読みは「促進」などの「ソク」。　ｉ．物を見せるために並べること。　ｊ．音読みは「勝訴」などの「ソ」。

問２＜文章内容＞筆者は，新幹線からとはいえ，谷崎潤一郎の「蘆刈」の舞台となった淀川の中州を眺めることで，作品の世界と現実世界とのつながりを実感したのである。

問３＜文章内容＞特定の場所にアイテムがあるとはいっても，その場の地形や地理的条件と，人工的に設置されたアイテムの間には何の関係もなく，「ポケゴー」は，自然からかけ離れたものになってしまっている。

問４＜文章内容＞ファッションは，その場にある雰囲気を意識したものである。繁華街にいる人々のファッションを見れば，その土地の雰囲気や特色を見ることができる。

問５＜文章内容＞「マップ」は，自分の現在地と目的地を容易につなげ，導いてくれるものである。しかしそれは，効率的であるがゆえに，見知らぬ土地を知るきっかけを与えてくれるものではない。

問６＜文章内容＞「マップ」を活用すると，指示に従って進むだけで目的地まで容易にたどり着いてしまう。そこには無駄な過程がないため，途中で寄り道をする機会などもなくなってしまう。

問７＜文章内容＞そもそもヒトは，言葉を用いる時点で仮想の世界を生きる存在でもある。地名や人の名前のように，言葉は現実にある何かを指し示すことはするが，言葉自体は，決して現実そのものではないのである。

問８＜主題＞ヒトは，自ら生み出した言葉を用いた時点で，仮想の世界を生きることを選んだ。しかし本来ヒトは，自然の世界で生きる存在である。現代は，技術の進歩によってますます世界の仮想化が進んでいるが，ヒトが自然から離れたまま生きていくことは難しいのではないかと懸念される。

三〔**古文の読解―説話**〕出典；『十訓抄』一ノ三十八。

≪現代語訳≫堀河院の御治世に，勘解由次官明宗という，すばらしい笛吹きがいた。（明宗は）ひどく気後れする人だった。堀河院が，笛をお聴きになろうとして，（明宗を）呼び寄せなさったとき，（明宗は）帝の御前と思うと，おじけづいて，体が震えて，吹くことができなかった。

（堀河院は）残念に思い，（明宗と）仲のよかった女房におっしゃって，「（明宗を）個人的に中庭の辺りに呼んで，笛を吹かせなさい。私は，立ち聴きをしよう」と命じなさったので，（女房は）月の夜に，（明宗を）約束して呼び寄せて，笛を吹かせた。（明宗は）「女房だけが聴くのだ」と思って，何の遠慮もなく思うままに吹いた。この世に並ぶものがないほど，すばらしかった。

帝は，感動を抑えることがおできにならず，「日頃，笛の名手とは聞いていたけれども，これほどまでとは思わなかった。なんとすばらしい」と，声に出しておっしゃったので，（明宗は）「それでは，帝が聴いていらっしゃったのか」と，たちまちに気後れがして，あわてふためくうちに，縁から（庭に）落ちてしまった。（それがもとで，）「安楽塩」というあだ名がついてしまった。

問１＜古文の内容理解＞ａ．女房は，明宗を個人的に呼び出し，笛の演奏をさせた。　ｂ．堀河院は，明宗の笛の見事さが想像以上にすばらしいと感じた。　ｃ．明宗は，自分の笛を堀河院が聴いていたことを知り，おじけづいてしまった。

問２＜古語＞「いみじき」は，形容詞「いみじ」の連体形。「いみじ」は，程度が普通からはかけ離れている，という意味。

問３＜現代語訳＞「え吹かざりけり」の「え」は副詞で，「ざり」は打ち消しの助動詞「ず」の連用形。「え～打ち消し」は，～できない，という意味になる。明宗は堀河院の前でおじけづいてしまい，笛を吹くことができなかったのである。

問４＜古文の内容理解＞明宗は堀河院の御前でおじけづいてしまったため，笛の演奏を披露できなかった。以前から明宗の笛を聴きたがっていた堀河院は，願いがかなわず，残念に思ったのである。

問５＜歴史的仮名遣い＞歴史的仮名遣いの語頭以外のハ行は，現代仮名遣いでは，原則として「わいうえお」となるので，「たへさせたまはず」は「たえさせたまわず」となる。

問６＜古典文法＞「いとどこそ」の「こそ」は係助詞で，文末を已然形で結ぶ。形容詞「めでたし」の已然形は「めでたけれ」となる。

問７＜古文の内容理解＞明宗が縁から中庭に落ちたことと，「安楽塩」という曲名をかけたあだ名は，「楽塩」と「落縁」の部分が「ラクエン」で同じ音となる。

問８＜古文の内容理解＞堀河院は，女房に呼び寄せさせた明宗の笛の演奏を，隠れて聴いていたが，想像以上の腕前に感動してしまい，思わず声を出して賞賛してしまった。

問９＜文学史＞『源氏物語』は，紫式部による平安時代成立の物語。

Memo

Memo

2025年度用
高校スーパー過去問

■編集人 声の教育社・編集部
■発行所 株式会社 声の教育社
〒162-0814 東京都新宿区新小川町8-15
☎03-5261-5061㈹ FAX03-5261-5062
https://www.koenokyoikusha.co.jp

※本書の内容についての一切の責任は当社にあります。内容・解説・解答その他の質問等は文書にて当社に御郵送くださるようお願いいたします。

カコを追いかけ
ミライをつかめ

巣鴨高等学校

別冊解答用紙

丁寧に抜きとって、別冊としてご使用ください。

★合格者最低点

2024年度	2023年度	2022年度	2021年度	2020年度	2019年度
３科 205 ５科 273	３科 195 ５科 272	３科 184 ５科 227	３科 143 ５科 216	172	137

※ 2024～2021年度：社会・理科は各70点満点（５科合計440点満点）

注意

○ 解答用紙は、収録の都合により縮小したものや、小社独自に作成したものもあります。
○ 学校配点は学校発表のもの、推定配点は小社で作成したものです。
○ 無断転載を禁じます。
○ 解答用紙を拡大コピーする場合、表示した拡大率に対応する用紙サイズは以下のとおりです。
101%～102%＝B5　103%～118%＝A4　119%～144%＝B4　145%～167%＝A3
（タイトルと配点表は含みません）

2024年度 巣鴨高等学校

英語解答用紙

番号		氏名		評点	/100

1

1	
2	勝ったチームのメンバーであるインディゴ，チャーリー，カイは，
3	
4	
5	
6	レニーの母親の「 」という言葉
7	

2

1	
2	
3	
4	
5	
6	
7	

3

1	
2	
3	
4	

4

1	
2	
3	
4	

5

〔問題 A〕

Part Ⅰ

1	
2	

Part Ⅱ

〔問題 B〕

1	
2	

（注）この解答用紙は実物を縮小してあります。Ａ３用紙に167%拡大コピーすると、ほぼ実物大で使用できます。（タイトルと配点表は含みません）

推定配点	
	1、2 各4点×14 3、4 各3点×8 5 各4点×5
計	100点

２０２４年度　巣鴨高等学校

数学解答用紙　No. 1

番号		氏名		評点	/100

1

(1)	(2)

(3)	(4)
$x=$	$x=$　　　, $y=$

(5)	(6)

2

(1)	(2)
A(　　　,　　　)	

(3)　(途中経過)

CA : AB＝

(4)　(途中経過)

x座標：

2024年度　巣鴨高等学校

数学解答用紙　No. 2

3

(1) $x=$

(2) (途中経過)

$y=$

(3) $z=$

4

(1) (証明)

△ACD と △BCE において

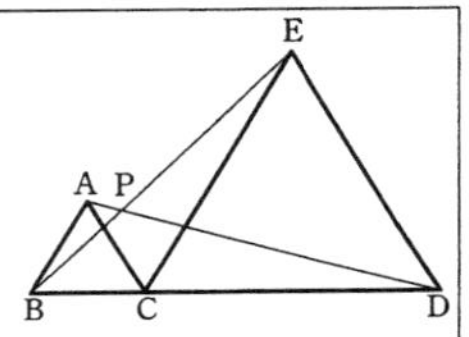

(2) $\angle DPE=$

(3) (途中経過)

$AD\times PD+BP\times BE=$

(注) この解答用紙は実物を縮小してあります。172% 拡大コピーすると、ほぼ実物大で使用できます。(タイトルと配点表は含みません)

推定配点	
1 各5点×6　2～4 各7点×10	
100点	計

２０２４年度　巣鴨高等学校

社会解答用紙

番号		氏名	

評点	／70

1

問１	問２

問３

問４

問５	問６		問７
	①	②	

2

問１	問２	問３	問４	問５	問６	問７
	年					

3

問１	問２	問３	問４
島			

問５

問６		問７
２番目	４番目	

問８

問９	問10

4

問１	問２			問３
	（1）A	（1）B	（2）	

問４	問５	問６	問７	問８
（核兵器を）				

（注）この解答用紙は実物を縮小してあります。Ａ３用紙に159％拡大コピーすると、ほぼ実物大で使用できます。（タイトルと配点表は含みません）

推定配点		計
	1～4　各２点×35〔3問６は完答〕	70点

２０２４年度　　巣鴨高等学校

理科解答用紙

番号		氏名		評点	／70

1

問１	(1)		(2)		(3)						
問２	(1)		(2)		(3)		問３	(1)	感覚		運動	
問３	(2)		問４	秒	問５	m					
問６	(1)		(2)								
問６	(3)										

2

問１	Ω	問２	A	問３	W	問４	V
問５	Ω	問６	V	問７	J	問８	倍
問９		問10		問11		問12	m

3

問１	①		②		問２	度	問３	方位		距離	km		
問４	(1)		(2)		(3)		問５	(1)		(2)			
問６	m	問７		問８	(1)		(2)		(3)				
問９		問10											

4

問１	①		②		問２		問３	(1)		(2)	cm
問４	(1)								
問４	(2)	①		②					
問５									
問６	(1)	g	(2)	%	問７	g			

（注）この解答用紙は実物を縮小してあります。Ａ３用紙に147％拡大コピーすると、ほぼ実物大で使用できます。（タイトルと配点表は含みません）

推定配点		計
	1　問１～問５　各１点×11〔問１(3)は完答〕　問６　(1), (2)　各１点×２　(3)　２点 2　問１～問４　各１点×４　問５，問６　各２点×２　問７～問11　各１点×５ 問12　２点　3　問１，問２　各１点×３　問３　３点　問４～問９　各１点×13 問10　２点　4　問１，問２　各１点×３　問３　(1)　１点　(2)　２点 問４　(1)　２点　(2)　①　１点　②　２点　問５～問７　各２点×４	70点

二〇二四年度　巣鴨高等学校

国語解答用紙

番号		氏名	

評点	/100

一

問1　a　b　c　d　e

問2　1　2

問3

問4　問5

問6　もの

問7　問8

二

問1　a　b　c　d　e

問2　問3　問4

問5

問6　問7　問8

三

問1　問2　A　B　C　問3

問4　Ⅰ　Ⅱ　問5　a　b　問6

問7　問8

問9

問10

（注）この解答用紙は実物を縮小してあります。Ａ３用紙に161％拡大コピーすると、ほぼ実物大で使用できます。（タイトルと配点表は含みません）

推定配点		計
	一　問１、問２　各２点×７　問３　４点　問４～問８　各３点×５ 二　問１　各２点×５　問２～問４　各３点×３　問５　４点 問６～問８　各３点×３ 三　問１～問３　各２点×５　問４～問６　各３点×５　問７　２点 問８、問９　各３点×２　問10　２点	100点

２０２３年度　巣鴨高等学校

英語解答用紙

番号		氏名		評点	/100

1

1		2			
3	(最初の２語)		(最後の２語)		
4		5		6	

2

1					
2		3			
4					
5		6		7	

3

1	
2	
3	
4	
5	

4

1	
2	
3	
4	

5

〔問題 A〕

〔問題 B〕

1		2	

〔問題 C〕

1		2		3		4	

(注) この解答用紙は実物を縮小してあります。Ａ３用紙に167%拡大コピーすると、ほぼ実物大で使用できます。(タイトルと配点表は含みません)

推定配点	
1、**2** 各４点×13 **3**～**5** 各３点×16	
計	100点

2023年度　巣鴨高等学校

数学解答用紙　No. 1

番号		氏名		評点	/100

1

(1)

(2) $a=$,$b=$,$\mathrm{M}=$

(3) $a=$,$b=$	(4)

(5) $n=$	(6) $x=$

2

(1) $a=$	(2)	(3)

(4)（途中経過）

x 座標：

2023年度　巣鴨高等学校

数学解答用紙　No. 2

3

(1) PQ＝　　　cm

(2) 　　　秒後

(3) ①(途中経過)

BI＝　　　cm

(3) ②(途中経過)

JK＝　　　cm

4

(1) ① ア

(1) ② イ

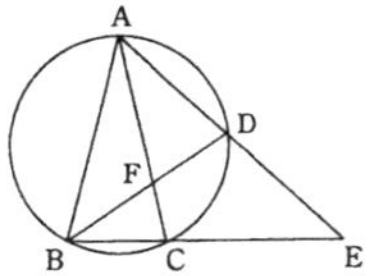

(2) (途中経過)

AE＝　　　cm

(3) DF＝　　　cm

(注) この解答用紙は実物を縮小してあります。172% 拡大コピーすると、ほぼ実物大で使用できます。(タイトルと配点表は含みません)

推定配点

1 各5点×6
2、3 各6点×8
4 (1) ① 3点 ② 7点 (2)、(3) 各6点×2

計	100点

２０２３年度　巣鴨高等学校

社会解答用紙

番号		氏名	

評点	／70

1

問1		問2	問3
方位	距離		

問4

問5	問6	問7	
		1　地名	2　海洋名

2

問1	問2	問3			問4
		岩手	富山	高知	

3

問1		問2	問3	問4	
2番目	4番目			2番目	4番目

問5

問6

問7

問8	問9	問10		問11		
		2番目	4番目	史料①	史料②	史料③

4

問1	問2	問3	問4

問5

問6	問7	問8

（注）この解答用紙は実物を縮小してあります。Ａ３用紙に149％拡大コピーすると、ほぼ実物大で使用できます。（タイトルと配点表は含みません）

推定配点		計
	1 問1　各1点×2　問2～問7　各2点×7 2～4　各2点×27〔3問1，問4，問10はそれぞれ完答〕	70点

２０２３年度　　巣鴨高等学校

理科解答用紙

番号		氏名		評点	／70

1

問１		問２		問３		問４							
問５	記号		理由										
問６		問７		問８	(1)	①		②		③		④	
問８	(2)		(3)										
問９	(1)	1		2		3		4		5			
問９	(2)		(3)										

2

問１	cm	問２	N	問３		問４	N	問５	J
問６		問７	A	問８	V	問９	W	問１０	J
問１１	倍	問１２	℃						

3

問１	(1)	風向		風力		天気		(2)		(3)		(4)			
問２	(1)		(2)	①		②		③		④		(3)		(4)	
問３	(1)	%	(2)		(3)	m									

4

問１	X	g	Y		問２		問３	kg	
問４	(1)		(2)		(3)	①		②	
問５	(1)		(2)						
問５	(3)								
問６	あ		い		う		問７		

（注）この解答用紙は実物を縮小してあります。Ａ３用紙に149%拡大コピーすると、ほぼ実物大で使用できます。（タイトルと配点表は含みません）

推定配点	1 各１点×22 2 問１～問３　各１点×３　問４　２点　問５～問11　各１点×７　問12　２点 3 問１　各１点×６　問２　(1), (2)　各１点×５　(3)　２点　(4)　１点 問３　各１点×３ 4 問１，問２　各１点×３　問３　２点　問４～問７　各１点×12	計 70点

二〇二三年度　巣鴨高等学校

国語解答用紙

番号		氏名		評点	/100

一

問1　a　b　c　d　e

問2　という点。

問3

問4

問5

問6

問7　〜

問8

二

問1　a　b　c　d　e

問2

問3

問4

問5

問6　〜

問7

三

問1

問2

問3　A　B

問4　Ⅰ　Ⅱ　〜

問5

問6

問7

問8

（注）この解答用紙は実物を縮小してあります。A３用紙に156％拡大コピーすると、ほぼ実物大で使用できます。（タイトルと配点表は含みません）

推定配点		計
	一　問１　各２点×５　問２　５点　問３　４点　問４　３点　問５　４点　問６　５点　問７　３点　問８　４点 二　問１　各２点×５　問２〜問５　各４点×４　問６　３点　問７　５点 三　問１〜問３　各２点×４　問４　各３点×２　問５〜問７　各４点×３　問８　２点	100点

２０２２年度　巣鴨高等学校

英語解答用紙

番号		氏名		評点	/100

1

1	
2	
3	
4	
5	A　B　C
6	
7	
8	

2

1	
2	
3	
4	
5	
6	
7	

3

①	
②	
③	
④	

4

1	
2	
3	
4	

5

〔問題 A〕

1		2	

〔問題 B〕

IDK means, “(　　　　　　　　　　　　　　).”

TTYL means, “(　　　　　　　　　　　　　　).”

〔問題 C〕

1		2	

（注）この解答用紙は実物を縮小してあります。Ａ３用紙に167％拡大コピーすると、ほぼ実物大で使用できます。（タイトルと配点表は含みません）

推定配点	
	1 1 4点 2、3 各3点×2 4 4点 5～8 各3点×7
	2 1 3点 2 4点 3～6 各3点×4 7 4点
	3～5 各3点×14
計	100点

２０２２年度　巣鴨高等学校

数学解答用紙

番号　　　氏名　　　評点　　／100

1

(1)

(2)

(3) 確率：

(4) $a=$　　　, $b=$

(5) CD＝　　　, AP＝

(6) OP＝　　　, △POM＝

2

(1)　　　g

(2)　　　g

(3)（途中経過）

食塩水：　　　g

3

(1) 点Ｐの座標：　　　, 点Ｑの座標：

(2)（途中経過）

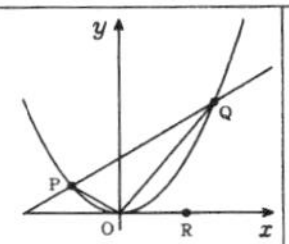

点Ｓの座標：

(3)（途中経過）

直線 ST の方程式：

4

(1)（証明）

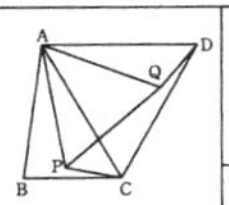

(2) △ABC＝

(3)（途中経過）

∠APB＝

（注）この解答用紙は実物を縮小してあります。175％拡大コピーすると、ほぼ実物大で使用できます。（タイトルと配点表は含みません）

推定配点

1 (1)～(4) 各6点×4　(5)、(6) 各5点×4

2 各6点×3

3 (1) 各3点×2　(2)、(3) 各6点×2

4 (1) 8点　(2)、(3) 各6点×2

計　100点

2022年度　　巣鴨高等学校

社会解答用紙

番号		氏名		評点	／70

1

問1	問2		問3	問4	
月　日　時	C	D		X	Y

2

問1							
ア	河川名	イ	河川名	ウ	河川名	エ	河川名

問2		問3
③	⑤	記号

問3

3

問1	問2	問3

問4

問5		問6		問7	問8	問9	問10		問11	問12
A	B	2番目	4番目				2番目	4番目		

問13	問14

4

問1		問2	問3	問4	問5	問6	問7
1	2						

問8

（注）この解答用紙は実物を縮小してあります。Ａ３用紙に164%拡大コピーすると、ほぼ実物大で使用できます。（タイトルと配点表は含みません）

推定配点		計
	1　問1　2点　問2～問4　各1点×5 2　問1，問2　各1点×10　問3　記号　1点　説明　2点 3　問1～問3　各2点×3　問4　4点　問5　A　1点　B　2点 問6～問14　各2点×9 4　問1～問7　各2点×8　問8　3点	70点

２０２２年度　　巣鴨高等学校

理科解答用紙

番号		氏名	

評点	／70

1

問 1	→ → →	問 2		問 3					
問 4	(1)	(2)	(3) と	(4)	(5)①	②	③		
問 5		問 6			問 7	(1)	(2)	(3)	(4)
問 8									

2

問 1	N	問 2	J	問 3	m/s	問 4	m
問 5		問 6	m/s	問 7	(1) mA	(2) Ω	
問 8	(1) cm	(2) mW	問 9	(1) cm	(2) J		

3

問 1	(1)	(2) 時間	(3)	(4)	(5) 倍	
問 2	(1)①	②	(2)③	④	⑤	問 3
問 4	(1) 度	(2) 度	(3) 日			

4

問 1	A	B	問 2	C	D
問 3		問 4	(1)		
問 4	(2)	問 5	①	②	
		問 6			
問 7		問 8	(1)	(2) g	

（注）この解答用紙は実物を縮小してあります。A３用紙に145%拡大コピーすると、ほぼ実物大で使用できます。（タイトルと配点表は含みません）

推定配点		計
	1 問１～問７　各１点×17〔問２，問５はそれぞれ完答〕　問８　２点 2 問１～問５　各１点×５　問６　２点　問７　⑴　１点　⑵　２点 問８　⑴　１点　⑵　２点　問９　各２点×２ 3 問１　⑴～⑷　各１点×４　⑸　２点　問２，問３　各１点×６ 問４　⑴，⑵　各１点×２　⑶　２点　4 問１，問２　各１点×４　問３　２点 問４～問６　各１点×６　問７，問８　各２点×３	70点

二〇二二年度 巣鴨高等学校

国語解答用紙

番号　　氏名　　評点　/100

一

問1 a　b　c　d　e

問2

問3 A　B

問4

問5

問6

問7

二

問1 f　g　h　i　j

問2

問3

問4

問5

問6

問7

三

問1

問2 A　B

問3

問4

問5

問6

（注）この解答用紙は実物を縮小してあります。A３用紙に152%拡大コピーすると、ほぼ実物大で使用できます。（タイトルと配点表は含みません）

推定配点	計
一 問1 各2点×5 問2 6点 問3 各2点×2 問4 5点 問5 6点 問6 4点 問7 5点 二 問1 各2点×5 問2～問4 各4点×3 問5 5点 問6 4点 問7 6点 三 問1、問2 各2点×3 問3 4点 問4 6点 問5 5点 問6 2点	100点

２０２１年度　巣鴨高等学校

英語解答用紙

番号		氏名		評点	／100

1

1	は間違いだった。
2	
3	
4	
5	
6	

2

1	(1)		(2)		(3)		(4)		(5)		2

3

①	
②	
③	
④	

4

(1)	the nearest subway station from here?
(2)	Last night , I fell asleep.
(3)	① your new apartment?
	② It .
(4)	next year.

5

（リスニング問題）

〔A〕		〔B〕	(1)		(2)		〔C〕	(1)		(2)	
(3)	He couldn't see very well, so he ( ) ( ) ( ) thick glasses.										

（注）この解答用紙は実物を縮小してあります。A3用紙に154%拡大コピーすると、ほぼ実物大で使用できます。（タイトルと配点表は含みません）

推定配点		計
	1 各４点×７　2 各３点×６ 3, 4 各４点×９　5 各３点×６	100点

２０２１年度　巣鴨高等学校

数学解答用紙

番号		氏名		評点	/100

1

(1) 式の値：	(3) 解：$x=$
(2) 式の値：	(3) 個

2

(1) 確率：	(4)（途中経過）
(2) 確率：	
(3) 確率：	確率：

3

(1) 点Bの x 座標：

(3)(ア) $b=$

(2)（途中経過）

点Bの x 座標：

(3)(イ)（途中経過）

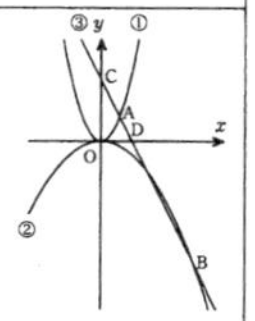

面積比：

4

(1)(ア) 面積比：

(1)(イ)（途中経過）

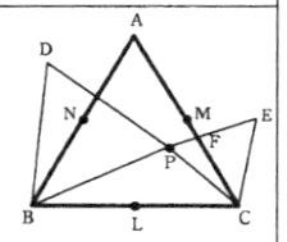

面積比：

(2)(ア)

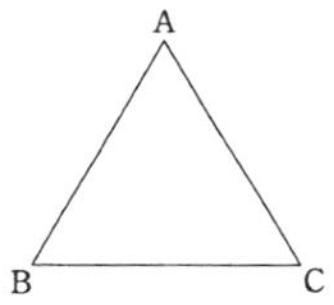

(2)(イ) 距離の和：

5

(1) 面積：

(2) 体積：

(3)(ア)（途中経過）

面積：

(3)(イ)（途中経過）

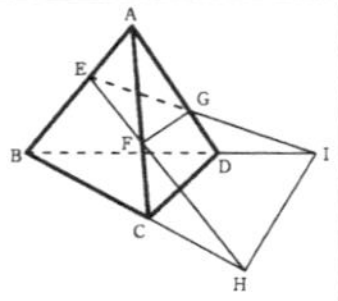

体積：

（注）この解答用紙は実物を縮小してあります。179％拡大コピーすると、ほぼ実物大で使用できます。（タイトルと配点表は含みません）

推定配点	
1～5 各5点×20	
100点	計

２０２１年度　巣鴨高等学校

社会解答用紙

番号		氏名		評点	／70

1

問1	問2		問3	問4	問5	問6
	C2	G2				

2

問1	問2	問3	問4	問5	問6

3

問1

問2

問3

問4	問5	問6	問7		問8	問9	問10		問11	問12	問13	問14	
			2番目	4番目			語	絵画				2番目	4番目

4

問1	問2	問3	問4

問5

問6	問7	問8

（注）この解答用紙は実物を縮小してあります。Ａ３用紙に145%拡大コピーすると、ほぼ実物大で使用できます。（タイトルと配点表は含みません）

推定配点		計
	1, 2　各１点×13 3　問１　４点　問２　２点　問３　５点　問４～問９　各２点×６ 問10　各１点×２　問11～問14　各２点×４ 4　問１　２点　問２～問４　各３点×３　問５　４点 問６～問８　各３点×３	70点

２０２１年度　巣鴨高等学校

理科解答用紙

番号		氏名		評点	／70

1

問１		問２	(1)①	②	③	(2)
問２	(3)	問３		問４	形質	発見者
問５		問６		問７	実験１	実験２
問８		問９	丸:しわ＝	問10		

2

問１	N	問２	Pa	問３	N	問４	N
問５	cm	問６	N	問７	Ω	問８	Ω
問９	A	問10	W	問11		問12	V

3

問１		問２		問３	(1)	(2)		
問４		問５		問６	km	問７	(1)	(2)
問８	(1)	(2)①	②	③	(3)			

4

問１		問２		問３	g	問４	g
問５	g	問６		問７	(1)	(2)	
問８		問９					

（注）この解答用紙は実物を縮小してあります。Ａ３用紙に145％拡大コピーすると、ほぼ実物大で使用できます。（タイトルと配点表は含みません）

推定配点		計
	1　各１点×16〔問８は完答〕 2　問１～問４　各１点×４　問５～問12　各２点×８ 3　問１～問７　各１点×９　問８　各２点×５ 4　問１～問３　各１点×３　問４～問９　各２点×６	70点

二〇二二年度　巣鴨高等学校

国語解答用紙

番号　　氏名　　評点　／100

一

問1　a　b　c　d　e

問2

問3　〜　こと

問4

問5

問6

問7

二

問1　f　g　h　i　j

問2

問3

問4

問5

問6

問7

三

問1

問2

問3　(1)　(2)

問4

問5

問6

(注)　この解答用紙は実物を縮小してあります。A３用紙に145%拡大コピーすると、ほぼ実物大で使用できます。(タイトルと配点表は含みません)

推定配点	
一 問1 各2点×5 問2 6点 問3〜問6 各4点×4 問7 6点 二 問1 各2点×5 問2、問3 各5点×2 問4 6点 問5〜問7 各4点×3 三 問1、問2 各4点×2 問3 (1) 2点 (2) 4点 問4、問5 各4点×2 問6 2点	
計	100点

２０２０年度　巣鴨高等学校

英語解答用紙

番号		氏名		評点	／100

1

1		2	
3			
	と思われてしまうのではないかという不安		
4			
5	(20)		
	(35)		
6		7	

8	

2

1		2		3		4		5		6		7	
8	ア		イ										

3

①	
②	
③	
④	
⑤	

4

①	on the first exam.
②	in our class.
③	Well,　　now.
④	Mark, this is　　.
⑤	Now,　　, too.

（注）この解答用紙は実物を縮小してあります。Ａ３用紙に149％拡大コピーすると、ほぼ実物大で使用できます。（タイトルと配点表は含みません）

推定配点		計
	1　1，２　各４点×２　３　６点　４　４点　５　６点　６～８　各４点×３ 2　１～７　各４点×７　８　各３点×２　3，4　各３点×10	100点

2020年度　巣鴨高等学校

数学解答用紙

番号　　　氏名

評点　　　/100

1

(1) 因数分解：

(2) 式の値：

(3) 正の約数の和：

2

(1) 確率：

(2)（途中経過）

確率：

(3)（途中経過）

確率：

3

(1) A（　　，　　），B（　　，　　）

(2)（途中経過）

$k=$

(3)（途中経過）

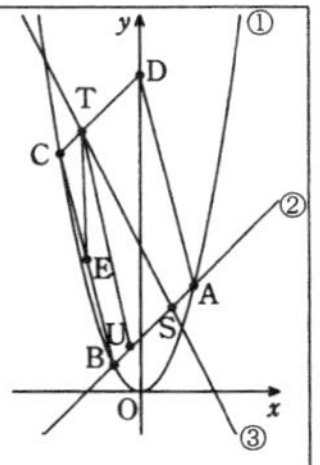

Sの x 座標：　　　，Uの x 座標：

4

(1) $r=$

(2)（途中経過）

∠BEC=　　　（度），CE=

(3)（途中経過）

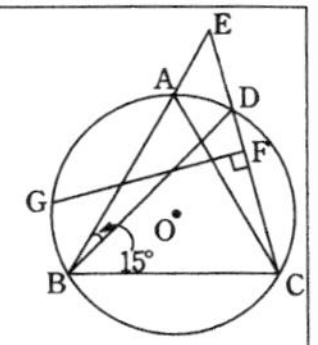

FG=

5

(1)（途中経過）

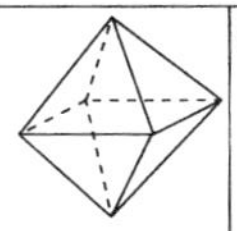

体積：

(2)

辺の本数：　　　（本）

頂点の個数：　　　（個）

(3)（途中経過）

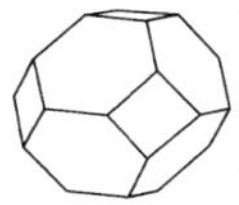

体積：

（注）この解答用紙は実物を縮小してあります。Ａ３用紙に179%拡大コピーすると、ほぼ実物大で使用できます。（タイトルと配点表は含みません）

推定配点

1 各6点×3

2 (1) 6点　(2)、(3) 各7点×2

3 (1) 各3点×2　(2) 7点　(3) 各4点×2

4 (1) 6点　(2) 各4点×2　(3) 7点

5 (1) 6点　(2) 各3点×2　(3) 8点

100点　計

二〇二〇年度　巣鴨高等学校

国語解答用紙

番号　　氏名　　評点　　／100

一

問1　a　b　c　d　e

問2　(1)　(2)

問3

問4

問5　(1)

(2)　　〜　　点。

(3)　「自分にとって身近な問い、自分が直面した問い」から出発すると、

という意義。

二

問1　f　g　h　i　j

問2

問3

問4

問5

問6

問7

問8

三

問1

問2

問3

問4

問5

問6

問7

問8

(注)　この解答用紙は実物を縮小してあります。Ｂ４用紙に143%拡大コピーすると、ほぼ実物大で使用できます。(タイトルと配点表は含みません)

推定配点	
一　問1　各2点×5　問2〜問4　各4点×4 問5　(1)、(2)　各3点×2　(3)　5点 二　問1　各2点×5　問2〜問6　各4点×5 問7　5点　問8　4点 三　各3点×8	計　100点

２０１９年度　　巣鴨高等学校

英語解答用紙

番号		氏名		評点	／100

1

1					
2					
3	③		⑤		
4		5		6	
7					
8					

2

1							
2	A		B		C		D
3	イ		ロ				
4		5		6		7	

3

①	
②	
③	
④	
⑤	

4

①	
②	
③	
④	
⑤	

(注) この解答用紙は実物を縮小してあります。Ａ３用紙に149%拡大コピーすると、ほぼ実物大で使用できます。(タイトルと配点表は含みません)

推定配点		計
	1　１，２　各４点×２　３　各３点×２　４～８　各４点×５ 2　１　４点　２　各２点×４　３　各３点×２　４，５　各４点×２　６，７　各５点×２ 3，4　各３点×10	100点

2019年度　巣鴨高等学校　数学解答用紙

番号

氏名

評点　／100

1

(1) 因数分解：

(2) $a^2+b^2-c^2=$

(3) (組)

2

(1) 確率：

(2)(途中経過) 確率：

(3)(途中経過) 確率：

3

(1) Aのx座標：

(2)(途中経過) $ab=$

(3)(途中経過) $a=$　，$b=$

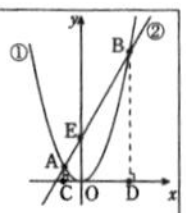

4

(1) AD=　，BC=

(2)(途中経過) DE=

(3)(途中経過) 面積：

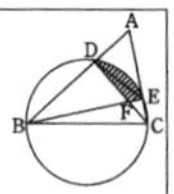

5

(1) 面積：

(2)(途中経過) 表面積：

(3)(途中経過) 体積：

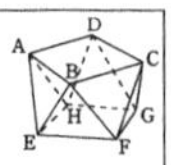

推定配点

1 各6点×3
2 (1) 6点　(2)、(3) 各7点×2
3 (1) 6点　(2)、(3) 各7点×2
4 (1) 各5点×2　(2)、(3) 各6点×2
5 (1) 6点　(2)、(3) 各7点×2

計　100点

二〇一九年度　巣鴨高等学校　国語解答用紙

番号

氏名

評点　／100

一

問1　a　b　c　d　e

問2　(1)　(2)

問3　～

問4　何もしないことは

問5

問6　可能性とは

問7

問8

問9

二

問1　f　g　h　i　j

問2

問3

問4

問5　～　もの。

問6

問7

問8　に耐えられないだろうということ。

三

問1　a　b　c

問2

問3

問4

問5

問6

問7

問8

問9

推定配点

一 問1 各2点×5　問2、問3 各3点×3　問4 4点　問5 3点
問6 5点　問7～問9 各3点×3
二 問1 各2点×5　問2 3点
問3 4点　問4～問7 各3点×4　問8 4点
三 問1、問2 各2点×4　問3 3点　問4 4点　問5、問6 各2点×2
問7、問8 各3点×2　問9 2点

計　100点

高校後見返し